돈 버는 부동산 창업 가이드

돈 버는

부동산 창업

가이드

진영섭 지음

한국학술정보㈜

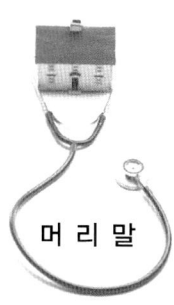

머 리 말

일반적으로 공인중개사 자격증은 최소 1년으로부터 2년 이상 밤잠 안 자고 열심히 공부하여 취득하고 있습니다. 이렇게 어렵게 자격증을 취득하고 나면 대부분 바로 개업하고자 합니다. 그러나 막상 창업하려고 보면 너무나 막연하여 곧바로 창업을 하는 것이 잘하는 것인지, 아니면 다른 중개업소에 가서 좀 배운 뒤에 창업하는 것이 옳은 것이지 망설여지고 고민을 하게 됩니다.

더구나 항간에서는 부동산중개업을 시작하면 곧 부자가 되는 것처럼 소문이 나 있는가하면 또 일부에서는 부동산중개업을 했다가 집안 망쳤다느니 하는 이야기가 교차하고 있어 어느 것이 맞는지 걱정과 궁금증이 많습니다.

이 이야기는 틀린 이야기는 아닙니다.

1997년도 이전에는 부동산중개업이 허가제여서 각 지역 단위로 중개업소가 제한되어 있었습니다. 그래서 공인중개사 자격증을 취득하였다 하더라도 부동산중개업소의 허가를받을 수 없어 중개업을 개업할 수 없었습니다.

이때는 물건을 팔려는 고객이나 사려는 고객은 반드시 중개업소를 와야 물건에 대한 정보를 알 수 있고 거래가 가능했다고 합니다. 그러니 법정 수수료는 법으로만 존재할 뿐 고객들이 자신에게 돈을 벌어 주는 사람이라고 인정하여 남은 이익 일부를 떼어 줄 정도로후하게 수수료를 주었다고 하니 이때는 중개업자들이 돈을 잘 벌던 시기였을 것입니다.

그 후 부동산중개업이 등록제로 변하면서 중개업소가 급격히 팽창하였고 더구나 IMF라는 환란이 오면서 이 IMF를 극복한다는 미명하에 김대중 정부와 노무현 정부에서 실업자 구제책으로 격년제로 실시하던 공인중개사 자격증시험을 매년 실시했는가 하면 공인중개사 8회까지 수백 명에서 수천 명 합격자를 배출하던 것을 매년 일만 이천여 명에서

삼만여 명까지 대량으로 배출하면서 아파트 단지 내 상가의 1층은 모조리 부동산중개업소가 차지하는 치열한 경쟁에 진입하게 되었습니다.

이렇게 되어 현재 부동산중개업소가 전국적으로 8만 5천 개가 넘고, 여기서 종사하는 인원이 30만 명이 넘으며 그 가족까지 포함하면 100만 명이 넘는 것으로 추정하고 있습니다.

이러한 치열한 경쟁 속에서 중개업계의 운영 실태를 보면 부동산중개업을 창업하고는 이를 제대로 소화하지 못하여 매년 평균 85% 이상이 폐업하고 있는가 하면 어느 해에는 창업하는 수보다 폐업하는 수가 더 많은 기이한 현상까지 보이곤 했습니다.

그래서 일부는 부동산중개업을 했다가 망했다는 이야기가 나오게 되었지요.

문제는 공인중개사들이 자격증을 취득하고 나면 남들이 부동산중개업을 아주 쉽게 하는 것으로 보여 자신도 잘할 수 있을 것으로 판단하고는 중개업을 개업하여야겠다고 쉽게 결심하게 됩니다. 그러나 막상 개업하려고 보면 어떻게 개업하여야 하는지 아주 막연한 생각이 들고 개업하면 잘할 수 있을까 하는 두려움으로 망설이기 시작하는 것입니다.

필자도 제11회에 공인중개사를 취득했을 때 똑같은 심정이었습니다. 그래서 필자는 그동안 공직에 있었으니 공직에서 국민을 상대해본 경험을 살려 국민에게 봉사하겠다는 마음을 먹고 대전지역 480여 곳의 중개사무소를 부지런히 방문하여 업계 선배들에게 자문을 받으려 했습니다.

그러나 업계 선배들은 경쟁자가 하나 더 나타났다고 생각하여 외면하기가 일쑤였고 자기 사무실에 있는 것 자체를 부담스러워했지요.

이 과정에서 이렇게 많은 고생을 하면서 '이 업종에서 처음 창업하시는 분들을 위하여 좋은 참고가 될 수 있는 지침서'가 있었으면 좋겠다는 생각을 하기도 했습니다.

따라서 본 책자는 저자가 대전지역에서 공인중개사 사무소를 10여 년 이상 운영하면서 다방면으로 실습해 본 중개경험과 대한공인중개사협회에서 실무교육을 한 내용 및 이때 교육생들의 의견, 그리고 개별적으로 부동산중개업을 배우겠다고 찾아온 분들을 지도할 때 사용한 교재를 중심으로 정리하였다. 그리고 본인이 창업할 때 당했던 어려움을 본인 이후에 창업하는 분들은 이러한 어려움을 당하지 않도록 해야겠다는 생각으로 발행하게 되었습니다.

본 책을 발행하면서 아쉬운 점은 부동산중개를 보다 효율적으로 수행하여 수입도 더 많이 늘리고, 고객으로부터 신뢰를 받을 수 있었던 컨설팅 방법과 그 내용을 모두 담지 못한 것입니다. 부족한 부분은 본 책에 이어 '중개기술'이라는 제목으로 차후에 발간하고자 합니다.

그리고 부동산중개에 대한 학문적 이론이 정립된 것이 없어 저자의 경험과 저자가 탐독한 서적에서 필요한 사항을 발췌한 것을 중개업을 종사하시는 분들께 보여 드림을 매우 아쉽게 생각하며, 부동산중개업을 학문적으로 정립할 학회나 모임이 빨리 이루어지기를 바랄 뿐입니다.

더욱 아쉬운 점은 저자가 경험하고 혼자 연구한 결과를 참조할 수 있도록 본 책자에 담다 보니 다소 미비한 점도 있고, 더욱 발전시켜야 할 부분도 있을 것으로 사료되어 완전하지 못한 것을 소개하는 것 같아 송구스럽게 생각합니다.

끝으로 부동산중개업을 창업하고자 하는 분들이 성공적인 창업을 할 수 있도록 본 책자를 구성하였으므로 이를 잘 활용하시어 부동산중개업이 이제는 소일거리 부업이 아니라 생업의 한 직업 분야로 정착하고, 성공하시기를 바라며, 본 책자를 발간하는 데 물심양면으로 도와주시고 협조해 주신 목원대 정재호 박사와 선배 부동산중개업자 및 공인중개사협회 그리고 한국학술정보(주) 이주은 씨에게 감사를 드립니다.

2011년 10월 1일
진영섭

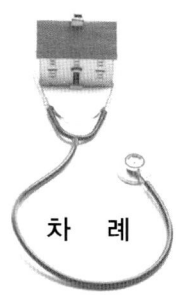

차 례

PART 2

부동산중개 실무 절차

제1장 부동산중개 절차 개요

제2장 부동산중개 절차

제3장 부동산거래계약서 작성

PART 3

부록

PART

1

부동산 창업

제1장 | 부동산 창업의 개요

1. 부동산중개업 창업 과정의 중요성

부동산중개업은 매년 100개 업소가 개업하면 85~100개의 업소가 폐업하는 폐업률이 매우 높은 직업이다.

이렇게 폐업률이 높은 것은 부동산중개업이 상당한 전문성을 요하는 직업임을 말하며 폐업한 사람들은 부동산중개업에서 실패했음을 의미한다.

이 실패내용을 폐업한 자들로부터 직접 들어 본 바에 의하면 대부분이 부동산중개업을 매우 쉽게 접근할 수 있는 직업으로 생각하고, 이 직업에 대해 깊이 생각하지 않고 뛰어들었으며, 매우 평범한 창업원칙을 무시하였고, 창업의 중요성에 대하여 제대로 인식하지 못한 데 있다.

즉 지난 10여 년 동안 부동산중개업을 창업하려는 자들을 교육하고 지도하면서 관찰해 본 바에 의하며, 일반적으로 부동산중개업을 창업하는 자들의 대부분은 공인중개사 자격증만 획득하면, 곧바로 행정적인 절차만을 거쳐 부동산중개업을 개업할 수 있다고 생각하여 창업을 하고 있었다.

중간에 폐업한 자들이 말하는 폐업 이유를 구체적으로 살펴보면, 가장 많은 이유가 부동산중개업이 본인의 적성에 맞지 않아서 폐업했다고 말하였고, 다음으로는 창업해서 보니 자격증시험 보기 전에 쉽게 중개업을 하는 것 같아 부동산중개업이나 해 보자는 생각으로 창업했으나 막상 창업하고 보니 어려운 점이 많았다는 것이 그다음을 이어 갔다. 그 외에 창업하고 나서 너무 많은 돈이 오가는 것을 보니 자신이 혹시라도 실수하면 아주 큰 돈을 배상해 주어야 하는 책임감이 너무 겁이 나서, 그리고 잘못하면 있는 재산 날리고,

패가망신할 것 같아서 등 여러 이유가 있었다.

그리고 이들 중에 창업할 때 사업분석을 먼저 해본 적이 있느냐고 물어봤더니 대부분이 창업하기 전에 그런 것을 하여야 하느냐, 그런 것을 하고 부동산중개업을 하는 사람이 어디 있느냐고 대답하고 있었다.

즉 중간에 폐업한 부동산중개업 창업자 중 상당수가 창업 전에 철저한 준비 없이 부동산중개업을 창업한 자들이었으며, 상당수는 불법 및 위법한 부동산중개를 하여 폐업하지 않으면 안 되는 자들임을 알 수 있었다.

또 중개업을 한자리에서 10여 년 이상 잘하고 계신 분들과 대화를 해 보면서 이들은 한결같이 창업 전에 어떻게 준비했는지를 들을 수 있었는데 이들의 대부분은 자신이 창업을 할 지역을 선정하는 데 3개월 이상 조사를 하였고, 같이 중개업을 할 인원 선정과 그 지역에서 수입을 어느 정도 얻을 수 있는지에 대한 사업분석을 하였음을 들을 수 있었다. 즉 10년 이상 부동산중개업을 한자리에서 영위하고 있는 분들은 창업 전에 창업을 위해 철저히 준비를 하고 그 결과 부동산중개업으로 이 자리에서 성공할 수 있다는 확신을 가졌을 때 창업했음을 알 수 있었다.

2. 부동산중개업 창업자의 기본자세

부동산중개업자가 부동산중개업을 함에 있어 기본적으로 갖추어야 할 자세에 대해서 법률적으로 부동산중개업자의 중개행위에 대해 규율하고 있는 「공부법」에서 제시하고 있다.

즉 「공부법」에서는 그 목적1)에서 중개업자의 기본자세를 공정하고 투명하게 부동산거래를 하도록 요구하고 있고, 동법 제29조에서는 품위유지와 신의와 성실로 공정하게 중개업무를 수행하도록 하고 있으며, 비밀을 누설하지 말도록 하고 있다.

다시 말해서 공정성과 투명성 그리고 품위유지 및 비밀누설 금지를 부동산중개업자의 중개업에 임하는 가장 기본자세로 유지해 줄 것을 요구하고 있다.

그러나 부동산중개업자가 되고자 하는 자는 부동산중개가 「공부법」에 명시된 기본자세 이전에 부동산중개를 통하여 당해 부동산을 최유효 이용할 수 있도록 하는 데 있음을

---

1) 「공인중개사의 업무 및 부동산거래 신고에 관한 법률」 제1조(목적) 이 법은 부동산중개업을 건전하게 지도육성하고 공정하고 투명한 부동산거래질서를 확립함으로써 국민경제에 이바지함을 목적으로 한다.

알고 이를 기본자세로 갖고 시작하여야 한다.

따라서 어느 부동산이든 적절하게 사용할 자(항간에서 집주인이라 부르는)를 분석해 내는 것이 중요하고 그다음 어떻게 이용하는 것이 최유효한 것인지 그 방법을 찾아내 적절한 가격에 거래될 수 있도록 노력하는 것이 기본적인 자세이다.

그 외에 부동산중개업이 갖는 특성을 잘 살려 부동산중개업에서 성공하기 위해서는 국민의 요구와 그동안 부동산중개업자들이 부동산중개업을 영위하면서 얻은 경험을 통하여 볼 때 몇 가지 기본자세가 요구되는데 이에 대하여 구체적으로 살펴본다.

가. 공정한 마음자세를 갖추는 노력이 필요하다

부동산중개업자는 부동산중개를 하는 것은 매도(임대)인으로부터 매수(임차)인으로 그 사용권한을 이전하는 것을 업으로 하는 것이므로 거래당사자의 어느 일방에 편중되거나 이익을 주는 행위를 하여서는 아니 된다. 부동산중개업자는 양 거래당사자의 중간적 위치에서 중개를 하는 보조적 행위자임을 인지하여야 한다.

그러나 부동산중개업도 하나의 직업이라 중개업자의 생계와 연관 있어 수수료라는 금전이 수반되고, 거래과정에서 보면 큰돈이 오가면서 어느 쪽이 이익이 되는지가 눈에 보이므로 마음이 흔들리지 않을 수 없다.

그리고 실무에 임해서 보면, 고객 스스로가 중개업자에게 자신에게 이익이 되게 해 주면 인정작업도 인정해 주고 또는 수수료도 법정수수료 이상을 지불하겠다고 유혹하고 있어 중개업자들이 거래당사자 간에 공정하게 임하기란 매우 어려움이 있다.

그러나 이러한 유혹은 당해 부동산거래에서만 발생하고 그 후에 이익을 제공한 자가 부동산중개업자의 결점을 파악하거나 이 결점을 이용하여 부동산중개업자에게 각종 행패나 추가적인 요구로 각종 어려움을 안기어 준다.

즉, 고객 스스로 중개수수료를 법정수수료보다 더 주거나 중개업자의 순가중개로 인하여 법정수수료보다 많은 중개수수료를 줘 놓고는 다운계약서 작성을 요구하는 등 거래 상대방이 들어주기 어려운 요구를 하여 부동산중개업자를 고생시키는가 하면, 이 요구가 달성되지 않으면 행정기관에 찾아가 고발하여 처벌을 유도한다.

그런가 하면 거래 상대방에게 이 사실을 알려 주어 부당한 거래대금을 자신이 지불하였다고 판단하게 하여 거래 상대방과 중개업자 사이에 분쟁을 유발한다.

또 어떤 중개업자는 자신에게 단골손님을 만들고자 하는 욕심이 앞서 자금의 여유가 있는 자에게 유리하도록 하는 중개를 하고 있다. 이 또한 불리한 중개를 받았다고 생각하는 고객이 주변 사람들에게 이를 전파하여 주변 사람들로부터 악덕 중개업자로 만들어 피해를 입게 된다. 반면 이익을 받은 고객도 자신에게도 중개업자가 똑같이 할 수 있다고 생각하여 다음 거래는 다른 중개업자한테 의뢰하게 된다.

따라서 부동산중개업자는 고객으로부터 신뢰를 얻기 위해서는 법규를 바르게 적용하고 엄격하고 공정하게 행위를 하는 것이 오히려 이익이 된다.

이는 부동산중개업자를 잘 아는 사람은 곧바로 이해하게 되고 처음 중개업자를 대하는 사람은 좀 차갑고 냉정해 보였다 하더라도 나중에는 그 중개업자가 옳았음을 알고 오히려 주변에 그 중개업자를 홍보하는 경우가 더 많이 있다. 이처럼 부동산중개업자의 공정한 행위는 시간이 지날수록 고객으로부터 신뢰를 얻는 중요한 요소이기도 하다.

그래서 부동산중개업자가 되려는 자는 공무원보다도 부동산중개와 관련된 규정을 구체적이고 세밀하게 습득하여 공무원보다 더 엄정한 중립적 자세와 언행을 하는 습관을 가져야 한다.

나. 중개과정을 투명하게 할 수 있는 노력을 하여야 한다

부동산중개업자가 부동산중개를 하면서 중개과정에서 투명하게 하여야 할 요소는 거래대금 및 물건의 상태에 대하여 거래당사자 일방에 속이거나 손해를 입혀서는 아니 되며, 미등기 전매 등 거래방법에 대해서도 투명하여야 한다.

거래대금에는 매도인의 위치에서 매수인에게 유리하도록 가격을 낮추어 거래시키는 것 아니냐 하는 의심이고, 매수인의 위치에서는 매도인에게 유리하도록 다른 부동산에 높게 가격을 지불하는 것 아니냐 하는 의심이다.

물건의 상태에서는 매도인의 생각은 자신의 물건의 결함을 노출하여 가격을 낮추려고 하거나 자신의 물건을 잘 안 팔리도록 하는 것 아니냐 하는 의심이며, 매수인의 생각은 물건의 결함을 제대로 알려 주지 않은 것 아니냐 하는 의심이다.

미등기전매나 거래대금의 위법행위, 의뢰된 물건을 다른 물건으로 소개하는 행위 등 근본적으로 법에 따라 투명하게 하지 않고 법을 위반하는 행위를 하는 것이다.

즉 과거에 매도인이 중개업자에게 거래가격을 자신에게는 일정 금액을 받도록 해 주고 나머지는 얼마를 더 붙여 수수료로 가져가라고 유혹하면 중개업자가 매도인이 받아 달라고 한 금액에 중개업자가 받아 갈 일정 금액을 더한 가격으로 거래를 성사시킨다. 이렇게 거래를 성사시키고 나면 매도인은 양도소득세가 많으므로 중개업자에게 다운계약서를 작성할 수 있도록 하거나 다운계약서를 못 받아내면 중개업자가 대신 내도록 하였다.

과거에는 양도소득세가 높지 않고 또 비과세제도가 있으므로 다운계약서를 작성하여도 매수인에게는 손해가 없어 이렇게 많이 거래해 왔다.

또 순가중개의 경우는 매도인에게 받아 준 거래대금 외에 중개업자가 받아야 할 돈을 매수인 모르게 매도인으로부터 받아 내기도 한다.

또 어느 부동산중개업자는 특히 토지 거래를 하는 경우 매도인 토지보다 좋은 토지를 매수인이 토지에 대해 잘 모른다는 사실을 이용하여 매도인 토지로 속여 설명하고 거래를 시킨 뒤 거래가 완료되면 부동산사무실을 이전하거나 폐업하고 자취를 감추는 행위를 하는 경우도 많았다.

그리고 부동산중개업자가 소득신고 시에 소득세를 납부하지 않거나, 일반과세자가 없는데 회계상 복잡하고 세금이 올라가는 것을 방지하기 위하여 소득신고를 낮게 했다가 세무서 등에서 검열이 나오면 사무실 문을 닫고 외지로 나가고, 전화도 꺼 놓기도 한다.

부동산중개업에는 300개 가까운 법규가 적용되므로 부동산중개업자가 상식선에서 알 수 있는 투명한 행위를 하지 않으면 이 많은 법 중 어느 하나에 저촉되어 고생하거나 중도에 폐업을 하여야 한다.

그리고 부동산중개업자는 법규를 준수하여 투명하게 부동산중개 행위를 함으로써 고객이나 같이 근무하는 직원들에게 떳떳하여 자신감 있게 영업행위를 할 수 있다. 이는 중개행위에만 국한되지 않고 중개사무소 운영에도 적용된다.

즉 부동산중개업을 하다 보면, 직원들의 열성적인 활동으로 수입이 많이 들어오기도 하지만 계절의 영향과 정부의 부동산정책에 의하여 부동산경기가 침체되어 수입이 급격히 떨어지는 경우가 더 많이 있다. 이때 직원들도 수입에 대하여 민감하기 때문에 소장과 반목되는 경우가 있으며, 또 부동산거래를 한 건이라도 더 성공시키기 위하여 고객에게 거래대금 중 계약금을 차용해 주는 경우도 많이 있다.

이처럼 부동산중개업과 관련하여 부동산중개 과정을 성실하게 이행하고 투명하게 실시함은 물론 직원 및 고객과의 금전 수불행위를 함에 있어서도 직원들에게는 결산서를 투명하게 제시하고 고객에게는 차용증 등을 명확하게 받아 두며 그 외에 수리비 및 알선비 등 금전적인 문제는 물론 운영에 관한 사항도 투명하게 운영하는 것이 바람직하다.

부동산중개업은「공인중개사의 업무 및 부동산거래 신고에 관한 법률」(이하 '공부법'이라 한다) 제3조의 중개대상물을 대상으로 권리의 득실변경을 알선(중개)하는 자영업자이며, 이 중개대상물 중 민법 제99조 제1항에 근거를 둔 부동산을 주로 중개하는 중개업자이다.

특히 부동산중개업자가 중개하는 이 부동산은 인간이 살아감에 있어 생활의 기본적인 필수요소이며, 또 누구를 막론하고 이 부동산은 죽을 때까지 사용하여야 하는 물건이기 때문에, 지구상에 가장 흔한 물건이지만 수요가 그만큼 많은 재화이다. 또 돈에 대해 다른 사람보다 먼저 깨우친 자들은 이를 재산 형성에서 가장 기초적인 물건으로 생각하여 금은보다 먼저 부동산을 확보하려 하고, 그리고 과거부터 큰 부자는 모두 많은 부동산을 소유함으로써 부자가 되었음으로 누구에게나 가장 관심이 많은 물건이다.

따라서 부동산중개업자에게도 부동산를 중개함에 많은 책임이 유발되는 물건이다. 그럼으로 부동산중개업자는 경제생활을 하는 사람이라면 누구든지 먼저 보유하려는 욕심을 갖는 부동산을 중개하고 있다는 것을 항상 생각하여 부동산중개를 하면서 조심성을 가져야 한다.

그리고 국가에서도 과거에 부동산으로 인한 많은 병폐가 발생한 것을 잘 알기 때문에 부동산에 관한 각종 법률적 규제를 많이 하고 있는데 이를 직접적으로 취급하는 부동산중개업자의 행위 결과는 부동산을 재산으로 하는 국민에게 막대한 또는 결정적인 피해를 줄 수 있고 이로 인한 많은 병폐가 발생할 수 있어 부동산중개업자를 엄격히 규제하고 있고 공인중개사가 아니면 부동산중개업을 할 수 없도록 확실한 보장을 해 주고 있는 대신 부동산중개업자의 부동산중개에 대한 책임은 최근 법원이 부동산중개업자가 연계된 재판에서 보는 바와 같이 엄격하게 묻고 있다.

다. 품위를 유지하려면 계속 공부하라

부동산중개업자에 대한 일반적인 국민의 정서는 매우 부정적이었다. 그러나 IMF 이후 고학력 출신의 부동산중개업자의 대거 유입과 이들의 열성적인 부동산중개에 대한 공부는 중개업자에 대한 국민의 인식을 많이 변화시키고 있다.

부동산중개업자가 지역사회에서 존경을 받는 경우가 그만큼 많아졌다는 것을 나타내는데 이들의 공통된 점은 부동산중개 관련 풍부한 지식을 겸비하고 있고, 주민을 위해 무엇인가 봉사하는 자세를 가지고 있다.

따라서 부동산중개업자가 전문가로서 품위를 유지하려면 최소한 부동산중개와 관련하여 풍부하고 정확한 지식을 갖고 있어야 한다. 이를 위해서는 지속적으로 공부하여 학식 및 지식을 높이고 넓히는 방법밖에 없다.

부동산중개업자는 상거래를 하는 어느 업종보다도 규제가 많은 업종이다. 이처럼 부동산중개업이 규제가 많은 것은 그만큼 국민의 재산에 피해를 줄 가능성이 높기 때문이다. 그래서 부동산중개업자는 이러한 규제를 효율적으로 지키고 습관화하여 사법계와 관련된 다른 직종이나 공무원에 버금가는 지식과 정신 자세를 갖추어야 한다.

또 부동산중개업과 관련된 법률은 그 종류만 해도 약 300개에 가까워 부단히 공부하지 않으면 이러한 법률을 접해 보지도 못하는 경우가 발생하고, 또 그 특성이 민생과 직접적으로 관련된 법률이다 보니 1년에도 여러 차례 개정되고 있어 그 개정 때마다 달라진 내용을 챙기지 않으면 고객에게 실수할 가능성이 많다.

이러한 부동산중개업에서 실패하지 않으려면 창업 시부터 세밀한 점검과 준비를 하고, 부단하고 끊임없이 철저한 공부를 실시하여 고객에게 만족을 주면서 사업에서 성공하는 행동을 하여야 한다.

라. 비밀을 준수하라

부동산중개업을 하다 보면 정부의 비밀화된 각종 개발계획을 포함하여 여러 계획을 접하기도 하고 물건도 다양하게 접하는데 이 물건에 대한 거래대상 사정이라든지 의뢰인의 가정 사정을 비롯한 많은 정보를 접하게 된다.

이러한 정보에는 부동산중개업자가 당해 물건을 거래시키기 위하여 필요한 정보가 되는 것도 있지만 참조만 해야 할 정보가 있기도 하다. 그중 어떤 정보는 개인의 프라이버시에 해당하는 사항도 있고 공개해서는 안 되는 사항도 있을 수 있다. 이런 사항을 부동산중개업자는 누설해서는 아니 된다.

「공부법」 제29조에서는 업무상 알게 된 것을 현업 중 누설해서는 아니 되며, 중개업계를 떠난 뒤에도 누설해서는 아니 되도록 엄격하게 규제하고 있다.

이 비밀누설문제는 중개업자의 신뢰문제와도 연계되어 부동산중개업자는 입이 매우 무거워야 한다.

마. 친절하고 겸손하라

부동산중개업은 서비스업에 해당한다. 따라서 고객으로부터 신뢰를 얻지 못하거나 따돌림을 받게 되면 이 업종에서 생존할 수 없다. 서비스업의 기본은 고객에게 친절하여야 생존할 수 있다.

친절하게 하는 것이 사람의 성품에 따라서 결정되므로 누구나 다 친절하기는 쉽지 않다. 또 부동산중개업자도 사람인지라 자신을 불쾌하게 하는 사람한테까지 다 친절하게 할 수 없다.

그러므로 부동산중개업자는 부동산중개업이 적성에 맞는 다른 사람들의 행동을 보고 나름대로 자신에게 맞는 친절히 대하는 방법을 개발하고 습득하여야 이 업계에서 생존이 가능하다.

또 부동산중개업이 서비스업이라고 해서 무조건 친절하기만 해서는 고객으로부터 신뢰를 받지 못한다.

부동산중개업은 권리의 득실변경에 관한 행위2)를 알선하는 업이므로 많은 공부를 통하여 풍부한 지식을 함양하여야 하는데 이로 인하여 많이 안다고 거만하거나 오만하면 오히려 고객으로부터 외면을 당할 수 있다. 따라서 부동산중개업자는 비록 늦게 법과 관련된 직업에 참여하였지만 부지런히 공부하여 풍부한 지식을 함양함과 동시에 이를 업무에 엄격하게 적용하되 그 적용을 고객이 이해할 수 있도록 설명하는 겸손함을 갖추어야 한다.

바. 부지런하라

부동산중개업은 중개할 물건이 있어야 중개업을 할 수 있다.

과거, 즉 1997년도 이전에는 부동산중개업소에 가만히 앉아만 있어도 매도인이 매도할 물건을 가지고 오고 또 매도할 물건에 대한 등기부등본 등 공부를 발급받아 제공하였으며, 살 사람도 자연스럽게 부동산중개업소에 들어와야 물건을 구입할 수 있었다. 그러나 이제는 이처럼 부동산중개업을 하는 시대는 지나갔고, 만일 아직도 이렇게 중개업을 했다

---

2) 「공인중개사의 업무 및 부동산거래 신고에 관한 법률」 제2조 제1호 '중개'라 함은 제3조의 규정에 의한 중개대상물에 대하여 거래당사자 간의 매매·교환·임대차 그 밖의 권리의 득실변경에 관한 행위를 알선하는 것을 말한다.

가는 창업과 동시에 폐업을 하여야 한다.

전국적으로 85,000여 개의 부동산중개업소와 부동산중개업소를 가장한 부동산컨설팅 회사 및 무자격 중개업자와 생존경쟁을 치르고 있는 현 실태에서는 부지런하지 않으면 생존하기가 어렵다.

따라서 부동산중개업자는 시간이 나는 대로 물건 획득을 위해 제1상권과 제2상권지역 을 부단히 순찰하고, 접수된 물건에 대한 현장 확인을 철저하고 세밀하게 해야 하며, 고객 이 의뢰한 조건을 충족하기 위하여 행정관서에 관련된 정보와 실정을 확인하는 등 부지 런히 업무를 위한 활동이 요구된다.

우리 속담에 '부지런한 참새가 아침 모이를 하나라도 더 줍는다'라는 말이 있다.

그래서 중개업자는 사무실에 보조원이나 가족 중 한 명을 물건 접수 및 고객 상담에 전념토록 하고, 본인은 현장 확인 및 물건 획득과 당해 부동산의 장점과 특징을 파악하며 공부상 확인을 위한 활동을 부지런히 하고 있다. 그리고 부동산에 투자할 만한 고객을 만 나기 위하여 골프장도 가야 하고, 모임에도 참석하여야 하므로 부동산중개업자는 보통 부 지런하지 않으면 중개업에서 성공하기 어렵다.

사. 사회에 봉사한다는 자세를 가져라

부동산중개업은 부동산중개사무소가 위치한 지역을 대상으로 영업행위가 이루어지며, 또 부동산중개사무소가 위치한 지역의 주민이 고객이 되어 운영되는 만큼 수입도 이 고 객들로부터 나오고 있다.

따라서 부동산중개업자는 자신의 영업지역에서 지역주민의 재산을 취급하고 지역주민 의 재산을 관리한다는 자세를 가지고 지역주민에게 봉사한다는 자세로 자신에게 의뢰된 물건을 면밀히 살펴보고 중개를 기획하고 준비하며, 고객에게 당해 부동산이 최유효 이용 이 될 수 있도록 도움이 되거나 이익이 되도록 하겠다는 마음자세를 견지하여야 한다.

예를 들면 모 아파트 단지가 IMF 때 토지에 98억 원의 가압류가 등기되어 있었다. 이로 인하여 그 아파트는 가격이 오르지 않고 거래가 매우 어려운 상태였다. 그런데 실은 그 아파트가 1995년도에 임대아파트에서 주민에게 분양이 완료된 상태인데 주민대표단과 법 무사가 잘못하여 토지에 대한 대지권을 주민에게 이전하지 않고 건설업체 명의로 그대로 남아 있어 1997년 IMF 때 채권은행 및 행정기관에서 건설업체 채무를 이 아파트 토지에 등기해 버린 것이다.

이에 대해 3차례 이상 소송을 제기하였으나 모두 패소한 것을 당해 지역에서 중개행위를 하고 있던 중개업자가 면밀히 검토하여 확인한 결과 이미 주민이 토지대금까지 완납한 상태임을 확인하고 주민의 억울한 실정을 정리하여 주민대표로 소송을 제기하여 승소시켜 문제를 해결한 바 있다.

그 뒤 그 아파트 주민은 물론이고 그 지역 주민들이 이를 알고 가급적이면 그 중개업소에 매매 및 매입의뢰를 하여 10여 년이 지난 지금도 그 중개업소는 그 지역에서 신뢰를 얻고 중개업을 영위하고 있다.

이상의 부동산중개업자의 기본자세는 부동산중개업자에게 요구되는 최소한의 기본자세이므로 이런 자세를 구비하기 어려운 공인중개사는 처음부터 부동산중개업을 창업하지 말아야 하고, 기 창업한 부동산중개업자는 이를 구비하기 위한 노력을 부단히 하여 빠른 시간 내에 구비하여야 이 업계에서 성공할 수 있을 것이다.

그리고 이러한 부동산중개업자의 기본자세를 우리 부동산중개업자들이 모두 소양할 때 그 위상은 한층 높아질 것이다.

제2장 | 부동산중개업 창업의 기초

부동산중개업자가 창업하기 위해서는 부동산중개업이 자신의 직업에 적합하고, 자격이 갖추어졌는지, 즉 창업해도 되는지에 대하여 기초적으로 확인을 하여야 한다.

즉 부동산중개업 창업자로서 자격이 있는지를 먼저 점검하고, 부동산중개업만이 갖고 있는 특성과 중개업자의 기초적 자세, 그리고 창업 및 실무 수행능력이 구비되었는지를 먼저 점검하고 창업하여야 한다.

1. 창업 전에 부동산중개업자 자격을 구비하라

가. 부동산중개업자가 되기 위한 자격

부동산중개업자는 다른 업종과 달라서 다음과 같은 조건을 구비하여야만 부동산중개업을 할 수 있다. 이 조건을 구비하지 않으면 부동산중개업 등록이 되지 않거나 중도에 폐업을 많이 한다.

① 공인중개사 자격증을 취득한 자만 개업할 수 있다.
② 부동산중개업이 창업자의 적성에 적합한지 확인하라.
③ 사업가 정신을 가져야 성공한다.
④ 중개업으로 성공하겠다는 강한 의지력을 구비하라.

나. 공인중개사 자격증을 취득한 자만이 개업할 수 있다

부동산중개업은 특별법 우선의 원칙에 의해 「공부법」에 의거, 공인중개사 자격증을 가진 자만이 중개업을 할 수 있도록 규정하고 있다.[3] 따라서 부동산중개업을 하려면 필히

---

3) 「공인중개사의 업무 및 부동산 거래신고에 관한 법률」 제9조 제2항.

공인중개사 자격증을 취득하여야 한다.

즉 법무사, 세무사, 변리사 등은 변호사자격증을 취득하면 겸업이 가능하다. 그러나 공인중개사는 변호사자격증을 취득하였다 할지라도 겸업이나 부동산중개업 등록이 불가능하다.

다. 부동산중개업이 적성에 맞는지 점검하라

부동산중개업은 서비스업이면서 투자와 부동산을 최유효 이용하려는 사람을 찾거나 유효 이용을 할 수 있는 방법을 도출하여 꼭 필요한 자에게 적합한 부동산을 찾아 주어야 하는 활동이므로 전문상담이 요구되는 업종이다.

그래서 부동산중개업은 서비스업의 기본을 충족할 수 있도록 진실하고 성실하며 친절하게 서비스를 제공하여야 하고, 부동산 투자에 대한 충분한 지식과 정보를 가지고 상담을 할 수 있어야 하며, 최유효 이용과 관련된 법규와 전문지식을 겸비하면서 신뢰를 얻는 행동과 자세가 요구된다.

그리고 부동산거래를 성사할 수 있는 설득력과 노력, 그리고 법률행위를 합법적으로 이끌 수 있는 계약서 작성 능력이 요구되는 직업이다.

또한 권리의 득실을 행정적으로 처리하는 데 하자가 없도록 조치를 해 주어야 하는 직업이다.

부동산중개업자는 이러한 특성을 잘 수행할 수 있는 성격의 소지자에게 적합한 직업이다.

그래서 공인중개사는 부동산중개업을 등록(창업)하기 전에 앞서의 요소들이 본인의 적성에 맞는지 점검해 보고 자신감이 있을 때 창업을 하여야 한다.

공인중개사 사무소의 개업과 폐업을 살펴보면, 1985년도 이래 지금까지 전국적으로 부동산중개업 수는 매년 꾸준히 증가해 왔으나, 지역에 따라서는 2004년 모 광역시의 경우 약 688개 공인중개사 사무소가 개설되었는데 그중 602개 사무소가 폐업하여 폐업률이 87.5%나 된 때가 있었고 2005년도 및 2006년도 그리고 2010년도는 개업자보다 오히려 폐업자가 더 많았었다.

이는 다른 업종에 비해서도 가장 폐업률이 매우 높은 업종 중 하나임을 알 수 있다. 부동산중개업소가 이처럼 많이 문을 닫는 이유를 살펴보면, 여러 가지 이유가 있다.

이를 자세히 알아보기 위해 폐업자들에게 문의해 보았다. 그 결과 가장 많은 이유가 이 직업이 본인의 적성에 맞지 않기 때문이라고 대답하였다.

이는 대부분의 공인중개사들이 자격증을 취득하면 곧바로 중개업을 할 수 있는 것으로 쉽게 생각하고 개업하였다가 그중 85% 이상이 자신의 적성에 맞지 않아서 폐업하고 있는 것이다.

또한 부동산중개업은 한번 실수하면 최소한 몇백만 원부터 수억 원까지 손해를 보거나 손해배상을 지불해야 하는 대단히 위험한 직업이다.

즉 부동산중개업은, 열심히 소개하여 받은 법정수수료는 기껏 몇만 원에서 몇십만 원이 일반적인 데 비하여, 중도에 그만두게 되면 권리금 및 시설비와 운영비로 투입된 금액 수백만 원에서 수천만 원을 포기해야 되고, 만에 하나 '중개사고'라도 발생하면 해당 거래에서 받은 수수료의 수십 배로부터 수만 배에 해당하는 수천만 원으로부터 수억 원의 손해배상을 지불하여야 한다.

일반적으로 국민들은 이 부동산중개업은 다른 서비스업에 비해 소자본으로 창업이 가능하다고 판단하고 부동산중개업의 중개과정을 매우 쉽게 생각하고 있다. 그래서 아무나 할 수 있는 직업으로 생각하여, 과거에 따 놓은 자격증을 활용하거나, 자식들이나 며느리를 시켜 자격증을 따도록 한 뒤, 이를 활용하기도 하고, 심한 사람은 남의 자격증을 월 얼마씩 주기로 하고 빌려 사무실을 개설하기도 한다.

그런데 이처럼 타인의 자격증을 빌려 중개업을 하는 자 중에도 적성이 맞아 잘하는 사람도 있지만, 대부분 이들은 법과 규정을 제대로 알지도 못하고, 아직도 과거의 중개인들이 순가중개하던 시절을 잊지 못하고 과도하게 욕심을 부려 터무니없는 중개수수료를 요구하거나 받아 사기꾼으로 몰리는가 하면, 자신은 중개사고가 나도 별로 손해 볼 것이 없고, 공인중개사가 모든 책임을 지게 되므로 무책임하게 중개를 하고 있다.

또 공인중개사 중 어떤 분은 아직도 과거 복덕방 수준을 벗어나지 못하게 공인중개사 사무소를 운영하거나 고객보다 못한 정보를 가지고 중개업을 하고 있어 이 직업에 종사하는 분들을 모두 비전문가로 추락시키고 있다.

부동산중개업이 자신의 적성에 맞는지 확인하지 않고 무리하게 또는 막연하게 중개업에 뛰어들었다가 실패하였을 때 그에 따른 피해는 또 한 번 본인의 능력을 비하하고, 본인에 대해 실망을 안겨 주며, 자포자기하여 노숙자가 되어 집을 떠나기도 한다. 이 외에도 경제적으로 많은 돈을 잃고, 보유하고 있던 집까지 경매로 잃게 되는 경우가 발생한다.

따라서 공인중개사가 부동산중개업을 하기 전에 반드시 자신의 적성에 적합한 직업인지 점검하는 것이 요구되며, 그 점검방법에는 사전에 다른 중개업소에 가서 소속공인중개사나 수습생으로 활동해 보는 방법이 있고, 최소한 별표 6 및 별표 8에서 별표 11까지의 창업적성 검사표에 의한 점검을 하는 등 창업 전 창업자의 적성 점검을 해 보는 방법도 있다.

라. 사업가 정신을 가져야 성공할 수 있다

공인중개사가 부동산중개업을 창업하는 것은 부동산중개업자라는 사업가가 되기 위한 것이고, 부동산중개업이란 사업을 통하여 가족의 생계를 유지하기 위한 것이다.

따라서 중개업자가 부동산중개업을 하기 위해서는 사업가로서 갖추어야 할 기본적인 자질과 능력을 구비하여야 한다.

1) 사업가의 기본 자질

사업가의 기본 자질은 여러 가지 요소가 있으나 최소한 사업을 책임지고 수행할 수 있는 통솔력과 책임감이 요구되며, 자신의 사업이 지속적으로 유지되기 위하여서는 미래를 예측할 수 있는 예지력과 판단력이 요구된다.

그리고 사업을 실천할 수 있는 기획력과 추진력, 또 남다른 부지런함이 요구된다.

2) 부동산중개업자가 구비해야 할 자질

부동산중개업자는 앞서의 사업가 기본자질 외에 부동산중개업자만이 갖추어야 할 자질이 요구된다.

즉 사업가가 구비하여야 할 능력에는 우선 그 사업 분야에 전문가가 되어야 하므로 그에 대한 풍부한 지식을 가지고 있어야 하고, 둘째는 사업의 본질은 이윤을 얻고자 하는 데 있으므로 이윤을 추구할 줄 알아야 하며, 셋째는 자기 자신과 사업장 내 같이 일하는 사람들, 그리고 고객 및 사회에 대해 책임을 질 줄 알아야 한다.

또한, 넷째는 자기와 같은 사업을 하는 사업가들과 경쟁을 하되 동종 업계의 질서를 문란하게 하는 행위는 하지 말아야 하고, 동종 업계의 발전을 위해 봉사하고 헌신하는 자세를 가져야 한다.

그리고 다섯째는 사업과 관련된 자들과 인간관계를 잘 이루어야 한다. 사업도 인간이

하는 것이다. 그래서 사업가는 인간관계의 폭을 넓힘은 물론 인간다운 성격이나 성품을 가지고 인간답게 행동할 줄 아는 자세를 갖추어야 한다.

(1) 부동산중개에 대한 풍부한 지식을 가져야 한다

사업가는 자신이 창업한 직업에 대해서는 전문가가 되어야 한다. 과거 저자가 정부출연연구소에서 근무할 때 벤처 창업을 하는 과학자들과 밤을 같이 새우면서 창업 준비를 한 적이 있다. 이때 창업하는 과학자들이 창업하는 아이템 말고 3~5개 정도의 신기술을 가지고 창업하는 것을 보았다.

이처럼 창업자는 자신이 창업하는 업종에 전문가라야 자신 있게 창업을 기획할 수 있으며 창업을 지속적으로 유지하기 위하여 미리미리 다음 단계를 준비할 수 있는 것이다.

일반적으로 대부분의 창업자는 자신이 종전에 근무했거나 직원으로 근무한 경험이 있는 것을 창업의 아이템으로 하기 때문에 나름대로는 전문가 수준에서 창업을 한다. 그러나 부동산중개업을 창업하는 대부분은 이 분야에 대하여 문외한으로 공인중개사 자격증만 획득한 상태에서 창업을 하기 때문에 실패율이 매우 높다.

그러므로 부동산중개업을 창업하고자 하는 자는 공인중개사 자격증을 획득하였다고 무작정 창업하지 말고, 부동산중개에 관하여 더욱 열심히 공부하고 다른 중개업자의 중개행위를 배우고 공부를 한 뒤 창업하는 것이 바람직하다. 특히 부동산중개업은 부동산 자체가 그 이용 용도가 법규로 정해져 있으므로 해당 지자체의 부동산 관련 조례를 획득하고 그 내용에 대하여 담당 공무원을 자주 찾아가 구체적으로 공부하는 것이 바람직하다.

(2) 이윤을 추구할 줄 알아야 한다

부동산중개업을 창업하는 자는 부동산중개업을 과거처럼 부업의 형태로 사무실을 운영하거나, 나이 들어 시간을 보내기 위한 소일거리 활동으로 생각하여 창업해서는 다른 중개업소에 경쟁에서 뒤져 부업적 수입을 얻기도 힘들다. 그래서 만일 이러한 자세로 부동산중개업에 임한다면 중간에 도태할 수밖에 없어 경제적으로 시간적으로 손해를 입게 된다.

따라서 부동산중개업을 창업하는 자는 이제 부동산중개업이라는 직업의 직장 책임자 및 관리자로 이 부동산중개업을 평생 직업으로 간주하여 사업을 구상하고 계획서를 작성하여 과감하게 추진하며, 투자된 자금과 시간에 비하여 반드시 이윤이 남도록 활동하여야 한다.

그리고 이윤이 남는 곳이라면 끝까지 물고 늘어져 중개를 성사시키는 끈질긴 근성과 노력이 있어야 한다.

부동산중개업자가 이윤을 내는 데 가장 많이 실패하는 데는 두 가지 원인이 있다. 하나는 자신의 능력이 부족하여 직원들의 수입에 의존함으로써 중개업 경영비용에 부담을 느끼는 데 있고, 또 부동산중개업도 사업임을 망각하여 수익의 분배를 잘 못하는 경영관리에 문제가 있다.

다른 하나는 부동산중개업자는 공인중개사 자격증만 획득하면 중개업을 할 수 있다고 판단하여 오로지 부동산중개에만 올인하는 데 있다. 부동산중개업의 부동산중개는 경기변동이 심하고 순환주기가 불규칙하여 중개만으로 직업화하기는 매우 어렵다. 따라서 부동산중개 형태 내에서도 주기적으로 업무를 찾아 수입주기를 연결해 가는 방법을 도출하여야 하고, 부동산중개업의 업무범위 내에서 개발하지 못한 업무를 개발해 내는 노력이 필요하다.

이런 업무는 오로지 사업가의 몫이다. 따라서 부동산중개업자는 당해 업소의 수익 창출을 위하여 부동산중개업에 전념하며 계속적인 노력을 하여야 한다.

(3) 책임을 질 줄 알아야 한다

일반 기업에서도 노동자는 단순히 일만 열심히 하면 봉급이라는 대가가 나오나, 사업가는 사업을 기획하고 자금을 확보하며, 판로를 확보하기 위해 주야를 구별하지 않고 고객 및 관계자를 접견하고 설명하며, 신기술이나 새로운 사업을 개척하기 위해 밤새워 고심한다. 사업가의 이러한 노력이 없으면 그 사업장은 이 사회에서 도태되고 직원들까지 생계를 위협받게 된다. 또한 직원에 대해서도 한 가족처럼 생각하여 생계를 책임진다는 자세로 능력을 계발해 주고 건강을 관리해 주어야 한다.

또 우리나라 국민들은 재테크 수단으로 부동산을 가장 중요시하고 있다. 그래서 다른 재테크 수단에 비하여 부동산에 대한 관심이 많고, 이에 대한 지식도 많이 가지고 있다. 어떤 사람은 우리나라 국민은 부동산에 관하여 박사라고 말하고 있다.

대부분 부동산을 구입하려는 고객은 부동산을 구입하기 전에 자신이 구하고자 하는 부동산에 대하여 공인중개사 사무소 또는 구입하고자 하는 부동산 주변의 지역주민을 통하여 자신이 구입하고자 하는 부동산에 대한 매매요구가격 및 물건에 관한 자세한 많은 정보를 파악하여 알고 있다.

또 방송을 비롯한 유선 TV, 신문 등에서 공인중개사 자격증에 대한 교육과 부동산 구매 시 점검사항, 유의사항 그리고 부동산시세 등을 자세히 알려 주고 있어, 공인중개사보다 더 많은 정보를 가지고 있는 자가 많음에 유념하여야 한다.

고객들이 이렇게 많은 지식과 정보를 가지고 있으면서도 자신들이 직접거래를 성사하지 못하는 것은 부동산에 대한 이용제한이나 법적인 하자문제에 대한 해결책과 가격흥정을 제대로 하지 못하기 때문이다.

부동산중개업자는 이 점을 잘 살려 부동산중개를 성공시키는 것이다. 이것이 중개의 전문성이며, 중개기술이고, 중개업자의 존재가치이다.

이런 고객에 대해 그들의 재산을 관리한다는 책임을 가지고 고객을 상대하여야 고객이 부동산중개업자를 믿게 된다. 또 고객에게 부동산중개업이 서비스업임을 감안하여 고객이 편하게 찾아올 수 있도록 좋은 이미지를 줄 수 있게 겸손하고 친절하게 대하는 관리능력이 필요하다.

그리고 업무를 수행한 결과에 대해 책임을 질 줄 알아야 한다.「공부법」이 부동산중개업의 업무를 규율하는 데 중점이 있음을 감안하여 이 법규에 어긋나지 않는 행위를 할 수 있도록 책임이 수반된다.

그 외에 직원의 생계나 건강관리에 대한 책임도 수반된다. 직원을 채용하면 부동산중개업자는 4대 보험을 당연히 가입해 주어야 할 책임이 있다. 이처럼 직원을 가족처럼 생각하여 충분한 공감대가 형성되게 관리할 책임감을 갖추어야 한다.

(4) 업계 내 상도덕을 지킬 줄 알아야 한다

민주당 정부는 일자리 창출이라는 명목하에 공인중개사 자격증을 국민자격증으로 남발하여 매년에 1만 명 이상에서 3만 명이 넘는 합격자를 대량 배출하여 노무현 정부 5년 동안에 10만 명 가까운 공인중개사를 배출하였는가 하면, 과거 자격증을 취득한 사람들까지 합하여 30만 명에 이를 지경이다.

이렇게 공인중개사 자격증을 대량 배출한 결과 이 잠재 공인중개사들이 서서히 중개업계에 뛰어들어 한 집 건너 하나 꼴로 중개업소가 들어서고 있으며, 경제는 어려운 데 비하여 부동산중개업자는 매년 증가하고 2011년도에는 8만 5,000여 명이 부동산중개업 사무소를 운영하고 있어 매우 치열한 경쟁을 불러일으키고 있다.

이러한 치열한 경쟁 속에서 집안의 생계를 책임지고 있는 창업 중개업자는 살아남기 위해서 그리고 실수하지 않기 위해서는 창업하기 전에 세밀하게 기획하고 준비하며, 투자한 돈에 대하여 은행이자보다 더 나은 이윤을 얻겠다는 사업가 정신이 없으면 실패하게 된다. 그리고 사업가는 동종의 다른 사업가의 물건이나 수입을 도둑질해서는 아니 된다. 또 자기와 인척관계에 있다든지 가까운 사이라 어쩔 수 없는 관계라는 핑계로 자신의 사무실 명의를 사용하도록 한다든지 또는 사무실도 없거나 무등록 및 무자격자인 줄 알면서 그자가 찾는 물건을 갖고 있다고 부동산중개를 같이 하는 행위를 하여서는 아니 된다. 이러한 행위는 우리나라 국민성의 장점이라고 착각하는 정을 베푼 것처럼 간주되나 실은 나의 수입을 줄어들게 하는 것이며, 이런 베풂을 받은 자에게도 나태와 나쁜 길로 인도해 주는 것이라 누구에게도 이득이 없는 행위이다. 따라서 이러한 행위를 하는 자는 과감히 거절하는 용기가 필요하다.

(5) 인간관계 형성을 폭넓게 구축하여야 한다

그리고 사업과 관련된 자들과 좋은 인간관계를 맺을 수 있도록 적극적인 활동을 하여야 한다. 이때 별지 7과 같은 좋은 인간관계를 맺는 요령에 대한 타인들의 의견과 책을 읽어 나름대로 자기 자신에 맞는 인간관계 형성 개발이 요구된다.

이러한 인간관계 형성과 그 폭을 넓히기 위하여 부동산중개업자는 석·박사 과정을 공부하며 평생교육원을 한 곳 이상 수료한다.

그런가 하면 골프 및 산악회 모임에 주기적으로 참석하여 인맥을 넓히는가 하면 부동산중개 관련자 외에 공무원·기업체 사장·건설업체 간부, 의사 및 판·검사 그리고 세무사 및 은행 지점장들과 모임을 구성하여 운영하기도 한다.

우리가 인간관계를 잘 구성하기 위해서는 아는 사람도 많아야 하지만 더 중요한 것은 그들과 좋은 관계를 유지하고 그들로부터 신뢰를 얻는 것이다.

이를 위해 부동산중개업자는 항상 남의 말을 먼저 신중하게 그러면서도 긍정적인 사고로 받아들이고, 경청하는 연습과 습성을 갖는 것이 중요하다.

따라서 공인중개사는 창업 전에 자신이 사업가로 기본 자질이 갖추어졌는지를 점검해 보아야 한다. 현재 부동산중개업을 하고 있는 사람 중 상당수는 이런 자질을 구비하여 중개업을 하고 있지만 일부는 이러한 자질을 다 구비하지 못하거나 전혀 자질이 없으면서 창업하여 사기꾼같이 중개한다는 소리를 듣는다든지, 아니면 중개보조원의 수입에 의존하여 중개보조원한테 끌려 다니는 현상이 있다.

마. 성공하겠다는 강한 의지력을 구비하라

부동산중개업을 하다 보면 보통 어려움이 있는 것이 아니다. 그래서 중도에서 그만두는 분들 중의 많은 분은 '내가 꼭 이 업을 해야만 하나' 하는 생각을 갖기도 하고 일부는 이를 이기지 못하고 그만둔다.

즉 부동산이라는 재화는 지구상에 하나도 같은 것이 없다는 것이 가장 큰 특징이다. 이러한 부동산의 특성이 있기 때문에 각 부동산마다 개별적으로 세심하게 파악하고 살펴야 한다.

특히 건축한 지 5년 이상이 되면 건축물은 노후화가 발생한다. 우리 부동산중개업자가 거래하는 건축물은 신축보다는 기존 건축물을 더 많이 거래하게 되는데 이처럼 기존 건축물은 노후화로 인하여 많은 보수 및 수리를 해야 할 요소가 발견되므로 중개사고의 위험성이 많다.

또 부동산을 취급하는 사람 또한 전 국민이 고객이기 때문에 부동산중개업자는 이 다양하고 복잡한 성격을 가진 여러 형태의 고객을 접하게 된다.

이 고객 중에는 중개업자를 잘 이해해 주는 사람이 있는가 하면, 중개업자의 흠을 잡아 중개수수료를 깎으려 하거나 처음부터 중개수수료를 주지 않으려고 갖가지 수작을 부리기도 하고, 어떤 사람은 오히려 중개업자에게 보상을 받으려고 치밀하게 준비하고 접근해 오는 자들도 있다.

또 부동산거래는 일반 공산품과 달라 일정한 가격이 정해질 수 없고, 그 거래금액이 고액이라서 이를 이용하여 사기행위를 하려는 자들이 있어 부동산중개업자를 긴장하게 한다.

이러한 상황 속에서 부동산중개업자가 중개업을 통하여 성공하려면 이와 같이 복잡하고, 충돌이 발생할 가능성이 많은 상황을 잘 극복할 수 있는 마음의 자세가 준비되어 있어야 한다.

부동산중개업자가 이러한 어려움을 극복하기 위해서는 여러 가지 방법으로 준비하고 대처방안을 마련하여야 하는데 이 중 가장 좋은 방법은 자신의 마음에 '이 직업을 통하여 반드시 성공해 보겠다'는 강한 의지력이 있어야 한다.

부동산중개업을 영위하기 위하여 활동할 수 있는 기간은 이 직업의 특성상 연령 정년이 없으므로 제한이 없다.

자신이 마음먹기에 따라 20년 이상도 할 수 있고, 60 및 70세에도 할 수 있으며, 남자든

여자든 성별에 제한이 있을 수 없고, 젊은 사람이든 나이 많이 드신 분이든 관계없다. 그래서 그런지 최근에는 여자들이 공인중개사 자격증을 취득하여 부동산중개업을 많이 창업하고 있다.

부동산중개업을 10년 이상 영위한 사람들이나 부동산중개업을 통하여 큰돈을 벌어 종합건설회사를 설립한 사람들 그리고 부동산중개업을 통하여 돈을 모아 구 및 시·도의원 그리고 정계에 진출한 사람들의 이야기를 들어 보면, 이구동성으로 부동산중개업이 무엇이 어렵냐고 하며 본인들이 부동산중개업을 할 때 누구보다 자신 있게 부동산중개업을 했음을 말하곤 한다.

따라서 누구를 막론하고, 이 직업으로 성공하겠다는 강한 의지력만 있으면 전문가로서 성공할 가능성은 얼마든지 있다.

2. 부동산중개업의 특징부터 파악할 것

가. 부동산중개업은 고객의 신뢰에서 이루어진다

부동산중개업에서 가장 중요한 것은 고객으로부터 신뢰를 얻는 것이다.

고객은 부동산중개업자가 신뢰할 만한 사람이 아니면 부동산 매도나 매수를 의뢰하지 않고 설령 의뢰하였다 하더라도 신뢰할 수 없다고 느끼는 중개업자에게는 기대를 하지 않으므로 정확한 정보를 주지 않는다.

고객에게 신뢰를 얻는 방법은 우선 진실하다고 고객이 믿을 수 있어야 한다. 그리고 고객의 수준에 맞게 고객이 궁금해하는 것을 솔직하고 성실한 자세로 현상에 맞도록 설명해 줄 수 있어야 한다. 또 친절하면서 자신감 있는 태도와 언행으로 전문가다워야 한다.

고객들이 진실하고 성실한지를 체크하는 기준은 가장 먼저 가격(실제 거래된 가격)을 정확하게 알려 주는 것이다. 부동산이 거래되고 나면 특히 아파트 단지 내에서 매도인은 매우 높이 받고 매매한 것처럼 과장한다. 그런가 하면 매수인은 일반적으로 좀 싸게 산 것처럼 이야기한다. 그래서 주민들은 매도인이나 매수인이 말한 가격 진의를 확인하기 위하여 부동산중개업자에게 확인하러 방문한다. 이때 실제 거래가격을 사실대로 이야기하면 이때부터 당해 부동산중개업자를 믿는다.

그다음은 나온 물건에 대한 설명을 비롯하여 분양 및 입주계획에 대해 구체적으로 설명하는 등 고객이 궁금해하는 것에 대한 전문지식을 가지고 알려 주고 설득하면 당해 부동산중개업자는 신뢰를 굳힌다. 부동산중개업자가 실력이 없다고 생각하면 믿음을 주지 않는다.

이렇게 하여 고객이 믿을 만한 중개업자라고 인식되면 그 부동산중개업자는 자신들의 편에서 일하는 사람이 되어 부동산 관련 모든 자문을 받으러 오며 상담을 하게 된다.

고객으로부터 신뢰를 얻은 부동산중개업자는 물건확보에 큰 애로가 없고 또 고객의 요구를 해결해 주어야 함으로 항상 해야 할 일이 있게 된다.

나. 거래된 부동산에 대해 사무적 처리가 요구되는 직업이다

부동산중개업의 특징은 부동산이라는 물건을 판매하는 상업적 직업이지만 부동산이라는 물건 자체를 이동하여 판매하는 것이 아니라 그 사용권을 이전하는, 즉 사용할 권리를 이전시켜 주는 활동이라 사무적인 활동이 요구되는 직업이다.

이 권리를 이전시키는 데는 일정한 규정에 있기 때문에 사무적 활동이 수반되는 특징이 있다. 그런데 그 사무적 활동이 관련 법규에 의해 규제를 받기 때문에 공무원 못지않게 행정적 사무 처리를 잘해야 하는 직업이다.

만일 이 사무 처리를 잘 알지 못하고 처리했다가는 그에 따른 불필요한 비용의 투입이 오기 때문에 손해를 입게 된다.

예를 들면 부동산개발업자에게 부동산을 매매했는데 매매 당시에는 법인이 설립되지 않아 법인에 추후 소유권 이전을 하는 것으로 하고 우선 가등기를 개인 앞으로 처리하였다.

그런데 부동산 개발을 위해서 먼저 토지 매입 작업을 하게 되는데 토지 매입이 하루 이틀에 끝나지 않고 6개월 이상 1년 정도 걸리는 것이 보통이다.

그래서 토지 매입 작업이 어느 정도 되었을 때 법인 설립이 되는 경우가 많아 가등기 후 상당한 기간이 되었을 때 법인에 소유권을 이전하려고 하면 잔금지급일로부터 60일 이상이 지나므로 취득세, 가산세를 납부하는 경우가 발생하게 된다.

만일 이런 상황에서 사무 처리를 잘 아는 부동산중개업자나 법무사라면 가등기를 하더라도 거래신고를 위법되지 않는 기간까지 기다려 신고하고 매수자는 법인을 이 기간 내에 설립하여 소유권을 이전하도록 할 것이다.

이는 특별한 경우이지만 다른 일반적인 부동산거래에서도 단순히 소유권 이전이나 사용권 이전으로만 생각하여 거래를 성사시켜서는 안 되며 그에 따른 행정적 사무 처리도 동시에 고려하여야 하는 직업이 부동산중개업이다.

이 사무 처리 내용은 매매의 경우는 부동산 소유권 이전을 위한 등기절차가 가장 기본이며, 소유권 이전을 위해서는 소유권 이전을 하기 위해 준비할 서류와 부동산 인수인계를 먼저 하고 소유권 이전을 하는 기본절차를 잘 이행하여야 한다. 이 외에도 매수인은 융자 알선절차, 매도인은 근저당을 포함한 다른 권리를 말소하는 절차 등의 사무 처리 절차가 일반적으로 요구된다.

임대차의 경우는 전 임차인과의 관계에서 부동산 인도절차 및 보증금 반환과 차임(월세) 정산 및 관리비 정산 등의 사무 처리가 있고 새로운 임차인에게도 부동산 인계인수 및 보증금 잔금 처리 그리고 각종 관리비 정산결과 확인 등의 사무 처리가 있다. 특히 최근에는 아파트의 경우 보안장치 등의 강화와 옵션들의 증가로 부동산 인계인수 품목에 대해 체크리스트를 작성하여 인계인수를 하는 형태로 발전하고 여기에 부동산의 상태도 포함하여 부동산 인수인계서를 작성하기도 한다.

다. 중개할 수 있는 부동산의 범위를 알아야 한다

부동산중개는 부동산중개업자가 중개할 수 있는 범위가 있다. 즉 중개할 수 있는 것이 있고, 중개할 수 없는 것이 있다.

중개할 수 있는 부동산의 종류와 업무범위는 법적으로 규제하고 있으므로 법적으로 어떻게 규제하고 있는지를 살펴보아야 한다.

부동산중개를 할 수 있는 범위는 부동산중개업에 관하여 법률적으로 직접적으로 규율하고 있는 「공인중개사의 업무 및 부동산 거래신고에 관한 법률」과 당해 지역자치단체의 도시계획 조례 또는 거래대상 부동산 소재지의 지구단위계획을 숙지하고, 그 외에 부동산중개와 관련된 법률을 기준으로 하여 파악할 수 있다.

먼저 중개할 수 있는 중개대상물의 범위는 「공부법」상의 중개대상물의 범위와 「지적법」에서는 중개할 수 있는 지목, 그리고 부동산용도에 따른 특별법 등을 통하여 파악할 수 있고, 업무의 범위는 「공부법」에서 그 업무범위를 규정하고 있어 이를 통하여 알 수 있다.

1) 중개대상물의 범위

부동산중개업자가 중개할 수 있는 중개대상물의 범위는「공부법」과 동법 시행령에서 규제하고 있는데 그 범위는 다음과 같다.

(1) 공부법의 중개대상물의 범위[4)]

① 토지

② 건축물 및 그 밖의 토지의 정착물

③「입목에 관한 법률」에 따른 입목

④「광업재단저당법」에 따른 광업재단

⑤「공장재단저당법」에 따른 공장재단

(2) 부동산 소유자에 의한 중개대상물 구분

부동산 소유자 형태는 크게 3가지로 나눌 수 있다. 즉 개인이 소유자인 부동산, 단체가 소유자인 부동산, 국가가 소유자인 부동산으로 구분된다.

① 개인 소유 부동산

부동산중개업자가 중개할 수 있는 중개대상물은 대부분 개인 소유 부동산이다. 그러나 이 중 경매 및 공매 등과 같이 특정한 상황에 의하여 국가가 개인 소유 부동산을 대신 거래시키기도 한다.

② 단체 소유 부동산

단체 소유 부동산은 부동산중개업자의 일반적인 중개대상물이 아니다.

대부분 단체가 소유자인 부동산은 특수 목적이 있는 부동산이므로 거래에 있어서 조건이 설정되어 있다. 따라서 단체 소유 부동산을 거래(중개)하기 위해서는 해당 조건을 충족할 수 있는 대체물을 준비하고 교환하거나 기타 거래를 시킬 수 있다.

예를 들면 개발지역 내 대학교가 있는 경우 이 대학교 부지를 도시계획에 의해 주거지역에서 상업지역으로 개발하여야 할 경우 이 대학교 부지의 매매는 교육청의 허가를 받아야 하며, 이 대학교 부지를 매입하기 위해서는 일반적으로 학교와 협의하여 학교가 요

---

4)「공인중개사의 업무 및 부동산 거래신고에 관한 법률」제3조 및 동법 시행령 제2조.

구하는 지역에 종전 대학교 부지 매입비와 비슷한 가격으로 토지를 매입하고 학교 건물을 그들이 요구하는 수준까지 지어 주어야 한다.

③ 국가 소유 부동산

국가 소유 부동산은 특별한 경우가 아니면 부동산중개 대상이 아니다. 그러나 국가가 처분하도록 결정한 부동산에 한해서 경매 및 공매 방법으로 일반적으로 거래되고 있으며, 특수한 경우 국가가 수의계약이나 일반부동산시장에 중개를 의뢰하는 경우가 있는데 이때는 중개가 가능하다.

(4) 지목상 중개대상물 범위

「지적법」상 토지의 지목으로 볼 때 중개할 수 있는 토지와 중개할 수 없는 토지가 있다. 이를 구분하면 다음과 같다.

① 중개할 수 있는 토지

지목이 ⓐ 대지, ⓑ 전, ⓒ 답, ⓓ 과수원, ⓔ 목장용지, ⓕ 염전, ⓖ 묘지, ⓗ 잡종지, ⓘ 주유소용지, ⓙ 창고용지, ⓚ 양어장, ⓛ 임야, ⓜ 공장용지, ⓝ 학교용지, ⓞ 도로, ⓟ 유지, ⓠ 주차장, ⓡ 사적지, ⓢ 종교용지 및 광천지 등은 중개가 가능하다.

중개할 수 있는 지목의 토지에 있어서 대부분 개인 사유재산에 해당하는 것은 중개가 가능하며, 토지거래허가지역으로 거래를 규제하고 있는 지역에서의 규제 해당 지목의 토지와 또 공장용지·학교용지·사적지·종교용지 등과 같이 사유재산이라 하더라도 허가를 받아야 중개가 가능한 토지가 있다. 또 국·공유지인 경우는 국가나 지방자치단체가 매각할 경우에만 중개가 가능하다.

② 중개할 수 없는 토지

지목이 ⓐ 철도용지, ⓑ 하천, ⓒ 제방, ⓓ 도랑, ⓔ 도로 등은 실질적으로 중개가 불가능하다. 중개할 수 없는 토지라 하더라도 사유재산일 경우 거래는 할 수 있으나 실제로 제한이 많아 실이익이 없어 거래되지 않고 있으며, 대부분 국유재산이어서 특별히 국가나 지방자치단체가 매각할 경우를 제외하고는 중개를 할 수 없는 토지이다.

2) 부동산중개 업무의 범위[5]

또한 부동산중개업자가 중개대상물을 중개할 수 있는 업무범위는 다음과 같다.

① 중개대상물의 중개
② 상업용 건축물 및 주택의 임대관리 등 부동산의 관리대행
③ 부동산의 이용·개발 및 거래에 관한 상담
④ 중개업자를 대상으로 한 중개업의 경영기법 및 경영정보 제공
⑤ 상업용 건축물 및 주택의 분양대행
⑥ 도배·이사업체 소개 등 주거 이전에 부수되는 용역의 알선
⑦ 경·공매 입찰신청 대리

부동산중개업자의 업무범위는 매우 중요하고 생계형 부동산중개업이 될 수 있도록 하는 데 매우 중요하다.

부동산중개업자의 업무범위는 우리 부동산중개업자가 중개 업무를 통하여 수입을 확대할 수 있는 중요한 요소로, 협회나 국토해양부 및 국회의원들이 국가의 미래를 위하여 이 업무범위에 대하여 심층적으로 구체화하여 부동산중개업을 통한 국민들의 일자리를 확대할 수 있다.

이에 대해 정부 및 정치권의 활동을 협회에서 보다 구체적인 계획을 수립하여 추진하고, 우리 부동산중개업자들 스스로도 자신의 업무를 지속적으로 연구하고 확대하여 개발이 요구된다.

특히 우선 중개업자들이 확대할 수 있는 분야는 건물 및 주택에 대한 임대관리와 관리대행, 부동산 이용 및 개발과 거래 상담 등에 대한 컨설팅업무, 분양 대행업무 등으로 주변의 부동산에 대해 계약을 체결하고 확대해 나갈 수 있을 것이다.

라. 부동산중개업은 고객의 재산을 관리하는 직업이다

부동산중개업은 거래대상의 중개대상물을 단순하게 이전하는 직업이 아니라 이 중개대상물을 통하여 재테크를 하는 고객의 재산을 관리해 주는 직업이다. 부동산을 사려는

---

5) 「공인중개사의 업무 및 부동산 거래신고에 관한 법률」 제14조.

고객의 100%는 이 부동산을 당장 이용하기 위해서 구입한다 할지라도 내재적으로는 이 부동산이 장차 가격이 상승할 만한 부동산인지를 나름대로 판단 및 확인하고 구입한다.

이처럼 부동산중개업의 고객은 부동산을 재테크 수단으로 구입하고 있음을 부동산중개업자는 잘 알아야 한다. 그래서 고객이 어느 방향으로 재테크 관리를 하고자 하는지를 알아야 중개성공률을 높일 수 있고, 고객으로부터 신뢰를 얻게 된다.

따라서 부동산중개업자도 고객에게 설명할 경우 이를 기초로 설명하고 보고 시에도 이를 참조하여 보고하여야 한다.

마. 협상력이 요구되는 직업이다

부동산중개는 거래대상 물건에 대한 가격 조절을 잘할 줄 알아야 중개 성공률을 높일 수 있다. 이처럼 부동산중개업은 양 거래당사자의 여러 가지 거래조건을 조정하여 합의를 이끌어 내야 하는 직업이다.

부동산중개에서 협상력이 요구되는 요소 중 가격 조절은 가장 기초적인 것이다. 이것 외에도 주거시설이나 점포의 경우는 입주시기 조절이 요구되고, 계약 이후에 발생하는 여러 가지 사항들에 대해 협상과 조절을 해 주어야 하는 경우가 발생한다.

특히, 금액이 많은 부동산일수록 협상해야 할 요소는 더욱더 많아진다.

이 협상이나 조절을 하는 데는 여러 가지 요소가 작용한다. 우선 가장 지배적으로 적용되는 것이 상대방의 심리작용이다. 예를 들면 당해 부동산에 대하여 어느 쪽이 더 절박하냐에 따라 협상의 난이 정도가 달라진다. 서로 비교적 여유가 있는 경우는 협상이 매우 어려워진다.

협상에서 가장 중요한 것은 당사자의 의견을 정확히 파악하는 것이다. 그래서 협상을 시작하기 전에 상대방의 환경을 먼저 파악하여 당사자의 처지 및 목적 등을 정확히 파악하고, 협상에 임해서는 상대방의 의견과 대화를 충분히 경청하는 것이 필요하다.

그다음으로 우리는 부동산 거래를 하는 것인 만큼 양자가 손해를 보지 않는다는 감정을 갖도록 절충하는 방법을 찾는 것이다. 흔히 절충의 대표적인 방법은 서로 주장하는 가격의 중간 값을 절충가격으로 제시하여 합의하게 하는 것인데 서로 반반씩 양보함으로써 상대방에 비하여 손해를 보지 않았다고 생각하기 때문이다.

그러나 실무에서는 꼭 반으로 절충하는 방법만 사용하지는 않는다. 상대방의 사정과 성격 그리고 타당성에 따라 다른 한쪽에 약간 기우는 합의점을 도출하기도 한다.

그 외에 부동산중개에서 합의는 사정 및 조건에 따라 부동산 인도시기 및 방법, 임대 및 매매조건 등이 결정된다.

이러한 여러 가지 합의를 도출해 주어야 하는 것이 부동산중개업자의 임무이므로 이를 자신의 성격에 맞도록 연구해 자기 것으로 만드는 것이 요구된다.

바. 부동산중개업은 종합과학업이다

부동산중개업자가 부동산거래를 성사시키기 위해서는 당해 부동산이 갖는 특성과 그 상태, 법적 제한요소 및 허용용도, 최유효 이용할 수 있는 방법, 경제성, 그리고 매도자나 매수자의 마음을 불러일으키는 설득력 및 심리 이용, 그리고 수수료를 정당하게 받을 수 있는 능력 등이 총동원된다.

부동산의 특성은 토지의 특성과 건물의 특성 그리고 경제적 특성으로 구분되는데 이런 특성이 부동산의 가치와 이용에 어떤 영향을 미치는지를 잘 살펴 이에 적합하게 보유하고자 하거나 이용하고자 하는 사람에게 중개를 하고, 또 부동산의 상태는 법적 하자가 없는지, 현장에서 문제점은 없고 적절한 상태인지를 잘 파악하고 보이지 않는 곳까지 상태를 파악할 수 있는 경험과 능력이 요구된다.

또 부동산은 용도의 다양성으로 이용할 수 있는 정도가 다 다르기 때문에 최유효 이용 정도가 다르다. 이 최유효 이용을 알기 위해서는 만일 해당 부동산이 본인의 것이라면 어떻게 최유효 이용할 수 있는지에 개념을 두고 파악하려 노력한다면 가능하다. 이렇게 파악된 물건을 이를 잘 이용할 수 있는 자에게 중개할 때 중개업을 가장 잘 수행하는 중개업자가 될 수 있다. 이를 항간에서는 좋은 투자처를 제공할 줄 아는 중개업자라고 흔히 말하고 있다.

또 이를 위해 부동산중개업자는 관계 법령과 주변 이용도를 파악하여 이 최유효 이용을 중개에 활용할 수 있도록 하고 고객에게 상담할 준비를 하여야 한다.

이렇게 하기 위해 부동산중개업자는 접수된 물건부터 자세히 분석하고 이에 대한 장점과 최유효 이용 방안을 강구해 두는 부지런함이 요구되며, 나름대로 자신의 성격과 적성에 따라 상대방에게 제시하고 설명하여 장점을 잘 팔 수 있는 능력이 필요하다.

부동산 거래가격은 정가화할 수 없다.

부동산은 위치가 거래대상 부동산에 미치는 영향이 크기 때문에 그 가격이 전부 상이하다. 또 부동산 거래가격은 그 부동산의 용도에 따라 가격이 달라지고, 너비 등 상태가 실수용자의 사용 목적에 의해 결정되므로 가격이 상이할 수 있으며, 특히 수요의 정도에 따라 가격이 결정되기 때문에 바로 옆에 붙어 있는 부동산이라고 하여도 가격이 동일할 수 없다.

매도인과 매수인의 심리 및 설득력을 위해 부동산중개업자는 심리학 및 설득력과 관련된 공부를 꾸준히 해 두는 것이 바람직하다. 왜냐하면 중개의 성공률을 보다 높이기 위해서는 상대의 심리적 현상 및 변화를 잘 읽어야 하기 때문이다.

또 많은 국민들이 부동산중개업자에게 중개를 의뢰하면서도 중개수수료에 대해 부정적인 의식을 갖고 있는데, 이러한 국민들의 의식을 전환시키고 부동산거래를 성사시키려면 의뢰인들이 부동산중개업자에게 수수료를 지불해도 아깝다는 생각이 들지 않도록 활동하고 행동해야 한다.

사. 중개업은 지식 정보산업이다

부동산중개업은 일반상품과 달리 부동산에 대하여 알고 있는 지식과 정보를 고객에게 사실대로 알리고, 고객의 소유목적에 적합하거나 최유효 이용할 수 있는 방책을 알선해 줌으로써 거래를 성사시키는 것이다.

부동산중개업자가 가장 기본적으로 염두에 두고 중개활동을 해야 하는 사항은 부동산을 파는 고객은 자신의 물건이 같거나 비슷한 종류의 부동산 중에서 가장 높은 가격을 받아 많은 수익을 얻고자 하며, 구입하려는 고객은 싼 가격으로 구입하려고 노력하지만 더 중요한 것은 실수요자라 할지라도 장차 가격이 상승하여 반드시 수익이 날 수 있는 투자를 목적으로 하고 있다는 것을 알아야 한다. 따라서 이에 적합한 중개활동을 할 때 중개업자는 거래를 성사시킬 수 있다.

부동산중개업자는 투자 상담을 잘하고 거래를 성사시키기 위해 해당 부동산에 대한 지식을 충분히 알아야 함은 물론, 「공부법」을 비롯하여 부동산 관련 공법과 공시법 등도 계속 공부하고 숙지해서 부동산에 관한 전문가로서 실력과 자질을 구비하여야 한다.

부동산중개업자가 부동산중개업을 함에 있어 이와 관련하여 알아야 할 필요한 지식을 살펴보면 다음과 같다.

먼저 의뢰받은 부동산에 대한 정보를 구체적이고 자세하게 알아야 한다.

그리고 그 부동산을 이용하고자 하는 고객에게서 활용과 관련된 허용 및 규제에 관한 법규 등 지식을 획득하여야 한다.

또한 사람에 대한 정보로서 매도인의 경우는 매도의뢰인의 사정을 비롯한 필요한 정보와 양도소득세 대상 등을 파악하여야 하며, 매수인의 경우는 매수의뢰인의 구입 가능 가격과 사용 목적 및 용도 등에 대해 조사하여야 한다.

그리고 권리분석과 관련된 정보를 관계 서류 등을 확보하여 파악하고 이를 처리하는 절차 및 방법을 숙지하여야 한다.

뿐만 아니라 사용 가능 시기에 대해서도 파악하여야 하며, 또 가격의 적절성을 파악하여야 판매 가능 시기를 판단할 수 있다.

또한 행정관서에서 계획하고 있거나 추진하고 있는 사항을 수시로 탐지하고 예측하여 고객보다 먼저 필요한 정보를 획득하는 노력을 하여야 한다.

부동산중개와 관련된 법규와 정보 속에서 중개 가능성이 있는 정보를 부동산중개업자는 만들 수 있다.

따라서 부단히 공부하여 지식을 쌓아야 필요한 정보를 만들 수 있고, 이렇게 획득한 정보는 자기 자신만의 노하우로 중개를 효율적이고 독창적으로 실시할 수 있다.

이처럼 부동산중개업자는 부단하게 물건을 분석하고 꾸준히 공부 및 노력하며, 고객에게 정확한 정보와 이용방법을 상담해 줄 수 있도록 관련 법규와 정책 등 많은 지식과 정보를 종합하여 중개하는 지식정보 직업이다.

아. 부지런하고 반드시 현장을 확인해야 하는 직업이다

'부동산중개업은 발로 벌어 먹고사는 직업'이란 말이 있다.

부동산은 부동성 때문에 지구상에 동일한 부동산은 하나도 없다. 만일 있다면 다만 비슷할 뿐이다.

또 부동산은 시대의 변화에 따라 계속 변한다. 즉 국가정책에 의하여 개발지가 되어 효용성도 높고, 가격도 상승하게 되기도 하지만, 경우에 따라서는 지역이 쇠퇴기가 되어 효용성도 줄어들고 가격도 하락하기도 한다.

또 부동산은 관리자의 성격과 습성에 의해 많은 변화를 가져온다. 즉 관리자가 부지런하고 부동산을 수시로 제 기능을 전부 발휘할 수 있도록 수선하고, 수리하면 가치가 상승하지만 게을러 방치하면 가치가 하락하고 효용도도 좁아진다.

따라서 부동산중개업자는 전에 잘 알고 있는 부동산이라 할지라도 과거에 알고 있었던 생각만 하고 안일하게 생각하였다가는 큰 실수를 할 수 있으므로 의뢰를 받으면 필히 직접 확인 및 조사를 하여야 한다.

사실 지구상의 대부분이 부동산이므로 매물로 나오는 물건은 많다. 이렇게 매도 의뢰된 부동산은 일반적으로 효용도가 높은 부동산도 많지만 실제 나온 물건 중에 일반적으로 사용하기에는 제한되는 물건도 많이 있다. 그렇다고 일반적으로 사용하기에는 제한되는 물건이라고 해서 전혀 거래되지 않는 것은 아니다. 경우에 따라 특수한 물건을 찾는 경우가 있기 때문에 이 또한 거래가 가능하다. 따라서 실제 중개업을 해 본 경험으로 볼 때 부동산중개업자가 의뢰받은 물건 전부를 완벽하게 임장 활동하기란 불가능하지만 가급적 시간이 나는 대로 전 의뢰물건을 임장 활동할 수 있도록 계획을 수립하여 시행하는 것이 바람직하다.

또 부동산중개업자는 부지런해야 한다. 부동산중개업자가 전문인으로 인정받기 위해서는 책임감과 능력을 인정받아야 하는데 부동산 현장을 모른다면 말이 안 된다.

그러므로 부동산중개업에서 **임장 활동**은 매우 중요하고, 또 이를 강조하고 있음을 항상 염두에 두어야 한다.

부동산중개업자가 임장 활동을 효율적으로 수행하기 위해서는 체계적이고 효율적인 계획을 수립하여 실시하고, 이때 책임 있는 자와 같이 임장 활동을 할 수 있는 조치가 필요하다.

3. 창업의 핵심요소

부동산중개업을 창업하기 위해서는 기초적으로 꼭 구비하여 할 요소가 있는데 이를 핵심요소라 말하며, 이 핵심요소는 다음과 같다.

① 경쟁력 있는 아이템 선정
② 중개기술

③ 중개물건

④ 중개할 인원

⑤ 구매할 고객

⑥ 가용 자금

가. 경쟁력 있는 아이템 선정

아이템이란 부동산중개업 창업 시에 본 사업을 성공하기 위하여 부동산중개 대상물 중 다른 사람들과 경쟁해서 이길 수 있는 물건이나 업무를 말한다.

1) 아이템 선정 시 고려사항

① 자신의 적성에 맞는 자신력 있는 아이템이어야 한다.

② 자신이나 주변사람들이 쉽게 거래할 수 있는 것이어야 한다.

③ 창업 지역 내에서 다른 업소보다 차별화할 수 있어야 한다.

2) 자신의 적성에 맞는 자신력 있는 아이템이어야 한다

부동산중개사무소를 개설하려면 창업 예정자는 자신의 적성에 맞는 것과 자신이 자신 있게 거래할 수 있는 부동산 종류를 찾아야 한다.

자기 적성에 맞는 부동산 종류를 찾아 그 부동산으로 사업을 할 때 창업자는 다른 중개 사무소보다 잘할 수 있으므로 이것이 곧 경쟁력이 있는 아이템이다.

또 가장 자신 있는 부동산 종류를 주력 아이템으로 선정하고 이 물건을 중점 중개할 때 초창기 창업자는 중개업에서 성공할 수 있다. 즉 창업자가 자신이 선정한 부동산 종류 에 대하여 특성과 내용을 잘 알고 있어 그 부동산을 찾는 고객에게 자신 있게 설명할 수 있고 장래성에 대한 정보를 획득하여 고객에게 제공할 수 있을 때 신뢰를 얻을 수 있다.

이 아이템은 크게 두 가지로 구분할 수 있다.

하나는 부동산 종류이고, 하나는 부동산중개와 관련된 업무 형태이다.

부동산의 종류는 용도에 따라 많이 있으므로 이 중에서 자기의 전공과 적성에 맞는 것 을 찾아 아이템으로 결정하는 방법이고, 다른 하나는 부동산과 관련된 업무형태로 컨설팅 이라든지 부동산금융, 경매 및 개발 등을 말한다.

이 경쟁력 있는 아이템을 찾는 방법은 중개기술 습득 방법과 동일한 요령으로 찾을 수 있다.

즉 본인이 부동산 종류를 중개연습을 하여 자기 적성에 맞는 부동산 종류를 찾는 직접 경험하는 방법이 있고, 다음은 교육을 통하여 자신에게 적합한 부동산 종류를 찾아내는 방법이 있으며, 부동산 관련 서적을 탐독하면서 그 서적 내에서 찾아내는 방법, 그리고 선배 사무실이나 다른 사무실에 취업하여 선배나 사업주로부터 중개기술을 전수받으면서 아이템을 찾는 방법 등이 있다.

3) 자신이나 주변사람들이 쉽게 거래할 수 있는 것이어야 한다

이처럼 자신에게 적절한 아이템이 선정되면, 선정된 아이템이 주변에서 쉽게 충분히 확보되어야 하고, 고객에게 쉽게 팔 수 있어야 한다. 이때 물건 확보를 위하여 중개업을 할 사무소를 선정하고, 이 사무소를 중심으로 배후지를 파악하고 시장조사를 하여야 한다.

그리고 팔 수 있는 고객을 확보하기 위하여 창업자는 자신이 창업하고자 하는 지역 내에 지인이 많아야 한다.

따라서 창업지역은 가급적 자신이 최근까지 살아온 지역 중에 가장 오래 거주한 지역이나 지인을 가장 많이 사귄 지역이 유리하다. 그래서 통상 자신의 고향이나 유년기부터 청소년기까지 거주했던 지역 또는 친척이 가장 많이 거주하는 지역에 많이 창업한다. 즉 이런 지역에는 지인이 많기 때문에 물건의 확보가 쉽고 거래할 고객이 많다.

간혹 자신이 다니는 종교시설이 있는 지역에서 창업하기도 하나 이는 지인은 많지만 그 지인 중에는 부동산중개업을 하는 자도 많기 때문에 다소 도움이 되나 크게 영향을 미치지는 못한다.

4) 창업지역 내에서 다른 업소와 차별화할 수 있어야 한다

창업자는 자신이 선정한 아이템을 가지고 창업함에 있어 자신이 창업하려는 지역에 이미 부동산중개업을 하고 있는 자가 항상 있다는 것에 착안하여 기존의 부동산중개업자와 경쟁하며 살아남기 위해서는 이들과 차별화가 되어 고객으로부터 신뢰를 얻어야 한다.

이 차별화는 부동산 종류에 따라 다양하다. 따라서 일괄적으로 정리하기는 무리가 있다.

그러나 착안되어야 할 사항은 첫째, 자신의 성격과 품성에 맞는 것이어야 하므로 자신에게 맞는 것으로 개발하여야 한다는 것과 둘째, 고객에게 신뢰를 줄 수 있어야 하므로 보다 과학적인 근거와 명확한 자료를 가지고 고객에게 설명할 수 있는 것이야 한다.

부동산중개업자는 장기적으로 모든 부동산을 전부 취급할 수 있어야 한다. 그러나 지구상의 모든 기업이 국적이 없는 세계화로 되면서 부동산중개업도 이 추세를 벗어날 수 없다.

따라서 어느 한 사람이 부동산 종류에 대해 다 취급할 수 없고, 또 이를 전부 다룰 수 있는 능력을 구비한 사람은 없다. 그러므로 개인적으로 부동산 종류별로 전문화가 되지 않으면 생존이 어려워지게 될 것이다.

그리고 부동산중개업도 장래 방향이 법인화, 대형화로 발전되어 가는 추세이며, 개인별로는 전문화로 집중되어 가고 있다.

이 경쟁력이 있는 아이템을 잘 선정하는 것은 창업 당시의 성패에도 중요하지만, 중개업을 장기적이고 지속적으로 영업하는 데 밑거름이 되기도 한다.

통상 이 경쟁력 있는 아이템을 선정하는 것을 보면 여자 창업자들은 주거용 부동산중개를 대상으로 아이템을 선정하고, 남자 창업자들은 상가 및 빌딩 또는 토지를 아이템으로 선정하고 있다.

이는 대체로 상당한 타당성이 있다. 왜냐하면 여자들은 주택이 여자들의 활동공간인 경우가 많으므로 주택의 각 부분이 주거생활에 어떠한 영향을 미치고 쾌적성 및 편리성에서 어떤 구조가 좋은지 남자들보다 더 잘 알기 때문이다.

또한 상가나 토지를 남자들이 아이템으로 많이 선정하는 이유도 남자들이 사회생활을 하면서 어떤 사항에 대하여 법 규정 적용이 어떻게 되는지에 대해서는 잘 적응할 수 있기 때문에 이를 아이템으로 많이 선정하고 있다.

그러나 상당한 수의 초년생들은 주거보다는 상가나 토지가 큰돈을 벌 수 있다는 생각에서 상가 및 토지를 선택하는 경우가 있는데 이는 매우 위험한 선택이다. 실제로 부동산중개업을 하면서 재산을 변상으로 날리는 경우가 대부분 이에 해당하는 경우이다.

나. 중개기술 습득

1) 중개기술이란

부동산중개업자는 자격증을 취득한 것만으로는 창업할 수 없다. 공인중개사 자격증은 다만 부동산중개업을 할 수 있는 자격을 부여하는 증서에 불과하다.

공인중개사가 부동산중개업을 하려면 자격증 취득할 때 익혔던 각종 부동산중개업과 관련된 이론과 법을 기초로 하여 중개의뢰인으로부터 의뢰받은 중개대상물을 가장 효율적이고 합법적으로 이를 필요로 하는 구입 의뢰인에게 효율적으로 알선하는 기술 즉 부동산중개기술이 필요하다.

부동산중개기술이란 부동산 거래와 관련하여 의뢰인으로부터 받은 의뢰를 거래계약이라는 법률행위가 이루어지도록 성사시키는 기술을 말한다. 즉, 매도의뢰인이 매도 의뢰한 부동산을 매수의뢰 고객 중 매도 부동산을 필요로 하거나 효율적으로 이용할 수 있는 매수의뢰인에게 구매욕구가 촉구되도록 소개 하여 부동산거래를 성사시켜 거래계약서를 작성하도록 하는 기술을 말한다.

부동산중개기술은 이것만 습득하면 된다고 한정할 수 없다. 고객의 요구가 모두 다르고 그 구입 및 매도사유가 각기 다 다르며, 부동산도 모두 다르기 때문에 중개업자의 중개기술도 이런 각기 다른 사정을 조화시켜야 하고 적용되는 법규도 각기 다를 수 있으며, 일부는 다양한 방법 또는 표준이라고 볼 수 있는 방법이나 과거에 적용했던 기술의 일부를 변형하여 적용하여야 하는 경우가 있어 그 범위가 매우 넓다.

다만, 현행 적용되는 법규의 범위 내에서 이루어져야 하므로 본 책에서 열거하고 있는 내용을 효율적으로 조합하여 자신의 것으로 만들어야 한다. 그래서 우리 부동산중개업자들은 부동산중개기술을 자신의 성격과 능력에 맞도록 개발하고 있다.

부동산중개기술은 부동산 판매기술이기도 하지만 부동산을 최유효 이용할 수 있도록 알선하는 데 근본 목적을 가지고 법적으로 하자가 없는 범위 내에서 판매하는 기술이다. 그러므로 물건의 특성을 파악하고 이를 이용함으로써 얻어지는 이득이 무엇인지를 조사하며, 여기에 적절한 매수자를 찾아 물건의 장단점을 설명하고, 매수자의 심리를 잘 분석하여 매수자로 하여금 구매촉구를 발동시켜 구매하도록 하여 계약이 이루어지도록 하는 기술로서 법적으로 하자가 없는 중개기술이어야 한다.

또한 부동산중개기술은 효율적인 중개가 되어야 한다.

부동산중개를 하면서 수입보다 더 많이 비용이 들어가는 중개를 한다면 이는 부동산중개업자가 해야 할 일이 아니다. 따라서 부동산중개업자는 중개 성공률을 높일 수 있는 중개기술을 습득하여야 한다.

중개기술의 효율화를 위해서는 부동산중개컨설팅을 연습하여 성공률을 높이는 방법도 좋은 중개기술의 효율화 방안이다.

2) 중개기술의 범위

이 중개기술 범위는 절차 면에서는 부동산중개절차가 그 범위가 될 수 있으며, 업무범위에서는 「공부법」 제14조의 범위까지이고, 기법(技法) 면에서는 위법성이 없는 범위는 전부 포함된다.

따라서 부동산중개업자는 이 중개기술의 범위를 적용함에 있어서 법적으로 하자가 없도록 부동산중개와 관련된 법을 부단하게 공부하여 풍부한 지식을 쌓아야 함은 물론, 법률의 범위 내에서 적법하고, 권리를 상실하는 자와 권리를 취득하는 자의 권리를 최대한 보장하면서 필요한 중개기술을 적용하여 효율적인 부동산중개에 성공하는 기술이 필요하다.

예를 들면 어느 주택이 2008년 8월 22일로 설정되어 있는 채권최고액에 당해 부동산의 매매가의 80%에 해당하는 금액을 근저당했다. 그 이후 가압류가 설정되어 있는데, 이 집을 임대한다고 했을 때, 대부분 이를 두려워하여 포기하기 쉬우나, 임대인도 손해가 없고 임차인도 손해를 입지 않는 중개기술을 찾는다면 다음과 같다.

만일 이 주택이 경매를 당할 경우를 생각하여 검토하게 되는데 현재 이 주택은 2008년 8월 21일 이후에 설정된 근저당의 경우이므로 광역시의 경우는 최우선 변제금액이 5,000만 원 이하 보증금에 대하여 1,700만 원까지 최우선 변제를 받을 수 있다. 그러므로 부동산중개업자는 임대보증금을 1,700만 원 이하로 하는 임대차 계약을 체결하면 임차인은 경매를 당할 경우에도 손해를 받지 않고 보증금을 전액 보장받을 수 있으며, 임대인의 입장에서도 월세를 받으므로 손해를 받지 않는 방법으로 임대차를 유도하는 것이다.

물론 다가구의 경우는 전체 최우선 변제금액의 합이 낙찰금액의 1/2 이하이어야 하므로 다소 전액보장이 안 되는 경우가 있을 수 있으나 이와 같은 방법을 임대인이나 임차인에게 설명하여 임대차계약을 중개한다면 비록 가압류가 있거나 근저당이 있더라도 임대인이나 임차인 공히 손해 보는 일이 없이 임대차 중개를 성공시킬 수 있다.

즉 이처럼 부동산중개기술은 부동산중개와 관련된 법규와 일반 관례 그리고 상업적 상술 및 심리학을 포함하는 종합적 기술이다.

3) 중개기술 습득방법

이러한 중개기술을 부동산중개업자는 창업하기 전에 또는 중개업을 하면서 습득하여야 하는데 그 습득하는 방법은 다음과 같다.

먼저 가장 좋은 방법으로는 본인이 부단히 공부하여 실력을 쌓고 직접 경험을 통하여 중개기술을 습득하여 이를 축적하는 방법이 있고, 그 외 간접적인 방법으로는 각종 교육을 통하여 기술을 습득하는 방법, 부동산 관련 서적을 탐독하여 기술을 습득하는 방법, 그리고 가장 효율적이고 좋은 방법이기는 하나 실제로는 현업에 종사하는 중개업자들이 자신들의 노하우라 잘 알려 주지 않아 얻기 쉽지 않은, 선배 중개업자로부터 중개기술을 전수받는 방법 등이 있다.

(1) 직접 경험 축적

부동산중개업자가 부동산중개기술을 습득하는 방법 중 먼저 본인이 직접 경험을 축적하는 방법은 본인이 부동산중개업을 하면서 아이템별로 중개기술을 직접 경험하는 방법이다.

이 직접 경험으로 중개기술을 습득하는 방법은 중개기술 습득방법 중 가장 이상적인 방법이다. 직접 경험을 축적하기 위한 또 다른 방법은 다른 사람의 사무소에서 소속공인중개사로 취업하여 경험을 습득하는 방법이 있고 또는 본인이 직접 사무소를 운영하면서 다방면으로 경험을 습득하는 방법이 있다.

이때 부동산의 종류가 다양하므로 부동산 종류별로 전부 경험을 습득하기는 어렵고 또 이는 너무나 시간이 많이 소요되는 단점이 있다.

그러나 이 방법은 먼저 부동산중개업이 본인의 적성에 맞는지를 점검하는 좋은 기회가 될 수 있으며, 이를 통해 본인의 적성에 맞는 부동산을 찾을 수 있다는 것과 다양한 부동산을 취급해 봄으로써 폭넓게 경험을 축적할 수 있다는 장점이 있다.

(2) 교육 이수

부동산중개업과 관련된 교육은 실무교육으로부터 전문교육까지 다양하게 있다.

즉 창업을 위한 의무교육인 실무교육으로부터 창업교육, 컨설팅교육, 경·공매교육, 풍수지리교육, CPM(Certified Property Manager: 국제 공인 부동산 자산관리사)교육, 부동산관리사교육, 부동산 유통관련 교육, 기타 부동산 종류별 입지선정 및 사업성 분석교육, 심리학교육 등 전문교육이 있다.

그 외에 협회 등 교육 위임기관에서 부동산중개와 관련된 여러 법률 및 제도 등이 개정되거나 변화하고 있으므로 이를 부동산중개업자들에게 주지시켜 주기 위한 연수교육 등이 있다.

이처럼 교육을 통해 부동산중개기술을 습득하는 방법은 창업을 함에 있어 창업 아이템 선정을 위한 부동산 종류나 업무형태를 찾을 수 있는 좋은 점이 있다.

또 각종 법규의 제·개정과 먼저 습득한 법규 중 잊힌 필요한 지식을 재습득하기 위한 보수교육을 통해서도 새로운 제도에 따른 중개기술 획득과 잊힌 사항에 대해 재충전하는 중개기술을 습득할 수 있다.

특히 앞으로 부동산이 단순히 재산적 가치로 보유하던 추세에서 수익적 투자가치로 전환되어 감에 있어 각종 컨설팅이 더욱더 효과적인 중개기술이 될 수 있을 것이다.

(3) 부동산 관련 서적 탐독

부동산 판매기술에 대하여 유경험자들이나 전문 학자들에 의해서 많은 서적이 출간되어 판매되고 있다. 따라서 이들을 통해 많은 지식과 기술을 습득할 수 있다.

다만, 이 방법은 책을 저술한 분의 경험과 지식 정도에 따라 차이가 있어 중개기술을 습득하려는 자에게는 비용이 많이 들고, 시간이 소요되는 단점이 있으나 직접 경험하지 않고 다양한 경험을 습득할 수 있는 장점도 있다.

또 부동산중개업자들의 가장 큰 결함 요소 중 하나가 자신이 너무 똑똑하다고 생각하여 남의 의견을 제대로 청취하지 않는 습관이 있어 이렇게 많은 경험 책자들이 시중에 있음에도 이를 잘 사서 보려 하지 않는다는 것과 책을 사는 데 인색하여 책을 사려 하지 않고 공짜로 얻거나 남이 가지고 있는 책을 얻어 가려는 태도가 있음이 아쉽다.

(4) 전수

타 부동산중개업자로부터 직접 중개대상물 종류별로 중개기술에 대해 설명을 듣거나 전수를 받을 수만 있으면 가장 효율적으로 중개기술을 습득할 수 있다.

타 부동산중개업자로부터 전수받는 방법으로는 당해 중개업자 사무실에 소속 공인중개사로 취업하여 부동산중개업자로부터 부동산 종류별·상황별로 전수받는 방법이 있고 또는 인척 및 친분관계가 있는 현업 중개업자와 합동 또는 공동사무실을 운영하여 같이 업무를 하는 방법이 있을 수 있으며 또는 중개보조원을 취업하여 현업 공인중개사로부터 전수받고 공인중개사 자격증을 취득하는 방법이 있다.

또 다른 방법으로는 같은 부동산중개업을 하는 사람들끼리 모임을 구성하여 이 모임에서 대화나 성공 및 실패담을 발표하는 기회를 부여하도록 하고 이때 이를 통하여 필요한 중개기술을 습득하는 방법이 있다.

부동산중개업자들의 모임에 참석하면 최근에 성사시킨 물건에 대한 이야기로부터 성사시킨 방법들도 교류되고, 또 실패 및 사기당한 이야기들도 자연스럽게 토의된다. 따라서 협회의 모임을 비롯하여 부동산중개업자는 중개사들끼리의 모임에 많이 참석하는 것이 좋다.

부동산중개업자들끼리의 모임에는 같은 지역에서 종사하는 동 단위 모임이 있을 수 있고, 각 구별로 한두 명씩 선정하여 모임을 만든 지역모임이 있을 수 있으며, 합격 기수의 모임, 합격 기수는 달라도 같이 공부한 사람들끼리의 모임, 전문교육 이수 동기 모임, 협회의 임원모임 등이 있을 수 있다.

이와 같이 중개기술은 겉으로 보기에는 단순하고 용이하게 보이지만 실제로는 많은 노력과 부단한 공부 및 경험을 통하여 얻어지므로 부동산중개업자는 중개업을 영위하는 동안 부단히 중개기술 개발에 노력하여야 한다.

부동산중개기술은 부동산중개업자에게는 가장 중요한 사항이고 부동산중개업자들이 자기만의 노하우로 생각하는 매우 중요한 사항이므로 이에 대해서는 뒤에서 별도로 살펴보기로 한다.

다. 중개대상물 확보

다음은 중개할 물건을 확보하는 것이다.

중개할 물건은 크게 매매와 임대로 구분하여 확보하여야 하고, 확보해야 할 물건의 수는 크기와 면적에 따라 차이가 있으므로 일정하게 이야기할 수는 없으나 많이 획득할수록 취득을 원하는 고객에게 즉각적이거나 다양한 물건을 추천할 수 있어 바람직하다.

이를 위하여 창업자는 창업하기 전에 먼저 자신이 창업하고자 하는 지역 내(부동산중개업소로부터 500m 내)의 자신이 선정한 아이템에 대해 물건의 번지, 주인 전화번호, 성명, 물건의 상태, 이용 정도, 주변의 시세 및 가격, 그 물건에 대한 주인의 계획 등을 파악하여야 한다. 이를 통상 물건작업 또는 지주작업이라 한다.

실례로 모 중개업자는 약 5,000세대의 아파트단지에서 부동산중개업을 하는데 이 5,000세대 주인과 그 집의 상태를 전부 파악하여 월평균 1,000여만 원의 수입을 올리고 있다. 또 모 중개업자는 모 광역시 내의 약 2,500여 개의 다가구주택에 대한 주인과 물건의 특성을 파악하여 월평균 1,000여만 원의 수입을 올리고 있다.

이처럼 부동산중개업자의 창업은 주변의 창업 아이템의 상태를 전부 파악하여 이를 자신만의 것으로 자산화하고 있다.

라. 인적 자원의 확보

부동산중개업의 필수요소 중 가장 중요한 부분이 곧 인적 자원을 확보하는 것이다.

많은 중개업자가 중개업을 영위하면서 자신과 같이 부동산중개업을 영위할 인적 자원을 확보하는 데 가장 많이 고심하고, 또 가장 많은 시간을 투자한다. 특히 부동산중개업을 오래 한 사람일수록 부동산중개업을 할 직원을 확보하는 데 더 고심한다. 왜냐하면 과거에 중개보조원의 불법과 악덕행위를 경험한 바 있기 때문이다.

그래서 부동산중개업자의 인적 자원 중 가장 중요한 인적 자원은 같이 근무할 직원이다. 그 외에 부동산중개업자의 인적 자원에는 매도 및 매수 고객, 중개업과 관련된 도배 및 장판 설치하는 도배사, 싱크대업자, 몰딩 업자(목수), 페인트 업자, 이삿짐 운송업자 등 전문분야 업자와 전기 및 수도배관 공사업자, 건축설계사 및 시공업자, 가스 설치업자, 세무사, 법무사 및 변호사 등 연관된 직업의 요원 등이 있다.

1) 직원

부동산중개업자와 같이 근무할 직원에는 소속공인중개사, 중개보조원, 행정원 등이 있고, 컴퓨터 전문 관리자가 있을 수 있으며, 직원 종류별 수는 개인 부동산중개사무소 개설의 경우는 소속공인중개사나 중개보조원으로 최소 1명 이상을 두고 있다.

소속공인중개사 중개보조원의 수는 업무의 분할에 따라 고용인 수가 결정된다. 일반적으로는 이 중개보조원이 과도하게 많으면 오히려 수익이 감소할 수 있고, 운영에 어려움이 있을 수 있다.

행정요원과 컴퓨터 관리자는 개인 중개사무소에서는 별도로 두지 않고 소장이나 직원이 겸하기도 하고 또는 특별한 사유가 발생할 때 관련 전문업자와 협의하여 처리한다.

그러나 법인 부동산중개사무소 개설의 경우는 업무 분야별 소속공인중개사나 중개보조원을 1인 이상 고용하여 운영하고 있으며, 내부 최소의 행정인원을 두고 운영하고 있다. 단, 법인의 임원 및 직원의 수는 제한이 없으나 2명 이상인 경우는 임원 중 최소한 대표이

사와 이사 중 1/2 이상이 공인중개사로 구성되어야 한다.

사무소에서 같이 근무할 요원은 정말로 신뢰할 수 있는 요원이어야 한다. 특히 소속공인중개사나 중개보조원은 실제 부동산중개활동을 하는 요원이기 때문에 이들이 하는 행위는 중개업자의 행위로 간주하므로 신중하게 채용할 수밖에 없다.

그래서 부동산중개업자는 직원을 채용하면 그 인원은 중개업자와 평생 같이 중개업을 할 요원으로 결심하고 채용하여야 하며, 고용된 요원도 자신을 채용한 중개업자와 평생 같이 중개업을 한다는 각오로 취업해야 한다. 그래야 과거 중개보조원에 대한 인식이 사라지고 부동산중개업계가 건전해질 수 있다. 현재도 종종 상식이 없는 중개업자는 다른 중개업소에서 능력 있는 보조원을 빼내 가거나 또는 쫓겨난 보조원을 채용하여 사용하는 경우가 있다. 이는 상도의가 전혀 없는 중개업자이며 기본적인 자질이 갖추어지지 않은 중개업자이다.

보조원의 행패를 근절하기 위하여 중개업자들은 가급적 공인중개사를 채용하는 방향으로 하고 있으나 소속공인중개사는 공인중개사 자격증이 있으므로 개인사무실을 개업하는 경우가 많아 단기간만 근무하는 단점도 있다.

사무소에서 같이 근무할 요원의 실태를 보면 개인사무소를 개설하는 경우 창업단계에서는 배우자를 보조원으로 하여 창업하는 경우가 많고, 그 외에 형제자매나 친가 또는 처가의 부모와 같이 창업하는 경우가 일반적이다.

그 외에 같이 공부한 사람이나 주변의 추천을 받아 보조원으로 채용하는 경우 또는 모집광고를 통해 보조원을 채용하고 있다.

법인인 경우는 기업이므로 행정절차에 의거 선발하여 운영하고 있다.

이때 같이 근무할 인원은 사업주가 부동산중개업을 영위하고 있는 한 끝까지 책임지고 같이 부동산중개업을 운영할 요원이므로 가족과 같은 유대가 필요하다.

왜냐하면 과거 부동산중개업에 종사하는 요원들이 얄팍한 심리로 다른 중개업소에서 수당을 더 준다고 하면 자주 이동하는 형태로 운영되었기 때문에 같이 근무하는 사람을 믿지 못하는 풍조가 만연하였고, 또 중개업 자체가 사업의 형태를 갖추지 못하고 구멍가게의 형태로 갈 수밖에 없게 되었다.

또 일부 중개업자는 자신의 활동보다는 종사원의 활동에 기대를 더 걸어 종사원들에게 사업의 운영을 검토 없이 과다하게 수당을 할당함으로써 그 종사원이 나가면 영업을 할 수 없어 전전긍긍하는 것을 종종 본다. 한 예로 일부에서는 이 중개보조원을 10명에서

120여 명까지 고용하여 텔레마케터로 운영하고 있기도 하고, 책상 임대사업을 하여 앵벌이식 중개업소를 운영하기도 한다. 이는 사업의 한 방법일 수는 있으나 무등록중개업자를 대량 생산해 낼 가능성이 있어 중개업자의 상도의상 생각해 볼 문제가 있다.

사무실에 같이 근무할 요원의 할당 업무는 다음과 같이 많이 분류한다.

주거를 담당할 요원, 상가를 담당할 요원, 공장 및 창고를 담당할 요원, 농지 및 임야를 담당할 요원 등으로 구분하여 채용하며, 경우에 따라서는 주거의 경우에도 아파트 담당자, 단독주택 담당자, 다가구 담당자, 다중주택 담당자로 구분하기도 하고, 상가 담당자의 경우도 슈퍼 담당, 여관 담당, 미장원 담당, 학원 담당, 일반점포 담당 등으로 구분하여 요원을 채용하기도 한다.

이와 같은 업무의 구분은 담당지역 내의 물건의 양과 거래 빈도, 그리고 평균 중개수수료의 예상 수입금액에 따라 결정하게 된다.

또한 부동산중개업자는 이 인원들에 대하여 주기적으로 자신의 사업계획 및 내용에 대한 교육을 하고, 부동산중개업 관련해 변경된 법의 내용에 대해 연수교육을 받도록 조치하여야 한다.

부동산중개업은 매년 관련된 법의 개정 등으로 부동산중개 관련법의 내용 변동이 심하고, 또 중개에 종사하는 요원들은 현업에 열심히 종사하다 보면 과거에 익혔던 지식을 망각하는 경우가 일반적이다.

직원을 교육시키는 방법은 중개업자가 직접 하는 방법이 있고, 공인중개사 학원에 필요한 과목을 연수하도록 하는 방법이 있으며, 분야별 전문교육이 있는 경우 수강하도록 하거나 대학 및 석·박사 학위과정을 교육받도록 하는 방법이 있다.

2) 업무 관련 업자(협력업체)

부동산중개업과 관련된 업체 및 요원을 보면 부동산의 거래는 권리의 이전이므로 법무사 등 등기업무를 수행하는 요원이 있고, 주거의 경우에는 이사할 때 깨끗함과 쾌적성을 위해 도배 등을 하고 있으므로 지업사와 이삿짐센터 등 관련 업체가 필요하다.

이에 대해 부동산 용도별로 살펴보면 다음과 같다.

먼저 주거용 물건을 중개함에 있어서는 매매든 임대든 익스프레스 및 도배업자, 법무사, 세무사, 건물수리업자 등이 주로 많이 연계된다.

또한 토지나 상업용 부동산을 중개하는 중개업자는 변호사, 세무사, 법무사, 건축설계사, 건설업자, 건축자재업자, 건물수리업자 등의 협조를 받아야 하므로 이들도 필요하다.

그 외에 대출 등이 요구되는 경우가 많으므로 제1 및 제2 그리고 제3 금융기관과 거래가 요구되며, 감정평가사 등과도 더불어 일하게 되므로 감정평가사와도 유대를 강화하는 등 이상의 협력업체들과 유대를 갖는 것은 절대적으로 필요하다.

협력업체와 유대를 강화하고 관련 요원을 확보함에 있어서도 가급적 각기 분야에 전문적 기술이 풍부한 요원을 많이 확보하고, 경우에 따라서는 소유권 이전 등기 2~3개를 동시에 처리해야 하는 경우가 있으므로 같은 종류의 협력업체를 복수로 유대를 맺어 두는 것도 바람직하다. 이렇게 하는 것이 업무가 중복되는 경우 또는 전문적인 서비스를 받아야 하는 경우 고객에게 최고의 서비스를 할 수 있다.

마. 고객 개발

부동산중개업자에게는 매도인이나 매수인 모두가 고객이다.

고객은 부동산중개업의 3대 요소(공인중개사, 중개대상물, 고객)의 하나로서 공인중개사가 부동산중개업을 함에 있어 필수적인 요소이며 성공의 열쇠가 된다. 따라서 부동산중개업자는 고객을 개발하여 고객을 많이 확보하고 이들을 잘 관리하여야 한다.

고객 개발은 상황에 따라 매도고객이나 매수고객을 확보함을 의미하며, 일반적으로 고객 개발은 매수자를 확보하는 것을 의미한다.

매수고객을 개발방법으로는 첫째, 친인척을 통하여 찾아내는 방법, 다음으로는 친구 및 같이 근무했던 동료 등을 통하여 탐지하는 방법이 있으며, 셋째는 모임 등을 통하여 탐지하는 방법, 넷째는 광고를 통해 개발하는 방법이 가장 일반적이고, 다섯째는 고객으로부터 신뢰를 얻어 고객이 추천해 주는 방법 등이다.

이 단골고객은 우연히 만들어지는 것이 아니고, 대표를 포함하여 직원들이 성실하고 진실한 자세로 고객에게 신뢰를 주었을 때 단골고객이 되는 것이다.

고객관리는 기본이 고객에게 신뢰를 구축하는 데 있다.

이와 같은 신뢰를 구축하기 위해서는 먼저 물건이나 고객에 대해서뿐만 아니라 업무를 처리하는 데까지 진실하고 성실하며 친절하여야 하고, 그리고 부동산중개업에 대하여 자신감을 보여 주어야 한다.

신뢰받는 부동산중개업자가 되기 위해서는 부단히 공부하고 경험을 많이 쌓아 부동산중개업과 관련된 풍부한 지식을 갖추어야 하며, 상대방을 항상 배려하는 따뜻한 마음씨를 가져야 한다.

고객관리에 있어 갖추어야 할 기본자세는 다음과 같다.

① 고객으로부터 신뢰와 사랑을 받는 관계를 만들어라. 이렇게 고객의 신뢰와 사랑으로 이루어진 관계는 오래 지속된다.

② 고객의 성격유형에 따라 이에 맞는 공략을 하라.

③ 업무에 대해 자신감을 가져라.

④ 고객 앞에서 우유부단하게 언행을 하지 말고, 만일 고객의 질문에 자신이 없는 부분이면 빨리 '확인하여 알려 주겠다'고 솔직하게 행동하라.

⑤ 자신 있다고 큰소리치지 말고, 고객에게 근거를 가지고 차분하게 설명하되, 고객이 말한 부분 중에서 맞는 부분은 맞장구도 치면서 자신감 있게 브리핑하라.

⑥ 고객을 이기려는 것보다는 고객의 인격을 충분히 존중하고, 고객에 맞는 대화를 하는 방법을 찾아내라. 그리고 고객이 이야기할 때 중간에 말을 막지 말고 충분히 말할 수 있도록 한 뒤, 그 내용에 대해 하나하나 설명이나 답해 주는 습관을 길러라. 그러면 중개업자를 차분하고 꼼꼼히 일 처리해 주는 사람으로 인식하기 시작한다.

⑦ 고객과 상담 또는 대화 시 메모하는 것을 습관화하고 끈질기고 충분한 상담으로 계약을 성사시키는 것이 잘하는 것이다.

⑧ 고객에게 법규와 원칙에서 어긋나는 언행을 삼가고, 고객이 만일 위법이나 상도의에 어긋나는 제의를 하면 과감하게 '저는 그런 것은 안 합니다' 하고 거절하는 용기를 보이는 것이다.

⑨ 고객관리를 위한 또 다른 방법은 거래한 고객을 데이터베이스로 자료화하고, 각각의 사정을 메모하여 주기적으로 점검하여야 한다. 그리고 특별히 관리할 사람은 별도로 분류한 뒤 가족과 같이 유대를 구축해 두는 방법이 있다.

바. 자금 확보

부동산중개업의 창업도 다른 사업과 마찬가지로 자금 확보가 사업 성공의 관건이다. 통상 부동산중개업은 소자본을 가지고 할 수 있는 사업으로 생각하고 있다. 그러나 이는 상당한 위험을 안고 사업을 시작하게 된다.

왜냐하면 부동산중개업은 부동산 거래 동향 및 순환주기와 매우 밀접한 관계를 가지고 있어, 다른 상거래와 달리 불경기가 길다. 따라서 불경기에도 생계를 유지할 수 있는 충분한 재정이 확보되지 않은 상태에서 소자본으로 중개업을 창업하면 중도에 폐업하거나 사행 행위를 하여 재정적 큰 손실을 초래할 수 있다.

그래서 부동산중개업은 소자본으로 창업한다고 생각하는 것은 매우 위험하므로 적당한 자금 확보가 필요하다.

중개업을 창업하기 위하여 소요되는 자금의 종류는 창업자금, 운영자금, 예비자금 크게 3가지로 구분된다.

1) 창업자금

부동산중개업자가 창업을 준비하여 개업할 때까지 소요되는 자금으로 일명 창업자금이라 말하며, 일종의 투자자금이다. 이는 창업 시에만 투입되는 총체적 비용을 말한다.

창업자금에는 권리금 및 임대보증금과 창업 시 구입하여야 할 물품에 소요되는 비용, 인테리어를 하는 데 소요되는 비용, 개업식에 투입되는 비용 등을 말한다.

창업자금의 규모는 이들 요소를 정리하고, 이 목록에 필요한 물건 및 소요금액을 파악하면 쉽게 파악이 가능하다.

2) 운영자금

운영자금은 사무실 임대료 등 주기적으로 재투자되는 금액을 말하며, 이 운영자금에는 임대료, 전화료, 전기료, 사무실 관리비, 광고비, 물건분석을 위한 행정서류 발급 비용, 냉·난방비용, 프린터 잉크 및 A4지 구입 등 행정사무비용, 사무실 식비 및 회식비, 월급제 직원을 운영하는 경우 월 급여, 기타 우편료, 4대 보험료 등 사무실에서 사업을 위해 투입되는 비용을 말한다.

이 운영자금은 불경기 시에도 사무실이 운영되어야 하므로 예비자금의 성격을 갖기도 하지만 불경기 기간은 최소 6개월로부터 3년이 되는 경우가 있으므로 최소 6개월로부터 최대 3년 정도의 사무실 운영자금을 확보하는 것이 바람직하다.

부동산중개업을 생계형 업종으로 생각하고 창업한다면 사업주가 사업에 전념할 수 있도록 하기 위해서는 운영자금을 적절하게 확보하는 것이 필요하다.

3) 투자예비자금

투자예비자금이란 불경기에 생계유지 자금일 수도 있는 자금이기도 하고, 법정 중개수수료로는 생계유지 및 자녀들의 성장에 따라 투입되어야 할 교육비 및 결혼 비용 그리고 노후를 대비하는 자금이 되지 못하기에 이러한 자금을 확보하기 위하여 주기적으로 적절한 물건이나 요소들에 투자하는 자금을 말한다.

이 투자예비자금은 창업 초기에는 최소 3년의 생계 유지를 위한 자금과 1년에 1건 정도의 적절한 물건에 투자하는 자금이 요구되며, 창업 초기가 지나면 적립한 수입을 사업 확대를 위해 재투자하는 재투자자금이기도 하다.

부동산중개업은 중개수수료만으로 생계를 유지하거나 사업을 지속하기란 어렵다. 오랜 경험자의 통계에 의하면 법정수수료는 사무실 유지비 및 중개활동비 정도밖에는 되지 못하고, 생계비는 제한된다고 한다.

따라서 부동산개발이나 부동산중개와 관련하여 적당한 투자처가 탐지되면 투자를 하여야 생계도 유지되고, 사업도 확대하며 업무의 영역도 확대할 수 있다. 그러나 이에 대하여 과도한 활동은 오히려 화를 부를 수 있으므로 적당한 활동이 요구된다.

제3장 | 창업 절차

1. 창업 절차도

부동산중개업을 창업하는 데 수행하는 업무 절차는 통상 사업구상단계로부터 사무실 입지선정, 사무실 개설을 위한 행정 절차, 사무실 개설(개업)준비, 그리고 사업개시단계 5개 단계로 이를 걸쳐 창업이 이루어진다. 각 단계별 창업을 위한 세부 행동내용은 다음 표와 같다.

〈표 1〉 부동산중개업 창업 절차도

절차	활동 내용
① 사업 구상	• 사업 타당성 분석 • 인원 고용 여부 • 운영방침 구상 • 사업계획서 작성
② 사무실 입지선정	• 입지 타당성 분석 • 사무실 입지선정
③ 행정 절차	• 실무교육 이수 • 사무실 개설 등록 신청 • 업무보증 설정 • 인장 등록 • 등록증 교부 • 사업자등록 신청
④ 개업 준비	• 창업일정계획수립 • 보조원 등 인력확보 및 교육 • 각종 서식확보 및 작성 연습 • 중개 물건 확보 • 경영전략 검토 및 교육 • 4대 보험 가입
⑤ 사업 개시	• 개업식 • 손님 맞을 준비 • 계약서 작성

공인중개사가 창업을 하는 과정을 별지 11처럼 준비하도록 제시하기도 한다. 즉 각 분야별 준비계획을 수립하고 이를 순서를 정하여 단계별로 실시하도록 하고 있으며, 각 분야별 준비계획에 대한 목표와 일정계획을 제시하고 있으므로 이를 참조할 수도 있다.

2. 사업 구상

사업 구상단계는 사업가로서 사업을 어떻게 할 것인가를 결정하고 창업을 추진하기 시작하는 단계로, 부동산중개업을 창업할 것인지를 결정하는 단계이다.

이를 위하여 구체적으로 실시하는 행동을 살펴보면 다음과 같다.

먼저 사업 타당성 분석을 하여야 하는데 이 단계에서는 먼저 사업규모를 결정하고, 사업의 방향을 결정하는 사업목표를 설정하며, 사업목표를 달성하기 위해 중개할 아이템을 선정하고, 사업 수지분석을 통해 사업의 타당성을 분석하며, 사업 타당성 분석이 되어 사업 가능성이 있는 것으로 판단되면 같이 근무할 직원 채용 여부를 결정하고, 인원 확보까지 되면 자금의 확보계획 및 방법을 도출한 뒤 사업운영에 대한 방침을 설정하고, 마지막으로 지금까지의 행동을 종합하여 이를 기초로 사업계획서를 작성한다.

이에 대하여 구체적으로 그 내용을 살펴보기로 한다.

가. 사업 타당성 분석

1) 사업규모

사업규모는 두 가지 의미가 있다.

하나는 금액과 인원 등의 사업영역을 나타내는 규모를 말하고, 다른 하나는 개인 사업으로 부동산중개사무소를 개설할 것인가, 아니면 법인으로 부동산중개사무소를 개설할 것인가를 결정하는 중개업의 형태를 결정하는 것을 말한다.

이 두 의미는 병행하여 검토하여야 하며, 자신이 있는 업무영역의 범위와 사업에 동원할 수 있는 가용자원 정도를 통해 결정한다.

(1) 업무영역의 범위

① 공인중개사의 업무범위
ⓐ 업무범위는 부동산중개와 경매대리 업무이다.
ⓑ 업무지역은 전국 및 세계를 무대로 할 수 있다.
ⓒ 업무 대상물은 토지, 건물 및 기타 토지의 정착물로서 입목에 관한 법률에 의한 입목, 광업재단저당법에 의한 광업재단, 공장저당법에 의한 공장재단 등 중개대상물에 대하여 중개의뢰인에게 매매, 교환, 임대차, 기타 권리의 득실·변경에 관한 행위를 알선할 수 있다.

그 외에 아파트 분양권이 1998년부터 전매가 허용되면서 중개대상물이 되었으나 2003년부터 투기과열지구 내에서는 제한하고 있다. 반대로 투기과열지역이 아니면 전매가 가능하다.

투기과열지구가 아닌 지역에서 전매행위도 「공부법」에서는 전매를 금지[6]하고 있어 위법성 논란이 될 수 있다.

이는 중요한 문제점이 있다.

즉 「공부법」에서는 전매를 제한하고 있어 부동산중개업을 하는 사람은 이를 중개할 수 없고, 중개업을 하지 않는 사람은 중개해도 법적 제재를 받지 않는다는 문제가 있다.

② 법인의 업무범위
ⓐ 업무범위는 다음과 같다.
(a) 중개업무
(b) 상업용 건축물 및 주택임대관리 등 부동산의 관리대행
(c) 부동산의 이용 및 개발에 관한 상담
(d) 중개업자를 대상으로 중개업의 경영기법 및 경영정보의 제공
(e) 주택 및 상가의 분양대행
(f) 경매 또는 공매대상 부동산에 대한 권리분석 및 취득 알선
(g) 중개의뢰인의 의뢰에 따른 도배·이사 업체의 소개 등 주거 이전에 부수되는 용역

---

6) 「공부법」 제33조 제7항.

의 알선

중개법인의 업무범위는 현재 「공부법」 제14조에서 그 범위를 규정하고 있으나 이에 대한 구체적인 규정이 발전되지 않아 사실상 임의의 중개행위를 하도록 하고 있다.

ⓑ 업무지역 및 중개대상물은 공인중개사와 동일하게 업무지역은 전국 및 해외지역까지이며, 중개대상물은 토지, 건물 및 기타 토지의 정착물로서 입목에 관한 법률에 의한 입목, 광업재단저당법에 의한 광업재단, 공장저당법에 의한 공장재단 등의 중개대상물에 대하여 중개의뢰인에게 매매, 교환, 임대차, 기타 권리의 득실·변경에 관한 행위를 알선할 수 있다.

2) 가용자원

가용자원은 창업자가 부동산중개업에 동원할 수 있는 인적 자원, 물적 자원, 자금자원을 말한다.

인적 자원은 사람 외에 지식 등 지적 자원이 포함되며, 물적 자원은 중개할 수 있는 물건의 확보 수량 및 가망 확보 물건 수량을 말하고, 자금자원은 동원할 수 있는 자금을 말한다.

창업 중개업자는 이 가용자원의 크기에 따라 개인중개사무소를 개설할 것인가, 아니면 법인중개사무소를 개설할 것인가를 결정하게 된다.

이 가용자원은 창업자가 동원할 수 있는 총 자원으로 특히 부동산중개에 있어서는 지역의 연고가 많은 영향을 주므로 친·인척 외에 교우 및 신분상 위치도 가용자원에 고려되어야 할 요소이다.

창업자의 가용자원의 확보 정도는 완벽하게 구비될 수는 없다. 그러나 창업자는 자신이 확보하고 있는 그리고 확보가 가능한 모든 가용자원을 최대한 활용할 수 있도록 가용자원의 투입 및 활용계획을 수립하고 이를 필요시 즉각 투입할 수 있는 준비가 있어야 한다.

3) 사업목표

사업목표는 사업가의 부동산중개업이 지향하는 방향을 뜻하며, 이 사업목표는 장기목표와 단기목표로 구분한다.

장기목표란 부동산중개업자가 최종적으로 달성하고자 하는 목표로서 통상 부동산개발이나 건설업을 목표로 하며, 의욕이 있는 자는 도시계획개발까지도 설정할 수 있다.

장기목표를 설정하는 이유는 부동산중개업자가 중개업을 통하여 성공하고자 하는 것으로, 통상 하나의 부동산 종류를 3~5년간 중개하면 그 부동산에 대한 내용 및 중개기술 면에서 완성된다.

그런데 이와 같이 완성하고 나면 인간의 본능인 게으름으로 인하여 나태해지거나 싫증으로 인하여 창업할 때의 각오를 상실하여 중개업을 중도에서 실패하여 폐업하게 된다.

그러므로 부동산중개업자가 본 사업을 통하여 성공하려면 3~5년 주기로 주거시설에서 상가나 사무실로, 그다음은 토지로 중개대상물을 확대하고 업무영역도 확장하여 나가야 한다. 이렇게 하여 최종적으로는 부동산 법인을 세워 소단위 건물이나 대단위 아파트 단지 등을 개발하여 자신이 꿈꾸는 건축물을 직접 건설해 본다. 이렇게 발전해 나갈 때 중개업자는 하나의 직업으로 중개업을 영위할 수 있고 이를 통하여 성공할 수 있게 된다.

그래서 부동산중개업의 장기목표가 필요한 것이다.

단기목표는 1개 주기에 달성하고자 하는 목표를 말하며, 단기목표를 설정하는 방법에는 매출액으로 설정하는 방법이 있고 또는 하고자 하는 사업을 목표로 설정하기도 한다. 통상 부동산중개업 창업 시 설정하는 목표는 대개 단기목표에 중점을 두고 설정한다.

매출액을 목표로 설정할 때는 자신의 능력과 사람의 심리적 작용을 이용하여 안전성과 성취욕을 달성할 수 있는 정도를 고려하여 적절하게 설정하고, 가능한 한 달성 가능한 범위 내에서 최대한 낮게 설정함이 효과적이다.

하고자 하는 사업을 목표로 단기목표를 설정하는 경우에는 대부분 다가구 및 상가주택 등 건설업이나 상가분양 및 아파트 분양 사업 또는 아파트 부지 지주작업이나 골프장 및 대형 상가 지주작업, 즉 시행업을 병행하고자 하는 경우, 사업과 판매를 병행하는 경우이다.

창업 시 목표 설정은 최소한 단기목표를 확실하게 설정하고, 장기목표도 병행하여 구상함이 가장 바람직하겠으나, 만일 이렇지 못할 경우에는 최소한 다음 주기에서 지향하고 싶은 목표 정도만은 설정하여야 한다.

4) 창업 아이템 선정

부동산중개업을 창업함에 있어 어떤 부동산의 종류로 창업할 것인가 하는 것은 대단히 중요하다. 이는 창업을 성공시키느냐 아니면 중간에서 도태하느냐에 결정적 영향을 미치기 때문이다.

실제 부동산중개업을 창업하면서 상당수의 공인중개사가 이 아이템을 크게 고민하지 않고 창업하는 경우가 많다. 그리고 통상 여자 창업자들은 아파트 쪽으로, 남자 창업자들은 상가나 토지 쪽으로 아이템을 정하여 창업하고 있다. 이처럼 세밀한 검토 없이 아이템을 결정하는 것은 대단히 위험한 경우가 많다.

왜냐하면 중개업자들이 이미 선점된 지역에서 새롭게 창업하는 것이므로 기반이 약하여 경쟁력에서 뒤떨어질 수 있는데, 더구나 그 지역의 다른 중개업자에 비하여 창업 아이템에 대해 자세하게 알지 못한 상태에서 경쟁한다는 것은 2위의 중개업자로 전락할 가능성이 높기 때문이다.

그래서 부동산중개업을 창업하고자 하는 자는 반드시 본인이 창업할 때 중점을 두고 활동할 부동산의 종류나 업무형태 등 아이템을 반드시 설정하고 이에 대하여 자세하게 조사한 뒤 창업절차를 밟아 추진하는 것이 절대적으로 필요하다.

부동산중개업을 창업하고자 하는 자가 아이템을 선정하는 요령은 다음과 같다.

첫째, 자신의 전공 및 **과거의 경험**과 직접적으로 관련이 있어야 한다.

즉 여자창업자들이 주거시설을 창업 아이템으로 선정하거나, 남자창업자들이 토지나 상가를 창업 아이템으로 선정하는 것은 곧 자신들의 평소 활동과 연계하여 이에 대하여 잘 알기 때문이다.

둘째, 창업자 본인이 아이템으로 선정할 **부동산에 대해 자신**이 있어야 한다. 즉 부동산중개업은 정부의 과다한 자격증 남발로 소요를 초과한 과다 중개사무소의 개설로 경쟁이 치열하다.

이러한 가운데 생존하기 위해서는 창업자 자신이 그 물건을 취급함에 있어 내용도 잘 알고 내막도 확실하게 아는 자신 있는 물건을 가지고 고객을 접할 때 성공할 수 있다.

셋째, 쉽게 물건을 확보할 수 있어야 한다.

창업자가 창업 장소를 선정할 때 통상 고향에 많이 선정하는 이유가 바로 여기에 있다. 고향은 물건의 내역도 잘 알 수 있지만 물건 소유자에 대한 내역도 잘 알고 있으므로 물건 획득에 있어서 타 지역에 비하여 유리하기 때문이다.

넷째, **비용을 적게 들이고 취급**할 수 있는 물건이어야 한다.

창업과정에서는 할 일도 많고 정리하거나 처리하여야 할 일도 많다. 그리고 부수적으로 투입되는 비용도 계속 증가한다. 따라서 창업 시에는 초기 투입비용이 많이 들고, 관리비용이 많이 들면 창업자에게는 부담이 될 수 있다.

이 아이템을 찾는 방법은 앞서 창업하기 전에 미리 점검할 사항 중에 부동산중개업의 적성을 찾는 방법과 같은 요령으로 아이템을 찾을 수도 있다.

5) 사업 타당성 분석

(1) 사업 타당성 분석

사업목표와 아이템이 선정되면 창업자는 설정한 아이템을 가지고 사업을 함에 있어 사업의 타당성이 있는지를 검토하게 된다.

사업 타당성 분석에서는 선정된 아이템을 가지고 사업을 함에 있어 사업목표를 실현할 수 있는지를 분석하고, 그 대책을 도출하며, 가용자원의 활용방안과 사업자금의 확보를 검토한다.

이를 위하여 창업자는 다음과 같은 활동을 한다.

먼저 창업하고자 하는 **아이템에 대한 시장조사 및 분석**을 하게 된다.

시장조사 및 분석은 창업자의 광역권 내 당해 아이템 부동산에 대해 전부 분석해 보아야 효율적이다. 이때 분석할 요소는 부동산 종류에 따라 상이하며 주안점은 초기 경쟁력 확보에 중점을 두고 분석한다.

사업성 분석을 위한 시장조사 및 분석은 부동산의 종류별로 조사요소 및 분석요소가 상이하며, 부동산 종류별로 살펴보면 다음과 같다.

주거시설의 경우에는 아파트, 연립주택, 단독주택, 다가구, 도시형 생활주택, 오피스텔 및 고시텔 등 다중시설로 구분하여 조사하고, 상업시설과 공장시설 및 창고의 경우는 업종별로 구분하여 조사하고, 토지의 경우는 지목별로 구분하여 조사 등을 하며, 또 토지는 나대지 및 농지, 임야로 구분하여 조사한다.

시장조사 및 분석의 주요소는 소요 및 공급분석에 목적이 있으므로, 소요에 중점을 두고 소요에 영향을 주는 요소를 도출하여 분석한다.

예를 들면, 아파트의 경우에는 단지의 규모, 평형의 구성, 학군, 교통의 편리성, 근린생활 등 생활의 편리성, 쾌적성 특히 주차시설, 시공사의 존재 여부 등을 조사한다.

이러한 시장조사와 분석을 위해서 창업자는 지역에 대해 필요한 자료를 입수하여야 하는데 이 자료는 해당 지자체의 홈페이지를 통하여 자료 획득이 가능하고, 통계청 홈페이지에서도 자료 획득이 가능하다. 특히 상가의 경우에는 상권을 분석할 경우 소상공인지원센터(www.sbdc.or.kr) 홈페이지를 이용하여 상권분석에 대한 도움을 받을 수 있다.

시장조사가 끝나면 다음으로 매출량을 판단한다.

매출량을 판단하기 위해서는 상권의 범위와 부동산의 매매 및 임대주기를 고려하여 총매출량을 산출한 뒤, 이 매출량을 상권의 범위 내에 있는 중개업소의 수로 나누면 중개업소당 연간 총 매출량과 월간 매출량을 판단할 수 있고, 그 결과가 창업자가 설정한 목표의 달성 여부를 판단할 수 있다.

이때 상권의 범위는 주거시설의 경우는 1차 상권의 범위를 반경 500m 내로 보며, 2차 상권의 범위는 500~1,000m 내로 보고, 3차 상권은 1,000m 이상의 지역을 고려한다. 따라서 1차 상권은 창업 아이템을 전부 파악하고, 2차 상권에서는 2차 상권 내에 있는 아이템의 20%만을 최대로 고려하며, 3차 상권에서는 5%를 최대로 고려한다.

주거시설 외의 부동산은 1차 상권을 기초 지자체 지역 내로 할 수 있고, 2차 상권을 광역 지자체 내로 설정하기도 한다.

그리고 주택의 경우는 매매 및 임대의 순환주기를 고려하여야 하는데 매매의 경우는 8~9년으로, 임대는 2년을 순환주기로 보고 판단한다.

상가 및 공장 그리고 토지의 경우는 교환 및 임대의 순환주기를 별도로 구획할 수 없다. 따라서 상가는 업종에 구애 없이 임대는 5년 주기로 순환하는 것을 가정하여 판단하고, 창고 및 토지 임대는 통상 평균 5~7년 주기로 순환하고 있어 7년을 순환주기로 판단한다. 그리고 매매는 일정한 자료가 없으므로 10년 주기로 판단한다.

부가하여 이처럼 매출량을 판단하는 과정에서 창업자는 자신의 개략적인 창업지역을 결정할 수도 있다.

이처럼 매출량 판단이 끝나면, 이에 따라 매출전략을 수립하고 매출전략에 의거하여 매출계획을 수립하게 되며, 이를 통하여 창업의 수지분석을 실시하게 된다.

이때 매출전략은 당해 중개업소의 차별화에 중점을 두고 전략을 수립하며, 이때 본인의 성격, 본인의 지식 정도, 부동산중개업의 특성, 그리고 본인의 능력을 고려하여 선정하여야 한다. 특히 부동산중개업의 특성은 부동산중개업의 업태가 서비스업이므로 이 점을 고려하여 친절하고 진실하며 성실함은 기본적이고, 여기에 추가하여 부동산중개업의 전문가로서 차별화하기 위하여 필요한 지식과 상담능력을 구비하여야 함에 유의하여야 한다.

이때 주의할 점은 동종의 업자들로부터 부도덕한 업자로 낙인 받지 않도록 주의하고, 최소한 남에게 피해를 줘서는 아니 된다.

매출계획은 월별 소장 및 직원들의 활동 목표와 병행하여 작성하게 된다. 따라서 책임 매출량이다.

6) 자금 분석 및 자금 확보계획 수립

부동산중개업을 창업하고자 하는 자의 사업자금 확보는 대단히 중요하다.

부동산중개업자의 자금은 앞서 이야기한 '창업의 핵심 요소'의 바 항 '자금 확보'에서 살펴본 바와 같이 창업자금, 운영자금, 예비자금이 있어야 하는데 이 자금은 자기 자본과 타인 자본(융자금 등)이 포함된 금액이 된다.

자금 확보계획에는 자기가 보유할 수 있는 자금을 먼저 창업자금으로 계획하고, 정부의 지원자금을 포함하여 자신의 부동산을 담보로 하여 대출을 받을 수 있는 타인 자본으로 필요시 투자할 수 있는 투자자금 또는 예비자금을 계획한다.

나. 사용인 고용 여부 결정

사용인 고용 결정이란 부동산중개업을 창업하면서 같이 이 부동산중개업을 수행할 직원을 누구로 할 것인가와 몇 명을 고용할 것인가를 결정하는 것을 말한다.

사용인 고용 여부를 결정함에 있어서 고려하여야 할 사항은 다음과 같다.

첫째, 중개업의 범위와 창업자의 업무량

둘째, 사업목표 달성을 위한 경제적 가능성

셋째, 가용자원의 적절성

넷째, 기타 공간의 허용 등 부수적인 사항

1) 중개업의 범위와 창업자의 업무량

중개업의 범위와 창업자의 업무량은 사용인의 고용 필요성을 뜻하며, 창업자가 설정한 중개업의 범위와 이 범위 중 창업자가 할 수 있는 활동량에 의하여 사용인을 고용할 필요성이 있는지 없는지를 판단한다.

즉 부동산중개업자가 부동산중개업을 창업하면서 자신이 수행할 업무량을 먼저 판단한다. 통상 생계형 부동산중개업소가 되기 위해서는 주거시설이 기본적으로 수행되어야하고, 주변에 근린상가가 있는 곳은 상가도 중개하여야 하므로 상가 중개도 과업으로 선정해야 한다. 그 외에 부수적으로 사무실 운영과 관리에 관한 업무도 중개업자는 수행하여야 한다.

이에 대한 업무량을 측정하여 중개업자는 고용할 직원 수를 결정하고 그 수를 기초로자신에게 창업 당시 가용인력을 고려하여 가용인력의 운영과 추가 모집인원을 결정하게된다.

2) 사업목표 달성을 위한 경제적 가능성

사업목표 달성을 위한 경제적 가능성은 사업을 분석한 결과 사용인을 고용하였을 경우고용인이 벌어들이는 수입과 고용인에게 지불하여야 하는 비용을 고려하여 지불이 가능하면 고용할 수 있을 것이나 지불능력이 안 되면 고용이 어려울 것이다.

매출량을 판단한 결과에 의해 매출계획대로 수행될 경우 운영비용 외의 비용으로 직원에게 줄 수 있는 급여 양에 따라 운영할 인원수를 결정하게 된다.

매출량 판단 결과 직원을 1명도 둘 수 없는 지역이라면 사업장을 재판단하여야 할 것이다.

3) 가용자원의 적절성

가용자원의 적절성은, 창업자는 주거시설을 할 수 있는 사람을 요구하는데 가용자원은남자들만 가용한다면 주거시설을 포기하고 주 아이템을 재검토하여야 하거나 또는 주거할 수 있는 여자 직원을 채용하도록 해야 할 것이다.

그러나 통상 부동산중개업을 창업하는 자들은 사용인을 별도로 고용하지 않고 부부가중개사무실을 운영하는 경우가 많다.

또 경매 전문가가 가용한 경우는 창업 아이템에 경매를 추가로 설정하여 가용자원을최대로 운영할 수 있도록 하는 것도 있다. 이처럼 가용자원은 최대로 이용할 수 있도록과업을 발전시키도록 하여야 한다. 그러나 이 가용자원의 운영도 사업성 분석에 어긋남이없도록 하여야 한다.

직원을 고용하는 경우 준비할 사항으로는 부부가 중개사무소를 개설할 경우에도 배우자와 고용계약서는 작성하여야 하므로 직원을 채용하면 반드시 계약서를 작성하고, 보조원이나 소속공인중개사로 신고하여야 한다. 그리고 이들에 대해 4대 보험에 가입해야 한다. 다만 부부인 경우는 4대 보험 가입의무는 없다.

또 사용인이라 할지라도 월 60시간미만의 근로자는 4대 보험의 가입대상이 되지 않으며, 프리랜서도 4대 보험 가입하지 않을 수 있다.

또 사용인의 업무범위도 결정하여야 한다. 그리고 사용인과 대표 간의 업무영역도 명확한 분할이 요구된다.

뿐만 아니라 중개업자는 사용인의 업무영역 및 내용을 명확히 알고 이를 효율적으로 통제할 수 있을 때 창업을 함이 효율적이다.

다. 사업(운영)방침 설정

사업방침 또는 운영방침은 사업목표를 수행하기 위한 복안과 사업체를 관리 및 운영하기 위한 자신의 생각을 기술하는 것으로 창업하여 업무를 수행하고, 자금을 활용하는 기준이 되도록 작성한다.

운영방침을 중개업자가 설정하는 것은 회사로 말하면 정관 및 규정을 정하는 것과 같으며, 국가로 보면 각종 법을 정하는 것과 같다.

따라서 중개업자는 사업분석을 하여 사업계획이 작성되면 반드시 부동산중개업을 어떻게 운영하겠다는 운영방침을 설정하고 이에 따라 고용 및 계획 그리고 양식을 준비하게 된다.

운영방침 내용은 ① 인원 채용에 관한 사항, ② 물건에 관한 사항, ③ 근무에 관한 사항, ④ 자금운영에 관한 사항, ⑤ 업무운영에 관한 사항 등을 기본적으로 고려할 수 있다.

방침에 포함되는 사항은 ① 사업의 총 목표와 단계별 목표를 달성하기 위한 행동 요령, ② 사업 수행의 일반적 지침, ③ 직원들의 사무 및 행정처리 지침, ④ 사업장에서 행동 및 업무범위 기준, ⑤ 운영비 사용 지침, ⑥ 수입의 분배 방침, ⑦ 직원들의 복지에 대한 지침 등이 포함될 수 있다.

이때 운영방침에 대한 사항은 앞서 분석한 내용을 종합적으로 검토하여 설정하게 되며, 중복되지 않도록 설정하여야 한다.

법인의 경우에는 정관과 취업규칙이 이에 해당한다.

라. 사업계획서 작성

이상과 같이 전체적인 사업구상이 끝나면 창업자는 창업을 위한 본격적인 작업에 착수하게 된다. 이때 창업자는 자신이 구상한 사업 및 구상내용을 서면으로 정리함으로써 창업을 체계적이고 효율적으로 추진할 수 있다. 이것이 곧 사업계획서이다.

창업자는 이 사업계획서를 작성하면서 부동산중개업 특성에 대한 상당한 부분을 파악할 수 있고, 접할 수 있어 사업을 성공하는 데 크게 기여한다.

그래서 창업자는 가급적 사업계획서를 작성한 뒤 창업에 임하는 것이 중요하다. 사업계획서 작성에 대해 구체적으로 살펴보면 다음과 같다.

1) 사업계획서에 포함할 사항

사업계획서는 사업규모 결정으로부터 사업 타당성을 분석하고 사업방침을 결정하는 데까지의 진행사항을 구체화한 것이다. 이 중 가장 중요한 것은 사업의 타당성 분석이다. 다른 요소들이 아무리 잘 되었다 하더라도 사업분석에서 타당성이 없으면 사업계획은 아무 소용이 없다.

사업계획서에 일정한 양식이 있지는 않다. 그러나 부동산중개업의 창업을 위한 사업계획서에는 다음과 같은 요소를 포함하면 적당하리라 보며, 창업자의 성격이나 아이템의 형태에 따라 다소 변동이 있을 수 있다.

① 사업목표

② 사업방침

③ 주력 사업 또는 아이템 선정

④ 부동산 시장 분석 및 매출량 판단

⑤ 매출전략 및 매출계획 수립

⑥ 고객 관리 계획

    ⓐ 중개 물건 확보

    ⓑ 중개 물건 가격 정보 입수 및 평가

    ⓒ 매수자 확보(광고 계획 포함)

    ⓓ 기타 고객관리

⑦ 자금 확보 및 관리계획

    ⓐ 자금 확보 계획

    ⓑ 자금 운영 계획

    ⓒ 자금 관리 계획

⑧ 창업 일정 계획

2) 사업계획서 작성요령

(1) 사업목표

사업목표는 '창업절차'의 '사업구상'에서 '사업 타당성 분석'의 '사업목표' 부분에서 살펴본 바와 같이 설정된 목표를 서면으로 작성하면 된다. 이때 사업목표를 기록하는 순서는 따로 없으나 가급적 장기목표를 먼저 기록하고, 단기목표를 다음에 작성한다.

(2) 사업방침

사업방침은 '창업절차'의 '사업구상'에서 '운영방침 설정' 부분에서 살펴본 내용을 기술하면 되는데 만일 이 운영방침이 많은 경우는 별도로 작성할 수 있고 법인의 경우에는 취업규칙으로 작성할 수 있다.

이 경우 사업방침은 별도 운영방침 또는 취업규칙을 참조한다고 기술할 수 있다.

(3) 창업 아이템 또는 주력사업 설정

창업 아이템 또는 주력사업 설정은 앞에서 '창업의 기초'의 '창업의 핵심요소' 중 '경쟁력 있는 아이템 선정'과 '창업절차'의 '사업구상' 중 '사업성 분석'의 '창업 아이템 선정' 부분에서 살펴본 바와 같이 설정된 창업 아이템 또는 주력사업을 기술하면 된다.

설정된 주력사업 및 아이템은 단계를 정하여 단계별로 설정할 수도 있다.

단계를 설정하는 요령은 개인사무소를 개설할 때는 주거용 부동산 매매 및 임대로부터 상가, 호텔 등 특수 부동산 순으로 확대해 나가고 결국은, 부동산을 개발하거나 건축하는 데까지 설정할 수 있다.

법인의 경우에는 개인 부동산중개사무소에서 단계를 설정하는 것과 같이 설정할 수도 있고, 「공부법」 제14조의 업무를 단계화할 수 있으며, 동법 제14조 업무를 수행하기 위해서는 부동산의 구매와 가격평가 팀, 입수한 물건에 대한 최유효 이용을 위한 설계 및 수익분석 팀, 개발 및 분양 팀, 경매 및 공매 팀 등의 구성이 요구되는데 이 팀 구성도 단계화할 수 있다.

(4) 부동산시장 분석

부동산시장 분석은 일명 상권 분석이라 할 수 있는데 뒤에서 살펴볼 매출량 판단과 더불어 주력부동산을 중개하기 위한 영업지역 결정과 부동산중개사무소 입지를 선정하는데 지대한 영향을 미친다.

시장분석에는 지역분석과 근린분석으로 구분하며, 지역분석은 수도권의 경우에는 구(區) 및 군(郡) 지역에 대해서, 지방의 경우는 광역시는 광역시 전 지역을, 도(道)는 군(郡) 지역을 기준으로 분석한다.

근린분석은 수도권 및 광역시는 해당 동(洞) 지역을 중심으로 연접 동(洞) 지역을, 도(道) 지역은 해당 읍·면을 중심으로 연접된 읍·면 지역을 포함하여 분석한다. 근린지역은 일반적으로 중개업자의 주 영업지역 범위와 일치하며 주 상권 분석지역이기도 하다.

부동산중개업의 상권은 소점포 상권과 일치하며, 주거 부동산을 주 아이템으로 하는 경우는 500m 이내를 1차 상권 지역, 1,000m 이내 지역을 2차 상권지역으로, 그 이상을 3차 상권지역으로 분류하고, 주 분석지역은 1차 상권지역과 2차 상권지역을 중점으로 분석한다.

주거용 부동산의 영업지역에 적합한 곳은 주거용 건물의 수를 기준으로 하여 판단하고 있는데 통상적으로 500가구일 때 1개 중개사무소가 배치되면 부동산이 폐업 없이 모두 생존할 수 있는 범위로 보며, 250가구 정도이면 사무실을 유지하기 위하여 2개 이상의 아이템이나 다른 겸업이 필요한 범위로 본다. 그러나 부동산가격에 따라 달라질 수도 있으며, 주거지역이라 할지라도 주거용 건물의 종류에 따라 차이가 있을 수 있다.

점포 및 사무실의 경우는 점포별 사업업종에 따라 영업범위가 달라지는데 주거용 부동산과 같이 소점포 상권에 따라 지역을 분석한다.

토지는 인접 시·군·구까지를 영업지역 범위로 주로 활동하며, 공장 및 빌딩은 전국을 영업지역 범위로 설정하여 활동한다.

시장분석 시 고려요소는 다음과 같다.

① 지역분석(지역·근린)

② 거주인원 분석

③ 부동산 종류별 분석

④ 경쟁업소 분석

⑤ 이동주기 조사결과(매매·임대)

(5) 매출량 판단 및 매출전략 수립

매출량 판단은 사업 타당성 분석의 주체로서 시장분석을 통하여 창업하고자 하는 주 아이템의 총체적 수량이 결정되면 앞서 사업 타당성 분석에서 살펴본 바와 같이 매출량을 판단하고, 분석하여 사업 타당성을 결정하게 된다.

이때 매출량은 앞서 사업 타당성 분석 시 산출하는 요령으로 산출한다.

연간 총체적 매출량이 산출되면 창업자의 사업목표를 충족하는 곳으로 영업지역을 선정하고, 선정된 영업지역이 여러 개인 경우는 그중 뒤에서 검토할 사무소 입지 선정을 거쳐 최종적으로 한 곳을 영업지역으로 선정하며 부동산 경기주기를 고려하여 매출계획을 수립하게 된다.

이때 부동산 경기주기는 한 해의 부동산 경기주기를 고려하게 되는데 주거의 경우는 7월 말에서 9월 초, 그리고 12월 말부터 이듬해 3월 초까지는 성수기이고 그 외 시간은 비수기이며, 상가는 3월 말부터 6월 말까지가 성수기이므로 이를 잘 활용하여 매출계획을 수립하여야 한다.

토지는 통상 11월에서 2월까지와 4월에서 10월까지 거래가 많다.

(6) 고객 개발

창업 시 부동산중개업자가 중점을 두고 준비할 사항이 곧 고객 개발이다.

고객에는 매도인 및 임대인 고객과 매수인 및 임차인 고객이 있다. 이 중 창업 부동산중개업자는 일차적으로 매도인 및 임대인 고객 개발에 중점을 두게 된다.

따라서 매도인과 임대인 고객을 개발하기 위하여 창업 부동산중개업자는 1차 및 2차 상권지역 내 창업 아이템에 해당하는 부동산에 대하여 가가호호를 방문하여 인사하고 상담하며 물건 확보와 더불어 매도인 및 임대인 인적사항과 전화번호 그리고 고객의 인간성 등을 파악하여야 한다.

이를 위해 통상 1개월 이상을 이곳에 시간을 배정하여 작업한다.

더불어 매수인 및 임차인 고객을 개발할 수 있으면, 창업 부동산중개업자는 이 또한 열심히 작업해야 하는데 이는 앞서 창업의 핵심요소 검토 시 검토한 바와 같이 고객을 개발한다.

병행하여 개발된 고객을 창업 부동산중개업자는 효율적이고 적극적으로 관리하여야 하는데 이 고객 관리를 위해서는 먼저 직원들에게 고객 만족 교육이 선행되어야 한다.

(7) 자금 확보 및 관리계획

자금 확보 및 관리에 관한 계획으로는 ① 창업자금 확보 계획, ② 운영자금 확보 계획, ③ 투자예비자금 관리 계획 등을 수립한다.

먼저 창업자금 범위는 사업 준비자금으로부터 운영자금의 1회전 완료 때까지의 비용을 총체적으로 지불할 수 있도록 확보하여야 한다.

이 창업자금은 자기 자본으로 지불할 수 있도록 준비되어야 하며, 단, 창업자금지원을 받을 수 있는 경우에는 지원되는 창업자금 지원금이 포함된다.

일반적으로 자기 자본만으로 사업하는 사람은 많지 않기 때문에, 금융기관의 융자 및 창업자금지원금 등 타인 자본을 사용하는 경우가 통상적이다.

그러나 부동산중개업은 다른 사업에 비하여 초기 창업자금이 많은 편이 아니라 자기 자본으로만 창업하는 사람도 많은 것이 특징이다.

또 안정적인 사업을 위해서는 자기 자본과 타인 자본이 1:2가 넘지 말아야 한다고 한다. 그리고 타인 자본의 비율이 50% 이하일 때 견실한 기업으로 본다.

운영자금 확보계획은 사업체를 운영하는 데 소요되는 비용을 말하며, 중개사무소의 경우는 주로 사무실 운영과 관련된 자금으로 임대료, 전화비, 인터넷 비용, 정보지 광고 비용, 팩스사용 비용, 직원 식비, 직원 회식비, 협회 회비, 사무실 전기요금 및 수도요금, 커피 등 손님접대 비용, 사무용품 비용, 직원 4대 보험료 등이다. 이 중 4대 보험료를 제외하였을 때 사무실 운영자금은 최저 120만 원에서 350만 원까지 소요된다.

이 외에 직원의 4대 보험료와 중개 잘못으로 배상하는 소소한 비용 그리고 1년에 한 번 공제금 납부와 2~4회의 명절 및 생일 선물대금 등이 소요된다.

그리고 운영자금의 확보액은 근무요원들의 활동 정도와 수련도에 따라 다소 차이는 있으나 사무실의 인지도 홍보 등을 감안할 때 1개월 운영비의 6배 정도는 최소로 확보하는 것이 적당하다고 한다.

예비자금은 창업 기에는 별로 투자되지 않기 때문에 고려하지 않아도 된다.

(8) 세금 파악

세금의 종류에는 개인사무소의 경우 부가가치세 외에 종합소득세를, 법인인 경우는 부가가치세 및 종합소득세 외에 법인이 보유한 부동산에 대한 보유 관련 세금 및 취득과 양도에 대한 세금도 고려한다.

(9) 창업 일정계획

창업 일정계획은 사업분석계획, 등록 준비계획, 사무실 확보계획, 개업 준비계획 등이 기본적으로 작성되며, 가급적 개업일에 첫 계약서를 작성할 수 있도록 일정계획을 수립하는 것이 바람직하다.

3. 사무실의 선정

부동산중개업에 있어서 사무실의 위치는 사업 성공과 직결될 정도로 중요하다.

부동산중개사무소는 집심성 사무실(점포)로서 중개업자가 중개하고자 하는 부동산 종류와 직접적으로 많은 관련이 있는 배후지를 갖기도 한다.

부동산중개사무소는 용도에 관계없이 사무실 허가가 되지 않는다. 부동산중개사무소로 허가가 날 수 있는 건물의 용도가 제한되어 있다.

만일 건물의 용도가 부동산중개업소 용도와 맞지 않은 경우에는 건물소유자와 협의하여 건물용도 변경을 한 뒤 부동산중개사무소 개설등록을 신청하여야 한다.

가. 사무소 입지 조건

부동산중개사무소의 입지를 선정할 때는 부동산학 개론의 입지선정 시 고려할 사항을 생각하여 선정하되, 주력 사업의 종류와 영업 영역을 고려하여야 하며, 경험에 의하면 그 중에서도 고객의 접근성과 편의성이 가장 많은 영향을 미치고 있었다.

경험에 의한 사무소 입지선정 시 착안할 점을 소개하면 다음과 같다.

1) 사무소 입지 착안 점

(1) 사업분석에서 타당성이 있는 지역에 위치하여야 한다.

사업 타당성 분석과정에서 사업하기 적합한 지역이 나타나게 되는데 이 사업 타당성이 있는 곳이 곧 영업활동을 할 지역이 된다.

중개사무소는 이 영업지역 내에서 어느 곳에 선정할 것인가 하는 것이다.

부동산중개 창업자가 중개사무소 위치를 선정할 때 통상 사무소 입지조건과 배후지 그리고 사무소의 조건 등을 검토하여 결정한다.

(2) 지역 사정과 내역을 잘 아는 곳일 것

부동산중개업은 인맥의 영향을 많이 받기 때문에 연고가 있거나 그 지역 사정과 내역을 잘 아는 곳이 창업 시에 편안하다.

지역 사정과 내역을 잘 안다는 것은 그 지역의 물건 소유자를 많이 알고 있어 물건 작업이 용이하고, 물건의 내역을 잘 알기 때문에 중개사고의 부담이 적으며, 의뢰인의 요구사항에 대한 내막을 용이하게 감지할 수 있어 중개활동이 보다 용이하며 중개 성공률이 보다 높아질 수 있다.

따라서 연고지나 또는 본인이 오래 거주하여 지역주민을 많이 알고, 쉽게 접할 수 있는 곳이 창업지역으로 유리하다.

만일 이런 여건이 아니라면 이런 여건을 만드는 방법도 있다. 즉 물건 지주작업을 기간을 가지고 충분히 하면서 부동산소유자들과 신뢰를 확보하는 방법이 있고, 종교 활동이나 봉사 활동, 지역사회 활동 등을 통하여 당해 지역 주민으로부터 신뢰를 돈독히 하는 방법 등이다.

(3) 접근성이 뛰어날 것

접근성에는 사람의 접근성 및 차량의 접근성이 있다.

부동산중개사무소는 이 두 접근성을 다 고려하여야 하며, 특히 사람의 접근성이 중요하다.

사람의 접근성이 좋은 곳은 대부분 아파트 정문 및 후문 앞, 버스 승강장 주변, 퇴근길 방향에 위치한 도로변의 코너 각지, 은행 및 슈퍼마켓이나 시장 입구, 2층 이상 건물의 1층 등으로 이런 곳에 부동산중개사무소가 많이 위치한다.

차량의 접근성은 인터넷광고와 연결하여 그 중요성이 증가하고 있으며, 중개사무소가 위치하고 지역의 외부 및 내부에서부터 차량 접근이 용이한 곳이어야 한다. 즉 고속도로 출구(인터체인지)에서 방향 변환 없이 접근할 수 있는 곳이라든지, 기차역이나 고속버스 및 시외버스 터미널 등에서 방향 변환 없이 접근이 용이한 곳 등이다.

접근성을 고려할 때 주차장을 확보하는 것을 반드시 고려하여야 한다.

(4) 눈에 쉽게 띄는 곳일 것

고객의 접근성이 좋은 곳에 위치한 중개사무소도 다른 사무소나 점포와 같이 위치하게 되므로 그들 중 쉽게 눈에 띄는 곳에 위치하여야 한다.

설령 접근성이 좀 낮은 중개사무소라 하더라도 고객의 눈에 확 들어오도록 잘 보이게 하면 고객이 쉽게 찾아올 수 있거나 발견하여 수익을 증가하게 한다.

또 중개사무소를 잘 보이게 하는 방법에는 돌출 간판을 설치하거나 간판 색깔의 보색 관계를 이용하여 잘 보이도록 하는 방법 등이 있으며 이 외에도 LED 등 전자간판을 설치 하는 방법 등 다양한 방법이 있다.

(5) 사람의 통행량이 많고 모이는 곳일 것

중개사무소의 위치는 통행량이 많은 곳에 위치하여야 하며, 이때 통행량에는 사람의 통행량과 차량 통행량이 있다.

이 중 사람의 통행량이 더욱 많은 영향을 준다.

사람 통행이 잦은 곳은 차량 통행량과 달라서 흘러가는 통행인원이라고 해도 부동산사무 소로는 적합하다. 통행인원 중에서 특히 여자들이 많이 다니는 통로이면 더욱 바람직하다.

특히 사람 통행량이 많은 곳 중 사람이 머물거나 모이는 곳이면 더욱 적합하다. 예를 들면 시장이나 은행 및 금융기관, 슈퍼, 미장원 등과 같은 곳 옆이 더욱 좋은 위치이다.

(6) 주변 상권의 발전 가능성이 있는 곳

중개사무소가 위치할 상권이 활발하면 고객의 유입이 많아 수익을 증가시키며, 상권

중에서도 주변 상권지역 중 1차 상권 지역이 계속 발전되는 상권인가, 아니면 쇠퇴하는 상권인가를 살펴야 한다. 가급적이면 발전하는 상권이 낫다.

이 상권을 알아보기 위해서는 그 지역의 라이프사이클을 잘 살펴야 하며, 성장기나 성숙기가 상권에서는 가장 좋은 시기가 된다. 그리고 지자체 등의 지역개발계획 등을 확인하면 파악이 가능하다.

지역의 발전성은 개발지역이나 재개발지역이 발전성 면에서는 가장 좋은 곳이다.

그러나 이러한 곳은 초보 창업자는 잘못하면 피해를 볼 수 있기 때문에 그 지역에 대한 자료를 많이 확보한 오랜 관록을 가진 중개업자와 같이 영업할 수 있는 경우에 그 지역에 사무소를 두는 것이 좋다.

또 발전성을 판단하는 방법으로는 창업자가 창업하고자 하는 지역의 건물 라이프 주기를 잘 살펴보면 그 지역의 발전성을 쉽게 판단할 수도 있다.

즉 그 지역의 건물들이 건축한 지 30년 이상인 지역은 대부분 쇠퇴기에 접어들었거나 천이기에 접어들었으므로 그 지역은 길지 않은 장래에 재개발하거나 재건축 및 도시환경정비를 하여야 할 곳이다.

따라서 이런 곳을 먼저 선점하는 것도 한 방법이다.

2) 사무소 입지조사

부동산중개사무소 입지선정을 위하여 잠재 입지사무소에 대해 아래와 같은 사무소 입지조사표를 이용하여 조사하고 분석하여 선정하기도 한다.

사무소 입지조사표 작성요령은 다음과 같다.

① 사무소 입지조건

사무소 입지조건은 위치와 지리적 위치, 기능적 위치로 구분하여 작성하는데, 위치는 소재지 번지와 행정구역상 위치로서 특징과 장단점을 기록한다.

지리적 위치는 외부에서 당해 사무소를 식별하는 시계성과, 당해 사무소로 인적 접근성과 차량의 접근성을 검토한 결과를 기록한다.

기능적 위치는 입지적 장점과 도로조건, 주차장, 대중교통시설 등을 기록하는데 입지적 장점은 사무실 위치가 퇴근길 변에 위치하는지, 쇼핑센터 등 중·대형 접근로 변 쪽에 위치하는지, 전철역이나 버스 승강장 접근로 쪽에 위치하는지를 점검하고, 그 외에 재래시장이나 관람시설, 체육시설로 가는 쪽에 있는지를 검토한다.

② 배후지

배후지는 개요, 배후지 주택 수, 배후지 상가 수, 생명주기, 소득수준 등으로 구분하여 작성한다.

배후지 개요는 아파트 밀집지역, 아파트 주택 밀집지역, 주택 밀집지역, 다세대 밀집지역, 유흥업소 밀집지역, 대형매장 상권지역, 공업지역 등 배후지 특성 및 일반적인 사항을 말한다.

배후지 주택 수 및 배후지 상가 수는 도표의 시설물 수를 파악하여 기술한다.

생명주기는 해당 지역의 건물에 대한 건축연도를 기준하여 판단하는데 10년 미만이거나 개발한 뒤 60% 미만의 건축이 실시된 곳은 미성숙지로, 10년 이상 20년 미만은 성장지로 20년 이상 30년 미만은 성숙지로 보고, 30년 이상 된 곳은 쇠퇴기로, 30년 이상 되었으나 다가구 등 재건축이 50% 이상 진행된 곳은 천이기로, 35년 이상 되었으나 재건축이 없는 지역은 악화기로 구분한다.

소득수준은 주민의 소득수준으로 평균 소득을 기준으로 하며, 2011년도 기준 월 200만 원 이하는 하급, 200만 원에서 700만 원 이하는 중급, 700만 원 이상은 상급으로 분류하고, 가구연령대는 경제활동을 할 수 있는 20대부터 50대까지 인원수를 기록하여 분석한다.

③ 사무소

사무소는 입대조건을 사실대로 기록하는데 임대조건으로 임대료 조건(보증금 및 월세), 권리금 및 관리비, 그리고 임대차기간 등을 조사하여 기록하고, 임대내역으로 임대면적, 구조 및 위치 등을 조사한다. 위치는 당해 건물에서의 위치를 의미한다.

그 외에 내·외부 상태 포함 임대조건 등을 확인하며, 개선이 필요한 사항은 중개사무소로 사용하기 위하여 구조 또는 내부 시설의 변경 등이 요구되는 사항을 기록한다.

개선이 필요한 사항으로는 냉난방 시설, 수도, 가스, 화장실, 전화회선, 주요 손님 상담실, 출입문 상태, 창호, 벽면 관리의 실체를 확인한다.

특히 보수해야 할 장소와 시설의 위치를 기준으로 파악하여 방향과 보수내용 및 양을 조사하여야 한다.

〈표 2〉 사무소 입지조사표

사무소 입지 조건	위치								
	지리적 위치	시계성	상태	☐최우수	☐우수	☐보통	☐불량	☐최악	
			평가						
		접근성	상태	☐최우수	☐우수	☐보통	☐불량	☐최악	
			평가						
	기능적 위치	입지적 장점	퇴근길, 쇼핑센터 접근로, 전철역 접근로, 기타:						
		도로조건	접한 도로 수	2	도로의 폭(m)	35	상가전면 너비(m)	10	
		주차장	확보주차장	5	인근주차장의 유무	아파트주차장			
		교통시설	버스정류장	4	지하철역	0	버스노선 수	8	

배후지	개요							
	배후지 주택 수	권역반경	아파트	다세대	다가구	단독	상가주택	계
		500m 내	3,137	48	52	2,450	26	5,713
		1km 내	9,321	46	132	7,943	83	17,525
	배후지 상가 수	소매상	음식점	슈퍼	학원	할인점	사무실	교회
		20	22	5	12	1	33	15
	생명주기	미성숙지	성장지	성숙지	쇠퇴기	천이기	악화기	재개발기
	소득수준	상급	중급	하급	가구주 연령대			
					20:	30:	40:	50:

사무소	비용/기간	보증금	월세	권리금	관리비	임대기간		기타
	임대내용	면적	실면적	구조		위치		
	상태	내부	양호	보통	불량	개선필요		
		외부	양호	보통	불량	개선필요		
	주요설비	냉난방	전기	수도	가스	화장실	전화회선	주차장
	관리상태	출입문	창호	벽면	보수소요비용			기타

시계성 평가기준: 최우수 – 3개로 이상에서 잘 보이는 곳
우수 – 2개로에서 잘 보이는 곳
보통 – 주변에서 찾으려고 봐야 보이는 곳
불량 – 주도로가 아닌 이면도로에 위치
최악 – 주도로에서 전화로 위치를 문의하는 곳
접근성 평가기준: 최우수 – 아파트 입구, 지하철출입구, 통행인원 3,000명
우수 – 시내버스정류장, 은행입구, 통행인원 1,500명
보통 – 일반도로, 슈퍼 옆, 통행인원 500명 이상
불량 – 이면도로에 위치, 통행인원 200명 이상
최악 – 단독주택단지 내 위치, 통행인원 200명 미만

나. 사무소 계약 조건 및 하자 확인

사무소 위치를 선정했으면 사무소를 계약하여야 하는데 중개사무소를 계약할 때 주의할 점은 다음과 같다.

첫째, 사무소 용도가 제2종 근린생활시설이나 업무시설이어야 한다. 만일, 제1종 근린생활시설일 경우는 집주인과 협의하여 집주인이 제2종 근린생활시설의 사무실로 용도를 변경하도록 한 뒤 사무실 계약을 하여야 한다.

둘째로는 등기부등본을 열람하여 등기부 갑 구에 가등기, 예고등기 등 소유권 이외의 권리가 있는지 확인하고, 을 구의 근저당도 그 융자 금액과 임차 보증금의 합계금액이 거래 당해 지역의 상가 평균 낙찰가 이하여야 임차보증금의 회수가 가능하고 안정성이 있다.

그래서 그 지역에서 해당 부동산 종류의 통상적인 경매의 낙찰가가 감정평가 가격이나 실제 거래가격에 비해 어느 정도의 비율인가를 파악하여 보증금을 협의하는 것이 안전하다.

다. 사무소 분위기

1) 사무소 비품

사무소 분위기는 편안하고 밝은 느낌을 주어야 한다.

그리고 사무소에는 장기, 바둑, 화투가 있어서는 안 되며, TV도 가급적 비치하지 않음이 바람직하다. 이는 고객에게 최대 서비스를 제공하는 데 장애가 된다. 사무실은 고객을 위한 최대 서비스 장소이면서 사업을 위한 활동 장소이지 오락이나 TV 시청실이 아니다. 간혹 뉴스를 들어야 한다는 이유와 연속극을 보려고 설치하고 있으나 뉴스나 연속극은 가급적 집에서 보고 부동산 관련 정보는 부동산거래정보 매체를 통하여 제공되고 있으므로 이를 이용하는 것이 바람직하다.

따라서 사무실에는 물건정보를 지속적으로 탐지할 수 있도록 컴퓨터는 기본적으로 있어야 한다. 이 컴퓨터는 직원 수만큼 준비하고 고객용으로 1대를 추가로 설치하는 것도 바람직하다.

고객용 컴퓨터는 주로 현장에 가지 않고 물건을 설명하기 위한 용도로 사용하며, 사진 파일이 입력되도록 준비되어야 한다. 그리고 컴퓨터를 이용하여 계약서를 작성하는데 양 당사자의 합의사항을 바로바로 입력할 수 있어 효율적으로 이용하기도 한다.

다음은 물건 접수대장을 꽂고 서류작업을 할 수 있는 직원 수별 책상과 의자 그리고 책꽂이를 설치하고, 관할 시·군·구와 연접한 시·군·구 지도책을 비치하여야 하며, 지도책을 꽂은 지도책 받침대가 위치하여야 한다.

그리고 직원별 전화기를 설치하는데 키폰으로 설치하는 방법이 있으며, 인터넷 전화를 설치하여 전화비를 절약할 수 있도록 하는 것도 한 방법이다.

또한 사무실이 비좁으므로 프린터 기능과 팩스 기능 그리고 스캔 기능이 동시에 갖추어진 복합기를 설치하는 것이 바람직하다.

또 전문서적 및 관계 법령을 비치할 책꽂이를 설치하고 회의할 수 있는 회의용 테이블은 가급적 설치하지 않는 것이 바람직하다. 만일 설치하고 싶은 경우는 별도로 칸막이를 하고 설치하는 것이 좋다.

그리고 고객 및 직원들이 마실 수 있는 정수기 및 커피포트 그리고 소형 냉장고를 설치함이 바람직하다. 이러한 설비는 고객이 직접 쉽게 이용할 수 있는 곳에 배치하고, 가급적 건강식품으로 비치하도록 한다.

그리고 부동산중개사무소는 고객의 주민등록번호를 계약서 및 중개대상물에 기재하고 있는데 계약서 등을 작성하는 과정에서 잘못하여 재작성을 하는 경우 이 주민등록번호 등이 유출될 염려가 있고 또 계약 내용 및 중개대상물에 고객 정보가 유출되어서는 안 될 사항이 있을 수 있으므로 파쇄기를 비치하는 것이 좋다.

2) 사무소 인테리어

인테리어 설계는 고객이 이용하는 데 편리하도록 고객 중심으로 설계하되 계약서 작성과 중개대상물 설명 장소는 가급적 당사자 외에 다른 사람은 접근이 곤란하도록 설계함을 착안하여야 한다.

점포의 전면은 화려하기보다는 개성과 특성을 살릴 수 있도록 설계하고, 가급적 대중적 느낌을 주어 거부감이 없도록 설치함이 좋다.

특히 중개대상물 광고물을 전면에 대부분 설치하고 있는데 이는 사무소 자체의 권위를 실추함은 물론, 광고물을 제때 고쳐 주지 않는 경우 중개업자의 게으름을 각인시키기도 한다. 더 중요한 것은 중개업자는 고객을 만나 직접 상담해 주어야 고객을 가장한 사기사건 등이 방지될 수 있다.

특히 간판, 쇼윈도, 출입문, 조명은 부동산사무소의 얼굴이며 첫인상을 주는 곳이므로 고객에게 친근감 있고 접근하는 데 편안하며, 구매 욕구를 자극할 수 있도록 효과적으로 꾸며야 한다.

사무소 내부의 조명 정도는 과도하지 않은 범위 내에서 밝게 설치함이 좋다. 느낌상으로 일반 조도보다는 약간 밝다는 기분이 들도록 설치함이 좋다. 왜냐하면 우리나라 사람들은 대체로 약간 어두운 분위기에 익숙해 있어 좀 더 밝아야 아주 밝은 기분이 든다.

사무소는 항상 정리 정돈되어 있어야 하며, 깨끗하게 청소되어야 한다.

사무소에서는 가급적 식사를 삼가고 냄새가 나지 않도록 하여야 하며, 환기와 방향제를 사용하여 상쾌한 느낌이 들도록 하는 것이 좋다.

색상과 디자인은 업종이나 주 고객의 취향에 따라 선호하는 색깔과 디자인을 하는데 주거시설은 여자들과 젊은이들이 자주 출입함에 착안하고, 토지 및 빌딩은 남자들과 장·노년층이 많이 출입함에 착안하여야 한다.

사무소 바닥은 밝은 색상의 장판이나 데코타일 또는 타일을 많이 설치하고 벽면은 흰색이나 미색을 많이 사용하고 있다.

디자인은 사무소 모양과 넓이에 따라 최대로 넓게 보이고, 넓게 사용할 수 있도록 배치 디자인을 하며, 유리창이나 간판, 기타 글자 및 색상은 땅과 초원 그리고 건물을 상징하는 색깔과 모양으로 디자인한다.

특히 독립된 상표가 있는 경우는 이를 잘 보일 수 있도록 표시하는 것도 특색이 될 수 있다.

내부배치는 각 직원별로 상담대에 접근하는 데 불편함이 없도록 배치하고 모든 컴퓨터 선이 감춰지도록 정리하며 배치함이 바람직하다.

직원별 명패는 가급적 설치해 주는 것이 바람직하며 직원들 명함과 부동산중개 관련 업체의 홍보물 비치장소는 고객들이 쉽게 식별하고 쉽게 들고 나갈 수 있는 곳에 두는 것이 좋다.

벽에 설치하는 게시물 중 수수료율 표는 고객들이 잘 보이는 곳에 설치하고, 첨부하여 수수료에는 부가가치세가 포함되지 않으므로 별도로 지불해야 함을 홍보하는 것이 바람직하다.

그리고 자격증, 개설등록증, 사업자등록증, 실무교육 이수증, 보증보험설정증서나 공제증서, 상장 및 위촉장, 학위증 및 부동산 관련 교육수료증 등은 가급적 출입구에서 바로 보이는 벽면에 정렬하여 걸어 놓는 것이 바람직하다.

3) 인테리어 시공 시 착안사항

① 출입구는 직원에게 바람이 직접 닿지 않는 곳에 설치한다

출입구는 손님이 출입하는 첫 장소이다. 따라서 출입문은 손님이 출입문을 밀고 들어오는 데 용이하도록 설치하고, 가급적 좀 크게 설치하며, 두 쪽 문으로 설치되었더라도 한쪽 문만 사용하도록 출입문을 설치하는 것이 바람직하다.

또 출입구는 출입문을 열었을 경우 출입문을 통해 들어오는 바람이 고객이나 직원에게 정면으로 부닥치지 않도록 배치함이 바람직하다. 혈압이 약한 사람은 풍을 맞을 수 있다고 한다.

② 의자는 손님이 출입구에서 가장 가깝게 이동하여 앉을 수 있는 곳에 배치하라

고객용 의자는 손님이 출입구로 들어왔을 때 바로 앉을 수 있도록 배치하고 가급적 상담대 가까이에 설치한다.

고객이 사무실 너무 깊이 들어오는 것은 사무실 내부를 전부 노출하는 것이므로 바람직하지 못하다.

단, 전문상담사를 운영하는 경우에는 전문상담사를 출입구 가까이 배치하거나 별도 방을 배치하는 것도 한 방법이다.

③ 음료수대는 셀프가 될 수 있도록 고객 가까이 설치하라

커피 등 음료수는 고객 및 직원이 스스로 처리할 수 있도록 고객이 앉아 있는 곳 가까이에 설치하고 냉장고는 싱크대 옆 등 사무실 깊은 곳에 설치하라.

음료수대에는 커피, 녹차, 홍차 등 고객이 취향에 맞는 음료수를 마실 수 있도록 종이컵과 그 받침대와 더불어 준비하여야 한다.

④ 지도판은 설명이 용이한 곳에 설치하라

지도판은 고객에게 중개대상물의 위치를 설명하기 위함이므로 고객에게 설명하기 좋은 위치에 비치하고 최근 5년 이내 추진되고 있거나 추진할 계획이 있는 지역의 개발계획도는 별도로 설치함이 바람직하다.

⑤ 기타 비품

중개사무소의 비품은 가급적 적게 설치하여 사무실을 넓게 사용할 수 있도록 최소화하며 서류대는 책꽂이와 나란히 설치하는 것이 바람직하다.

4) 중개대상물 설명 모니터

최근에는 중개대상물을 모니터에 연결하여 설명하고 있으며, 모니터를 이용하여 현장에 가기 전에 물건의 위치, 내용, 주변여건 등을 설명한다.

따라서 중개대상물 설명 모니터는 상담대 위에 설치하고 이동용 마우스를 사용하여 상담대 위에서 바로 조작할 수 있도록 하는 것이 바람직하다.

이때 서류 부분의 설명과 현장지도 부분의 설명이 필요하므로 서류 부분은 파일로 내장해 둠이 바람직하다.

모니터를 통한 설명 시 위성지도를 이용하여 설명하는 것이 바람직하며 국토해양부에서 제공하는 온 나라 지도정보를 이용하면 당해 부동산의 지적도면을 표시할 수 있으므로 식별이 용이하다.

또한 파일에 필요한 자료를 입력해 두었다가 해당 자료를 병행하여 설명할 수 있도록 컴퓨터 모니터를 구성하면 매우 효율적으로 설명할 수 있고, 또 현장 확인 시 촬영한 사진이 있는 경우는 효과를 더 증대시킬 수 있다. 다만 주의할 것은 이런 보조자료를 이용한다 하더라도 부동산은 현장 안내를 통하여 자세히 설명함이 바람직하다.

라. 유형별 중개사무소 입지

부동산중개사무소 종류별 입지 및 특징을 살펴보면 다음과 같다.

1) 아파트 단지 내 중개사무소
- 중개대상물이 규격화되어 있어 거래가 손쉽다.
- 아파트 주민이 이동하는 동선에 위치한다.
- 유동성이 높아 수익이 보장되고 안정적이다.
- 주거와 관련된 기본적인 상권이 형성되어 있다.
- 주거 관련 점포 입점으로 상호 보완이 가능하다.

- 대형 아파트 단지는 매매거래가 많고, 소형 아파트 단지는 임대거래가 많다.
- 임대료가 높다.
- 다른 종류의 부동산을 취급할 기회가 적다.
- 수익이 안정적이나 확대는 제한된다.
- 상가규약이 있으므로 입점을 제한당할 수 있다.
- 주도로에서 이격된 아파트는 매수고객이 적어 공동중개를 발전시켜야 한다.
- 수도권을 제외하고는 생활정보지에 의한 거래가 많다.
- 적정 규모: 최소 250~300세대당 1개소

2) 아파트 단지 주변 중개사무소 적절한 위치
- 아파트 단지로부터 5분 이내 거리와 12m 이하인 도로에 접한 곳
- 새로운 중개사무소가 개업하기 곤란한 곳
- 주민이 주로 이동하는 동선 지역일 것
- 외부 방문객이 상가로 접근하는 동선일 것
- 코너 각지일 것
- 가급적 중심상가 지역일 것

3) 단독주택 및 연립주택 전문 중개사무소
- 매매보다는 임대가 주 거래임을 참작하라.
- 중개사고 위험이 높아 경쟁업체가 적다.
- 주변 상가 및 토지를 중개할 수 있다.
- 물건이 기존 중개사무소에 집중된다.
- 중개사무소의 선호도가 낮아 경쟁업체가 적다.
- 창업자는 경영정상화에 상당한 기간이 필요하다
- 개별분석이 어려워 중개사고가 많다.
- 중개사무소의 접근성이 떨어진다.
- 경쟁업체가 적어 새로운 창업자가 나타날 가능성이 많다.
- 배후지 세대 수가 700세대 이상이어야 한다.
- 도로는 완경사이고 도로 폭이 8m 이상이 좋다.

- 도로 모양은 직선이거나 코너 각지가 좋다.
- 주부 이동 동선에 위치하여야 한다.
- 배후지 생명주기가 성장기이거나 재개발지이어야 한다.
- 주차장이 있어야 한다.
- 배후지 가망고객이 중장년층이어야 한다.
- 골프연습 등 생활수준이 높은 곳은 매매거래 및 임대거래가 적다.
- 생활수준이 중층일 때 매매 및 임대가 있다.

4) 상가 및 사무실 전문 중개사무소

- 배후지의 중심지역이 좋다.
- 도로를 접한 사무소가 좋다.
- 주차시설을 확보하여야 한다.
- 유명건물에 자리하는 것이 유리하다.
- 가로구조상 퇴근거리에 위치한 건물이 좋다.
- 버스정류장이나 지하철역 옆에 위치가 좋다.
- 임대료가 저렴한 곳/2층 이상도 가능하다.
- 사무소 내부를 전문가 사업장으로 구성하여야 한다.

5) 공장·빌딩 등 대형 물건 전문 중개사무소

- 공장·상업지역 주변에 위치 선정
- 공장관련 전문연구원/공무원으로 접근이 용이한 곳
- 주차시설이 있는 곳
- 고객 접근이 용이한 곳

6) 토지전문 중개사무소

- 투자입지의 진입로 지역에 선정
- 전문화된 대형사무소 필요/전문성 필요(컨설팅)

4. 등록 절차

부동산중개업을 하기 위해서는 부동산중개업을 해당 지역 지자체에 등록하여야 한다. 그 등록 절차는 「공부법」에 자세히 기술되어 있으므로 여기에서는 필요한 서류와 착안 사항 위주로 등록절차 순서에 맞추어 간단히 소개하고자 한다.

가. 실무교육 이수

실무교육은 공인중개사가 부동산중개업을 창업하기 위해서 필수적으로 받아야 하는 의무교육으로, 국토해양부에서 지정한 교육을 32시간 이상 광역자치단체가 위탁한 교육 기관에서 이수하여야 한다. 이 실무교육은 통상 공인중개사협회에서 많이 교육하고 있고, 일부는 대학교에서 해당 지역 광역자치단체로부터 위탁받아 교육을 실시하고 한다.

이때 교육비는 해당 교육기관에서 정하고 있으나 국토해양부에서는 지정한 금액 이상 을 받도록 통제하고 있다.

실무교육기관을 선정할 때는 실무교육이 창업자를 위한 교육이므로 최근에 자격증을 취득한 자는 창업에 관한 교육내용을 주로 교육하는 곳이 바람직하고, 자격증 취득한 지 오래된 창업자는 개정된 법규 위주로 교육하는 교육기관이 바람직하다.

특히 실무교육을 받는 자는 실무교육기간에 교육을 받지 않고 외출 등을 신청하여 조 퇴나 결석을 많이 하고 있는데 이는 매우 바람직하지 못하다.

왜냐하면 강사들도 가급적이면 피교육생들에게 창업할 때 필요한 사항을 연구하여 강 의하고 있는데 이를 제대로 수강하지 않으면 수강받아야 할 의미를 상실함은 물론 오히 려 업무수행 과정에서 중개사고를 피할 수 있는데 수강하지 않음으로써 피해를 받는 사 건이 발생할 수 있다. 특히 개정된 법률과 국가정책 흐름을 교수들이 강의할 때 포함하여 수강시키고 있으므로 이를 제대로 알지 못하면 고객으로부터 신뢰를 얻지 못해 부동산중 개업을 중도에 폐업하는 일이 발생한다.

실무교육의 유효기간은 1년이므로 실무교육을 받은 지 1년 이내 창업을 할 수 있도록 준비함이 바람직하다.

나. 사무소 개설 등록

공인중개사가 부동산중개업을 창업하기 위하여 중개사무소 개설등록을 사무소 소재지 관할 기초자치단체의 지적과에 등록하여야 한다.

이때 개설등록 하기 위한 신청 시 준비하는 서류는 다음과 같다.

① 등록신청서(관할행정기관에 비치)
② 실무교육 이수증 사본(본인 준비)
③ 자격증 사본(법인: 법인 등기부등본)
④ 반명함판 사진: 2매
⑤ 임대차 계약서 등
⑥ 건축물관리 대장
⑦ 기타 외국인의 경우는 외국인으로서 제출하여야 할 서류(결격사유가 없다는 증명서 와 영업소 등기부등본 등)를 제출하여야 한다.

이와 같은 서류를 등록관청에 제출하면 실무 담당자가 등록비 18,000원을 납부하도록 등록비 고지서를 발급해 주는데, 이 고지서를 가지고 시중은행에 가서 납부하면 납부영수 증을 발급해 준다.

그 영수증을 개설등록증 수령 통지를 받았을 시 등록관청에 보여 주어야 한다.

다. 인장 등록

중개업자는 부동산중개를 성사시키고 계약서를 작성할 경우 이 계약서에 사용할 중개 업자 인장을, 중개사무소 개설등록 시 해당 등록관서(시·군·구청, 이하 같음)에 등록하 여야 하는데, 이를 위해서는 종전에는 개인 중개사무소를 창업하는 창업자의 경우는 인감 증명법에 의한 인감등록을 해당 동·면사무소에 등록하여야 한다. 이렇게 등록한 인장과 인감증명서 1통을 발급받아 중개업 개설 등록 신청 시 등록관서에 제출하여 인장등록을 해 왔으나 최근에는 부동산중개업자가 중개사무소에서 사용할 인장이 인감도장이 아니어 도 되기 때문에 중개사무실에서만 사용할 도장을 정하여 등록하면 된다.

단, 등록된 인장은 반드시 계약서 등에 사용하여야 한다.

법인 중개사무소를 개설하는 경우에는, 법인대표는 상업등기처리 규칙에 의거 법원에 인감등록을 한 후 그 인감증명서를 해당 등록관서에 제출하면 된다.

인장등록은 개설등록 신청 시 하거나 또는 개설등록증 수령 시에 실시하고 있다.

라. 업무보증 설정

공인중개사가 중개사무소 개설등록을 하기 위해서는 고객에 대한 손해배상보장을 위한 업무보증서를 제출하여야 하는데, 이를 위하여 공인중개사는 공인중개사협회에서 운영하는 공제에 가입하여 공제증서를 제출하거나, 보증보험회사에서 인·허가보증보험 증서를, 국가기관에서 운영하는 공탁사무소에서 공탁증서를 등록관청에 제출하여야 한다.

이때 가입금액은 개인 중개사무소를 개설하는 경우에는 1억 원을, 법인의 경우는 2억 원까지 보장할 수 있는 금액을 가입하여야 한다.

이를 위하여 납부하는 공제료 및 보험료는 공제의 경우에는 개인 중개사무소의 경우는 250,000원을 납부하고, 법인 중개사무소의 경우는 50만 원을 납부하여야 하며, 서울보증보험에서는 개인사무소의 경우 172,000원, 법인은 344,000원을 보험료로 받고 있다.

이 중 공제의 경우는 공인중개사협회에서 가입 차수에 따라 할인해 주고 있는데 2차 연도에는 5%를 할인하고 공제 가입한 기간이 길면 길수록 할인율이 높아진다. 또 서울보증보험의 인·허가 보증보험은 사고가 없으면 2차 연도부터는 20%를 할인하여 137,000원을 받고 있다.

공탁은 보증금액을 공탁사무소에 가서 보증서나 실제 금액을 공탁하여야 한다.

업무보증 설정은 부동산중개업 개업 전까지 설정하여야 하며, 통상 개설등록증 수령 시 업무설정증서 사본을 제출한다.

마. 등록증 교부: 등록비 영수증

부동산중개업을 창업하기 위하여 중개사무소 개설등록증을 수령하도록 통지받은 공인중개사나 법인대표는 등록비영수증과 업무보증에 가입한 업무보증서 사본 및 등록할 도장을 등록관청에 제출하면 해당 등록관서에서는 등록증을 교부해 준다.

등록증을 교부받으면 중개업자는 중개업을 개시할 수 있으나 통상 등록증을 교부받고 난 뒤부터 개업 준비를 하기 때문에 통상 등록증 교부 후 7~10일 정도 뒤에 개업한다.

바. 사업자 등록 신청

중개사무소 개설등록증을 수령한 공인중개사나 법인대표는 사업개시일로부터 20일 이 내에 관할 세무서에 사업자 등록을 하여야 한다. 이때 공인중개사나 법인대표는 사업자등록 신청서, 주민등록등본(법인은 법인 등기부등본), 중개사무소 개설등록증 사본, 건물 임대차 계약서나 사용대차계약서 또는 본인의 건물을 사용하는 경우에는 건물등기부등본, 인감도장을 지참하여 신청한다.

이때 창업자가 사업자등록 신청서에 기입할 업종에는 서비스업을, 업태에는 부동산중개와 부동산컨설팅, 기타 필요한 업태를 기록하여 제출한다.

특히 창업자는 부동산중개업자만이 부동산컨설팅을 할 수 있으므로 업태에 필히 부동산컨설팅을 부동산중개와 병행하여 신청함이 바람직하다.

부동산컨설팅을 신청한 부동산중개업자는 부동산컨설팅을 할 준비를 하고 부동산컨설팅을 수행하면 과다수수료 문제에 봉착됨이 없이 고객과 협의하여 보수를 받을 수 있다. 이때 받는 요령은 별도로 살펴보기로 한다.

5. 개업 준비

개업 준비단계는 사무소를 개설하기 위한 준비사항을 처리하는 단계로서 중개업을 수행하기 위한 준비의 최종단계이다.

이 단계에서 해야 할 사항 중 제일 중요한 것은 ① 창업 일정계획을 작성하는 것과 ② 고객 개발 활동, ③ 계약서 작성에 대한 예행연습을 하는 것, ④ 사무소 내부를 구성하는 것, ⑤ 직원과 사업의 공동체를 형성하는 것 등이다.

가. 창업 일정계획 작성

  창업 일정계획은 창업일 즉 창업하는 날을 첫 계약서 작성일로 목표를 설정하고, 이 일정을 역순으로 작성한다.

  이때 고려할 사항은 ① 광고기간, ② 물건접수기간, ③ 행정적인 절차를 밟는 기간, ④ 간판설치기간, ⑤ 내부비품 구입기간, ⑥ 전화기를 설치하는 기간, ⑦ 필요한 서류를 준비하는 기간, ⑧ 인터넷정보 및 통신 설치하는 기간, ⑨ 계약서 작성 연습기간 등을 고려하여야 한다.

  창업일정은 최소 1주일로부터 수개월 준비하여 창업하는 자도 있으므로 창업자는 창업자의 능력과 가용자원을 고려하여 구체적인 창업 준비사항 점검표를 작성하여 이 일정에 가급적 맞추도록 노력하고 준비하여야 한다.

  창업 일정계획 작성 예문은 별지 2를 참조한다.

나. 고객 개발

  고객 개발에 관한 사항은 사업계획 또는 창업계획 작성 시 개발요령에 대해 설명할 때 자세히 살펴보았으므로 사업계획 작성요령을 참조하고 여기에서는 중개대상물 확보와 연계된 매도인 고객 개발에 중점을 두고 살펴본다.

  매도인 고객을 개발하기 위해서 창업자는 1개월에서 4개월 기간을 사용한다. 매도인 고객 개발은, 사무소 위치로부터 최소 500m 내에 위치하는 창업 아이템에 해당하는 물건은 빠짐없이 파악하여야 하며, 이때 파악할 요소는 당해 부동산의 소유자 명, 전화번호, 층수별 임대 및 거주자 현황, 매매 및 임대 의뢰사항, 면적, 특이사항, 장점 등이다.

다. 각종 서식 확보 및 계약서 작성 예행연습

  공인중개사가 창업하기 위하여 확보하여야 할 서식은 공인중개사협회를 통하여 확보할 수 있다. 또한 공인중개사는 창업하기 전에 계약서 작성하는 연습을 미리 해 두는 것이 좋다. 이때 작성을 연습하여야 할 계약서 종류는 다음과 같다.

1) 공통: 예약계약서(예결계약서)

항간에 중개업자들이 '가계약'이라는 용어를 사용하면서 계약서는 작성하지 않고 계약금의 일부만 거래 상대방에게 입금하는 형태로 계약을 체결하고 있다. 미국에서는 '가계약' 제도가 있으나 우리나라에서는 가계약 제도가 없기 때문에 '가계약'이란 용어를 사용해서는 안 되며 '가계약'이란 계약이 존재하지 않는다.

우리나라에서 잘못 사용하고 있는 '가계약'은 구두계약으로 정상적인 계약이지 가계약이 아니다. 정상계약과 가계약의 차이는 계약을 원천적으로 무효화할 수 있는 권리가 있느냐 없느냐의 차이이다.

따라서 '가계약'은 조건이 맞지 않는 경우 거래당사자 중 어느 일방이 임의로 계약을 파기하고 무효로 할 수 있으나, 정상적인 계약은 법정 해약조건이 아니면 해약할 수 없는 것이다. 그래서 우리나라에서 계약이 성립된 뒤 거래대금의 일부가 지불되었다면 이는 전부 정상적인 계약이므로 거래당사자 어느 일방이 임의로 계약을 해제하려면 그에 대한 해약금이나 위약금을 지불하여야 한다.

이러한 불편한 점을 해소하기 위해서는 예약계약을 활용할 수 있다.

현재 가계약이라는 계약을 체결하는 것을 보면 거래당사자 어느 일방만 있고 거래당사자 상대방이 없으므로 부동산중개업자가 대신 작성하는 형태를 취하고 있다. 따라서 이를 합법적·합리적으로 수행하기 위해서는 거래당사자 일방(통상 임대인이나 매도인)으로부터 부동산중개업자는 위임관계를 정하고, 계약금에 대한 처리로써 만일 해약 시 반환하는 문제와 계약금반환 이행보장문제를 준비하여야 한다.

이때 위임관계는 사전에 위임장과 인감증명을 받아 두는 것이 가장 좋으나 실제 상황에서는 위임장을 미리 받아 둔다는 것이 어렵기 때문에 중개대상물을 확인하기 위하여 임장 활동할 때 주인의 주민등록번호를 받아 두었다가 매수인이나 임차인이 이를 확인할 수 있도록 하는 방법을 취하여 위임사실을 매수인이나 임차인이 주지할 수 있도록 한다. 이때 이 확인은 전화상으로 하며, 매수(임차)인이 매도(임대)인을 직접 전화로 확인할 수 있는 조치를 취해야 한다.

다음은 거래대금의 반환 이행보장 제도를 활용하는 것이다. 중개업자가 매수(임차)인에게 거래대금반환 이행보장을 이용하도록 하는 경우는 매수(임차)인이 거래청약을 할 때, 다소 불안한 거래 느낌을 보일 때, 활용하는 것이 바람직하다.

즉 중개업자는 매도인과 중개의뢰 시에 거래대금반환 이행제도를 권유하여 합의를 하고 계약이 성립되면 매수인을 설득하여 거래대금반환 이행보장에 가입하도록 권장한다.

이때 거래대금반환 이행보장을 실행하기 위해서 중개업자는 미리 해제조건을 명확히 설정한 거래대금 이행보장계약서를 매수(임차)인과 작성할 필요가 있으며, 거래대금반환 이행보장을 위한 수수료가 지불됨을 매수(임차)인에게 주지시켜야 한다.

그리고 중개업자는 거래대금 이행보장을 위하여 중개업소 명의가 부기명으로 된 은행 통장을 준비하여야 한다.

거래대금반환 이행보장에 대한 계약이 성립되면 매수(임차)인은 계약금을 매도(임대)인에게 입금하지 않고 부동산중개업자가 보관하고 있다가 정상적인 계약서 작성일에 계약금을 제출하고 정식 거래계약서를 작성한다.

이와 같이 예약계약이나 거래대금반환 이행보장제도를 중개업자가 잘 활용하면 지금과 같은 가계약으로 인한 거래대금 반환문제 때문에 불편이 발생하는 것을 방지할 수 있을 것이다.

또한 예약계약서의 특약사항에 예약계약의 유효시기와 조건을 명시하여 예약계약이 본 계약이 되도록 하는 것이 효과적이다.

그 외에 각 부동산 종류별 창업자가 거래계약서 작성 연습을 하여야 할 거래계약서 종류는 다음과 같다.

2) 주거시설

주거시설에 대한 계약서 작성은 매매계약서와 임대차계약서에 대해서 연습해 두어야 한다.

3) 점포

점포에 대한 계약서는 매매계약서와 임대차계약서 외에 권리금 문제와 시설문제가 있으므로 권리양도계약서, 그리고 포괄양도·양수계약서도 작성해 보아야 한다.

4) 허가가 필요한 부동산

토지거래 허가지역에서 부동산거래, 학원 및 병원, 기타 점포 중 인·허가를 받아야 하는 부동산에 대해서도 매매계약서 및 임대차계약서 작성 시 특약사항으로 유동성 무효가 되는 특약사항 작성 연습이 필요하다.

5) 해약계약서

부동산중개업자가 부동산중개를 하는 과정에 중개는 완성했으나 거래는 완성되지 않은 상태에서 해약되는 경우가 매우 많이 발생한다. 따라서 부동산중개업자는 이때 해제계약서를 작성하여 거래당사자 간에 분쟁이 발생하지 않도록 해 주어야 한다. 이때 작성하는 것이 해제계약서이다.

이상의 각종 계약서 작성 연습을 할 때 중점을 두어야 할 사항은 계약서에 포함할 사항과 특약사항이다.

연습횟수는 여러 사항을 모델화하여 많이 작성해 보는 것이 실제 거래계약서 작성 시 자신감 있게 작성할 수 있으나 시간적 제한으로 이렇게 하지 못하는 경우 최소한 부동산 거래 형태 종류별 3회 이상 연습하는 것이 안전하다.

라. 직원 등 인력 확보 및 교육

창업하는 공인중개사가 창업하는 시기에 혼자 부동산중개사무소를 운영하는 것은 매우 어려우므로 최소한 1명 이상의 직원을 고용하여야 하는데, 직원을 채용할 때 고려할 사항은 ① 장기적으로 근무할 가능성, ② 주력 및 발전하고자 하는 업종의 적합성을 고려하여야 하며, 채용과 동시에 고용계약을 체결하거나, 수습 기간을 두고 능력을 확인한 후 고용계약을 체결하는 두 가지 방법이 있다.

직원에 대한 급여 관리는 ① 수습 기간에는 통상 지급하는 월급제 또는 성과급제를 실시하고, ② 숙련된 직원들에게는 지급된 성과급제를 실시하며 또는 ③ 기본급은 월급제로, 업무성과에 따라 추가로 지급하는 성과급제를 혼합한 혼합제 등을 적용하고 있다.

수습 기간의 수습 인원 급여는 월급제를 하는 곳도 있고, 정식직원으로 채용되기까지는 단순 수습만 하고 급여는 지불하지 않거나 성과급제로 하는 곳도 있으며 또는 교통비만을 받으며 수습 기간을 거치는 경우도 있다.

특히 수습 기간에는 채용 계약을 체결하지 않으며 정식직원이 아님으로 명함을 사용할 수 없다.

정식직원으로 채용하면 고용계약서를 체결하여야 하는데 이때 작성하는 고용계약서 또는 용역계약서는 별도 양식은 없으나 별지를 참조한다.

정식직원으로 채용되면 중개보조원 및 소속공인중개사로 활동하기 전에 등록관서에 등록 후 활동하여야 한다. 명함도 의뢰하여 명함을 활용할 수 있게 해 주어야 한다. 명함에 사용하는 직함은 담당업무를 잘 알릴 수 있도록 담당 부동산 종류와 직함을 사용하도록 한다. 직함은 실장, 부장, 담당이란 직함을 많이 이용하고 있다.

마. 중개 물건 확보

부동산중개업을 하기 위해서는 먼저 중개할 중개대상물을 먼저 확보하여야 하는데, 이를 위해서는 최소한 개업일 4개월 전부터 7일 전까지 기간을 가지고 확보하는 노력을 하여야 한다.

중개대상물을 확보하는 방법으로는 일반적으로 사무소 간판을 설치하면 입수가 시작되며, 중개업자는 자신의 주력 부동산에 대한 1차 상권 내의 물건에 대한 지주작업으로 물건을 확보하여야 한다. 그 외에 간판 설치로부터 광고하기 전까지 입수한 물량이나 개업일 시점에 주요 거래대상물을 확보하지 못한 경우에는 인근 중개업소로부터 협조를 받아 물건을 공유하기도 한다.

부동산중개업을 생업으로 하고 이 업종으로 성공하고자 하는 자는 자신이 선정한 중개업소로부터 반경 500m 이내에 자신이 선정한 아이템의 부동산소유자와 매매 및 임대 물건을 전부 파악하여야 한다. 이러한 노력을 하는 자는 100% 이 일에서 성공하였다.

또한 중개업자는 자신이 선정한 아이템에 대하여 매매, 임대, 전세로 구분하여 각각 10개 이상의 물건을 확보하고, 만일 이렇게 확보가 어려운 경우에는 인접 및 타 지역에 있는 중개업소와 교류하여 해당 중개업소 물건을 공동중개할 수 있도록 파악하여 확보하는 것도 한 가지 방법이다.

중개대상물 확보작업을 통하여 물건이 확보되면 이를 노트나 컴퓨터에 관리하는데 노트를 사용하는 경우는 부동산중개 실무의 물건 접수대장에 기록한다.

또한 컴퓨터를 사용하여 관리하는 경우는 주로 엑셀 프로그램을 활용하는데 이때 사용하는 양식은 다음과 같다.

동별	지번	건물명	연락처	층수	호수	평수	보증금	월세	시설권리금	확인일	접수일	기타

바. 경영전략 검토 및 교육

경영전략은 창업계획 수립 시 수립한다. 그래서 창업계획 수립 시와 상황이 변할 수 있고 여건이 변할 수 있기 때문에 수시로 이를 검토하여 보완하여야 한다. 그 외에도 사업계획서 작성 후에 정부의 정책이 변화했다든지 시대상황이 변하여 또는 확보된 전문 인력 등이 변했을 경우 경영전략 수정이 불가피할 것이다.

이 경영전략은 직원들과 같이 마음을 통일할 때 더 효과가 증가하므로 경영전략이 변경되면 이에 따른 직원 교육도 다시 하여야 한다.

이 경영전략은 사업전략이기도 하므로 다른 중개업소와 차별화가 요구된다. 그리고 진취적이고 도전적인 전략이 요구된다. 즉 직원들이 자발적으로 활동할 수 있는 분위기여야 하고, 회사의 규율을 준수하는 분위기여야 하며, 공인중개사로부터 전 직원이 자신이 맡은 분야에 대해서는 자신이 있어야 하고 수익을 창출할 수 있어야 한다.

그리고 고객에게 전문적으로 상담할 수 있는 부분을 별도로 담당하도록 하는 것도 수익을 증대시킬 수 있는 전략 중의 하나이다. 이를 위해 창업계획 수립 시 내부 규정화를 위해 사규를 만드는 방안도 있다.

개업하기 전 직원들에게 교육하여야 할 사항은 ① 사업의 목표, ② 업무의 영역과 활동할 사항, ③ 직업윤리, ④ 자금관리 등과 사무실 취업규칙을 교육하여 공동목표의식을 함양하여야 한다.

사. 4대 보험 가입

부동산중개업을 함에 있어 직원을 1명이라도 채용하면 국가에서 의무적으로 가입하도록 하고 있는 4대 보험에 가입하여야 한다. 이때 배우자를 직원으로 채용한 경우에는 4대 보험에 별도로 가입할 필요는 없다. 만일 국민연금이나 고용보험 및 산재보험은 가입해 줄 수 있다. 다만 의료보험은 자동적으로 가입되어 있으므로 가입신청을 아니 해도 관계없다.

가입해야 할 4대 보험이란 고용보험, 산재보험, 국민연금, 건강보험 4가지를 말한다. 4대 보험의 가입기관 및 장소는 아래 표에서 보는 바와 같다.

〈표 3〉 4대 보험의 종류와 가입 장소

보험의 종류	가입 기관(장소)
고용보험	근로복지공단
산재보험	근로복지공단
국민연금	국민연금관리공단
건강보험	건강보험관리공단

최근에는 4대 보험을 근로복지공단이나 근로복지 지원센터에서 종합적으로 가입을 받아 처리하고 있으므로 근로복지공단이나 근로복지 지원센터로 가면 된다.

이 중 건강보험은 전 국민이 의무적으로 지역 의료보험이나 직장 의료보험에 가입되어 있으나 나머지 보험은 직원(보조원 및 소속공인중개사)으로 고용이 되면 의무적으로 가입해 주어야 한다. 건강보험에 가입할 경우 보험료는 총 급여액의 4.77%를 납입해야 하는데 이 중 1/2은 직장이, 나머지 1/2은 직원이 납입하게 된다.

그러나 직원 중에 공무원연금이나, 교직원연금 및 군인연금에 가입된 배우자가 있는 경우는 국민연금 및 건강보험에 별도로 가입할 필요가 없으며, 고용보험 및 산재보험만 가입하면 된다.

국민연금은 1인 이상의 직장에서는 의무적으로 가입하여야 하며, 가입 시 납입해야 할 보험료는 총 급여액의 9%를 납입하며, 이 중 1/2은 직장에서 나머지 1/2은 직원이 납입한다.

고용보험에 가입 시 납입 보험료는 총 급여액의 1.15%를 납입하여야 하며, 이 중 1/2은 직장에서 그리고 나머지 1/2은 직원이 부담한다.

산재보험에 가입 시 납입하는 보험료는 직장에서 전액 납입해야 하며, 납입할 보험료는 총 급여액의 1.515%를 납입하여야 한다.

단, 모든 근로자는 이 4대 보험에 가입하여야 하나, 아래 표에 해당하는 경우는 가입하지 않아도 된다.

〈표 4〉 4대 보험 가입대상자 및 가입제외자

보험의 종류	가입대상자	가입제외자
국민연금	근로자	① 일용 근로자 ② 1월 미만 사용되는 근로자 ③ 소재지가 일정하지 않은 사업장 근로자 ④ 비상임 이사 ⑤ 1월에 80시간 미만 시간제 근로자

건강보험	모든 사업장의 근로자 사용자 교직원 공무원	① 일용 근로자 ② 비상근 근로자 ③ 1일 80시간 미만 시간제 근로자 ④ 비상근 교직원 ⑤ 소재지가 일정하지 않은 사업장 근로자 ⑥ 근로자가 없거나 비상근 근로자 및 1일 80시간 미만 근로자만 고용하는 사업주
산재보험	모든 근로자	① 국민연금법에 적용받는 사업장으로 상시근로자가 1인 이상 되지 않는 사업장 　단, 상시근로자 산출기준은 산재보험법 시행규칙 제3조를 적용한다.
고용보험	근로자	① 65세 이상 자 ② 1월간 소정 근로시간이 60시간 미만인 자 ③ 1주간 소정 근로시간이 15시간 미만인 자 　단, 생업을 목적으로 3월 이상 계속 근로자는 제외

6. 사업 개시(개업)

가. 개업식

개업식은 창업자가 업무를 첫 개시하는 날이기도 하지만 창업자를 알고 있는 많은 사람들에게 창업자가 창업했음을 알리는 광고하기 가장 적절한 날이기도 하다. 따라서 개업식은 가급적 성황리에 실시하는 것이 좋다.

나. 손님 맞을 준비 및 편성

창업자가 개업식을 하면 개업일에 많은 손님이 방문하고 축하해 주게 되는데 이를 대비하여 손님 맞을 준비를 두 가지로 하여야 한다.

개업일에도 사업은 계속하여야 하므로 한 곳은 고객을 맞아 중개 관련하여 상담하거나 계약할 장소를 마련하여야 하고, 다른 하나는 개업식을 축하해 주기 위하여 방문하는 손님을 맞을 곳을 준비하여야 한다.

따라서 이날은 직원과 가족으로 구분하여 직원은 상담에, 가족은 손님 맞는 담당으로 편성하여 접객하는 것이 적절하다.

다. 계약서 작성 및 첨부 서류

계약서 작성 시 공인중개사가 견지하여야 할 자세 중 가장 중요한 것은 계약서 내용에 양 당사자가 합의된 사항만을 기재하고, 문제가 발생할 여지가 있는 사항은 반드시 설명하여 명확하게 집고 넘어가야 한다.

또 중요한 것은 계약서 작성 분위기가 조용하면서 화기애애하여야 하며, 주변사람들로부터 간섭받지 않도록 하여야 한다. 이때 첨부하여야 할 서류는 다음과 같다.

① 계약서
② 중개대상물 확인·설명서
③ 공제증서 또는 인·허가 보증보험증서 또는 공탁증서 사본
④ 현금영수증(수수료를 받았을 경우, 의뢰인 요구 시)
⑤ 기타(통상 등기부등본 사본, 임대차 현황 등)

이 중 위 ①, ②, ③은 기본적으로 필히 교환해야 할 사항이다.

중개수수료 영수증은 한쪽 의뢰인한테 받은 금액이 30만 원 이상이거나 의뢰인이 요구시는 반드시 발행해 주어야 하며, 그 외는 중개대상물 확인·설명서에 기록되므로 별도로 발행하지 않아도 된다.

그러나 최근에는 고객들이 직장인이 많아 연말 소득공제를 받기 위하여 수수료 영수증 받기를 원하는 사람이 많으므로, 고객이 요구하면 인터넷 현금영수증이나, 카드 발급기에 의한 현금영수증을 발급해 주어야 하고, 카드 발급기를 통한 카드 결제를 해 주어야 한다.

현금영수증 발급 의무대상자인 경우는 현금영수증 발급기관에 신청하여야 하며, 만일 이 신청을 하지 않으면 의무적으로 현금영수증 발급기를 설치하도록 독촉받게 되고 또 과태료를 물어야 한다.

현금영수증 발급 의무기관이 아닌 경우나 현금영수증 발급 의무기관인데 인터넷 현금영수증 발급 신청이 아니 되었거나 현금영수증 발급기를 설치하지 않았는데 고객이 현금영수증을 발급해 주기를 원하면 국세청에서 지정한 코드, 즉 010-0000-1234로 현금영수증 발급이 가능하므로 이를 통해 발급해 주면 된다.

특히 권리관계가 복잡하거나 물건에 장래에 문제가 될 만한 사항이 예상될 경우에는

필히 등기부등본과 관련 공부를 첨부해 주는 것이 현명하다.

다가구 임대차계약을 체결한 경우 부동산중개업자는 임차인에게 당해 건물의 임대차 현황을 설명하여 임차인이 판단할 수 있도록 하여야 하므로 당해 건물의 임대차의 총 세대 수와 임차보증금 현황을 설명해 주고 이를 중개대상물 확인·설명서의 '실제 권리관계 또는 공시되지 아니한 물건의 권리사항'란에 기술하고 임대차현황을 별도 양식으로 첨부함이 바람직하다.

그 외에 상가주택의 경우는 각 호실의 면적이 정확하지 않으므로 건축물 관리대장과 해당 층의 건물 도면을 발급받아 이 도면에 명시하여 제출해 줄 수 있도록 하여야 한다.

제4장

제 행정서류 보는 요령

1. 제 행정서류 발급 목적

부동산중개업자가 부동산중개와 관련하여 열람 및 발급받는 서류는 권리관계를 확인할 수 있는 법원에서 관리하는 등기부등본으로 토지등기부등본과 건축물등기부등본 그리고 집합건물등기부등본이 있고, 행정부에서 관리하는 서류로는 토지에 관한 행정서류로 토지대장과 지적도, 임야대장과 임야도, 토지이용계획 확인서, 개별공시지가확인서가 있고, 건물에 관한 건축물 관리대장과 도면 등이 있으며, 부동산 거래와 관련하여 부동산 실거래가 신고필증이 있다.

이와 같은 부동산 관련 행정서류를 정부에서 행정부와 법원으로 분할되어 있던 것을 하나로 합침과 동시에 2013년까지 부동산과 관련된 모두 행정서류를 하나로 통합할 예정이다. 이처럼 행정서류가 통합된다면 부동산중개업자에게는 매우 편리하게 될 것이다.

중개업자가 부동산중개를 위해 등기부등본을 비롯하여 제 행정서류를 발급받는 목적은 거래의 안전을 위함에 근본 목적이 있다. 따라서 중개업자는 제 행정서류별로 그 용도를 명확히 알고 제 행정서류를 살펴 부동산중개에 적용하여야 한다.

기본적으로 제 행정서류 중 권리에 관한 것은 등기부등본이 기준이 되고, 면적이나 해당 부동산의 상태에 대한 정보는 토지대장, 건축물 관리대장, 지적도 또는 임야대장, 임야도를 기준으로 하며, 이용에 관한 정보는 토지이용계획 확인서를 기준으로 한다.

2. 제 행정서류 발급받는 요령

부동산중개업자가 부동산중개와 관련하여 필요한 행정서류를 발급받는 요령은 각급 행정기관에서 발급받는 방법이 있고, 인터넷을 통하여 전자정부를 통하여 발급받는 방법이 있다. 본인이 본인 부동산에 대한 제 행정서류를 발급받을 경우에는 무료로 발급받을 수 있다.

먼저 각급 행정기관에서 발급받을 수 있는 행정서류는 다음과 같다.

가. 행정기관에서 발급되는 서류

1) 읍·면·동 주민자치센터
부동산중개업자가 읍·면·동의 사무소나 주민자치센터에서 발급받을 수 있는 행정서류는 다음과 같다.

① 주민등록등본 및 초본
② 인감증명서(특히 부동산매도용 인감증명서)
③ 경매 및 공매 시 주민등록 세대주 확인서
④ 가족관계 확인서 등을 발급받을 수 있으며, 전에는 구청 및 법원에서 발급받아야 했던 서류도 전화예약을 하여 읍·면·동사무소 및 주민자치센터에서 발급받을 수 있다.

2) 시·군·구청
시·군·구청에서 발급받을 수 있는 행정서류는 다음과 같다.

① 토지대장 및 임야대장
② 건축물 관리대장
③ 지적도 및 임야도
④ 토지이용계획 확인서
⑤ 개별공시지가
⑥ 부동산거래신고필증이며 이들은 부동산정보 전산화에 힘입어 지금은 읍·면·동

주민자치센터에서도 발급받을 수 있으나 이 중 ⑦ 건물도면과 지적도나 임야도 중 면적이 ⑧ 아주 작은 번지에 대한 도면은 해당 행정기관에 직접 방문하여 발급받는 것이 바람직하다.

3) 법원

법원에 발급받을 수 있는 행정서류는 다음과 같다.

① 등기부등본(토지, 건물, 집합건물)

② 법인등기부등본 등이나 이들도 인터넷이나 읍·면·동 주민자치센터에서 자판기로 발급이 가능하다. 다만 구 등기부등본을 발급받기 위해서는 등기소나 법원 등기과로 직접 방문하여 발급받아야 한다.

나. 전자정부에서 발급받는 요령

인터넷 발달로 정부에서 운영하는 인터넷 전자정부를 이용하면 일반 국민이 생활에 필요한 서류종류에 관계없이 모두 발급받을 수 있다.

다만 전자정부를 통하여 발급받기 위해서는 공인인증서를 사전에 발급받아야 전자정부를 통한 행정서류 발급이 가능하다.

이때 주의할 사항은 중개업자 사무실에서 발급받고 싶은 경우 전자정부의 인터넷에서 허용하는 프린터인지를 확인하여야 하고 또 자신의 사무실에서 발급받지 못하는 서류인 경우에는 발급기관까지 직접 가거나 아니면 가까운 행정기관에서 발급받을 수 있는지 확인하는 것이 필요하다.

전자정부를 통하여 서류를 발급받는 방법은 다음과 같다.

① 인터넷 익스플로러 실행

② 주소창에 '전자정부'입력 후 클릭(www.egov.go.kr)후 민원 24메인화면 클릭

③ 좌측 중앙에 '민원신청' 클릭

④ 온라인 민원 신청란의 해당 서류의 '신청하기' 클릭

⑤ 회원의 경우는 아이디와 비밀번호를 입력하면 되고, 비회원의 경우는 아래에 나와

있는 서식에 필요한 사항을 입력한다. 이때 발급 여부를 확인받으려면 이메일 주소나 SMS를 체크하여야 한다. 또한 '입력확인'란 앞에 나와 있는 4자리 수를 직접 옆에 있는 입력란에 입력하여야 한다.

⑥ 수령기관 지정 및 비용 결재방법은 동 및 면사무소나 구 및 군청에 방문하여 수령할 경우는 후불로 지불하고, 그 외에 우편이나 온라인 프린터를 할 경우는 카드나 은행계좌로 선불로 이체하여야 한다. 수령기관을 지정하는 경우는 방문수령 시만 수령하고자 하는 기관을 선택한다.

⑦ 입력을 완료하면 하단의 '확인'을 클릭한다.

⑧ 교부신청이 나타나면 내용을 확인하고 잘못이 있으면 '수정'을 클릭하여 수정하고, 이상이 없으면 '신청하기'를 클릭한다.

⑨ 처리상황이 나타나며, 처리가 완료되면 SMS나 e메일로 연락이 오고, 만일 연락방법을 신청하지 않은 경우는 인터넷에 들어가 확인하면 된다.

행정기관을 방문하여 수령하는 경우는 행정기관에 제출하는 서류일 경우와 지적도면의 부호로 표시된 부분의 확인 등의 경우 행정기관을 방문하여 행정서류를 발급받으며, 그 외 전자정부에서 발급받는 경우에도 프린터로 발급받지 못하는 서류의 경우에 행정기관으로 수령 장소를 지정하여 수령한다.

다. 휴대폰으로 열람

최근에는 스마트폰이 등장하면서 부동산 관련 서류 및 지도를 스마트폰의 인터넷앱으로 열람 및 확인이 가능하다.

단, 스마트폰으로 부동산 관련 공부를 열람하는 것은 언제든지 가능한 장점이 있으나 이를 확인시켜 주기 위하여 서류화하는 데는 프린트를 할 수 있는 별도의 절차를 밟아야 하는 불편이 있다.

3. 서류별 중개업을 위해 확인할 사항

가. 등기부등본

부동산 등기부등본은 기본적으로 부동산과 관련된 권리문제를 확인하는 데 있으며, 토지등기부등본과 건물등기부등본으로 구분되어 있다. 그러나 구분건물이 건설되면서 집합건물등기부등본이 작성되어 크게 3가지로 구분된다.

이 중 집합건물등기부등본은 토지와 건물이 함께 작성되어 있어 해당 구분건물에 대한 토지 및 건물에 대한 권리관계를 동시에 볼 수 있도록 되어 있다. 단, 집합건물등기부등본이라 하더라도 토지에 대한 권리관계를 확인하기 위하여 토지등기부등본이 따로 있으므로 토지에 별도권리가 있는 경우는 토지등기부등본을 확인하는 것이 바람직하다.

1) 토지등기부등본

토지등기부등본은 토지에 대한 권리내역을 작성하고, 토지 소유권의 변천과정을 볼 수 있도록 작성되어 있다. 따라서 토지등기부등본에서 가장 핵심은 토지 소유 및 기타 권리관계를 정확히 파악하여야 하는 것이다.

토지등기부등본의 구성은 표제부, '갑'구, '을'구로 구성되어 있다.

이 중 만일 '을'구는 특별한 기재 사항이 없으면 생략될 수도 있다.

(1) 표제부의 구성 및 확인할 사항

당해 토지의 소재지와 고유번호가 기록되고 그 밑에 양식화하여 다음 내용이 기술되고 있다.

표제부에서 부동산중개업자가 착안해야 할 것은 토지의 지번과 지목 그리고 면적을 확인하는 데 있다.

① 표시 번호: 등기를 한 순서대로 기록되는 순번을 뜻하며 해당 번호 밑에 '(전1)'라고 기록되어 있는 것은 구 등기부 등록상의 순위 번호를 나타낸다.

② 접수 일자: 당해 토지의 보존등기 또는 변경등기를 신청한 날을 말한다. 접수 일자와 '갑'구의 등기원인과 연계하여 중개업자가 확인할 수 있는 것은, 도시지역의 경우는 이

토지가 몇 년도에 개발되었는지 **개발 시기**를 알 수 있어 당해 토지의 라이프사이클을 판단할 수 있고, 지방의 경우에는 어느 토지에서 분할했는지까지 판단이 가능하다.

③ 부동산의 소재지: 행정구역과 지번이 기록되어 있으므로 등기부등본에 기록된 지번이 중개업자가 보고자 하는 **지번과 일치**하는지 적색 볼펜으로 체크하며 확인한다.

④ 지목: 현재 등기된 지목을 말한다.

부동산중개업자는 이 지목을 이용하여 부동산중개의 성공률을 높일 수 있다. 예를 들면 매수자가 당해 토지를 취득하고자 하는 경우 임야의 경우는 양도 시 외지인은 부재지주가 되어 양도소득세 중과세대상이 되나, 만일 이를 대지화하면 공장이나 창고 또는 주택 등을 건축할 수 있어 양도 시 부재지주에 해당하지 않으므로 감면 혜택까지 받을 수 있다.

⑤ 면적: 등기부상 등록된 ㎡ 단위 면적으로 말하며, 이를 평으로 환산할 시는 3.3058로 나누거나 0.3025로 곱하면 된다. 토지등기부등본상의 면적은 반드시 토지대장이나 토지이용계획 확인서상의 면적과 같은지 반드시 확인하여야 한다.

만일 등기부등본상의 면적과 토지대장상의 면적이 상이할 시는 토지대장의 면적을 기준으로 중개하여야 하며, 이때 중개업자는 잔금 처리 전까지 매도인에게 토지대장을 지참하여 면적 변경등기를 하여 통일시키도록 처리하여야 한다.

⑥ 등기원인 및 기타 사항: 등기원인 및 기타 사항은 등기를 하게 된 원인을 기록하는데 간혹 해당 토지의 분할된 사항과 형질변경 내용이 기재되는 경우도 있으나, 통상 '부동산등기법 제177조의 6 제1항의 규정에 의하여 2000년 12월 21일 전산이기'라고 기술하여 과거 수기로 기록된 등기가 전산 처리된 시기를 기록하고 있다.

(2) '갑'구에서 확인할 사항

'갑'구의 구성은 순위번호, 등기목적, 접수일자, 등기원인, 권리자 및 기타 사항으로 구성되어 있다.

'갑'구에서 부동산중개업자가 착안해야 할 사항은 최종 소유자를 확인하는 것이 가장 중요하고, 그다음으로 소유권 행사를 제한하는 기타 권리가 있는지를 확인하는 것이다. 그리고 그다음은 소유권을 취득한 일자를 확인한다.

① 소유자 확인

소유권에 관한 사항은 소유권 보존등기나 이전등기로 표시되는데 이 소유권 보존등기나 이전등기 중 가장 마지막에 기재된 등기가 현재의 소유자를 의미한다.

현재 소유자의 확인은 접수번호에서 보존등기나 이전등기 중 최종순위번호에 기록된 자가 현재의 소유자가 된다.

현재 소유자에 대한 사항은 접수 일자를 통하여 소유자가 취득한 지 얼마 정도의 기간이 지났는지 보유기간을 알 수 있으며, 이를 통하여 양도소득세의 경우 비과세대상인지, 감면대상인지, 장기보유특별공제를 얼마를 받을 수 있는지를 판단할 수 있다.

즉 소유권의 취득 일자를 확인하는 것도 공인중개사가 습관화하여야 할 사항이다. 소유권의 취득 일자를 공인중개사가 확인하는 것은 매도인의 양도소득세와 관련된 사항을 확인하기 위한 것이다.

등기원인에는 이전등기의 경우 계약일자 및 등기원인 발생 일자와 거래형태가 기록된다. 이를 통하여 상속이나 증여의 경우는 양도소득세 적용에 유리 및 불리한 기간의 적용 대상인지 아닌지를 판단할 수 있다.

권리자 및 기타 사항에서 소유자의 성명, 생년월일, 주소를 확인할 수 있다. 생년월일은 소유자의 나이를 알 수 있으므로 성품을 이해할 수 있으며, 주소는 매도인이나 임대인이 직접 방문하지 않고 전화나 대리인으로 하여금 의뢰한 경우 매도인이나 임대인의 진위를 확인하여야 하고, 이를 위해 방문 시 이 주소로 방문하여 확인한다.

만일 매도(임대)인과 등기부상 소유자가 상이할 시는 등기부상 소유자와 계약을 하는 것이 원칙이며, 등기부상 소유자가 계약에 참석하지 못하여 위임했을 경우는 대리인에게 소유자의 위임장과 인감증명을 지참토록 하거나 등기부등본상의 소유자가 자필한 위임장과 주민등록증 사본을 첨부한 위임장을 지참해 오도록 한다.

만일 이처럼 위임장을 지참하지 않을 경우는 다소 미흡하기는 하나 최소한 중개업자가 등기부등본상의 소유자와 직접 통화를 하고, 중개업자와 권리를 취득하는 자에게 위임사실을 확인해 주도록 하여야 한다. 그리고 대리인의 성명, 주민등록번호, 주소를 계약서에 소유자와 병기하여 작성하고 대리인의 주민등록 진위 확인과 복사를 받아 두어야 한다.

소유권 이외의 권리가 있는지 확인할 사항은 '갑'구에 소유권 이외에 등기될 수 있는 권리를 알아야 한다. 이에 대해서는 ②항에서 살펴본다.

② 소유권을 제한하는 사항

통상 '갑'구에 기재되는 소유권 이외의 제한 권리사항은 가등기, 가처분등기, 가압류, 압류, 경매개시 결정등기, 예고등기(예고등기는 폐지 예정) 등이 있다. 부동산중개업자는 이러한 소유권을 제한하는 사항이 있는지 확인하여야 한다.

이와 같은 권리 중 예고등기를 제외하고 다른 권리의 등재는 두 가지 측면이 있다. 하나는 다른 권리가 들어오지 못하도록 하기 위하여 등기해 두는 경우가 있고, 다른 하나는 실제 권리이다. 이를 구별하는 방법은 위의 권리가 등기된 지 오래된 권리는 대부분 다른 권리가 들어오지 못하도록 설정해 놓은 권리이고, 최근에 등기된 권리는 실제 권리가 많다.

따라서 만일 소유권 이외에 위의 권리들이 등재되어 있으면 부동산중개업자는 계약하기 전 매도(임대)의뢰인과 소유권을 제한하는 권리의 등기 사항을 어떻게 처리할 것인가 확인한 후에 중개 여부를 결정해야 한다.

만일 매도(임대)의뢰인이 이에 대한 처리능력이 없다면 중개업자는 중개를 포기하거나 매도인이 처리할 수 있도록 권유하여 처리 후 중개활동을 하여야 한다.

또한 매도(임대)의뢰인이 이를 처리할 계획이 있는 경우 그 처리할 권리의 종류에 따라 이를 말소하는 데 소요되는 기간이 최장 15일까지 소요되는 경우가 있으므로 소유권 이전일(잔금 처리일) 15일 이내에 매도인이 처리하고, 소유권 이전이나 부동산인도를 해 주도록 처리함이 바람직하다.

(3) '을'구에서 확인할 사항

'을'구에 기재되는 권리는 통상 근저당, 전세권, 지상권, 지역권, 임차권 등기명령, 임차권 등기 등이 있다.

매매 시는 위 권리들이 말소되거나 매수인이 인수하여야 하는 권리이므로 명확하게 처리되어야 한다. 또한 경매 가능성 여지가 어느 정도인지도 확인할 필요도 있다.

먼저 근저당은 대부분의 부동산에 설정되어 있으며, 또 금융기관이 1순위로 설정되어 있다. 그런데 근저당으로 경매에 처하는 경우가 많으므로 매도(임대)인의 경제적 사정을 잘 살펴야 한다. 그래서 필요하면 근저당권자에게 이자 미납상황을 확인하는 방법이 있으나 금융기관에서는 개인정보보호라는 미명하에 쉽게 이자 미납상황을 알려 주지 않아 그 파악이 쉽지는 않다. 이를 해소하는 방법의 하나로 부동산중개업자가 지역 내 농협 조합원이 되거나 조합의 대의원 등 임원에 참여하기도 한다.

전세권은 전세권 기간 내에 있는 것은 별로 위험하지 않다. 그러나 전세기간이 지난 전세권의 경우는 현재 그 전세권자가 계속 사용하고 있는 중인지 아니면 사용하고 있지 않는지 확인하여 사용하지 않는 경우는 그 전세권 설정기간이 만료된 기간을 잘 살펴 매도(임대)의뢰인과 상의를 하여 처리한다.

지상권의 경우는 대부분 등기부등본에 기재되는 경우 금융기관에서 근저당과 병행하여 설정하고 있어 근저당이 말소되면 자동 말소된다. 그러나 독립 지상권이 있는 경우는 명확히 그 내용을 파악하여야 한다.

지역권은 매우 찾아보기 힘든 권리이지만 지역권은 당해 토지의 사용에는 다소 제한되기는 하되 경매 등의 위험은 없으므로 부동산중개에 별로 문제 되지는 않는다.

이 외에도 임야의 경우 입목이 등기되기도 하지만 임대차하여 식목한 경우라든지 명인방법, 분묘 등 등기부등본상 기재되지 않는 권리가 있을 수 있다. 따라서 부동산중개업자는 임야 매매의 경우 매도의뢰인에게 명확히 설명을 들어야 하고, 현장 확인을 하여야 한다.

매도(임대)의뢰 시에는 등기되지 않았으나 매도인이 추가로 권리가 기재될 가능성이 있는 것으로 정보를 주거나 상의하여 오는 경우가 있다. 이러한 경우 중개업자는 추가 권리가 등기접수되기 전에 먼저 매수자에게 소유권 이전을 하도록 하고, 대신 매도인에게 현금보관증을 발급해 주는 방법을 강구하기도 한다.

임대차 시는 등기부상 권리관계의 명확한 보장이 없으면 임차인에게 피해를 줄 수 있다. 그래서 중개업자는 임대보증금 잔금을 임차인이 임대인에게 지불하기 전에 임대인은 임차인이 입주하기 전 처리되어야 할 사항을 잔금 지불일 이전에 처리하도록 하고, 또 중개업자는 잔금 지불일에 임차인이 계약 당시 등기부에 기재된 것 이외에 추가적으로 등기되어 있는지를 등기부등본을 발급받아 확인하고 또 임대인이 이에 대한 조치를 명확히 할 필요가 있다.

2) 건물등기부등본

건물등기부등본을 발급받는 경우는 단독주택, 다가구주택, 상가주택, 병원 등 특수목적 건물이 있는 경우, 빌딩 등과 같은 대지에 건물이 설치된 경우와 공장 및 창고와 같이 창고 및 공장용지에 건물이 설치된 경우이다.

앞서의 경우라 하더라도 미등기 건물로 있는 경우 건축물 관리대장은 존재하나 건축물 등기부등본은 없을 수 있다.

만일 건축물이 있는 경우 중개업자는 무허가 건물인지 미등기 건물인지를 확인하여 무허가 건물인 경우는 매매가에 포함할 것인가 아니면 건축물 관리대장을 만들어 건축 등기부등본을 만들 것인지를 의뢰인과 협의하여 처리하여야 한다.

(1) 구성

건물등기부등본은 건물이 소재하는 소재지와 건물고유번호가 기록되어 있고, 그 아래에 양식화하여 표제부와 '갑'구 및 '을'구로 구성되어 있다.

(2) 표제부에서 확인할 사항

표제부는 표시번호, 접수 일자, 소재지 및 건물번호, 건물 내역, 등기원인 및 기타 사항으로 구성되어 있어 토지등기부등본과 비슷하다.

다만 토지등기부등본과의 차이는 '소재지'란이 '소재지와 건물 번호'란으로 되어 건물 번호가 있는 경우 건물 번호를 기록하는 것이 다르고, 토지등기부등본의 '지목과 면적'란이 건물등기부등본에서는 '건물 내역'란으로 되어 있는 것이다.

각 난의 기재 내용과 확인할 사항에서 먼저 ① '표시번호'는 토지등기부등본과 같다.

② '접수'란은 최초 등기 일자와 건물내역이 변경되어 변경등기를 한 일자가 기록된다.

③ '소재지 및 건물 번호'란은 건물이 건축된 토지의 소재지가 기록되고 건물 번호가 있는 경우에는 건물 번호를 기재한다.

④ '건물내역'란은 주 건축 재료와 지붕의 형태를 기록하고 건물의 몇 개 층으로 구성되어 있는지 구조를 기술하며, 각 층별 주요 용도와 면적들이 기재된다.

또 건물등기부등본에는 없는데 건축물 관리대장에는 있는 미등기 건물과 실제 건물은 있는데 건축물 관리대장도 없는 무허가 건물의 경우가 있다. 이때 부동산중개업자는 매도인(임대인)에게 건축물 등기를 하도록 하여 완전한 권리를 인계할 수 있도록 함이 바람직하다. 만일 이를 등기하지 않고 거래를 하는 경우는 그 내용을 계약서상에 명확하고 정확하게 기재하여 거래하여야 한다.

이 층별 주요 용도는 건물주가 변경신고를 하여 건축물 관리대장의 변경된 주요 용도와 면적 그리고 건물등기부등본상의 주요 용도와 면적이 상이할 수 있다. 이런 때 중개업자는 건축물 관리대장을 기준으로 하여야 하며, 매도(임대)의뢰인에게 건물등기부등본을 건축물 관리대장과 일치하도록 변경등기를 해 줄 것을 요구할 수 있다.

특히 층별 일부만을 임대차하는 경우 그 일부의 면적을 등기부등본을 보고는 알 수 없으므로 건축물 관리대장과 도면을 발급받아 정확히 임차의뢰인에게 설명할 책임이 있다. 특히 상가주택의 경우는 1층이 점포가 2~3개 또는 그 이상으로 분할하여 임대차하는 경우가 많으므로 건축물 관리대장 발급은 더욱 요구된다.

⑤ '등기원인 및 기타 사항'란에는 대부분 도면편철장의 책 번호와 도면의 면(페이지)이 기록되고, 기타 사항으로 전산이기한 내용을 기록하고 있다.

건물등기부등본 중에 구 등기부등본에서 단순하게 전산이기된 것은 구조가 변경되었는데도 과거 구조가 기록되어 있고, 면적도 공유 부분이 포함된 면적이거나, 변경된 면적이 기록되지 않아 건축물관리 대장과 상이할 경우가 있다.

공인중개사는 이를 자세하게 살펴 권리취득 의뢰인에게 구체적으로 설명할 의무가 있으며, 가급적 매도인에게 이를 건축물 관리대장과 동일하게 변경 등기를 하도록 조치가 필요하다.

특히 단독주택 및 상가주택의 경우는 불법 증·개축 등으로 미등기된 사항이 많으므로 조심하여야 한다.

(3) '갑'구에서 확인할 사항

'갑'구의 구성은 토지등기부등본과 동일하다. 즉 순위번호, 등기목적, 접수, 등기원인, 권리자 및 기타 사항으로 구성되어 있다.

각 난에 기재되어 있는 내용은 토지등기부등본과 동일하므로 이는 생략하고 주요 착안 및 확인사항만을 살펴보기로 한다.

먼저 토지소유자와 건물소유자가 다른 경우가 있으므로 반드시 토지등기부등본을 발급받아 확인하고, 만일 다를 경우는 법정지상권 성립 여부와 토지임대차 관계를 확인하여야 한다.

'접수'란을 통하여 주거시설의 경우, 매도인이 1가구 1주택의 경우 비과세대상이냐, 양도소득세 신고대상이냐를 확인할 수 있으며, 1가구 2주택 이상의 경우는 이 난을 확인하여 조세특례제한법에 해당하는 주거시설인지를 확인하여 비과세대상인지 아니면 감면대상인지를 확인하고 양도소득세의 납부세액을 판단한다.

상속인 경우는 피상속인과 동거 여부, 증여의 경우는 증여시기를 확인하여 양도소득세를 판단한다.

(4) '을'구에서 확인할 사항

'을'구의 구성은 '갑'구와 동일하게 순위번호, 등기목적, 접수, 등기원인, 권리자 및 기타 사항으로 구성되어 있다.

기재 내용은 지상권과 지역권이 기재되지 않는 차이가 있다.

건물등기부등본에서 부동산중개업자가 확인할 사항은 근저당과 전세권 등의 경우는 토지의 '을'구에서 확인할 사항과 같다.

다만 임대차의 경우 건물등기부등본에서 근저당 설정일자, 근저당 금액을 잘 살펴보아야 한다. 임대차에서 건물등기부등본은 경매 가능성과 임차인의 최우선변제금을 확인하여 보증금의 한도를 판단하기 위해 매우 중요하다.

다음은 건물등기부등본에만 특히 많이 등기되는 전세권, 임차권등기명령 및 임차권등기를 자세히 살펴보아야 한다.

전세권의 경우는 앞서 살펴본 바와 같이 전세기간이 지난 경우 그 지난 기간의 정도에 따라 판단을 달리하여야 하며, 특히 임차권등기명령이 있는 경우는 임대인의 경제력이 어렵다는 것을 의미하므로 특히 자세히 살펴보아야 한다. 그리고 건물등기부등본에 전세권이나 임차권등기명령 및 임차권등기가 많이 되어 있는 경우는 상당한 위험을 내포하고 있다고 판단하여 임차인에게 이에 대해 자세하게 설명하고, 임대인의 자세와 능력을 잘 파악하여야 한다.

부가하여 이 외에도 다가구 및 상가주택의 경우 임대차 현황을 임대인으로부터 입수하여 전세가 많은 건물인지, 월세가 많은 임대차 건물인지를 잘 살펴보는 것도 매우 중요하다.

3) 집합건물등기부등본

집합건물등기부등본을 갖는 부동산은 아파트, 다세대주택, 전문상가, 테마상가, 빌딩 등 부동산에서 많이 볼 수 있다.

집합건물등기부등본의 특징은 토지등기부등본과 건물등기부등본이 한 장의 등기부등본에 존재하는 것이다.

(1) 구성

집합건물등기부등본의 구성은 집합건물의 소재지 및 전유 부분 건물의 번호와 고유번호가 기재되고 그 밑에 1동 건물의 표시 표제부와 전유 부분 건물의 표시 표제부, 그리고

'갑'구와 '을'구가 양식화되어 있다. 즉 표제부가 2개인 것이 특성이다.

(2) 1동 건물의 표시 표제부의 구성

① 1동 건물의 표시

1동 건물의 표시 표제부는 1동 건물의 표시 표제부와 대지권의 목적인 토지의 표시 표제부로 구성되어 있다.

부동산중개업자가 1동 건물의 표시에서 착안하여 봐야 할 사항은 해당 토지의 지번과 해당 집합건물의 동 호수가 맞는지 그리고 몇 층의 건물인지, 토지에 별도등기가 있는 지이다.

1동 건물의 표시 표제부는 표시번호, 접수, 소재 지번과 건물명칭 및 번호, 건물내역, 등기원인 및 기타 사항으로 구성되어 있다.

표시번호는 1동 건물의 표시 등기된 순위가 기재되어 있고, 접수는 1동 건물의 표시 등기 일자가 기록되어 있으며, 소재 지번과 건물명칭 및 번호에는 통상 토지의 소재지가 기록되어 있다.

건물내역에 1동의 주 건축 재료와 지붕의 형태 및 총 몇 개 층인지 건물구조 그리고 건축물의 분류를 기록하고 있으며, 그 아래에 각 층별 전체 건축면적을 기재하고 있다.

② 대지권의 목적인 토지의 표시

대지권의 목적인 토지표시는 표시번호, 소재 지번, 지목, 면적, 등기원인 및 기타 사항으로 구성되어 있다.

표시번호는 1동 토지에 대한 등기 순위를 표시하며 통상 1번으로 기록되어 있는 경우가 많다.

소재지번은 해당 건물이 있는 토지의 지번이 기록되는데 여러 필지일 경우는 포함되는 필지의 지번이 모두 기록된다.

지목은 통상 대지이나 드물게 임야로 등재되어 있는 경우가 있다. 만일 여러 필지일 경우는 필지별 지목을 기록한다.

면적은 집합건물 전체의 토지 면적이 기록되는데 만일 여러 필지일 경우 필지별 면적이 ㎡ 단위로 기록된다.

부동산중개업자는 계약서 작성 시 토지면적과 대지권 지분을 기록하여야 하고, 부동산 거래신고 시에도 토지면적과 대지권 지분을 기록해야 한다. 이때 1개 필지일 경우는 이 면적을 그대로 기재하고, 만일 여러 개 필지일 경우는 토지면적은 여러 개 필지 토지면적의 합을 토지면적으로 기재하며, 대지권 지분을 기재할 경우도 여러 개 필지의 토지면적과 그에 대한 지분을 기재한다. 그리고 각 지번별 입력 시에는 해당 지번의 면적과 대지권 비율을 입력한다.

등기 원인 및 기타 사항에는 대지권의 목적인 토지의 표시 등기한 일자가 기록되며, 종종 여기에 '**토지에 별도등기가 있음**'이라는 등기가 있는 경우가 있다.

이때 토지에 별도등기가 있다는 것은 그 토지가 '완전한 대지권의 소유권이 아니다'라는 것을 뜻하므로 다른 권리에 의해 침해를 받고 있음을 표시하는 것을 의미한다.

토지에 별도등기가 있는 경우는 대개 토지에 근저당이 있거나 가압류 및 압류가 있거나, 대지권이 임차권이나 지상권인 경우 등이다.

중개업자는 그 토지에 등기된 권리내용을 정확하게 파악하여야 중개사고를 방지할 수 있다. 만일 이를 모르고 공인중개사가 중개를 하였다면 중개업자는 손해배상을 할 수밖에 없는데, 이 손해배상은 전 재산을 전부 팔아 배상해도 감당하기 어려울 경우가 있으므로 유의하여야 한다.

(3) 전유 부분 표제부
전유 부분의 표제부는 건물의 표시 표제부와 대지권의 표시 표제부로 구성되어 있다.

① 전유 부분의 건물 표시
전유 부분의 건물 표지 표제부는 표시번호, 접수, 건물번호, 건물내역, 등기원인 및 기타 사항으로 구성되어 있다.

표시번호는 전유 부분의 건물 표시 등기된 순위가 기재되어 있고, 접수는 1동 건물의 표시 등기 일자가 기록되어 있으며, 건물번호에는 해당 층과 호수가 기재된다.

건물내역은 전유 부분의 건물 주 건축 재료와 전유 부분의 면적이 기록되는데 여기에는 ㎡ 단위로 기록되므로 그 면적을 쉽게 이해할 수 없으므로 통상 평으로 환산한다. 이때 평으로 환산하는 요령은 ㎡ 단위 면적에 0.3025를 곱하여 산출한다.

부동산중개업자는 이 전유면적을 기준으로 아파트 분양평형을 판단할 줄 알아야 한다.

그리고 이 전유면적은 서민 임대차 계약 시 정부의 지원을 받을 수 있는지가 중요하므로 전유 부분의 면적은 매우 중요하다. 또한 매매 시 취득세 감면 여부에 중요한 자료가 된다.

등기원인 및 기타 사항에는 집합건물 도면 편철장의 책 번호와 해당 장이 기록된다.

② 전유 부분의 대지권 표시

전유 부분의 대지권 표시 표제부의 구성은 표시번호, 대지권의 종류, 대지권의 비율, 등기 원인 및 기타 사항으로 구성되어 있다.

표시번호는 전유 부분의 토지에 대한 등기 순위를 표시하며 통상 1번으로 기록되어 있는 경우가 많다.

대지권의 종류는 대지권이 소유권인지, 지상권인지, 임차권인지를 나타내는데 통상 소유권대지권이다. 그러나 간혹 지상권 및 임차권인 경우가 있다.

특히 300세대 미만의 소규모 아파트 단지의 대지권에 소유권대지권이 아닌 경우가 있으므로 소규모 아파트 단지를 중개하는 부동산중개업자는 이를 착안하여야 한다. 만일 소유권대지권이 아닌 경우는 해당 공동주택 및 건물의 가격은 건물만의 가격이므로 이는 매우 중요하다.

대지권비율은 해당 건물에 할당되는 토지의 면적을 뜻한다. 이 대지권의 비율은 계약서 작성 시와 부동산실거래가 신고 시 사용된다.

또한 대지권의 비율은 재건축 및 재개발 시 보상가격 및 할당면적의 기준이 되므로 같은 공동주택이라도 대지권비율이 높을수록 고객의 선호도가 높다. 그래서 공동주택 투자를 위한 부동산 매수자에게 상담 시 필요한 자료이다.

등기 원인 및 기타 사항은 대지권 등기일과 대지권 지분 등기일을 기재한다. 또 해당 대지권에 별도 권리가 있는 경우 **'토지에 별도등기 있음'**이라 기록하며, 해당 건물의 대지권의 토지에 별도등기가 있는 경우 그 원인을 토지등기부등본을 발급받아 확인하여야 한다.

대지권등기에 '토지에 별도등기 있음'이 기재되는 경우는 '갑'구나 '을'구의 권리에 문제가 있는 경우 기재된다. 예를 들면 아파트 분양 당시 국민주택기금으로 융자를 받아 건축하고 분양 시 이 융자금을 수분양자들이 균등하게 인수하여 등기부등본에 기재하고 이 배당받은 융자금만큼 분양대금에서 감하여 잔금을 지불한다. 그런데 수분양자가 이 융자금을 인수하지 않고 완납하여 융자를 받은 적이 없는데 분양사무실에서 이를 고려하지 않고 은행에 융자금을 갚지 않아 수분양자의 등기부등본에 남아 있는 경우 이 문제가 해결되지 않은 채 토지등기부등본에 기재된 융자금 처리가 안 되어 토지에 별도등기가 남게 된 경우이다. 그 외에도 대지권에 가압류, 임차권 등 여러 사례가 있다.

통상 대지권에 별도등기가 있는 경우 토지등기부등본이 200페이지 이상 800여 페이지까지 있으므로 이는 인터넷으로 발급받을 수 없고 등기소나 등기과로 직접 방문하여 발급받아야 한다.

또 구분건물의 경우 대지권 문제가 해결되지 아니한 경우 대지권 지분이 없을 수 있다. 특히 다세대주택이나, 연립주택 등에 이러한 현상이 간혹 나타난다.

아파트의 경우에도 분양이 완료되지 않은 상태에서 부도가 난 경우에도 이런 현상이 있다.

따라서 부동산중개업자는 공동주택이나 구분 건물에 대지권 지분이 없는 경우에는 사전에 그 원인을 파악하여 매도인과 그 처리할 내용을 상의하고 매수인에게 잔금 지급하기 전까지 조치를 하여야 한다.

(4) '갑'구에서 확인할 사항

'갑'구의 구성은 다른 등기부등본과 같이 순위번호, 등기목적, 접수, 등기원인, 권리자 및 기타 사항으로 구성되어 있다.

양식의 각 난에 기재하는 것은 다른 등기부등본의 '갑'구에 기재하는 요령과 같으나 구분 건물의 '갑'구에 소유권 외에 권리로는 가압류 및 압류나 가처분, 경매개시결정, 예고등기 등이 등기되어 있을 수 있다.

이러한 권리가 있는 경우 부동산중개업자는 이 권리를 어떻게 처리할 것인가를 매도(임대)인과 상의하여 그 해결책을 결정하고 당해 부동산의 매매 및 임대 과정을 진행하여야 한다.

부동산실거래가 신고 이후 권리자 및 기타사항 란에 현 소유자가 매수한 실거래 가격이 기재되어 있다. 다만 경매·공매 등의 경우에는 실거래가격이 기재되지 않고 있으며, 일부 개인 간의 거래도 실거래가격이 기재되지 않는 경우가 있다.

(5) '을'구에서 확인할 사항

'을'구는 '갑'구와 그 양식 구성이 동일하다.

'을'구에는 소유권 이외의 권리에 관한 사항이 없는 경우는 백지로 하여 '을'구 자체를 두지 않고 있다.

'을'구에는 근저당, 전세권, 지상권, 지역권, 임차권등기, 임차권등기명령 등의 권리가 통상 기재되고 있다.

'을'구에 근저당은 임대차의 경우 세입자 최우선 변제에 영향을 미친다. 즉 근저당 설정일자가 언제냐에 따라 최우선변제금액을 한 푼도 못 받을 수도 있고 2011년 현재 서울의 경우 2,000만 원까지 받을 수 있다.

그래서 중개업자는 임대차의 경우 근저당 설정일자를 반드시 확인하고 보증금이 많은 주택이나 상가 임대차 시 그 보증금의 한도를 근저당 설정일자에 맞추어 조언해 줄 필요가 있다. 또 임대차의 경우 근저당 채권최고액을 검토하여 보증금의 한도를 설정하고 월세로 임대차하는 방안을 세입자에게 조언해 줄 수 있다.

근저당 일자별 최우선변제금액은 제4장 부동산투자 상담, 제5절 경매 및 공매 1항 경매를 참조한다.

전세권과 임차등기 및 임차권등기명령은 앞에서 살펴본 바와 같으며 지상권이나 지역권은 특별한 경우가 아니고는 구분건물등기부등본에서 찾아보기 어렵다.

구분 건물등기부등본의 '을'구에 지상권이 있는 경우는 근저당과 병기하여 기재되는 경우 등기되어 있다.

나. 토지대장 및 임야대장

토지에 대한 관리장부는 토지대장과 임야대장이 있다. 임야를 제외한 토지는 모두 토지대장에 의해 관리된다.

토지대장 및 임야대장은 그 구성이 비슷하며, 토지대장과 공유지연명부로 구성되어 있다.

토지대장(임야대장)은 좌측에 고유번호, 토지소재, 지번, 축척이 기재되어 있고, 우측에 도협번호, 발급번호, 장번호, 처리시각, 비고, 작성자가 기재되었으며, 그 아래에 토지표시와 소유자가 기재하도록 되어 있다.

토지표시에는 지목, 면적, 사유가 기록할 수 있도록 되어 있고, 소유자는 변동일자와 변동원인, 주소와 성명 및 명칭과 등록번호를 기재할 수 있도록 되어 있다.

그리고 그 하단에 토지등급 수정연월일, 토지등급, 개별공시지가 기준일, 개별공시지가를 원/㎡ 단위로 기재하고 있다. 그리고 하단에 발급행기관장이 날인을 할 수 있도록 구성하고 있다.

공유지연명부는 좌측에 고유번호, 우측에 장번호를 기록하고, 토지소재지, 지번, 비고로 구성되며, 그 아래에 순번, 변동일자와 변동원인, 소유지분, 소유자란에 주소, 등록번호와 성명 및 명칭을 기록하는 것으로 구성되어 있다.

토지대장과 임야대장에서 가장 중요한 사항은 **소재지와 면적**이다. 따라서 토지등기부등본과 연계하여 확인하여야 한다.

토지대장에서도 소유자와 개별공시지가의 확인이 가능하며, 대부분 등기부등본 및 개별공시지가확인서와 일치하나 간혹 차이 나는 경우가 있으므로 확인이 필요하다.

토지대장은 토지의 면적을 확인하는 중요 문서이며, 특히 대단위 토지작업을 하는 경우 토지의 정확한 면적을 산출하는 데 기준을 두는 문서이다.

다. 지적도 및 임야도

지적도와 임야도는 해당 토지의 위치와 경계선을 확인하는 데 사용하는 서류이다. 그래서 토지의 위치와 경계선을 확인하기 위하여, 즉 토지에 대한 현장 확인을 위하여 과거에는 이 지적도와 임야도를 발급받아 확인하였으나 지금은 토지이용계획에 포함되어 열람 및 발급되므로 별로 발급받지 않고 다만 지적측량을 하는 경우는 이 지적도 및 임야도를 발급받아 확인하여야 한다.

또 최근에는 국토해양부에서 제공하는 "온나라부동산포털"에서 이 지적도 및 임야도를 제공하고 또 이를 위성사진으로 확인할 수 있어 더욱 편리하다.

이를 현장 확인 시 지참하기 위하여 인쇄 받는 방법은 온나라부동산포털 홈페이지에서 온나라지도를 클릭한 다음 부동산정보를 클릭하면 위치검색 창이 나타난다. 여기에서 주소를 클릭하고 아래의 검색조건란에 확인하고자 하는 소재지의 읍·면·동을 입력하고 검색을 클릭한다. 전국의 동일 명을 가진 읍·면·동 중에서 확인하고자 하는 지명을 클릭하면 하단에 해당 소재지가 나타난다. 그러면 지번란에서 일반 지번인지 산지번인지를 구분하고 해당 지번을 입력한 후 검색을 클릭하면 관련된 지번이 모두 나타난다. 그중 해당 지번을 클릭하면 해당 지역 지도가 나타나고 그 지도 위에 해당 지번이 적색으로 나타나며, 옆 창에 부동산정보창이 뜨는데 여기에 토지와 건물에 관한 정보가 나타난다.

여기에서 위성지도를 클릭하면 위성사진이 나타나고, 위성사진에 해당 지번의 경계선이 그려진다.

이 상태에서 PC의 키보드에서 'PrtSc SysRq' 키를 누르고 PC 하단의 시작키를 눌러 그림판을 클릭한다. 그러면 화면에 붙여 넣을 수 있도록 화면이 바뀌는데 이때 붙여넣기를 클릭하면 위성 지도가 옮겨 나타난다. 여기에서 자신이 출력하고 싶을 정도를 선정하여 잘라내기를 한 뒤 엑셀 프로그램을 실행하여 엑셀 작업지에 붙여넣기를 하면 엑셀 작업지에 위성사진이 입력된다. 이를 인쇄 조정을 하고 출력하면 위성사진이 출력된다.

라. 건축물 관리대장

건축물 관리대장은 통상 2장으로 구성되어 있는데 앞장에는 대지와 건물의 제원에 대한 부분과 건물현황 및 소유자현황이 있고, 뒷장에는 건축관련자, 주차장, 승강기, 정화조, 허가 및 시공과 준공일자, 그리고 변동사항, 관련 지번, 기타로 구성되어 있다.

부동산중개업자가 부동산중개와 관련하여 건축물 관리대장을 활용 및 확인할 사항은 건물의 주요 용도, 건축면적, 건축연도, 주차장, 정화조, 용도 변경 관계, 건물소유자와 토지소유자의 일치 여부, 건축물 도면 등이다.

1) 주요 용도 확인

당해 건물의 주요 용도는, 주택인 경우는 당연히 주택으로 이용되므로 별로 주의하지 않아도 되지만, 상가건물 및 빌딩의 경우는 인·허가에 영향을 준다. 따라서 점포 및 사무실 부동산중개 시 상가를 구하려는 의뢰인으로부터 이용 용도와 목적을 반드시 확인하여야 한다.

특히 부동산중개업자가 근린생활시설에서 용도를 변경하여 부동산중개사무소를 설치해야 하는 경우 또는 상가 임대차를 하여 동종의 근린생활시설 내에서 인·허가를 받아야 하는 경우 용도에 대한 불법 사항이 있으면 인·허가를 받을 수 없으므로 당해 건물 전체 중에 불법사항이 있는지 임대인한테 확인하는 것을 착안해야 한다.

2) 건축면적 확인

부동산중개업자는 등기부등본상의 면적과 건축물 관리대장의 면적이 상이할 시 건축물 관리대장상의 면적을 기준으로 중개하여야 하며, 매도인에게 등기부등본상의 면적을 건축물 관리대장상의 면적으로 변경할 것을 요구하여 일치할 수 있도록 함이 바람직하다.

또 단독주택 및 다가구와 상가주택의 경우 신고만 하고 증축한 경우나, 불법으로 증축한 경우가 있어 실제와 건축물 관리대장 및 등기부등본상의 면적이 상이한 경우 부동산 중개업자는 계약서상의 면적은 건축물 관리대장의 면적을 기록하고 특약사항이나 중개대상물 확인·설명서에 추가로 건축된 내용과 면적을 기재하여야 한다.

3) 건축 연월일(준공 일) 확인

건축 연월일은 준공 일자를 기준으로 하므로 준공 일자를 건축 연월일로 한다. 만일 준공 일자와 착공 일자가 너무나 긴 경우는 준공 일자를 건축 연월일로 하되 착공 일자를 여백에 기재하여야 한다.

실례로 이주자 택지에 건축한 건물이 허가를 받고 착공을 하여 완공까지 해 놓고 조합원 결정이 무려 10여 년이 늦어져 준공을 받은 건물이 있다. 이런 경우 건물의 감가상각에 많은 영향을 주므로 부동산중개업자는 부동산거래 시 건축물 관리대장을 발급받아 확인해야 하는 중요 요소이다.

건축 연월일은 가격 판단 및 건물수명 판단에 지대한 영향을 준다. 따라서 부동산중개업자는 건물의 경우 건축 연월일 또는 준공일을 확인하는 것이 바람직하다.

4) 주차 및 정화조 능력 확인

최근 상가 임대의 경우 주차장 문제와 정화조 문제는 인·허가에 많은 영향을 주고 있다.

따라서 부동산중개업자는 상가 및 사무실 현장 확인 시, 이 주차장과 정화조 능력을 반드시 확인하여야 한다. 특히 음식점 및 의료시설, 그리고 슈퍼 등과 같은 편의시설과 금융기관의 임대차에 많은 영향을 주고 있다.

5) 용도 변경 내역 확인

상가 임차의 경우 해당 층의 용도에 따라 입주 업종이 결정되므로 용도 변경 내역을 자세히 확인해야 한다.

특히 상가주택 및 근린생활시설인 경우 주택과 점포의 비율이 맞지 않아 계약했다가 해제되는 경우가 많다. 그래서 건축물 관리대장상의 면적과 용도 변경을 자세히 확인하고 계산하여 현 상황에 적합한 수요자를 선택하거나 아니면 용도 조정을 하는 방안 등을 강구하여야 한다.

6) 토지소유주와 일치 여부

건축물의 소유자와 토지소유자가 일치하는지를 확인하여야 한다. 만일 토지소유자와 일치하지 않는 경우 그 원인을 확인하여 부동산중개를 하여야 한다. 만일 건물소유주가 지상권을 설정한 경우는 지상권의 최장 기간이 30년이므로 30년이 지났으면 건물주는 토지주의 건물 철거 요청이나 토지반환 요청에 응해야 하나 임차권인 경우는 이 기간이 최소기간만 있어 토지주의 토지반환 요청에 어려움이 있다.

그래서 실제 토지소유주는 토지에 대한 권리행사에 제한을 받아 토지가격에 많은 영향을 미치게 된다.

그리고 그 내용을 임차인이나 매수인에게 설명해 주어야 한다.

마. 토지이용계획 확인서

토지이용계획 확인서는 토지의 이용 및 행위 제한에 대한 기본 문서이다. 토지이용계획 확인서에서 부동산중개업자가 확인할 수 있는 사항은 소재지 토지의 지목과 면적, 지역·지구 등 지정 여부, 「토지이용규제 기본법 시행령」 제9조 제4항 각 호에 해당되는 사항, 그리고 지적도면이다.

이 중 지역·지구 등 지정 여부는 「국토의 계획 및 이용에 관한 법률」에 따른 지역·지구 등과 다른 법령 등에 따른 지역·지구 등이다. 「국토의 계획 및 이용에 관한 법률」에 따른 지역·지구·지역 등에는 해당 토지에 적용되는 용도지역과 용도지구, 용도구역 및 도시 관리계획에 관한 사항이 기술된다.

용도지역은 「국토계획 및 이용에 관한 법률」에서 지정한 용도지역으로 도시지역과 관리지역, 농림지역, 자연환경보전지역 중에 해당 지역을 표시해 주며, 도시지역은 주거지역, 상업지역, 공업지역, 녹지지역 중 해당 지역을 기술해 주며, 관리지역은 그 세분내용에 맞추어 계획관리지역, 생산관리지역, 보전관리지역 중 해당 지역을 표시해 준다.

용도지구는 ① 경관지구로서 자연 경관지구, 수변 경관지구, 시가지 경관지구로 구분하며 ② 미관지구는 중심지 미관지구, 역사문화 미관지구, 일반 미관지구로 구분하고 ③ 고도지구는 최고 고도지구와 최저 고도지구로 구분하나 토지이용계획 확인서에서는 이렇게 구분하지 않고, 고도 높이와 층수를 표시한다. ④ 방화지구 ⑤ 방재지구 ⑥ 보전지구는 문화자원 보전지구, 중요시설물 보전지구, 생태계 보전지구로 표시하며 ⑦ 시설보호지구는

학교 시설보호지구, 공항 시설보호지구, 항만 시설보호지구, 공용 시설보호지구를 표시하고 ⑧ 취락지구는 자연 취락지구, 집단 취락지구로 구분한다.

⑨ 개발진흥지구는 주거 개발진흥지구, 산업 개발진흥지구, 유통 개발진흥지구, 관광휴양 개발진흥지구, 복합 개발진흥지구로 표시하고 ⑩ 특정용도제한지구, ⑪ 아파트지구, ⑫ 위락지구, ⑬ 리모델링지구, ⑭ 기타 지구로 구분한다.

용도구역은 개발제한구역, 시가화조정구역, 수산자원보호구역을 표시한다.

도시계획시설은 도로접합 여부와 공원지역저촉 여부, 기타로 시설녹지 등을 표시하여 준다.

지구단위계획구역은 제1종 지구단위계획구역과 제2종 지구단위계획구역으로 구분하고 일반 도시계획조례와 달리 건폐율 및 용적률과 층수 및 용도의 제한이 있다. 지구단위계획구역에 해당되면, 해당 지자체의 도시계획과에 확인하는 것이 좋다.

기타 지역은 도시밀도관리구역, 기반시설부담구역, 개발행위 허가 제한지역, 도시개발구역, 재개발구역, 도시계획입안사항 등이 있을 경우 표시한다.

군사시설은 군사시설보호구역, 해군기지구역, 군용항공기지구역을 말하며 군용항공기지구역은 비행안전구역과 기지보호구역으로 구분하여 표시한다.

농지는 농업진흥구역 내 농지나 농업보호구역 농지를 표시한다.

산림은 생산보전임지인지, 공익보전임지인지를 표시한다.

자연공원은 공원구역과 공원보호구역을 표시한다.

수도는 상수원보호구역, 수질보전특별대책지역, 수변구역을 표시해 준다.

하천은 하천구역과 하천예정지, 연안구역, 댐 건설예정지역으로 구분하여 표시해 준다.

문화재는 문화재와 문화재보호구역으로 구분하여 표시한다.

전원개발은 발전소나 변전소 전원개발사업구역과 전원개발사업예정구역으로 구분하여 표시한다.

토지거래는 토지거래허가구역 해당 여부를 표시한다.

개발 사업은 택지개발예정지구와 국가 및 지방과 농공 산업단지를 표시한다.

기타는 토지이용계획에 지정되지 않은 사항이나 각 지자체에서 특화단지 조성지역 등을 표시하고 있다.

이와 같은 용도지역 및 용도지구, 용도구역 중 당해 토지에 해당하는 사항만을 토지이용계획에 기재해 주고 있고, 지적도면에 색깔로 표시해 주고 있다.

부동산중개업자는 토지이용계획 확인서에서 표시된 확인사항을 중개대상물확인사항에 기재하는 데 사용하고, 여기에서 확인한 사항만 발췌하여 세부적인 행위제한사항을 검토하게 된다.

토지이용계획 확인서에 표시된 확인사항에 대한 행위제한은 소재지 밑에 있는 '토지이용규제사항 포함'을 클릭하면 「국토의 계획 및 이용에 관한 법률」과 동법 시행령 그리고 해당 자치단체의 조례까지 확인할 수 있다. 다만, 이 내용은 방대한 사항이라 여기에 전부 설명하지 못하는 것을 아쉽게 생각한다.

용도지역에 대한 건폐율 및 용적률은 지구단위계획구역 외에는 해당 자치단체의 도시계획조례에서 확인하여야 한다.

바. 개별공시지가 확인원

토지의 취·등록세와 양도소득세 및 종합토지세, 증여 및 상속세 등 세금 산출 시 적용한다.

공시지가 확인은 소유권 이전 등기 시 많이 이용 및 확인한다.

PART

2

부동산중개 실무 절차

제1장

부동산중개 절차 개요

부동산거래 형태를 보면 크게 4가지로 나눌 수 있다. 즉 당사자 간에 직접거래 하는 **직거래**와 중개업자가 중간에서 중개하여 거래하는 **중개거래**, 그리고 경매 및 공매와 같이 국가나 국가기관이 채권을 처리하기 위한 **경·공매거래**, 그리고 건축업자가 분양사에게 위임하여 거래하는 **분양**으로 구분한다.

이 중 부동산중개는 다시 두 가지 형태로 구분되는데 하나는 매도 및 임대인이 매매 및 임대 의뢰한 부동산을 부동산중개업자가 해당 부동산을 이용하는 적합자를 찾아 주는 부동산중개 형태인 통상의 **부동산중개**가 있고, 하나는 매수자 및 임차인이 자기가 이용할 물건을 중개업자에게 의뢰하여 부동산중개업자가 적절한 부동산을 찾아 주는 부동산중개 형태인 **부동산중개컨설팅**이 있다.

일반 부동산중개는 일반적인 부동산 알선이나 분양 등을 말하고, 부동산중개컨설팅은 소유자가 실시하는 소규모 건축으로부터 공장, 할인매장 부지, 골프장 부지, 아파트 부지 구입 등 대형 부지에 대한 지주작업 등을 통한 부동산중개를 말한다.

부동산중개컨설팅은 대표적으로 시행사들이 많이 실시하므로, 시행업이라 말하기도 하는데, 시행업과는 차이가 있다. 즉 부동산중개컨설팅은 부지 지주작업을 하여 해당 부지의 매매계약서 체결까지를 말하며, 그 이후 인·허가로부터 설계 및 시공 그리고 분양까지를 시행업으로 보아야 한다.

부동산중개절차는 ① 부동산 매도의뢰접수, ② 중개대상물 자료 요구, ③ 자료 분석 및 현장 확인, ④ 중개대상물 확인·설명서작성, ⑤ 중개할 부동산의 광고, ⑥ 소구점 촉진사항 탐색 및 정리, ⑦ 매수자 또는 임차인과의 상담 및 현장안내 및 중개대상물 확인·설명, ⑧ 계약서 작성, ⑨ 계약 후 조치, ⑩ 소유권 이전 및 잔금 처리와, ⑪ 부동산 인계인수

순으로 이루어진다.

 부동산중개컨설팅의 부동산중개절차는 ① 매수자 중개의뢰계약(컨설팅 계약서), ② 적절한 부동산 탐색 및 현장 확인, ③ 중개부동산 자료 분석, ④ 중개대상물 확인·설명서 작성(1차 컨설팅 보고서), ⑤ 현장안내, ⑥ 매수자 매수물건 선정, ⑦ 계약서 작성, ⑧ 계약 후 조치, ⑨ 소유권 이전 및 잔금 처리, ⑩ 부동산 인수인계 순으로 이루어진다.

제2장 | 부동산중개 절차

부동산중개 절차는 가장 고전적이고 기본적인 것으로 부동산중개업의 대표적 중개 형태이다.

부동산중개는 앞서 기술한 바와 같이 매도의뢰 접수로부터 부동산 인수·인계까지 통상 11개의 단계로 이루어진다. 이에 대하여 구체적으로 살펴보면 다음과 같다.

1. 부동산 매도 중개 의뢰 접수

가. 중개 의뢰방법 및 접수 준비

1) 중개 의뢰방법

매도 또는 임대의뢰인이 중개대상물을 의뢰하는 방법에는 직접 내방하여 의뢰하는 **면접의뢰**와 전화를 통하여 의뢰하는 **전화의뢰**, 대리인이나 세입자를 통하여 의뢰하는 **간접의뢰**, 광고지나 동네 게시판 또는 담벼락 및 전신주 등에 써 부쳐 놓은 것을 중개업자가 발견하여 의뢰를 받는 **게시의뢰** 방법 등이 있다.

2) 접수대장 준비

중개업자는 매도(임대)의뢰인이 중개대상물을 의뢰하면 이를 일정한 서류에 기록하여 접수하는데 이때 기록하기 위하여 준비하고 있는 접수대장을 살펴보면 다음과 같다.

접수대장은 일반적으로 많이 사용하는 **노트에 기록하는 방법**과 별도로 의뢰물건에 대한 상담내용을 기록할 수 있도록 **물건접수대장**을 준비하여 접수하는 방법을 이용하고 있다. 이 접수대장은 일정한 양식은 없으나 통상 노트에 줄을 그어 이를 양식화하여 사용하기도 한다.

먼저 중개업자가 부동산 매도의뢰를 접수할 때 사용하는 노트에 기록하는 사항은 통상 다음과 같다.

〈표 5〉 노트형 접수대장

접수 일자	소재지(동/호수)	면적/평형	가격	입주 일자	주인 전화	세입자 전화	비고

비고란에는 의뢰조건이나 추가적인 사항, 기타 필요한 사항을 기재할 수 있도록 통상 3~4줄을 준비하는 것이 효과적이다.

다음은 「공부법」에 의한 자료요구서를 물건 접수 시 접수대장으로 동시에 사용하는 방법으로 개선한 접수대장이다.

중개대상물 자료요구 및 접수장

(아파트, 다세대주택, 빌딩주택 매매 및 임대용)

부동산 명:　　　　　　　　　　부동산 소재지:

동/호수			평형		가격		입주시기	
대지권 지분			전유면적		㎡	방향		

① 실제 권리관계	토지			② 기타 공시되지 아니한 중요시설·물건의 소유에 관한 사항				
	건물							
소유권 외 권리	권리명		설정일자	채권최고액		채무자		권리자

③ 벽면상태 및 도색 등	벽면상태	□균열부분(있음, 없음) □누수(있음, 없음)	외벽	□깨끗함 □보통임 □도색필요 □해당 없음
	내벽	□깨끗함 □보통임 □도색필요 □해당 없음	도배	□깨끗함 □보통임 □도색필요 □해당 없음

④ 내·외부 시설 및 상태	수도	파손 여부	□없음 □있음(개)		
		수량	□정상적임 □부족함(부족한 부분:　　　　　　）		
	전기		□정상 □교체요함(교체할 부분:　　　　　　）		
	소방	소화전	□없음 　□있음(소화전이 있는 위치:　　　　）		
		기타	□소화기(　개) □비상사다리 □비상벨		
	열공급	공급방식	□중앙 공급식 □개별 공급식		
		종류	□도시가스 □기름 □프로판가스 □연탄 □기타		
		시설작동	□정상 □수선 요함	보일러 설치연도	
	승강기		□있음(양호, 불량) □없음		
	배수	주 방	□양호 □보통 □불량	베란다	□양호 □보통 □불량
		욕 실	□양호 □보통 □불량	지하실	□양호 □보통 □불량
	오·폐수		□양호 □보통 □불량	쓰레기	□양호 □보통 □불량

⑤ 환경 조건	일조량	□풍부함 □보통임 □풍부하지 못함(이유:　　　　　　）		
	소음	□미미함 □보통임 □심한 편임	진동	□미미함 □보통임 □심한 편임
	혐오시설	□없음 □있음(종류:　　　　　　　　)*반경1km 내		
	경관	□양호함 □보통임 □불량함		

⑥ 교통·공공 시설 및 입지 여건	도로	종류	(　　)m 접근도로, (　　)m 이면도로	접근성	□용이함 □불편함
	주 차 장		□없음 □전용주차시설 □공동주차시설 □기타		
	판매 및 의료시설		□백화점 및 할인매장(　　　　　), 소요시간: □종합의료시설(　　　　　), 소요시간:		

⑦ 관리에 관한 사항		경비실	□있음 □없음	관리 주체	□위탁관리 □자치관리 □기타
받는 사람 (중개업자)	성명	진영섭 (인) TEL: 523 - 8545		보내는 사람 (중개의뢰인)	성명	(인) TEL:
	상호	서우 공인중개사	등록번호: 서구 - 1008		주민등록번호	
	소재지	대전 서구 내동167 서우@상가104			주소	
					세입자전화	

2011년　　월　　일

중개대상물 자료요구 및 접수장
(단독주택, 다가구, 상가주택, 상가 및 사무실 매매 및 임대용)

부동산명: 부동산소재지

토지	지목		면적	m²/ 평	용도지역	
	도로		모양		용도구역	
건물	용도		면적	m²/ 평	건축연도	
	구조		방향		층/호수	
가격			권리금		입주시기	

① 실제 권리관계	토지		② 기타 공시되지 아니한 중요시설·물건의 소유에 관한 사항			
	건물					
소유권 외 권리	권리명	설정일자	채권최고액	채무자		권리자

③ 벽면상태 및 도색 등	벽면상태	□균열부분(있음, 없음) □누수(있음, 없음)	외벽	□깨끗함 □보통임 □도색필요 □해당 없음
	내벽	□깨끗함 □보통임 □도색필요 □해당 없음	도배	□깨끗함 □보통임 □도색필요 □해당 없음

④ 내·외부시설 및 상태	수도	파손여부	□없음 □있음(개)		
		수량	□정상적임 □부족함(부족한 부분:)		
	전기		□정상 □교체 요함(교체할 부분:)		
	소방	소화전	□없음 □있음(소화전이 있는 위치:)		
		기타	□소화기(개) □비상사다리 □비상벨		
	열공급	공급방식	□중앙 공급식 □개별 공급식		
		종류	□도시가스 □기름 □프로판가스 □연탄 □기타		
		시설작동	□정상 □수선 요함	보일러 설치연도	
	승강기		□있음(양호, 불량) □없음		
	배수	주방	□양호 □보통 □불량	베란다	□양호 □보통 □불량
		욕실	□양호 □보통 □불량	지하실	□양호 □보통 □불량
	오·폐수		□양호 □보통 □불량	쓰레기	□양호 □보통 □불량

⑤ 환경조건	일조량	□풍부함 □보통임 □풍부하지 못함(이유:)		
	소음	□미미함 □보통임 □심한 편임	진 동	□미미함 □보통임 □심한 편임
	혐오시설	□없음 □있음(종류:)*반경 1km 내		
	경관	□양호함 □보통임 □불량함		

⑥ 교통·공공시설 및 입지여건	도로	종류	( )m 접근도로,( )m 이면도로	접근성	□용이함 □불편함
	주 차 장		□없음 □전용주차시설 □공동주차시설 □기타		
	판매 및 의료시설		□백화점 및 할인매장( ), 소요시간:		
			□종합의료시설( ), 소요시간:		

⑦ 관리에 관한 사항	경비실	□있음 □없음	관리 주체	□위탁관리 □자치관리 □기타

받는 사람 (중개업자)	성명	진영섭 (인) TEL: 523-8545 휴대폰: 010-6772-1753		보내는 사람 (중개의뢰인)	성명	(인) TEL: 휴대폰:
	상호	서우 공인중개사	등록번호: 서구-1008		주민등록번호	
	소재지	대전 서구 내동167 서우@상가104			주소	
					세입자전화	

20 년 월 일

이 접수대장은 구분건물용과 일반용으로 구분하여 작성하였으며, 접수대장과 권리분석 및 매도(임대)의뢰인의 인적사항을 동시에 관리할 수 있다.

또 매도 및 임대의뢰인으로부터 물건의 상태를 직접 진술받을 수 있는 장점이 있으며, 많은 물건을 보유한 경우 매수(임차)의뢰인에게 서류를 확인하며 구체적으로 설명할 수 있는 특징이 있다.

물건접수대장 및 물건현황을 겸하여 이를 컴퓨터를 사용하기도 한다.

더 중요한 것은 부동산중개업자의 권위를 향상하기 위해 사용한다. 즉 대부분의 부동산중개업자들이 고객으로부터 물건 중개의뢰를 받는 경우 노트 등에 받는 것이 일반적이나 이 양식을 가지고 의뢰인과 상담의자에 마주 앉아 상담하면서 물건 의뢰를 받으면 의뢰인의 자세가 한결 차분하고 침착해진다.

컴퓨터로 물건접수대장을 사용하는 경우는 엑셀 프로그램을 이용하여 작성한다.

〈표 6〉 엑셀용 물건접수 및 현황

동별	지번	건물명	연락처	층수	평수	보증금	월세	시설 권리금	확인일	접수일	기타

나. 매도(임대)의뢰인과 상담

중개업자는 중개대상물을 매도의뢰인이나 임대의뢰인으로부터 매도 또는 임대의뢰를 받으면 ① 의뢰 부동산이 **적법한 부동산**인지, ② 부동산의 **소재지** 및 **번지**(공동주택은 동/호수), ③ 매매(임대) **가격**, ④ 매도(임대)인 **전화번호**, ⑤ 부동산 **인도 가능일자**, ⑥ 세입자 **전화번호**를 기본적으로 확인 및 문의하여 기록하고, 추가적으로 ⑦ 매도(임대)**의뢰인의 요구사항**, ⑧ **현장 확인(방문) 가능일자**, ⑨ **매도(임대)인의 주소지**, ⑩ **일반 및 전속 중개계약 체결 여부** 협의 등을 한다.

이때 이러한 정보를 기록하는 것이 접수대장이며, 의뢰방법에 관계없이 사용하고 있다. 또한 중개업자는 이때 매도 또는 임대의뢰인과 충분한 상담을 하여 둠이 신뢰를 쌓는 좋은 방법이며, 상담하는 과정에서 매도 또는 임대 목적과 조건을 충분히 상의하면서 매도 및 임대의 내면적 문제점을 충분히 상담해 주는 것이 바람직하다.

특히 중개대상물자료요구서의 내용도 이때 확인하는 것이 바람직하다. 일반적으로 중개대상물자료요구서를 별도로 매도 및 임대의뢰인에게 요구한 경우 중개업자에게 좋은 감정을 갖지는 않는다. 그러나 접수하면서 매도 및 임대인과 충분히 상담하면서 이때 자료요구서를 받아두면 비교적 거부감 없이 호의적으로 대해 온다.

또 필요시는 **중개수수료**에 대한 문제 또는 컨설팅계약 체결 관계도 상담할 수 있다.

또 매도(임대) 부동산중개의뢰를 받을 때 중개업자가 주의할 것은 양도소득세에 대하여 상담받는 경우이다. 이때 중개업자는 의뢰받은 물건만을 단순하게 생각하여 양도소득세를 간단하게 산출해 주는 경우가 있다. 그런데 양도일 현재 같은 해에 또 다른 부동산을 매매한 경우는 합산하여 양도소득세가 산출되므로 이렇게 합산하여 산출한 양도소득세는 의뢰받은 물건만 가지고 산출한 양도소득세와 그 세율이 달라 많은 양도소득세가 나오기 마련이다. 그래서 이로 인하여 중개사고로 연결되는 경우가 있으므로 조심하여야 한다.

또 대부분의 고객은 자신의 부동산 보유문제를 숨기려는 경향이 있다. 그래서 1가구 1주택의 경우 실제로는 각각의 주택을 보유하고 있으면서 의료보험료 등의 이유로 단일세대를 형성하고 있는 경우가 있다. 이러한 경우는 1가구 2주택 자가 된다. 그래서 양도소득세가 비과세가 되지 않는 경우도 있다. 특히 1가구 2주택 자가 되는 경우는 자신이 현재는 1주택만 보유하고 있음을 착각하여 상담하는 경우가 있으므로 부동산중개업자는 이런 경우들에 대해 자세히 점검표 등을 만들어 권위 있게 하든지 또는 당해 주택만 보유한 경우 및 당해 주택만 금년에 매매한 경우로 한정한다고 분명하게 상담하고 절세 등을 위해서는 세무사와 보다 자세하게 상담하도록 유도하는 것이 바람직하다.

그렇다고 세무사한테 가라고 하면 무능한 중개업자가 된다. 그러므로 자신의 성격이나 상담기술을 잘 판단하여 자신에게 맞는 기법 개발이 요구된다.

3) 중개의뢰계약

매도의뢰인이 매도물건을 중개업자에게 중개의뢰하는 것과 매수의뢰인이 중개업소에 와서 물건을 찾아 줄 것을 의뢰하는 것 자체가 의뢰인과 중개업자 간에 중개의뢰계약이다. 그래서 중개업자는 가급적 중개의뢰인이 중개대상물의 중개를 의뢰할 때(매도물건 및 매수물건을 접수) 접수장에 기록하는 것으로 그치지 말고 일반중개나 전속중개계약을 체결하도록 요구하는 것이 필요하다. 그래서 중개의뢰계약서를 작성하여야 한다.

만일 의뢰인이 거부하여 중개의뢰계약서를 작성하지 않더라도 한 번 거론되면 고객들도 중개의뢰계약에 대하여 나름대로 생각하기 시작하므로 대국민 홍보와 미래의 부동산중개계약의 관습화를 위해 필요하다.

또 우리나라도 부동산중개업의 발전을 위하여, 또 선진국과 같이 전속중개로 나아감이 바람직하므로 우리 스스로가 지속적으로 노력하여야 하며 이를 위한 전초적 활동으로 일반중개계약을 체결하더라도 일반 국민이 중개의뢰계약 체결을 습관화함이 좋을 것으로 판단된다.

이를 위하여 다음과 같은 중개의뢰계약서를 개발해 보았다.

일반: ( ), 전속: ( ) 중개의뢰계약서

중개의뢰인(갑)은 공인중개사(을)에게 앞면 중개대상물의 중개를 의뢰하고 을은 이를 승낙한다.

1. 을의 의무사항	

① 을은 중개대상물의 거래가 조속히 이루어지도록 성실히 노력하여야 한다.
② 을은 확인·설명의무를 성실히 이행하여야 한다.
③ (전속중개 경우) 을은 2주에 1회 이상 중개업무 처리현황을 문서로 갑에게 통지한다.
④ (전속중개 경우) 을은 법 24조 규정에 따른 전산 또는 신문에 중개대상물에 관한 정보를 공개하고, 공개내용을 갑에게 문서로 통지한다. 단, 갑이 비공개를 요청한 경우에는 그에 따른다.
   (공개: (   ) 비공개: (   ))

2. 갑의 의무사항

① 갑은 이 계약에도 불구하고 다른 업자에게도 의뢰할 수 있다.
② 갑은 을이 확인·설명의무를 이행하는 데 적극 협조하여야 한다.
③ (전속중개 경우) 갑은 다음 각 호의 어느 하나에 해당하는 경우 약정한 중개수수료 전액을 지불하여야 한다. 다만 3호의 경우에는 50%만 지불한다.
1. 유효기간 내에 을 외의 다른 중개업자에게 중개를 의뢰하여 거래한 경우
2. 을의 소개로 알게 된 상대방과 을을 배제하고 직접 거래한 경우
3. 유효기간 내에 갑이 스스로 발견한 상대방과 거래한 경우

3. 유효기간	이 계약의 유효기간은 200 년 월 일까지로 한다.
4. 중개 보수	거래계약이 설립한 경우 갑은 을에게 거래금액의 %를 중개수수료로 지급한다.
5. 손해배상책임	다음의 경우 을은 갑에게 그 손해를 배상하여야 한다. 1. 중개수수료 또는 실비를 과다 수령: 차액 환급 2. 을의 잘못으로 갑이 재산상의 손해를 발생한 경우: 손해액 배상
6. 기타	이 계약에서 정하지 아니한 사항은 갑과 을이 합의하여 별도로 정할 수 있다.

중개의뢰인 (갑)	성명	(인)	공인중개사 (을)	성명	진영섭 (인)
	주민번호			상호	서우공인중개사
	전화번호			전화번호	523-8545 010-6772-1753
	주소			소재지	대전 서구 내동 167 번지

이 계약을 확인하기 위하여 계약서를 2통 작성하고 계약당사자 간에 이의가 없음을 확인하며 각자 서명 또는 날인한 후 쌍방이 1통씩 보관한다.

20   년   월   일

본 중개의뢰양식은 중개업자가 업무성격에 따라 계약자유의 원칙에 의해 필요한 사항을 포함하여 작성할 수 있으나, 본 책자에서는 「공부법」에서 국토해양부가 권장하는 중개계약을 최대한 살려 일반 및 전속중개계약서 양식을 동시에 사용할 수 있도록 작성하였다.

본 책자에서 제공하는 중개계약서의 사용요령은 전속중개계약의 경우에는 제시한 계약서를 전부 사용하면 되며, 일반중개계약 시에는 '**전속중개 경우**'라고 적혀 있는 난을 빼고 사용한다. 본인은 물건접수대장 뒷면에 이를 인쇄하여 접수 시에 중개계약도 동시에 할 수 있도록 하였다.

중개업자들은 본 책자에서 제시하는 양식을 원용하여 더 발전시켜 주길 바란다.

2. 중개대상물 자료요구

가. 물건 및 권리분석

물건을 접수하고 중개계약이 체결되면 부동산중개업자는 접수한 물건에 대해 공부(公簿)분석을 실시하게 된다.

1) 물건분석

중개업자는 매도(임대)의뢰 부동산을 접수하면 물건분석을 위하여 **지도책**에서 ① 물건의 위치를 확인하고, ② 도면상 몇 m 도로에 접도(接道)한 부동산인지, ③ 어느 용도지역에 해당하는 부동산인지, 역이나 관공서, 도심을 향해, ④ 어느 방면에 위치하는 부동산인지를 최소한 확인한다.

물건의 대략적인 분석이 확인되면 이어서 공부분석을 하여야 하는데 공부분석에서 먼저 권리분석을 위하여 등기부등본을 확인한다.

등기부등본에 의한 권리분석이 끝나면 이어서 토지이용계획을 통하여 토지이용계획 및 제한 사항을 확인하고, 마지막으로 토지대장 및 건축물 관리대장 그리고 지적도 및 필요시 건물 도면을 발급받아 필요한 사항을 분석한다.

중개업자가 문서상 권리분석을 하기 위해 발급 및 열람하는 서류는 **토지 및 건물등기부등본(집합건물등기부등본)**과 당해 **토지대장** 및 **건축물 관리대장** 그리고 **토지이용계획**

확인서 등을 인터넷을 통하여 발급받아 분석한다.

2013년도부터는 이러한 부동산관련 행정서류가 하나로 통합하여 제공되므로 이때부터는 매우 편리할 것으로 사료된다.

2) 권리분석

(1) 등기부등본 등 발급

등기부등본을 조사할 사항은 '갑'구에서는 가압류 및 압류와 가등기 및 가처분등기, 경매개시 결정등기 그리고 예고등기가 되어 있는지 확인하고, 또한 소유자가 이를 구입한 일자를 확인하여, 이들을 중개대상물자료요구서의 적당한 장소에 기록한다.

그리고 '을'구에서는 근저당, 전세권, 임차권등기명령 등이 등재되어 있는지 확인하여야 하며, 또한 '갑'구와 '을'구에 등재된 금액이 **매매가를 초과하는지**도 확인하여야 한다.

등기부등본상에 기록된 가압류 및 압류는 '을'구의 근저당권 및 전세권, 임차권 또는 임대차등기명령 등과 더불어 경매 및 공매 가능성이 있는 물건인지를 판단하기 위함이고, 또 그 금액이 정확하게 기재되지 않기 때문에 이를 파악하여 계약금 및 중도금의 한도를 결정하기 위함이다.

가등기 및 가처분등기는 매수자가 거래대금을 완납하고 부동산 인도 및 소유권 이전등기를 하여야 완전하게 부동산 인수인계가 이루어지는 데 장애가 되므로 그 내용을 정확하게 알아야 중개를 할 수 있다.

경매개시결정등기 및 예고등기가 있는 경우는 매수자가 부동산 인도를 하는 데 불가능할 수 있으므로 그 내용을 명확히 조사하여 매도인과 사전에 처리계획을 수립하여야 중개 성사 시 효율적으로 부동산 인도인수가 가능하다.

그래서 이러한 등기가 있는 경우는 중개컨설팅을 체결하여 중개하기도 한다.

소유자를 확인하는 것은 소유자를 명확히 확인하여 매도인 사기 사고를 방지하기 위함이며, 소유자가 당해 중개대상물의 구입 일자를 확인하는 것은 매매 후 양도소득세에 관련 있는지를 파악하는 데 목적이 있다. 소유자가 양도소득세 중과세대상자이거나 고액을 납부하는 자에 해당되면 매도인은 매도의뢰에 장애를 줄 수 있다.

'을'구의 근저당, 전세권, 임차권 및 임대차등기명령 등을 확인 및 파악하는 것은 '갑'구의 가압류 및 압류 그리고 담보가등기와 함께 그 소요금액을 명확히 알아야 계약금 및 중도금의 범위를 정할 수 있고, 경매대상에 해당하는지를 파악하기 위함이다.

특히 임대차의 경우는 만에 하나 경매 등의 사건이 발생했을 경우 임차인이 회수할 수 있는 최우선 변제금액의 범위를 알아야 임대차 보증금의 범위를 결정할 수 있다.

분석한 내용은 중개대상물 확인·설명서나 자료요구서에 기재하여 둔다.

이때 중개업자는 등기부등본에 등재된 권리가 기본적인 것 외의 권리가 등재되어 있을 때 무조건 겁내지 말고, 매도(임대)인과 어떻게 처리할 것인가를 토의하여 처리하면 된다. 간혹 매도(임대)인과 상담하다 보면 경매 또는 추가 가압류 등 급박한 상항이 발생할 가능성이 있는 경우가 있다. 이러한 상황일 경우에는 그 상황에 맞추어 매수(임차)인에게 피해가 가지 않도록 처리한다.

예를 들면 계약일 현재 등기부등본에 등재되어 있는 권리 외에 가압류 등 추가적인 권리가 등기될 가능성이 있는 경우는 매도인과 상의하여 소유권을 먼저 이전하고 잔금을 나중에 처리하는 방법도 한 방법이다.

또 등기부등본에 등재된 권리의 상환해야 할 금액이 매매가를 초과하는 경우는 먼저 매도(임대)인과 상의해 보면 등기부등본에 기재된 권리의 금액이 나름대로 사정이 있을 수 있어 여기에 맞도록 상황을 처리하여야 한다.

예를 들면 친척이나 친구들이 당해 부동산을 통해 융자를 받아 주기를 요구한다든지 또는 자녀 및 가족들의 낭비벽 습관으로 당해 부동산을 통해 융자 받아 주기를 요구하는 경우 그들에게 당해 부동산에 많은 융자금이 설정되어 있거나 가압류 등 금융기관에서 융자를 못 해 주는 조건의 권리를 설정해 놓은 허위 권리가 등기되어 있는 경우가 있다. 이런 경우 부동산중개업자는 거래대금의 지불단계에 따라 등기부등본에 기재된 권리를 순차적으로 말소하도록 하는 방법이 있고 또는 '잔금 처리 이전에 잔금 이하로 융자금의 채권최고액이 되도록 매도인이 처리하고 잔금을 지불 시는 감액된 융자금을 말소하기로 한다'라는 특약을 넣는 것도 한 방법이다.

또 잔금 처리 시 융자금을 승계받거나 융자금을 말소하는 경우에 매도인의 등기부등본상의 융자금에 마이너스 카드나 신용대출이 연계되어 있는 경우가 있으며, 이로 인하여 중도금까지 지불한 금액이 매매대금보다 더 많은 금액이 지급되는 경우가 있다. 그래서 중개업자는 등기부등본상의 융자금액만을 과신하지 말고, 융자금에 마이너스 카드나 신용대출이 연계되어 있는지를 확인하여야 한다. 만일 이런 것들이 연계되어 있는 경우 매도인에게 융자금 등을 어떻게 처리할 것인가를 상의하여 매도인의 등기부등본상의 권리

처리 계획이 실행 가능한지를 판단하고, 이행 가능한 경우는 중개를 시작하고 만일 매도인의 실행계획이 불가능하거나 위험이 있는 계획이라고 판단되면 중개를 포기하는 것이 현명하다.

중개업자는 잔금 지불 시에는 매도(임대)인으로 하여금 해당 은행으로부터 **융자금 잔고확인서**를 받아 오도록 하여야 한다.

(2) 토지대장/건축물 관리대장/지적도 및 도면

토지대장과 건축물 관리대장은 등기부등본과 실제의 면적을 확인하는 데 필요하며, 토지의 경우는 지적도, 건물의 경우는 도면상의 경계와 실제의 경계를 확인하는 데 필요하다.

특히 농촌지역의 토지는 관습상의 경계로 서로 유지하고 있어 측량을 하였을 경우에 서로 침범되는 경우가 많이 있으므로 가급적 경계측량을 하는 것이 좋다.

경계측량에 대한 책임은 기본적으로는 매도인에게 있으며, 매도인과 매수인이 합의되면 측량비용을 공동으로 책임지기도 한다.

또 임야의 경우는 임야대장의 면적이 산지전환을 하였을 경우 면적이 줄거나 늘어나는 경우가 있음도 참고로 알아둘 필요가 있다. 단, 중개거래를 통하여 계약서를 작성하는 경우에는 임야대장의 면적을 계약면적으로 작성하여야 한다. 그리고 실제 측량을 하여 계약면적과 상이한 경우는 계약면적당 거래금액으로 정산하도록 특약을 넣기도 한다.

건물의 경우는 공동주택과 단독주택으로 구분하여 착안하여야 한다.

먼저 단독주택(다가구주택 포함)의 경우는 미등기 부분이나 불허가 부분이 있으므로 건축물 관리대장과 더불어 건축물 도면을 같이 발급받아 파악하여야 하며, 만일 미등기 부분이 있는 경우는 매도인으로 하여금 미등기 부분을 등기하여 처리하도록 하고, 불허가 부분은 가급적 허가 및 신고 처리하여 소유권을 이전하도록 착안하여야 한다.

공동주택의 경우 아파트는 그 평형이 명확하지만 다세대주택의 경우는 건축주들이 전유면적과 주택에 해당하는 공유 부분 그리고 기타 공유 부분 또 대지권지분까지 합하여 평형을 이야기함으로써 거래계약 작성 후 중개업자는 매수자로 하여금 평형을 속인 것으로 의심을 받거나 공격당하는 경우가 있다.

그래서 중개업자는 전유 부분의 면적을 아파트 전유 면적에 해당하는 평형과 비교하여 설명함으로써 매수자로 하여금 올바르게 판단하도록 하고, 또 거래계약 작성 후 매수자로부터의 시비나 공제사고를 방지할 수 있다.

특히 상가 및 공장·창고의 경우는 건축물 관리대장의 용도를 위반하여 사용할 수 없으므로 그 용도를 명확히 파악하기 위함이다. 다만, 공장의 경우는 임시건물이 많으므로 이를 착안하여야 한다.

그리고 상가 임대차의 경우 임대의뢰인의 의뢰 내용에 있어 경계 및 면적이 명확하지 않으므로 가급적 도면을 발급받아 현장 확인 시 확인하여 임차의뢰인에게 설명해 주는 것이 바람직하다.

또한 상가 및 공장·창고의 경우는 인입 전력 용량이 건축물 관리대장에 기록되어 있으므로 이 또한 착안하여야 한다.

(3) 토지이용계획 확인서 발급

토지이용계획 확인서는 기본적으로 용도지역, 토지거래 허가지역 여부, 기타 제한 사항을 확인하고, 해당 토지의 이용 또는 설치 가능 건축물의 건축 가능성을 판단하기 위함에 있다.

따라서 중개업자는 토지이용계획 확인서를 기초로 용도지역에 따라 이용 가능 시설, 건폐율과 용적률 등을 해당 지자체의 조례를 통하여 확인하거나 해당 지역 지자체의 건축과에 문의하여 파악하여야 한다.

토지이용계획 확인서의 이용 및 제한사항에 대해서는 인터넷 정보망을 통하여 확인할 수 있으며 인터넷 주소는 별지 4의 인터넷 주소록을 참조한다.

나. 중개대상물자료요구서 작성

중개대상물자료요구서 작성은 매도(임대)인이 작성하여 중개업자에게 제출하도록 법에 규정되어 있다. 이때 매도인 및 임대인이 작성할 중개대상물자료요구서의 내용은 「공인중개사업무 및 부동산거래 신고에 관한 법률」에 있는 내용을 사용하거나 앞서 접수대장에서 필자가 고안한 접수대장과 중개대상물자료요구서 양식을 사용할 수 있다.

중개대상물자료요구서의 작성에 대하여 아직은 우리나라 정서상 중개업자가 매도(임대)인에게 요구하면 이를 작성해서 되돌려 주는 경우가 거의 없다.

오히려 "뭘 그런 것까지 써내라 하나" 하며 "당신에게 그 물건 안 내놓을 테니 당신은 손 떼쇼"라는 거부 반응을 일으키기도 한다.

반면에 젊은 층은 약간의 거부 반응은 있으나 순수하게 잘 응하는 편이므로 젊은 층에게는 적극적으로 요구하는 것이 효율적이다.

그러나 중개업자는 장차 부동산거래의 투명을 위해 매도인 및 임대인에게 당해 부동산의 현 상태 있는 그대로를 중개대상물자료요구서에 작성해 줌으로써 자신의 물건 상태를 명확히 알 수 있고, 또 부동산매매 후 거래부동산의 상태에 대하여 분쟁을 방지할 수 있고, 또 책임도 면제됨을 알려 줄 필요가 있다. 왜냐하면 거래계약서는 계약 당시의 현 상태를 가지고 계약하는 것이므로 중개대상물 확인·설명서에 현 상태 그대로 작성되기 때문이다.

현재 우리나라에서 이 중개대상물자료요구서 작성 실태는 일반적으로 계약서 작성하는 날 매도인에게 주어 중개대상물 확인·설명서를 작성토록 하거나 또는 계약하는 날 계약서 작성 전에 매수인 또는 임차인이 보는 앞에서 매도인 및 임대인에게 물어 작성하고 있다.

그러나 저자는 현장방문을 할 때 현장에 매도인 또는 임대인이 나오도록 하여 작성하고 있다. 따라서 중개업자는 현장 확인할 때 현장을 확인한 후 매도(임대)인과 같이 앉아 상담하면서 작성하는 것이 효과적이다.

이때 중개업자는 "법이 바뀌어 본래는 이를 매도(임대)인이 작성해서 제출하도록 되어 있는데 기왕 제가 왔으니 같이 작성합시다"라고 매도(임대)인에게 말씀드리고 작성하면 오히려 매도인들도 매우 고맙게 생각하고 작성하는 데 적극적으로 협조한다. 또 매도인이나 임대인이 중개대상물자료요구서를 작성하는 중이나 작성이 완료되면 "요새는 그런 것도 작성합니까?"라고 말한다.

3. 현장 확인

가. 현장 확인 필요성

중개업자가 중개대상물에 대한 현장 확인을 하는 것은 다음과 같은 중요성이 있다.

먼저 매수(임차)의뢰인에게 당해 중개대상물을 설명하고 안내하여야 하는데 중개업자가 사전에 중개대상물에 가 보지도 않았을 경우 중개대상물을 찾느라 헤맨다면 중개업자의 신뢰가 떨어져 구매 욕구를 추락시키고, 확인도 안 된 내용을 설명할 수 없어 물건에 대한 장단점을 설명하지 못하므로 구매욕구 촉구를 할 수 없으며, 만에 하나 거짓으로 설명했다가 현장과 다르면 중개업자에 대한 신뢰는 추락할 수밖에 없다.

그리고 문서상 분석한 내용 중 현장에서 확인되어야 할 사항이 있는데, 현장을 가보지 않으면 내용에 대해 설명할 수 없을 것이다. 그래서 중개업자는 광고 전에 현장 확인을 하여 자신 있게 중개할 수 있는 물건으로 작업이 완료되면 광고를 하고 매수(임차)의뢰인에게 설명 및 구매 욕구를 촉구하도록 하여야 한다.

또 중개업자는 현장방문을 나갈 때 중개대상물자료요구서를 가급적 휴대하고 현장 확인을 하는 것이 바람직하다. 즉 중개업자는 해당 중개대상물에 관해 지도책 및 등기부등본 등으로부터 입수한 자료를 중개대상물자료요구서에 입력한 뒤, 이를 휴대하여 현장방문을 하는 것이 좋다.

현장 확인을 할 때 착안해야 할 사항은 서류상 입수한 자료 중 의심나는 사항을 확인하고, 서류상의 권리 외에 다른 권리가 있는지와 중개대상물의 위치와 상태를 확인하고 특히 당해 중개대상물만이 갖고 있는 장단점을 파악하는 것이다.

그리고 중개대상물에 대한 현장 확인을 할 때 가급적 매도(임대)인과 함께 현장 확인하는 것이 바람직하다. 왜냐하면 매도(임대)인과 함께 현장 확인을 함으로써 서류상의 권리에 대한 정확한 내용을 확인할 수 있고, 중개대상물의 상태를 매도(임대)인에게 인지시킬 수 있으며, 만일 그 상태가 나쁠 경우 그에 대한 대책을 상의할 수 있다. 또한 매도(임대)인을 직접 만나 봄으로써 부동산 사기 중 매도인 사기를 예방할 수 있기 때문이다.

중개대상물에 대해 현장 확인할 사항들을 구체적으로 살펴보면, 중개대상물자료요구서에 기재된 내용을 파악하되 이 중 일반적인 외형상 확인할 수 있는 사항은 확인하고 그 내용을 기록하고, 중개업자가 직접 확인할 수 없는 균열, 누수, 보일러 가동상태 등은 반드시 매도인이나 임대의뢰인에게 직접 확인하여야 한다.

만일 세입자가 사는 경우에는 세입자에게 먼저 확인하고 그 내용을 임대인에게 통지해주는 것이 바람직하다. 그리고 세입자가 사는 경우에는 이사할 때 휴대할 물건 등을 파악하고, 겸하여 세입자가 중개의뢰를 한 경우 임대차 계약서를 세입자가 갖고 있으므로 소유자의 전화번호 및 주민등록번호도 같이 파악한다.

또 중개업자는 그 물건을 장기간 사용한 자나 현재 사용하고 있는 자로부터 당해 물건의 내역을 자세히 파악함으로써 당해 물건의 장단점을 파악하여야 거래 성사를 성공적으로 할 수 있다.

중개업자의 중개대상물에 대한 하자책임 범위는 물건에 대하여 눈으로 확인이 가능하거나 간단한 질문 등으로 확인이 가능한 하자에 있으며, 이에 대해 소홀한 경우 중개사고의 대상이 된다. 그러나 건축 및 건축물에 대한 기술적 하자는 중개업자가 책임을 질 수 없다. 따라서 중개업자는 그 중개대상물의 기본적인 사용용도의 하자에 대해서 파악하고 확인할 책임이 있다.

특히 매도인은 현장 확인 시 물건 자체에 대한 문제점을 전부 그리고 자세하게 이야기함이 바람직하며, 만일 이를 소홀히 할 경우 거래 후 이에 대하여 매수인이 이의 제기를 하면 수리까지 해 주어야 함을 강조해 두는 것이 바람직하다. 즉 매도인의 물건 상태에 대한 하자 책임기간은 민법 582조에 의거하여 매수인이 이 하자를 발견하거나 알게 된 날로부터 6개월 내에 행사할 수 있고, 행사하는 방법은 민법 제580조에 의거하여 목적물을 사용할 수 없는 경우에는 계약을 해제할 수 있고, 그 외에는 손해배상청구가 가능하기 때문이다.

그리고 중개업자는 매도(임대)인이 참석한 경우 매도(임대)인으로부터 중개대상물자료요구서에 서명 또는 날인을 직접 받는 것이 바람직하다.

나. 현장 확인 시 확인할 사항

1) 기본적인 사항
- 등기부 외 권리에 관한 사항 존재 여부(점유 상태 등)
- 중개대상물의 위치 및 상태
- 중개대상물의 면적 및 경계
- 진입 도로 및 도로 접한 상태

2) 주거용
중개대상물자료요구서의 내용을 확인하고 파악하여야 하며, 특히 균열과 누수, 보일러 교체 및 배관, 취사 연료 및 누출 여부, 새시 및 출입문의 파손 여부 등은 매도(임대)인으로부터 확인해 두어야 한다.

특히 오래된 주거시설의 경우는 물건에 대하여 구체적이고 꼼꼼하게 보지 않으면 중개사고를 당할 수 있으므로 더욱 유의하여야 한다.

예를 들면 아파트 및 다세대주택의 경우는 아래층 주택에서 위층에 의해 누수(화장실 및 싱크대, 베란다)되는지를, 단독주택의 경우는 보일러 가동상태와 2층 주방 및 지붕의 방수처리 미흡으로 누수되는지에 대해 관심을 갖고 확인하여야 한다.

또한 중개대상물이 일반적인 거래물건인지 아니면 경매로 낙찰받은 부동산인지를 확인하여, 경매로 받은 후 수리하여 되파는 부동산일 경우는 관리비에 대한 정리관계에 특히 착안하여야 한다. 또 거실에서 베란다로 나가는 새시 문과 현관문은 오래된 경우 잘 작동이 안 되거나 불량한 경우가 많고 또 현관문도 오래되면 내려앉아 잘 닫히지 않는 경우가 많으므로 이 또한 착안해야 할 사항이다.

개별 보일러의 경우는 설치연도를 확인하여 8년 이상이면 보일러 수명이 다 되었으므로 이에 대해 착안해 두는 것이 바람직하다.

특히 세입자가 거주하던 부동산을 매매 거래하는 경우 부서진 부분을 다른 물건으로 가려 놓는 경우가 있으며, 또 임대차의 경우 곰팡이가 있는 부분을 가려 놓아 낭패를 보는 경우가 있다.

또 최근에는 바퀴벌레 및 개미 등 병충해 방제를 요구하는 경우가 늘어나고 있음도 착안하여야 한다.

3) 상업용

상업용 부동산의 경우는 목적부동산의 임차(매수)의뢰인의 사용 목적대로 인·(허)가가 가능한지를 확인하여야 하며, 주변에 임시 주·정차가 가능한 주차장이 있는지, 그리고 의뢰인의 사용 목적에 따라 전기·수도사용이 가능한지, 임차 및 매수의뢰인이 이용하려는 목적의 업종 분포에 대해서도 확인하고, 그 업종이 그 지역에서 영업되는 실태도 같이 파악하여야 한다.

상업용 부동산을 중개함에 있어서 가장 많은 고객과의 충돌사항은 인·허가 문제 및 용도문제와 권리금 관계에 있다.

인·허가 문제는 업종에 따라 그 기준이 상이하기 때문에 임차 및 매수의뢰 시 확인해야 할 사항이다. 특히 매수의 경우는 의뢰인 스스로 확인하고 있으므로 별로 문제가 되지 않으나 임차의 경우는 중개업자에게 의뢰하는 경향이 있어 행정관서와 사전 확인이 필요하다. 경우에 따라서는 임차의뢰인에게 물건 소재지를 알려 주고 직접 자세히 확인하도록

한 뒤 그 결과에 따라 계약하도록 하는 것도 한 방법이다.

용도 문제는 인터넷으로 서류를 열람 및 발급받아 확인할 수 있고, 행정관서에 사전에 직접 방문하여 확인을 할 수 있다.

권리금 관계는 권리금에 대한 자세한 내용을 잘 파악하거나 숙지하지 않고 중개를 하였다가 고객과 많은 충돌이 발생하고 있다.

권리금에 대해서는 제5장 부동산 관련 분쟁 제1절 부동산분쟁에 대한 이해 제5항을 참조하고 여기에서는 부동산중개업자 관련 사항만 살펴본다.

권리금은 중개대상물이 아니므로 중개수수료로 받는 것이 아니고 이를 적절하게 흥정해 준 대가로 사례비를 받는 것이다. 따라서 중개업자는 권리금에 대해 영업권리금과 시설권리금이 포함되는지를 확인하여 영업권리금인 경우는 이에 따른 장부 및 기물 그리고 시설의 목록을 작성하여 인계·인수되도록 하고, 시설권리금인 경우는 시설의 목록이 첨부되어 인수·인계를 하도록 하여야 한다.

이 두 가지 권리금이 전부 포함된 경우는 전부 포함하여 인수·인계서를 작성하여 인수인계가 이루어지도록 하여야 한다. 바닥 권리금만 있는 경우는 별도로 인수·인계서를 작성하지 않으나 권리금 영수증은 작성하여야 한다.

권리금에 대한 중개 사례비는 양도인과 협의하여 결정하나 통상 3~10%를 사례비로 받고 있다.

4) 토지

토지, 즉 농지 및 임야와 나대지에 대한 현장 확인을 하여야 할 경우는 다음과 같은 사항에 착안하여야 한다.

- 진입로
- 점유관계
- 경계
- 지반 및 경사도
- 이용률
- 방향
- 적절한 사용용도

토지의 경우는 반드시 지적도나 임야도를 지참하여 현장 확인을 하여야 하며, 또 토지는 실수요자도 많지만 투자자도 많기 때문에 진입로가 없는 토지는 가치가 상승하지 않아 거래가 어렵다. 따라서 농로라도 도로가 접하여야만 하고, 건축을 위해서는 최소 4m 이상의 도로가 접하여야 한다. 임야의 경우는 산불 확대방지를 위해 설치한 임도도 토지가치를 높이는 데 유리하다.

또한 점유관계는 지상권 문제도 있고, 임차권 문제도 있기 때문에 채소라도 소홀히 보아서는 아니 된다.

나대지의 경우도 임차권을 설정한 경우가 있고, 채소 등 영농을 하는 경우가 대부분이다. 만일 임대차를 체결한 경우는 임대차기간을 확인하여 세입자의 이사기간 부여문제, 이사비용 지불문제, 차임 정산문제 등을 고려하여야 한다. 또 영농을 하고 있는 경우는 추수기간을 고려하여야 한다. 만일 추수기간을 고려할 수 없는 경우는 보상을 하여야 한다.

농지의 경우는 나대지 영농을 하는 경우와 동일한 문제에 착안하여야 한다. 특히 영농을 위해 바닥에 콘크리트를 설치한 경우는 법정지상권이나 지상권이 설정될 수 있으므로 비닐하우스 등이 있는 경우 내부를 확인하여 콘크리트가 설치되어 있으면 매도인이 사전에 이를 처리하도록 하는 것이 중요하다.

임야의 경우는 일반적으로 지상에 식재된 수목이나 가건물 등이 모두 포함되지만 명인방법이나 임목등기가 되어 있는가를 확인하여야 한다. 명인방법이나 임목등기가 되어 있으면 법정지상권이나 지상권이 성립될 수 있다. 특히 한국 소나무가 식재되어 있는 경우이 소나무는 관상 및 조경용으로 높은 가치가 있어 토지가격에서 제외되는 경우가 있으므로 이를 확인하여야 한다.

경계는 농촌의 경우 관례에 따라 서로 점유를 인정하고 있기 때문에 실제 측량할 경우 지적과 상이한 경우가 많다. 특히 농가주택이나 농지 및 임야는 관례상 경계를 사용하고 있어 실제 지적도와 상이한 경우가 많으므로 지적측량을 해 주는 조건의 중개활동이 요구된다. 또 비슷한 엉뚱한 곳을 자기 물건이라고 내놓는 경우가 있으므로 특히 조심하여야 한다.

맹지인 경우는 휴대폰 내비게이션을 휴대용으로 준비하여 위치 확인에 사용하는 것도 한 방법이다.

지반 및 경사도는 실수요자의 경우 특히 중요하며, 건축을 위한 토지는 지반이 매우 중요하며, 농지 및 임야의 경우에도 실수요자가 묘목이나 조경을 하는 경우는 답으로 이용하던 곳이나 황토 흙의 지반은 적합하지 않다.

경사도는 이용률과 자연재해와 밀접한 관계가 있다. 경사도가 낮은 곳은 농지 및 건축 그리고 묘지 등으로 사용할 수 있으며, 경사도가 높은 경우에는 이용에 많은 제한이 있으나 염소와 동물을 사육하는 데는 효율적이다.

이용률은 임야면적 이용가치의 척도가 된다. 따라서 당해 토지의 가치를 결정하는 데 직접적인 영향을 준다. 즉, 이용 가능한 면적이 토지가격이 되기 때문에 이용률이 낮으면 이용가능한 면적의 토지가격이 높게 되어 거래가 어렵게 된다.

특히 임야에서 이용률을 중요시하고 있으며, 이를 위해 중개업자는 그 토지를 직접 등산하여 확인할 준비를 하는 것이 필요하다. 또한 임야는 여름보다는 가을 및 겨울에 현장을 확인하는 것이 바람직하다. 이유는 이때 낙엽이 지기 때문에 경계를 확인하는 데 비교적 용이하고 이용률을 파악하는 데 유리하다.

토지의 방향은 생물의 생육에 많은 영향을 준다. 따라서 수요자가 사용하려는 용도에 맞는 토지를 찾아 주어야 한다. 특히 주택의 경우 방향을 매우 중요시한다. 이는 당해 주택의 밝음 정도에 영향을 주며, 세탁에도 영향을 준다. 그리고 과수원이나 조림에도 북향과 남향에 따라 생육하는 품종이 다르다.

적절한 사용용도는 먼저 토지이용계획 확인서를 발급받아 확인하고, 그다음 해당 시·도의 조례를 검토하여 확인한다. 이는 가장 적절한 실수요자를 찾기 위하여 필요하다.

부동산중개업자는 현장 확인을 효율적으로 하기 위하여 부동산 종류별로 현장 확인 착안사항을 점검표식으로 작성하여 이를 휴대하고 현장 확인하는 것이 바람직하다. 예를 들면 주택의 경우는 중개대상물의 자료요구서를 지참하는 것과 같다.

현장 확인 시기도 중요하다. 당일에 현장 확인하는 것이 바람직하다.

4. 광고

현장 확인을 마치면, 중개업자는 대상 물건을 최유효 이용을 할 수 있는 매수의 적격자를 판단하고, 또 어떤 용도로 사용하여야 최유효 이용을 할 수 있는지를 검토하여 정리함과 동시에 해당 물건을 광고하게 된다.

이때 중개업자는 접수된 모든 의뢰받은 부동산을 광고하기란 극히 어려운 실정이다.

왜냐하면 접수받은 부동산 자체가 경쟁력이 없는 것도 있고, 매일 접수한 물건을 그날그날 전부 분석하고 확인할 수가 없다. 그래서 확인도 안 된 물건은 광고할 수가 없기 때문이다.

그래서 중개업자는 우선 경쟁력 있는 물건을 먼저 광고하고, 특별히 경쟁력이 있는 물건이 없는 경우에는 경쟁력 있는 물건 중 아직 거래가 성사되지 않은 물건을 주기적으로 변경하여 광고한다. 경쟁력 있는 물건 중 거래되지 않은 물건은 주(週) 단위 또는 2주 단위로 주기적 교체를 한다.

광고와 관련하여 부동산중개업자가 부동산중개업계에서 반드시 한 가지 지켜야 할 의무가 있다.

부동산광고를 함에 있어 일반 국민이 가장 선호하는 매체에 집중하여 광고를 함이 가장 효율적이고 바람직하다.

그렇다 보니 부동산중개업자가 수입에 비하여 매우 높은 광고비를 지불하고 있다. 이를 위해 협회가 먼저 회원을 위해 광고에 지대한 관심을 가지고 인터넷 광고, 정보지 광고, 아파트 승강기 등 표시광고에 자회사를 두어 발전시켜 회원들의 회비 절감 방법을 강구해 주는 활동이 요구된다.

반면 부동산중개업자도 '우리가 살고 협회를 살린다는 정신'으로 일반 사회 광고매체보다는 '협회광고만을 이용한다'라는 자세로 적극적인 활용이 요구된다.

가. 광고의 종류

중개업자가 접수된 물건 중 경쟁력 있는 물건을 광고하는 방법은 다양하며 그 종류를 보면 다음과 같다.

① 정보지 광고: 정보지별 광고료 상이
② 인터넷 광고
④ 광고물 광고/벽보 광고
⑤ 간판 광고
⑥ 전화 광고
⑦ 장소 광고(엘리베이터 내 거울 또는 출입문 등)
⑧ 명함 광고

⑨ 전광판 광고(LED 전광판 광고 포함)

(1) 정보지 광고

정보지 광고는 중개업소 광고보다는 물건 광고를 위해 이용하는 광고 매체로써 지역마다 최소 2종류로부터 많게는 4종류까지 있다. 광고효과는 지역 주민이 가장 많이 읽는 정보지에 광고하는 것이 효과가 가장 높다.

이 정보지 운영회사는 주로 개인회사로 지역에 따라 지명도가 다르며, 최근에는 이 정보지 회사가 인터넷까지 연결하여 광고를 하고 있다.

정보지 회사의 광고료는 지명도에 따라 차이가 있다. 광고료는 광고회사가 정한 바에 따라 지불하는데 부동산광고가 가장 많은 영향력을 미치고 있는 실정이다.

정보지 광고방법에는 줄 광고, 박스 광고, 면 광고 등이 있다.

(2) 인터넷 광고

인터넷 광고는, 국토해양부에 부동산거래정보망으로 등록하여 실시하고 있는 것은 공인중개사협회에서 운영하는 부동산거래정보망만이 유일하게 운영되고 있고, 그 외에의 인터넷 광고는 지식경제부(전 정보통신부)의 전자상거래법에 근거하여 지식경제부(전 정보통신부)에 등록한 개인회사 정보거래망이 있다.

개인회사 정보망들은 프랜차이즈 형태로 운영하고 있으며, 가입자는 많이 확장하였으나 실제로 프랜차이즈 형태는 갖추지 못하고 단순하게 부동산 매물 정보를 광고하는 형태를 취하고 있다.

인터넷 광고는 최근 스마트폰의 등장으로 개인 광고가 가능하여 인터넷 광고의 활동은 더욱 활발할 것으로 본다. 따라서 이로 인한 부동산중개업소의 수익변화가 예상되며, 협회 및 중개업 단체에서는 이에 대한 대책 수립이 요구된다.

(3) 광고물 광고

광고물 광고는 부동산중개업에서는 많이 활용하지 않고 주로 건설회사나 분양회사에서 많이 이용하고 있다.

광고물 광고는 광고물에 투자하는 비용이 많이 들기 때문에 개인사무소를 운영하는 부동산중개업소에서는 이용하기가 어렵고, 법인이 개발 등을 통하여 대대적인 광고가 필요할 경우 많이 이용하고 있다. 대신 부동산중개업소에서는 전신주 및 대문 등에 메모 광고를 많이 활용하고 있다.

개인 부동산중개업소에서는 유리창 등에 전시 광고를 하고 있다.

중개업소에서 실시하는 전시 광고는 가장 저렴하게 실시할 수 있는 광고이나 실제 이 광고를 보고 들어오는 고객보다는 고객이 매가를 알아보는 데 더 효과를 많이 주고 있다. 중개업소에서 실시하는 유리창의 전시 광고는 모든 물건을 가장 저렴하게 할 수 있다는 장점을 이용하여 많은 물건을 광고하다 보니 이미 타 중개업소에서 거래가 완료된 물건까지 즉각 교체해 주지 않아 허위 광고가 많다는 인식을 주어 중개업소의 신뢰도를 떨어트리고 있다.

그래서 부동산중개업자는 최소 정보지 광고를 수정할 때 유리창의 전시 광고물도 동시에 교체해 줄 수 있도록 하되 정보지 광고와 중복할 필요는 없다.

다만, 유리창 전시 광고는 일반 국민에게는 좋은 정보를 제공하지만 실제 이를 보고 상담하는 경우가 많지 않아 그에 대한 대책도 동시에 고려되어야 한다.

(4) 간판 광고

간판 광고는 물건 광고보다는 부동산중개업소를 광고하는 종류로 주로 중개업소를 비롯하여 소점포 상가에서 모두 이용하고 있는 광고이다.

간판 광고는 간판을 통하여 실시하고 있으며, 최근에는 전자판 광고까지 동원하고 있다.

간판 광고는 부동산중개업소의 위치를 홍보하는 효과를 겸하고 있기 때문에 부동산중개업소를 알리는 데 대단히 중요한 역할을 한다.

돌출간판광고는 행정관서의 제재를 받으므로 행정관서에 확인하여야 하나 통상 간판업소에서 병행하여 행정절차를 처리해 주기도 한다.

간판 광고 중 돌출간판을 설치하면 행정관서에 주기적으로 신고하도록 되어 있으며 그에 따른 수수료도 지불하여야 한다. 돌출간판은 3년 단위로 연장신청과 돌출간판의 길이나 너비가 1m 이상인 경우는 안전성검사를 받아야 한다.

최근에는 LED 광고 간판을 많이 활용하고 있다.

(5) 전화 광고

전화 광고는 통상 기획부동산에서 많이 사용하고 있는 광고형태이다. 그러나 부동산중개업소에서도 중개업소 주인이 초보공인중개사에게 중개업을 전수해 주겠다고 채용하고 서는 실제로는 전화 광고(일명 텔레마케터)를 전담시켜 운영하고 있다.

최근에는 공인중개사 자격증이 없는 사람들이 전화로 물건 연락팀을 구성하여 중개업 자들을 모집하고 주로 다가구물건을 집주인들에게 연락하여 의뢰받은 뒤 이를 여기에 가 입한 중개업자에게 물건을 전파하는 전화광고를 활용하고 있다.

(6) 장소 광고

장소 광고는 부동산중개업소에서 많이 이용하고 있는 광고형태 중 하나이며, 특히 주 거시설이나 상가빌딩의 매매 및 임대를 주로 하는 중개업소에서 많이 사용한다.

장소 광고를 하는 장소는 주로 아파트의 승강기, 게시판 등을 많이 이용하고, 토지는 거래대상 토지의 경계면에 입간판이나 현수막 형태로 많이 하고 있다. 최근에는 빌딩 및 다가구의 벽면에 아크릴 판이나 현수막으로 설치하기도 한다. 특히 상가 매매 및 임대의 경우에도 해당 점포나 건물에 현수막으로 장소 광고를 많이 하고 있다.

(7) 명함 광고

명함 광고는 중개업소 광고를 위한 광고매체 중 하나로 물건을 확보하고자 할 경우 중 개업소 주인이나 직원들이 고객과 동료들에게 자신을 광고하기 위해 많이 사용하고, 또 해당 지역 내 고객이 요구하는 물건에 해당하는 부동산 종류를 대상으로 많이 하는 형태 이다.

명함 광고는 통상 두 가지 방법으로 하고 있으며, 광고하는 명함의 형태도 자신의 명함 으로 직접 하기도 하고 또는 광고용 명함을 따로 인쇄하여 이를 사용하기도 한다.

명함 광고를 하는 형태는 자신을 소개하거나 고객에게 퇴소 시 기억하도록 직접 주어 광고하기도 하고, 각 집이나 점포의 대문 및 출입문에 부착하여 광고하기도 한다. 명함 광 고 시는 중개업소의 신뢰도를 높이기 위하여 사진을 같이 게시하기도 한다.

나. 광고시기

광고는 부동산중개업에 있어 중요한 요소로 수익에 많은 영향을 미친다. 따라서 광고 를 적절한 시기에 적절한 방법으로 효율적으로 실시하여야 한다.

광고의 시기는 중개대상물을 정확히 분석하고, 고객에게 확인·설명을 할 수 있도록 준비된 후에 광고하는 것이 기본이다.

① 기본: 현장 확인 및 물건분석 후
② 임대
▲ 임대차 만료 1~2개월 전 광고(전세, 월세)
▲ 준공일 3개월 전 광고
(신축 건물: 다가구, 연립, 아파트, 단독주택 등)
③ 매매
▲ 신축 건물 및 임대 상가: 3~4개월 전 이상
▲ 기타 토지 및 건물: 즉시 광고

광고의 시기는 광고의 종류에 따라 상이하며, 정보지 광고, 인터넷 광고, 전화광고는 거의 매일 점검하여 수정하고, 명함 및 공고물 광고는 필요시 그리고 그 외의 광고는 교체주기에 이용하고 있다.

다. 광고 시 사용 문구

광고 시에 사용하는 문구는 권리를 취득하는 고객에게 구매욕구(소구점)가 충동되도록 함이 기본이나 당해 중개대상물의 장점을 홍보할 수 있도록 그 내용을 잘 구성하고, 또 지면의 제약이 있으므로 효율적으로 활용할 수 있는 간단하면서도 효율적인 용어를 잘 선택하여 작성하여야 한다.

그러나 고객이 그 문구를 읽고 신뢰할 수 있도록 진실성 있게 작성하는 것이 가장 중요하다. 현재 중개업소에서 광고 시 사용하는 문구를 보면 다음과 같다.

① 입주시기: 즉시 입주, ○월 ○일 이후 입주 가능
② 수익률 표시: 고수익 보장(필요시: 월 수익금 기재), 수익률 ○○%
③ 구매욕구 충동
　　ⓐ 저가 구매 가능, 급매물, ○○개발계획지역

ⓑ 주택: 조용하고 주차용이/학군 양호/교통 편리

ⓒ 상가: 손님 일일 몇 만 명, 상권최고, ○○ 업종 최적지, 주차장이 넓은 곳

④ 가격 조절 가능

⑤ 물건 다량 보유

라. 광고물건 수정(광고물건 교체)

① 매일 매매 물건 수정(계약 성공 시 즉시 교체)

② 유인할 물건만 게재/아주 좋은 물건 광고 제한

③ 최소 주 1회 광고 내용 검토 교환 및 조정

④ 인터넷 등은 기술적 조건에 맞출 것

마. 명함 광고 시 착안사항

① 명함에는 반드시 자신의 사진을 넣을 것

  * 이는 중개업자에 대한 신뢰를 촉진한다.

② 명함에 포함할 사항

ⓐ 상호 및 로그

ⓑ 주소

ⓒ 사무실 전화 및 휴대전화번호, FAX 전화번호

ⓓ 이메일 주소

ⓔ (필요시) 수수료를 입금할 은행계좌 및 예금주

바. 광고의 수칙

① 광고는 꾸준하게 하라.

② 영업이 잘 안 될 때 광고를 더 활발히 하라.

③ 최고의 광고는 항상 고객의 기억 속에 좋은 이미지로 남게 하라.

5. 매수(임차)의뢰인과 상담

가. 고객이란

부동산을 매도 의뢰하는 매도자도 고객이고, 부동산을 구입하려는 매수자도 고객이므로 매도와 매수 고객이 모두 부동산중개업의 고객이다.

그러나 부동산중개업에서는 일반적으로 매수고객이 매도고객보다 더 중요하므로 매수 고객 위주로 활동한다.

부동산중개업은 서비스업이기 때문에 고객관리는 매우 중요하다. 즉 부동산중개업자에게는 고객이 매우 고마운 존재이면서도 또 매우 변화무쌍한 존재이므로 아주 조심스럽고 겸손한 자세로 상대해야 하는 존재이기도 하다.

특히 지금과 같이 공인중개사 자격증을 정부에서 국민자격증으로 추진하는 상황에서는 공인중개사 업무와 관련된 지식을 정부가 직간접적으로 전 국민에게 주지시키고 있어, 고객은 풍부한 지식을 갖춘 존재가 되기도 하다. 따라서 중개업자는 이에 맞게 고객을 대하여야 한다.

현실에서 부동산중개의 고객은 꼭 부정적인 요인만 있는 것은 아니다. 오히려 고객들이 많은 지식을 함유하고 있고 중개업을 잘 알고 있으므로 중개업자를 더 잘 이해해 줄 수 있으므로 정상적으로 잘만 이용하면 부동산중개업자에게 많은 도움이 될 수도 있다.

반면 고객들 중에는 중개업자 및 부동산중개업에 대한 많은 지식을 구비하고 있는 자 중 일부는 현 부동산중개업법의 약점을 파악하여 이를 악용함으로써 중개업자를 더욱 어렵게 하고 있는 자도 있으므로 각별히 조심하여야 한다.

그러나 고객은 나(중개업자)의 만족을 위해 꼭 필요한 존재이다. 즉 거래 성사 시 중개업자에게 수입원을 제공하며, 또 지역 내 파악하지 못한 정보를 제공해 주기도 한다.

나. 고객의 유형 구분 및 행동요령

고객은 천태만상의 성향과 성격을 가지고 있다. 중개업자는 고객의 성격과 성향을 잘 파악하여야 중개 성공의 빈도가 높아진다.

부동산거래와 관련하여 예전에 이 고객을 분류한 것을 살펴보면, 이태교 씨의 부동산중개론에서는 우유부단형, 가격의식형, 자기현시형, 다변사교형, 만사긍정형, 침묵방어형, 자신과잉형, 자기과장형, 놀리는 형으로 구분하고 있고, 전준우 씨는 창업과 부동산입지에서 제1형으로 히틀러형 또는 지배형, 독재형, 제2형은 유유청정형 또는 호인형, 호방형으로, 제3형은 크래물린형 또는 잭크형(지퍼형)으로, 제4형은 청빈낙도형 또는 모럴리스트형 또는 명분형으로, 제5형은 현실타협형 또는 투기형, 도전형, 모험형, 벤처형으로, 제6형은 공주 및 왕자형 또는 직관형, 복부인형으로, 제7형은 신중형 또는 주저주저형으로, 제8형은 탐구형 또는 천재형, 샤프형으로, 제9형은 의존형 또는 귀족형으로 구분하고 있다.

기타 저자마다 다른 용어로 고객 또는 가망고객을 분류하고 있으나 그 내용을 보면 대부분 비슷비슷하다.

따라서 본 책자에서는 그동안 섭렵한 책자들에서 분류하고 있는 고객의 분류와 본인이 부동산중개업을 하면서 경험한 바에 의하여 고객을 다음의 몇 가지 유형으로 구분하고자 하며, 각 고객의 유형별로 성격과 그 공략방법을 간단히 정리하였다.

1) 뽐내는 고객

대부분의 경우 매도고객의 경우 자신의 물건을 좋은 가격에 매매하고 싶어 자신의 물건에 대한 장점을 가지고 많이 뽐내며, 자신의 물건이 최고임을 주장한다. 또 매수고객의 경우는 본인이 중개업자보다 자신이 더 많은 것을 알고 있음을 과시하기도 하고, 자신이 물건을 잘 본다고 뽐내거나 재산이 많음을 뽐내는 경우가 있다.

이런 유형의 고객은 가급적 해당 고객의 능력을 칭찬하면서 맞장구 쳐 주면 아주 좋아하며 친밀감을 더 갖게 된다. 특히 매도고객의 경우는 매도고객의 뽐냄을 통하여 당해 물건의 장점을 파악할 수 있으므로 이를 중개대상물 접수대장 및 중개대상물 확인·설명서에 기재하여 두었다가 장점으로 활용하여 소구점을 촉구하는 데 유용하게 활용할 수 있다.

매수고객의 경우는 재산상태 등을 인지할 수 있으므로 요구물건의 금액 범위보다 다소 확장된 물건을 권유하여도 이를 계약할 수 있고, 오히려 이렇게 해 주었을 때 매우 만족하게 생각한다.

2) 자기주장형

자기주장이 확실하고 부동산에 대한 정확한 정보를 많이 들먹이며, 자기 의견만 주장하는 형이다. 이런 고객은 상담하는 데 짜증이 날 수 있으나 호흡을 크게 한 뒤 이 고객을 배척하지 말고, 고객의 권위를 최대한 인정하면서, 그리고 장점과 단점을 체크하면서 확인하고, 구입하고자 하는 물건의 범위를 자세하게 확인하여야 수고가 적다.

매도고객의 경우는 매도고객이 내놓은 조건으로는 계약 성사가 어려움에 봉착하게 되는 경우가 많은데 이런 때 별도로 시간을 내어 설득하는 시간을 갖는 것이 좋다.

매수자인 경우는 어설픈 물건은 설명을 아예 금하고, 고객의 요구사항을 구체적으로 알아본 뒤 확실한 물건을 소개하는 것이 좋다.

3) 우유부단형

이 유형의 매도인인 경우는 계약 직전에 마음을 바꾸는 경우가 많으므로 의뢰받을 때 가급적 중개계약을 체결하고, 매매가격과 조건을 확실하게 서류로 받아 두는 것이 좋다.

특히 중개업자가 자신의 물건을 특히 높은 가격으로 받아 줄 것 같은 신뢰가 가도록 하고, 계약이 되면 계약서 날인과 동시에 계약금을 빨리 넘겨주는 것이 좋다. 그리고 중개수수료도 계약 시 받는 것이 바람직하다.

매수인인 경우는 대중적인 인기가 있는 물건을 가급적 권유하고 결정할 시기에는 성실하게 설명하며, 어느 정도 결정할 의향이 보이면 중개업자가 주관을 가지고 대신 빨리 선택하여 결정을 해주며, 결정함에 있어 자신이 결정한 것이 매우 잘한 결정임을 확신할 수 있도록 설명해 줌이 효율적이다.

4) 불평이 많은 형

불평이 많은 고객은 정치적인 면에서부터 사회 전반적으로 아는 것이 많으며, 그에 대한 불만과 불평을 계속해서 털어놓는다. 부동산에 대한 것도 좋은 점보다는 나쁜 점이나 흠집을 더 크게 보고 욕하거나 불평을 한다.

이런 고객은 나름대로 이유가 있거나 타당한 점이 많다. 다만 생각하는 바가 부정적이기 때문에 상식적이고 보편적인 내용과 생각으로 대화를 하여야 한다.

이런 고객은 타인으로부터 인정받거나 칭찬받기를 원하는 사람들이므로 먼저 "사장님 말씀이 맞습니다"라고 칭찬하고, "사장님은 역시 정확하게 보시고 생각하시는 것이 예리하고 정확하십니다"라고 인정하여 주며, "저도 선생님과 같은 생각입니다"라고 동조하여 주면 공인중개사를 자기편으로 생각하여 공인중개사를 믿으며 더 친해지기를 원하기 때문에 확실한 고객이 될 수 있다.

이런 고객은 변덕을 부리는 경우가 많으므로 계약을 신속하게 처리하는 것이 현명하며, 불법이나 과장 또는 허위나 거짓말은 농담이라도 절대 금물이다. 이를 약점으로 이용하려는 경우가 많다.

5) 말이 많은 형

이런 고객은 나름대로 열심히 공부하여 많은 정보를 가지고 있는 사람이다. 또 남의 말은 경청하려 하지 않고 자신의 말만 계속해서 하는 습관이 있다. 이런 고객은 고객이 말할 때 중간에 말을 자르거나 끼어들지 말고, 경청만 하면서 말의 요지를 정확히 파악한 뒤 요점만을 정확하게 말해 주며, 말로만 하려 말고 정확한 근거자료와 분석한 자료를 제시하고 추천하는 물건에 대해 과학 근거를 가지고 분석한 내용을 제시하면서 설명하면 중개업자를 믿고 인정한다.

설령 중개업자가 제시한 물건이 마음에 안 들 수 있다. 그러나 자신을 위해 노력하고 있구나 하는 생각이 들면 내면적으로 숨겼던 것까지 다 털어놓는다. 특히 주의할 점은 억지로 이기려고 하면 불신한다.

6) 단순 무지형

이런 고객은 첫인상을 매우 중요시한다. 따라서 첫인상이 좋도록 얼굴에 미소를 띤 밝은 표정으로 맞이하고, 복장을 비롯한 자세와 언어를 예의 있게 구사하며, 특히, 공직에 근무했거나 신뢰할 수 있는 자리에 있으면 무조건 믿는 형이다.

이런 고객은 고객의 성격이나 자원을 고려하여 신중하게 물건을 선택해 주고 만일 마음에 드는 물건이 있으면 즉시 현장을 방문한 뒤 결정하도록 하여야 한다. 대신 계약이 성사되었더라도 일일이 확인하고 현재 상황과 여건에 맞도록 서류 및 융자 등을 챙겨 주어야 한다.

7) 과묵형

이런 고객은 자신의 마음속에 나름대로 기준을 가지고 있으며, 중개업자가 업무 및 자신에게 대하는 태도 등을 가지고 능력을 판단하는 고객이다.

매도고객인 경우는 고객은 서 있고 중개업자는 앉아서 접수를 하거나 물건 접수를 노트를 들고 가서 접수하는 것보다 물건접수대장 양식을 가지고 마주 앉아 대화를 하면서 차분히 접수하는 태도를 보여 주는 것이 바람직하다. 그러면 나중에 가격 조정 등을 할 때 주변의 반대가 있더라도 중개업자를 믿고 과단성 있게 결정하는 경향이 있다.

매수고객의 경우도 상담을 함에 있어 정중하고, 온화하며, 가급적 빈틈없이 일을 처리하고 또 이렇게 처리하고 있음을 보여 주며, 또 작은 일에도 최선을 다하고 있고, 약속은 철저히 지켜 주며, 결정하려고 할 때 가급적 고객의 말을 최대한 기다려 처리함이 바람직하다.

8) 쾌활형

이런 고객은 비교적 말이 많고, 긍정적인 고객으로 친밀감이 가는 고객이다. 또 고객의 질문이나 물음에 '예' 또는 '아니요'를 분명하게 하고, 매사를 진실하게 대하면 쉽게 가까워질 수 있다. 그리고 이런 고객에게는 가급적 실수하지 않도록 노력해 주면 그 고객을 오랫동안 단골고객으로 관리할 수 있다. 그리고 주변에 신뢰할 만한 고객을 모시고 오기도 한다.

다. 고객 만족 3요소

고객이 사업장에 대하여 만족하게 느끼는 데는 **정보**를 얻을 수 있다는 것과 사업자의 고객에 대한 **태도**와 안전하고 수익을 합리적으로 얻을 수 있는 **판단**을 할 수 있도록 해 주는 데 있다고 한다. 그래서 이 정보, 태도, 판단을 고객 만족 3요소라 한다.

정보란 시장의 흐름과 고객의 성향별 필요 분석을 통해 안전하고도 유익한 정보를 말하고 고객은 이런 정보를 제공해 주기를 원하며, **태도**는 정성이 담긴 친절함과 신뢰를 느낄 수 있는 자신감 있는 것을 말하고, 이런 태도를 보여 주기를 바라고 있으므로 이런 태도가 고객을 만족시킨다. 그리고 **판단**은 안전 및 수익을 위한 합리적 판단을 말하며, 이러한 판단으로 고객을 도와줄 때 그 고객은 만족을 느낀다고 한다.

라. 고객 만족을 위한 행동 요령

고객 만족을 위하여 사업자는 자신의 성격과 능력에 따라 고객 만족을 위한 노력을 하면 나름대로 특성을 가진 고객 만족을 실현할 수 있다.

1) 정보 및 판단

고객 만족 3요소 중에 정보와 판단에 대해서는 사업자가 지속적으로 공부하고 고객별로 성향에 맞도록 준비하여야 할 사항이며, 또 이에 대해서는 앞서 고객의 유형 구분 및 행동요령에서 언급되었으므로, 여기에서는 태도 연습에 중점을 두고 살펴보도록 한다.

2) 태도

먼저 고객을 맞이할 때 태도를 말하며, 고객을 맞이할 때 미소와 인사, 대화, 복장 등이 이에 해당한다.

(1) 미소

고객을 맞이한다는 것은 고객을 처음 접하는 것을 말하는 것으로, 부동산중개업자는 이때 고객을 미소로 맞이하여야 한다.

미소는 '저는 당신에게 아무런 적대감이 없습니다' 또는 '당신과 좋은 관계를 유지하고 싶습니다'라는 의미를 표현한다고 한다.

사람은 누구를 막론하고 '나이 사십이면 자기 얼굴에 책임을 져야 한다'라고 했다. 이 말은 곧 얼굴표정을 보면 그 사람의 인품과 성격, 인생까지도 엿볼 수 있다는 말이다.

이런 미소의 효과는 당사자의 첫인상을 좋게 하고, 상대를 편하게 하며, 인간관계를 좋게 하고, 상대를 즐겁게 하는 것 외에도 하루에 열다섯 번 크게 웃으면 의사를 멀리할 수 있고, 하루에 배꼽 빠지게 웃으면 조깅하는 것과 같은 효과를 보며, 웃을 때 엔도르핀을 발생시켜 각종 병의 예방과 치료에 효과가 있다고 한다.

이렇게 볼 때 서비스업을 하는 사업가의 미소는 고객을 위해서 반드시 갖추어야 할 태도이기도 하지만 자신을 위해서도 매우 좋은 태도이다.

이와 같은 미소는 사업자들에게 매우 중요한 필수 요소이며, 특히 서비스업을 하는 사업자는 기본적으로 갖추어야 할 요소이다. 따라서 중개업을 하려면 먼저 이 미소를 연습하여 체질화하여야 한다.

미소가 평소 습관화가 된 사람은 자연스러운 일이나 이 표정 관리가 되지 않은 사람은 상당한 수련이 필요하다. 그 수련 방법으로는 아래와 같다.

① 입 모양을 크게 하며 '하-히-후-헤-호' 소리를 내면서 연습하기

② 시선을 좌우 위아래로 움직이는 연습하기

③ 입안 가득 공기를 집어넣었다가 푸르르 떨기 연습하기

④ 두 눈을 지그시 감고 있다가 크게 힘껏 뜨기 연습하기

⑤ 입 꼬리가 위로 가는 ' ㅣ '로 끝나는 단어를 반복(5회 이상) 연습하기

예: 위스키, 미나리, 개나리, 수제비, 항아리, 김치 등

이와 같은 미소 수련은 처음에는 하루 중 첫 출발을 하기 전에 5~10분간 규칙적으로 연습하고, 그 외에 시간과 짬이 날 때마다 지속적으로 연습하여 몸에 배이도록 하여야 한다.

한편 부자연스러운 미소는 상대방에게 불쾌감을 줄 수 있으므로 거울을 보고 자신의 표정과 성격에 맞도록 연습하여 밝고 자연스럽게 미소를 짓도록 하여야 한다. 또 이 미소는 상황에 따라 잘 맞추어야 한다.

일반적인 고객의 접견에서는 미소가 상대방을 편안하게 하지만 상대방이 몹시 불쾌하거나 화가 많이 난 상태에서 미소를 지으면 조롱으로 생각하여 역효과가 날 수 있다.

따라서 상대방이 불쾌해하거나 정말로 많이 화가 나 있는 상태에서는 오히려 진지하고 정중한 자세를 하는 것도 연습이 필요하다.

고객에게 미소 짓는 방법은 '상대의 눈과 마주 하면서 눈높이를 같이 하도록 하고, 입 모양은 항상 미소를 띠며 상대방에게 편안한 마음을 갖도록 하여야 한다'라고 한다.

이는 자신만이 갖는 태도이므로 자신의 얼굴표정 중 가장 밝고 상대방을 편안하게 할 수 있는 얼굴 미소 자세를 갖도록 습관화한다.

(2) 인사

다음은 고객에게 인사를 잘하라는 것이다.

인사를 잘하고 못함은 그 사람의 됨됨이를 평가하는 요소 중의 하나라고 한다.

따라서 인사를 할 때는 밝은 얼굴로 정중하게 하여야 하고, 자연스러움을 유지하여야 한다.

부자연스러운 미소는 오히려 상대에게 거부감을 줄 수도 있다.

명함을 주고받으며 인사를 할 때는 상대방이 자기 명함을 받아서 보기 좋고 읽기 좋은 방향을 정하고, 자기 쪽에서 자신의 명함 상단 우측 끝을 잡고 건네야 하며, 상대방 명함을 받을 때는 반드시 상호 및 성명과 직함 등을 확인하고 '이름이 참 좋습니다' 등 관련된 필요한 이야기를 하여 관심을 표시하는 것이 좋다.

사무실에서 들어오는 고객을 맞이할 때는 일어서서 '어서 오십쇼' 하는 인사와 함께 맞

이하며, 마주 앉을 자리로 안내하면서 자신도 자연스럽게 맞은편에 '무엇을 도와드릴까요' 또는 '어떻게 오셨습니까?' 하고 대화를 꺼내면서 앉는다.

이때 중개업자는 상담내용을 기록할 수 있도록 매도의뢰 상담일지와 매수의뢰 상담일지를 휴대하고 의뢰인과 마주 앉는 것이 보다 효과적이다.

자기 자리에 앉아서 상담하는 것보다는 상담 장소로 이동하여 마주 보고 상담하는 것이 고객의 입장에서는 자신의 문제를 해결해 주기 위해 적극적인 자세를 가진 자로 신뢰를 얻을 수 있으며, 이때 그냥 마주 앉아 말로만 대화하는 것보다는 필요한 사항을 메모해 가며 상담하는 것이 대화 신뢰를 더 갖기 때문에 상담일지와 필기구를 들고 상담할 장소로 가는 것이 바람직하다.

상담하는 요령은 대화 매너에서 자세히 알아보기로 한다.

상담이 끝나고 고객이 나가는 경우 중 적합한 물건을 보여 주러 갈 때는 중개대상물자료요구서를 들고 가 물건에 대해 자세하게 설명하면서 안내하고, 중개대상물에 도착해서는 건물의 구조와 장점 등에 대해 설명한다.

또는 적합한 물건이 없어 고객이 나갈 때에는 고객의 전화번호를 받아 놓는 것이 좋으며, 문 앞까지 나가 '곧 구해 연락드리겠습니다' 또는 '필요한 일이 있으시면 언제든지 오십쇼' 하고 미소 띤 얼굴로 정중히 인사한다.

(3) 복장

부동산중개업자가 사무실에서 고객을 맞이함에 있어 복장은 매우 중요하다. 복장은 첫인상에 영향을 많이 주므로 중개업자는 항상 단정한 복장을 하고 현란하지 않은 복장을 하여야 한다.

그래서 머리는 드라이를 하여 단정하게 하고, 얼굴은 기초화장은 갖추어 기름기가 흐르지 않으면서도 윤기가 있도록 하며, 남자는 정장을, 여자는 편하게 보이면서도 단정하게 보이는 복장을 하고, 구두는 가급적 손질을 하여야 한다. 특히 운동화나 슬리퍼를 신고 고객을 맞는 것은 좋은 인상을 주지 않는다.

바. 대화 매너

고객과 상담하는 목적은 고객이 요구하는 사항을 명확히 파악하여 매도고객인 경우는 매도물건에 대한 자세한 내용을 파악하기 위함이고, 매수고객인 경우는 그의 요구를 충족할 수 있는 물건을 찾고, 찾은 물건이 고객의 요구에 맞거나 가장 근접하며, 이 물건이 고객에게 유익함을 설명해 주기 위하는 데 있다.

매수고객과 대화하는 유형은 고객이 직접 사무실을 방문하여 상담 장소에서 대면하면서 상담하는 경우와 전화를 통하여 상담하는 경우 두 가지 형태가 있다.

1) 대면상담

대면상담은 고객이 중개사무소를 방문하여 물건을 내놓거나 물건을 구하기 위해 얼굴을 마주 보며 하는 상담을 말하며, 이때 중개업자는 고객과 상담함에 있어 고객의 말을 관심 있게 들으며, 공감과 호감을 밝고 상냥하게 표시하고, 들으면서 고객이 말하는 내용을 기록한다.

그리고 자신이 먼저 이야기하려 하지 말고, 상대방의 말을 충분히 들으면서 판단한 뒤, 자신이 말을 할 때는 상대방이 요구하는 내용을 충족하면서 감탄하도록 내용을 풍부하게 하여야 한다. 그러면서 말에 진지함과 진실성이 있게 하여야 한다.

대화를 할 때도 미소를 띤 밝은 표정을 잃지 말고, 특히, 대화 속에 폭소를 터트리는 것은 가급적 삼가고, 상대방을 무시하거나 명령하는 화법을 사용해서는 안 되며, 낮은 목소리로 말하고, 말의 형태는 분명하면서 자신감이 있는 것과 다정한 느낌을 줄 수 있도록 하며, 말하는 중간에 웃음을 가급적 섞지 않는 것이 바람직하고, 또 의뢰하는 형의 화법이 효율적이다.

상대방을 제압하고 주도권을 가지고 대화하라는 말도 있으나 이는 오히려 조심스럽다.

부동산은 큰돈이 오가며 자신의 큰 재산이 오가는 거래이므로 물건의 매매를 의뢰하는 사람이든 구매를 의뢰하는 사람이든 공히 그 물건이나 관련 정보를 충분히 알고 온다. 그러므로 상대방이 어느 정도 알고 오는지를 의뢰인의 말을 들으며 판단하고, 이에 맞도록 설명이나 대화를 해 줌이 효과적이다.

만일 자신의 주력 부동산이 아니면 담당자에게 고객을 인계함이 바람직하며, 자신의 사무소나 자신이 취급하는 주력 부동산이 아닌 부동산에 대해서 고객이 요구하는 경우라도 자세히 상담해 주고 요구사항을 정리하고 연락처를 받아 두었다가 요구한 물건이 접수되거나 고객이 요구하는 물건을 전문적으로 취급하는 부동산을 통하여 물건을 찾아냈을 경우에 매수의뢰인에게 연락하여 중개를 성사시킬 수 있도록 하는 것이 바람직하다.

2) 전화상담

중개업자가 고객과 전화로 상담하는 경우는 사무실이든, 차 속이든 장소에 관계없이 대화하게 된다. 이를 위하여 항상 가까운 곳에 필기구와 메모지를 위치시켜야 한다.

중개업자는 전화가 오면 하던 일을 즉각 잠시 중단하고, 수화기를 들기 전에 상대방의 전화번호를 상담일지에 기록한 뒤 수화기를 들면서 '○○공인중개사사무소 아무개입니다' 또는 '○○부동산 아무개입니다'라고 사무소 명칭과 수신자 성명을 밝힌 뒤 통화를 하는 습성을 들여야 한다.

이는 상대방에게 본인의 성명을 밝힘으로써 큰 신뢰를 줄 수 있으며 자신감을 표시하기도 한다.

그런 뒤 상대방의 통화내용을 상담 및 메모지에 기록을 하고 상담 내용에 따라 물건을 접수하든지, 아니면 상담을 계속하여야 하며, 자신이 잘 모르거나 애매한 부분은 메모를 해 두었다가 확인하여 회신을 해 주는 습성을 키워야 한다.

전화 상담으로 물건을 접수하는 경우에는 두 번 다시 전화하지 않도록 구체적으로 묻고 상담해야 한다.

매도고객과 전화 상담으로 확인할 내용은 물건 접수 대장의 내용, 즉 최소 필수사항인 의뢰물건의 번지/동·호수, 대지 및 건물 면적, 융자 금액, 매매 가격 또는 임대 가격, 입주 가능일, 세입자 및 주인 전화번호, 의뢰인과 주인과 관계를 빠트림 없이 상담하고, 기타 건축연도, 주거의 경우 난방구조, 융자금의 이자율, 해당 부동산의 임대보증금 총액 및 수익성 부동산의 매도의뢰의 경우는 월세 총액 등을 확인하여야 한다.

매수고객을 중개업자가 대함에 있어 가장 기본적으로 상담하여야 할 사항은 '모든 매수고객은 투자자'이다. 따라서 매수고객의 말만을 100% 신뢰해서는 아니 되며 매수고객이 요구하는 사항을 정확히 파악하고 추가하여 적절한 투자처를 겸할 수 있는 것으로 하여야 한다.

매수(임차)고객과 상담은 요구하는 물건의 종류와 요구하는 지역, 요구하는 물건의 면적, 요구하는 가격, 입주시기 등 요망시기, 매수목적, 기타 매수의 요구사항 등을 최소한 상담하여야 한다.

그리고 상담하는 과정에서 중개업자는 고객이 요구하는 물건을 자신이 보유하고 있는 물건 중에서 머릿속으로 찾아보고, 보유하고 물건이 있으면 해당 물건에 대해 개요만을 간단히 설명한 뒤, 고객이 설명한 물건에 관심을 나타내면 언제쯤 방문할 수 있는지 확인하여 준비를 한다.

만일 보유하고 있는 물건이 없으면 인근 중개사무소와 공동 중개를 하는 방법이 있고 또는 정보지를 통해 찾거나 광고한 중개사무소와 공동중개를 하는 방법으로 물건을 찾아 준다.

전화 상담 결과에 의해 고객이 방문하면 고객을 맞이하는 절차에 의해 친절하고 밝은 표정으로 맞이하여 상담좌석으로 안내한 뒤 설명한 물건에 대해 확인하기 위해 방문한 고객이면 준비된 중개대상물의 분석결과 자료를 가지고 고객에게 설명한다.

그리고 설명한 중개대상물을 고객과 함께 방문하게 된다. 이 과정에서는 가급적 물건의 장점을 강조하여 설명하고 단점도 설명하되 단점은 가급적 고객이 질문했을 경우 대답하게 되며, 이때는 그에 대한 보완책까지 같이 설명해 주는 것이 바람직하다. 또한 이때 거래대금과 입주(인수) 일자를 조정하여 결정한다.

한편 전화 상담을 마치고는 '감사합니다' 또는 '전화 주셔서 감사합니다'라고 하고 전화를 끊는다.

이 외에 전화 상담할 때 일반적으로 사용하는 용어는 다음과 같다.

〈표 7〉 고객의 입장에서 전화 응대하는 요령

고객의 입장	공인중개사의 응대요령
전화가 걸려 왔을 때	네, ○○○입니다. 네, ○○○부동산 ○○○입니다. 무엇을 도와 드릴까요.
전화를 다른 사람에게 돌려 줄 때	네, ○○○로 연결해 드리겠습니다. 감사합니다. 네, 그렇게 하겠습니다.
고객을 기다리게 했다가 다시 받을 때	기다리게 해 드려서 죄송합니다.
고객 이름을 물을 때	실례지만 존함을 어떻게 불러드릴까요.
말을 전해 달라고 할 때	네, 선생님 말씀을 그대로 전하겠습니다.
안 들릴 때	죄송합니다. 다시 한 번 말씀해 주시겠습니까.

전화 상담에서 착안할 사항은 일부 못된 고객이나 중개업자가 물건을 빼가는 경우가 있으므로 조심하여야 한다.

그래서 사무실에서 전화 상담 시는 가급적 사무실로 방문해서 상담할 수 있도록 유도하는 것이 바람직하다.

예를 들면 '지금 상담 중에 손님의 전화를 받았는데 손님이 요구하는 물건은 저희 사무실에 몇 개 보유하고 있는 것 같습니다. 가급적 방문해서 상담해 주셨으면 합니다'라고 유도하는 것이다.

6. 부동산 종류별 구매욕구 촉구점

가. 주거시설

1) 공통
① 가격이 저렴하거나 또는 수리비 절감
② 입주시기 적절
③ 해당 부동산만 갖는 특징 또는 장점

2) 단독주택
- 사도 여부
- 난방 및 취사연료(도시가스)
- 교통 및 시장 편리성
- 사생활 보장 및 아이들의 자유스런 행동 보장
- 화단 등 정서적으로 안정적 분위기 조성
- 자녀들 교육에 도움
- 교통소음으로부터 조용함
- 여름철 시원하고, 겨울에 따뜻함
- 소유자의 사회적 지위 향상
- 융자가 적은 것 또는 많은 것

3) 아파트
- 직장인에게 편리하다.
- 냉·난방 및 승강기 시설 완비(다세대주택에 비교 시)
- 도시가스 및 개별난방/같은 아파트 간 비교 시

- 일조권이 양호 및 난방비 절감
- 시설수리 등 관리에 편리함
- 남향(일조권이 양호한 곳)
- 관리비가 저렴한 곳(전기세, 도시가스 제외한 관리비)
- 내부구조(거실이 넓은 곳)
- 건설회사(현존 및 급수가 높은 건설회사 일 것)
- 타 주거시설보다 주차가 편리함 등
- 도난방지
- 대규모 단지 아파트
- 대지권 지분이 많은 곳
- 지하철역이 가까운 곳

4) 다세대주택

- 적은 비용으로 주택 구입 가능
- 관리비 없이 아파트와 동일한 생활 가능
- 냉·난방비 조절 가능
- 생활비가 적게 소요되므로 적금 등 돈을 모을 수 있음
- 도시가스 설치
- 거실이 넓은 것
- 주차시설이 양호한 곳

5) 다가구 주택

- 매매: 수익이 높음
- 임대: 보증금이 적은 것, 싼 것
- 융자가 없거나 적은 주택 선호
- 매매: 적은 투자금으로 주택 구입 가능
- 보증금 환수가 용이/입주 및 전출이 용이
- 주차시설이 양호한 것
- 주인이 같이 거주하지 않는 것

- 깨끗한 곳
- 건축연도가 오래되지 않은 것

나. 점포·사무실

- 권리금이 적은 것
- 수익률이 높은 것
· 매매: 임대료가 많이 나오는 것
· 임대차: 임대료가 싼 것
- 경쟁업소가 없는 것
- 주차시설이 좋은 것
- 승강기가 있는 것
- 점포: 퇴근길에 위치
- 사무실: 출근길에 위치
- 점포: 북서향, 사무실: 남서향

다. 빌딩, 여관 등 대형 건물

* 컨설팅으로 실시
- 수익성 및 장래성이 중요
- 위치의 중요성
- 주차시설이 양호한 것
- 광고가 용이한 곳
- 관리비가 적은 것
- 신축 건물 선호

라. 공장 및 창고

- 진입로 폭이 넓은 곳(최소 8m 이상): 트레일러 운행 용이

- 대지가격이 저렴한 곳
- 고속도로 진입이 용이한 곳
- 원료 및 판매시설이 가까운 곳
- 공해의 민원이 없는 곳
- 인·허가가 가능할 것

바. 농지 및 임야

- 도로에 접한 곳
- 장래 발전성이 좋은 곳
- 장차 이용이 용이한 곳
- 계획관리, 준보전산지인 곳
- 매수자가 취득자격을 갖출 것(허가구역)

7. 가격 조절

매수의뢰인과 상담을 하면서 결정하여야 할 것은 셀링 포인트를 잘 설명하여 고객의 구매력을 촉구하는 것이다.

이때 셀링 포인트 중 가장 중요한 요소가 가격이다.

중개업자가 중개업을 성공하느냐 못 하느냐의 결정적인 작용을 하는 것 중의 하나가 이 가격 조정을 얼마나 잘하느냐 못하느냐에 달려 있다.

가. 가격 조절 방법

통상 중개업자가 부동산 거래 시 가격 조절 방법으로 거래 양 당사자가 다 일 보씩 양보하여 결정하는, 즉 매도인의 희망가격과 매수인의 요구가격 차이의 중간으로 조정하는 방법을 많이 사용한다.

그 외에도 매도인의 성격 및 사정, 매수인의 성격과 가용자금 등을 고려하여 이를 상대방에게 설명하고 설득하여 결정하기도 한다.

그러나 이보다 중요한 것은 이 물건을 거래하였을 경우 매도인이나 매수인 공히 손해 없이 공정한 가격이어야 한다는 것이다.

중개업자의 중개 성공 여부는 이 가격 조정에 있으므로 이 가격 조정에서 중개업자는 최대의 끈기와 설득력을 동원하여야 한다.

나. 중개업자 가격감정 이유

중개업자가 가격 조절을 잘하기 위해서는 거래하기 위하여 제시된 가격이 적절한 가격 인지를 판단해 봐야 한다. 이때 부동산중개업자가 부동산 가격을 감정하는 이유는 당연히 고객에게 적절한 셀링 포인트로 활용하기 위함이다. 부동산거래를 함에 있어 매수자는 기본적으로 자신이 구입하는 부동산이 매도할 때는 가치가 상승하여 더 좋은 가격에 팔리는 것이기를 원하며 또 구하는 부동산이 다른 사람보다 상대적으로 저렴하게 사용비용을 주고 사용함으로써 실질적인 자신의 수입에 이익이 되는 가격에 거래하기를 바란다.

즉 전자는 매매에서 매수자의 속뜻을 말하며, 후자는 임차인의 속뜻을 말한다.

그러므로 중개업자는 고객의 이러한 의도를 충족하기 위하여 현재의 당해 부동산의 가격이 저렴한 것인지 또는 가격이 더 오를 수 있는 것인지를 판단하여야 할 것이고, 또 임차인이 부동산 비용을 덜 들도록 함으로써 실질적인 수익이 증가되도록 하는 가격이거나 또는 임대료에 비해 수익을 더 증가시킬 수 있는 방안을 도출하기 위하여 필요한 것이다.

한편 매도인은 자신의 부동산을 다른 사람에 비하여 그리고 그 부동산이 수익성이 있든 없든 이에 관계없이 자신은 최고의 가격을 받고 싶으며, 임대인도 역시 자신이 당해 부동산을 통하여 최고의 임대료를 받고 싶어 하는 것이 우리나라의 매도(임대)인이 제시하는 부동산 가격이다.

그래서 부동산중개업자가 가격을 조절하기가 가장 어려우며 거래의 성패가 여기에서 많이 이루어진다.

중개업자는 매도인(또는 임대인)의 요구가격에 대하여 자신이 판단한 가격과 비교하여 판단해서는 아니 되며, 실제 거래가격은 매도(임대)인과 매수인(임차인) 사이에서 결정하도록 조정하는 데만 중점을 주어야 한다.

종종 일부 부동산중개업자들이 어느 물건을 중개함에 있어서 매도인의 요구가격과 매수인의 희망가격에서 서로 조절하도록 하지 않고 중개업자가 판단한 감정가격을 지나치게 강조하고 있으며 이로 인하여 오히려 중개를 실패하는 경우를 많이 본다.

다만, 부동산중개업자가 가격감정을 하는 것은 매도인이나 매수인의 설득력을 얻기 위하여 참고자료로 제시함으로써 가격 조절을 다른 부동산중개업자보다 잘하고 근거자료를 제시함으로써 신뢰를 확보하는 데 있으며, 투자자에게 합리적인 투자를 하도록 하는 데 많은 도움이 된다.

그래서 공인중개사인 부동산중개업자는 중개의 성공도를 높이고, 신뢰할 수 있는 투자 고객을 지속적으로 확보하기 위해 중개인과 달리 적절한 부동산가격을 판단할 줄 알아야 한다.

다른 하나는 부동산중개업자가 매도인으로부터 물건을 접수할 때, 또 일반 고객이 상담하는 요소 중 부동산중개사무소 지역의 부동산 가격을 상담해 오는 경우가 있다.

이를 위해 부동산중개업자는 지역 내 부동산 가격을 숙지하여야 상담이 용이하고 고객으로부터 신뢰를 받을 수 있다.

그래서 부동산중개업자가 부동산 가격을 파악하는 요령은 다음과 같다.

첫째, 자신이 거래한 가격과 매도인이 의뢰하는 가격으로 상담하는 것이 가장 정확하다.

둘째, 국토해양부 실거래가 신고에서 파악하여 숙지한다.

셋째, 부동산정보지나 인터넷 부동산 광고매체에서 매물로 나온 가격 중 해당 지번을 알고 있는 것을 지도에 표기하였다가 지도를 보고 상담하는 요령이 필요하다.

넷째, 대법원 홈페이지 경매 물건 공고내용을 보고 지도에 표기하여 지도를 보고 상담하는 요령 등으로 파악한다.

중개업자가 부동산가격을 파악해 숙지하는 것은 부동산가격을 감정하는 데 많은 도움을 준다. 왜냐하면 실제 거래된 가격은 매도인이나 매수인에게 거래사례를 제시해 줌으로써 실제 거래가격과 유사한 범위에서 거래가격을 결정하도록 해주며, 또 부동산중개업자가 대략 거래할 수 있는 가격선을 결정할 수 있다.

그리고 해당 지역 내에 매도인의 의뢰가격은 대부분의 매도인이 당해 지역에서 거래된 가격을 파악하고 자신의 물건을 거래시키기 위해서는 유사하게 가격을 결정하여 제시하기 때문에 매도인의 호가 결정에 도움이 된다.

다. 중개업자 가격 판단 요령

중개업자가 가격을 판단하는 요령을 간단히 소개하면 다음과 같다.

1) 매매 가격 판단

먼저 매매의 경우에는 부동산의 종류에 따라 다음과 같이 산출한다.

① 아파트

아파트 및 다세대주택과 같은 공동주택의 가격 판단은 주변에서 최근에 거래된 가격을 기준하여 층수 및 동(棟)에 대한 선호하는 정도를 가중치로 적용하여 산출한다.

이때 가중치는 2000년도를 기준하여 2000년도 이전의 것과 2000년도 이후 것으로 나누어 적용한다.

2000년도를 기준하여 구분하는 이유는 건축물의 자재를 사용함에 있어 분양자율화에 따라 큰 변화가 있었기 때문이다.

현재 시중에 형성되고 있는 가격을 살펴보면 층별로 로열층 가격에 비하여 평균 다음과 같은 비율로 가격이 형성되고 있다.

〈표 8〉 아파트 층별 가격 판단 비율

구 분	1층	2층	3층	최상층
1999년 이전	−15~20%	−10~15%	−5~10%	−10~15%
2000년 이후	−20~25%	−15~20%	−10~15%	+10~15%

이는 지역에 따라 차이가 날 수 있다. 따라서 부동산중개업자는 해당 지역에서 거래되고 있는 가격을 계속 분석하여 시세에 맞도록 수정하여야 할 것이다.

이 중 다세대주택의 경우는 2층 가격이 로열층 가격이고 아파트는 전체 층 수의 1층으로부터 총 층의 2/5층에 해당하는 층부터 총 층의 4.5/5층에 해당하는 층을 로열층으로 판단한다.

다음은 방향의 효용으로써 통상 남향과 동향으로 구분하고 있으며, 연구결과에 의하면 남향의 주택은 동향 및 기타 방향의 주택에 비하여 2%가량 가격을 더 받는 것으로 분석되고 있다.

또한 기타의 방향에서도 남동향보다는 남서향을 더 선호하며, 남서향은 남동향에 비하여 1%가량 가격을 더 받는 것으로 분석되었으며, 이 네 방향을 종합하면 다음과 같다.

〈표 9〉 주거 방향별 가격 판단 비율

방향	동향	남동향	남향	남서향
비율	100	100.5	102	101.5

그리고 2000년도 이후 건축된 아파트는 조망권에 대해 매우 호응도가 높아졌으며, 조망권의 효용을 연구결과에서 분석된 효용도는 다음과 같다.

〈표 10〉 아파트 층별 가격 판단 비율

층 구분	저층	로열층	상층
효용비율	100	101	102

이를 종합하여 보면 아파트 가격의 산출 공식은 다음과 같이 연출할 수 있다.

가격＝복성가격×층별 효용도×방향 효용도×조망권 효용도×@

여기에서 부동산중개업자가 판단할 수 있는 감정가격은 조망권의 효용도까지는 고려하여 판단할 수 있으며, @는 매수자의 선호도에 따라 조정될 수 있는 가격의 변화율을 말한다.

② 다세대주택
다세대주택은 아파트 가격감정과 비슷한 형태로 간이 감정을 할 수 있으나 현재 시중에서 거래되고 있는 가격의 형태를 보면 다음과 같다.
분양가는 2011년도 평당 300만 원에서 350만 원 선에서 설정하고 있으며 이 분양가는 건축자재비 및 인건비의 가격에 따라 매년 달라지고 있다.
그리고 연도별 감가상각은 최초 분양연도를 최고가로 산정하여 매년 5~10%씩 감가하여 가격이 거래되고 있다.
또한 다세대주택의 분양가는 책정되어 있으나 선호도가 아파트보다 못하고 대부분 개인업자에 건축되므로 행정관서에 보고된 분양가보다 낮게 거래되는 것이 일반적이다.

물론 이는 주택보급률과 경제사정에 따라 다소 차이가 날 수 있는데 주택보급률이 낮거나 경제사정이 나쁘면 다세대주택의 가격은 선호도가 높아져 주택가격도 높아지고 그 반대의 경우는 가격도 그 반대현상이 나타나고 있다.

다세대주택(연립주택 포함)은 주택임대사업가에게 저렴한 가격에 고수익의 임대료를 받을 수 있어 적절한 사업대상 물건으로 많이 각광받고 있으며, 최근에는 아파트 관리비 문제로 서민층 또 최부유층에서는 아파트보다 선호하는 추세이다.

③ 단독주택

단독주택은 거래량이 많지 않기 때문에 거래사례를 적용하는 것도 어렵다. 그래서 단독주택의 경우 가격 판단은 원가방식에 의거하여 산출하고 있다.

또 단독주택가격을 판단할 때 매수인이 주거용으로 이용하는 경우도 고려하여야 하고, 또 새로운 주택을 건축하기 위하여 구입하는 경우도 고려하여야 하므로 철거하는 데 소요되는 비용도 고려되어야 한다.

따라서 이에 대한 단독주택 가격 판단 공식은 다음과 같다.

원가방식에 의한 가격 판단: 복성가격 판단

〈표 11〉 원가방식으로 가격 산출(양식)

대상 부동산								근거	금액
			적용요소					근거	금액
복성 가격	건물 재생 산비	표준적 건설비	직접공사비	원자재비용					
				노동비용					
				하청업체이윤					
				하청업체 간접비용	행정비용				
					전문서비스 수수료				
					금융비용				
					건축기간 중 세금				
			간접공사비	행정비용		매출액 1%			
				전문서비스 수수료		공사비 0.1%			
				마케팅비용		매출액 10%			
				계					
			적정이윤	30%					
			계						−
		통상부대비용	설계비	연면적		50,000			−
			감리비	연면적		60,000			−
			공사 중 소요자금의 이자	총공사*융자이자					
			제세금	재산세. 토지세			과표*세율		
			공과금	매출액*2%					
			등기수속비	건축비 * 3.16%					
			계						
		간단계산	주택/평당 가격	81.25	면적( )	2,500,000			203,125,000
			상가/평당 가격		면적(평)				−
			주차장/평당 가격	0	면적(평)	0			−
			계						203,125,000
		건물재생산비 합계							203,125,000
	토지개량물 설치비용		석축 비용						
			택지조성 비용						
			조경 비용						
			계						−
	감가상각비		건물재생산 비용					203,125,000	
			토지개량물 설치 비용						
			건물재생산 총비용					203,125,000	−
			상각금액	경제내용연수	10	감가율	2.00%		40,625,000
	현재시점건물가액								162,500,000
	토지 가격		토지평당시세						2,000,000
			면적(평)						38.97
			건부지감가						24,375,000
	현재시점토지가액								53,565,000
현 재 시 점 대 상 부 동 산 복 성 가 격									216,065,000

적정가격＝(당해 지역에서 거래되고 있는 실제 토지가격×거래할 면적－폐기물 처리비용)＋(건물 건축하는 데 소요되는 표준건축비×건축물 면적－감가상각비)

폐기물 처리비용은 폐기물 종류에 따라 상이하며 특수폐기물이 아닌 일반 건축폐기물은 연 건축 평당 5~10만 원으로 산출하고 있다. 5~10만 원은 폐기물 처리 위치에 따라 차이가 있다.

원가방식에 의하여 가격을 감정할 경우 고려하여야 할 요소는 토지가격에 표준적 건설비와 통상 부대비용을 포함하며, 표준적 건설비는 직접공사비와 간접공사비 그리고 적정이윤을 고려하고, 통상부대비용은 설계비, 감리비, 공사기간 중에 소요되는 자금의 이자, 제세금, 공과금, 등기비용을 고려하여 산출한다.

그러나 부동산중개업자가 이를 전부 파악하기란 시간적으로 많은 소요가 필요하며, 그에 따른 자료도 많이 필요하여 건축사사무소에서 통상적으로 산출한 내용을 근거로 산출한다.

이 중 일반적으로 부동산중개업자가 표준건설비를 건축한 지 5년 이내는 대략 그 당시 건축비를 알 수 있으므로 그 당시 건축비를 적용하여 산출하고, 5년 초과 10년 이내 것은 가격 산출연도의 건축비의 70% 정도를, 10년 초과 20년 이내는 가격 산출연도 건축비의 50% 정도를, 20년 초과된 건물은 가격 산출연도의 건축비의 30% 정도를 기준하고 있다. 한 가지 혼동해서는 안 되는 사항은 이는 표준건설비이며 감가상각 비용은 이 표준 건설비에서 건물내용 연수를 적용하고 이때 감가상각률은 매년 2%를 적용한다. 이렇게 중개업자는 간단계산 방법을 이용하여 건물가격을 산정한다.

간단계산 방법을 위하여 공인중개사는 건축사사무소와 협약을 체결하고, 주택 부분과, 상가 및 사무실 부분, 주차장 부분으로 구분하여 자료를 받을 수 있도록 하고, 여관이나 레스토랑 및 카페 등은 별도로 상태를 확인해서 파악한다. 이때 단가는 ㎡를 기준함이 좋으나, 고객에게는 평단위로 환산하여 설명을 할 수 있도록 하여야 한다.

건물 재 생산비를 적용하여 산출함이 원칙이나 이를 건마다 적용하기란 무리이므로 건축 설계사무소에서 산출한 간단방식으로 산출한다.

* 한 가지 부언한다면 우리의 주거의식 중 하나의 변모가 요구되는 것은 아파트든, 다세대주택이든, 단독주택이든 비수익성 주거시설에서 거주하는 형태에 대한 검토이다.

즉 본인이 거주하는 있는 주택의 가격이 자신의 수입에 적절한지를 판단하여 거주주택을 결정하여야 한다는 것이다.

이는 최소한 본인이 거주하고 있는 주택이나 거주하고자 하는 주택을 임대료로 환산하여 당사자의 수입(세대 내 가족수입 포함)에서 그만한 임대료를 지불할 수 있는지를 판단하여 거주주택에 투자를 하여야 한다.

만일 거주주택이 자신의 수입(세대 내 가족수입 포함)으로 임대료를 지불할 능력이 충분한 경우는 적절한 주택에서 기거한다고 볼 수 있으나 자신의 수입에서 과도한 주택에서 거주한다면 주거비에 과소비를 하고 있는 것으로 판단하여야 할 것이다.

④ 다가구 및 상가주택, 빌딩, 여관 등 수익성 건물

수익성 건물은 원가방식과 수익방식, 비교방식 3가지를 모두 검토하여 결정한다. 그러나 같이 검토하여야 하는 사항은 주변의 시세상황으로 이를 고려하여 적절한 가격을 선택한다.

수익성 건물이기 때문에 수익방식에 의해 결정한 가격에 비중을 더 두어야 하며, 이때 장래의 변화추이를 고려하여야 함을 간과하여서는 안 된다.

수익방식에 의한 가격 판단: 수익가격

<표 12> 수익방식으로 가격 산출(양식)

수익가격 판단							
적요			근거				금액
순수익	임대부동산	총 임대료	월임대료	12		2,150,000	25,800,000
		관리비	월관리비	12	10,000	11	1,320,000
	보증금이자	은행이자	보증금 총액	4.20%	0.846	10,000,000	355,320
	수입계						27,475,320
	임대제경비	감가상각비	복성가격	1.60%		162,500,000	2,600,000
		유지관리비		12	5,000	−	60,000
		소멸성보험료					
		지방세(재산세, 교육세 등)					736,231
		종합부동산세					−
		대손준비금					
		손실금상당액					
		운전자금이자					
		계					3,396,231
	순수익						24,079,089
환원이율	무위험률	국공채이자	4.81%	변동		4.81%	
	위험률	사업상위험률	2.00%	고정		2.00%	
		유동성위험률	0.80%	고정		0.80%	
	감가상각율	철골콘크리트건물	1.60%			1.60%	
		철근콘크리트, 석조, PC조, 목구조, 라멘조	2.00%				
		철골조, 스틸하우스조, 보강콘크리트조, 황토조, 시멘트벽돌조, 목조	3.00%				
		시멘트블럭조, 경량철골조, 조립식판넬조	4.50%				
		석회, 흙벽돌, 돌담, 토담조, 철파이프조	9.00%				
	계					9.21%	9.21%
환원수익가격							261,445,047
보증금							10,000,000
수익가격 합계							271,445,047

2) 토지가격 판단

토지는 대지와 농지, 임야거래가 제일 많이 이루어지고 있다. 토지가격에 가장 영향을 많이 주는 요소는 주변의 보상가격이며, 다음으로는 매도자가격이다.

대지는 상가주택을 포함한 주택을 건축할 토지와 상가나 빌딩을 건축할 토지로 구분한다.

대지의 토지가격은 평당 단가로 결정된다.

현재 토지의 가격은 과거부터 토지에 투자하면 안정적이라는 관념에 의해 농민이 보유하고 있는 농지를 제외하고는 대기업을 비롯한 기업들과 여윳돈을 많이 가지고 있는 부자들의 투기적 투자에 의해 소유하고 있는 실정이다. 그렇다 보니 토지의 가격은 다른 부동산에서도 같은 형상이 있기는 하지만 특히 토지에서 나타나고 있는 매도인 위주의 거래형태가 지속되고 있다.

그래서 실소유자가 필요에 의하여 토지를 소유하고자 하되 매도자의 고가 매도의지에 의하여 실소유자는 매우 고가에 토지를 구해야 하는 형상이다.

이는 부동산가격의 상승에 직접적인 원인이 되고 있으며, 그 결과 높은 임대료를 임차인들은 지불하여야 하고, 이 높은 임대료는 건물의 공실화를 불러오고 있어 건축주들의 수익을 떨어트리고 있다.

따라서 토지에 대한 가격의 강력한 통제책이 요구된다.

이를 해결하는 방법은 모든 부동산을 수익가격으로 결정하는 체제를 구축하여야 한다. 수익가격으로 부동산가격이 결정되는 체제가 구축되면 부동산가격의 안정화는 물론 친환경적 사회 형성이 이루어질 것으로 본다.

① 주택을 건축할 대지

주택을 건축할 대지의 가격은 당해 지역에서 거래된 사례를 적용한다.

통상 전용 및 일반주거지역 내 토지는 도로의 접촉 여부와 접한 도로 폭에 따라 결정된다.

건축할 수 있는 토지는 현재 우리나라 건축법에서는 4m 이상의 도로에 접해야 한다. 도로에 접하지 않은 토지는 건축허가가 나지 않는다.

만일 대지가 도로에 접하지 않은 맹지인 경우는 도로에 접한 앞 대지가격의 70%를 적용한다. 그리고 도로를 접하기는 했지만 사도를 가진 대지는 도로에 접한 앞 대지가격의 80%를 적용한다.

또 구획정리가 된 도시지역 내 1종 및 2종 일반주거지역에서 도로에 접한 대지의 경우는 통상 접한 도로 폭에 따라 적용하는데 이때 지역 내 거래사례가 있는 경우에는 거래사례를 기준하여 적용하고, 만일 거래사례가 없는 경우에는 그 지역의 임대가격을 기준하여 거래 가능한 다가구주택 가격에서 건축비를 제하고 이를 ㎡당 또는 평당 토지가격으로 산출한다.

② 상가나 빌딩 등 상업지역의 대지

통상 상업지역 내에 대지는 상권의 번영 정도에 따라 거래가격이 다르며, 이는 수익성 부동산이므로 수익성을 고려한 가격이 결정되어야 한다.

상업지역에 위치한 대지에 대한 가격도 당해 지역에서 거래된 사례가 있는 경우에는 거래사례를 적용한다. 그러나 거래사례가 없는 경우에는 두 가지를 고려한다.

하나는 그 지역의 층별 임대가격을 파악하여 당해 토지에 건축을 할 경우 산출된 총 임대료를 가지고 가격을 산출하는 방법이 있고, 다른 하나는 주변의 비슷한 가격에 대해 매도 의뢰된 물건을 파악하여 위치를 고려한 가격을 판단한다.

③ 농지가격의 판단

농지의 가격은 도로 접촉 여부에 따라 가격의 차이가 크며, 또 농업 진흥구역 내 농지이냐, 농업 진흥구역 외의 농지냐에 따라 다르며, 또 관리지역의 토지이냐 농림지역의 토지이냐에 따라 다르다.

도로에 접한 농지는 도시지역 내 농지의 경우는 평당 70만 원에서 주변 대지가격으로 거래되며, 도로에 접하지 않은 도시지역 내 농지는 5만 원부터 40만 원까지 거래된다.

도로에 접한 농지 중 농촌지역의 농지는 평당 2만 5,000원부터 70만 원까지 거래되며, 도로를 접하지 않은 농지는 1만 5,000원으로부터 7만 원 정도에 거래된다.

농업진흥지역 외 농지는 도시지역 내 농지는 70만 원으로부터 주변 대지가격으로 거래되며, 농촌지역의 농지는 1만 5,000원으로부터 50만 원까지 거래된다.

또 관리지역의 농지는 토지적성평가가 완료된 지역에서는 세분된 관리지역에 따라 계획관리지역이 가장 높고, 보전관리지역, 생산관리지역 순으로 가격이 형성되며, 토지적성평가가 완료되지 않은 지역은 계획관리지역으로 간주하여 7만 원으로부터 200만 원까지 거래되고 있다.

농지 가격은 너무나 다양하고, 매도인의 일방적 가격으로 중개업자가 거래하는 데 많은 어려움이 있다.

농지가격이 매도인의 일방적 가격으로 형성된 데는 과거부터 관습적으로 이루어져 온 데도 원인이 있으나, 주변에서 한 번 고가로 형성된 경우 이것이 선례가격이 되어 이 가격이 기준이 되기도 하고, 우리 국민의 잠재의식인 오래 버티면 가격을 잘 받을 수 있다는 관념이 내재하고 있어 객관적이고 합리적인 가격이 되지 못하고 있다.

그러나 앞으로 이 농지의 가격도 수익가격으로 가격이 환산되어야 한다고 본다. 이렇게 되어야 토지를 최유효 이용을 하도록 할 수 있고, 합리적이고 객관적인 가격이 형성될 수 있으며 거래도 활발할 수 있다고 본다.

그 공식을 간단히 제시하면 일반작물을 재배할 경우의 수익과 특수작물 등을 재배하여 획득한 수익을 각각 수익가격으로 환산하고, 이렇게 산출된 수익가격을 평균한 뒤 투입재료 및 자재비를 제한 뒤 가격을 농지가격으로 하는 방법이라고 본다. 이렇게 농지가격이 형성되면 농민의 능력에 따라 토지를 최유효로 이용하므로 토지의 가치를 증대시킬 수 있으며, 자본주의 시장경제원리에 합당한 가격 결정이라 할 수 있다.

또 농지 거래가격에서 발생하고 있는 오점 중의 하나는 용도지역의 변경에 따라 전환부담금을 계산하지 않고 있으며, 형질변경에 따른 공사비가 고려되지 않은 가격으로 형성되는 경우가 많아 토지거래가 장기간 적체되는 경우가 발생하고 있다. 이러한 현상은 곧 토지를 통한 부동산투기의 온상을 만드는 원인이 되기도 한다.

④ 임야가격의 판단

임야가격은 기본적으로 임야의 이용 가능한 면적에 대한 가격이다.

임야는 소요자의 구매 용도에 따라 가격 차이가 크며, 농지와 비슷한 영향을 받고 있다.

부동산의 투기가 발생하는 곳이 주택과 농지 및 임야임을 볼 때 농지 및 임야의 가격은 현행용도에 기준하여 가격이 판단되어야 할 것으로 본다.

왜냐하면 개발 부담금이 수급자 부담 원칙에 있으므로 개발 부담금을 부담하지 않는 자는 미래의 가치를 기준으로 가격을 받아 거래한다는 것은 이 토지를 인수하여 장래에 개발 부담금을 부담하여야 하는 자에게는 이중으로 부담되기 때문이다.

따라서 현재 용도에 합당한 가격 이상으로 수익을 얻는 자는 투기대상자로 간주하여 무거운 세금 및 부담을 하도록 하여야 타당하다고 본다.

임야에 대한 가격도 농지와 같은 현상으로 가격이 형성되고 있는데 임야도 농지와 같은 요령으로 가격을 산출하여야 한다고 본다.

이렇게 하였을 경우 토지에 대한 투기는 주로 농지와 임야에서 많이 발생하는데 이러한 투기를 방지하는 한 방법이기도 하다.

3) 임대료 적정가격 판단

임대료는 전세금이나 보증금 및 월세로 구성되어 있다.

임대료는 주거용 건물에 대한 임대료와 상업용 건물의 임대료 그리고 농지 및 나대지 임대료로 구분할 수 있다.

주거용 건물에 대한 임대차는 점차 전세는 줄어들고 월세나 사글세로 전환되고 있다. 이는 임대인이 투자금액에 대한 적절한 수익을 생각하기 때문이기도 하고, 또 아파트의 경우는 임대차 만료 시 장기수선충당금의 반환이나, 임대차기간 중의 수리 및 새로운 임대차 시 도배 및 장판비용과 싱크대 및 보일러 수리 등의 비용이 소요되므로, 해당 부동산에서 이러한 비용은 수익이 있도록 하고자 하는 데서 발전되고 있다.

따라서 공인중개사의 중개업무수행에서 임대부동산의 적절한 임대가 판단은 대단히 중요한 비중으로 발전되고 있다.

임대료는 그 적정가격을 판단하기 위하여 먼저 일정한 기준을 정하여야 한다.

① 임대료 산정의 기준

총 임대료는 전세금으로 산출한 임대료 총금액을 말하며, 총 임대료 산출방식은 두 가지 방법으로 하고 있다.

하나는 매매가격의 80~85%까지 하는 방법이 있고, 다른 하나는 당해 물건의 종류에 따라 경매낙찰가의 평균 낙찰가율을 적용한 방법이 있다.

그 적용방법은 저당권 등 담보물권이 없는 경우는 당해 물건의 매매가격의 80~85%까지를 총 임대료로 산출하여 이를 적절한 보증금과 차임으로 구분하여 적용하고 있으며, 근저당 등 담보물권이 있는 경우는 보증금의 총액을 매매가격에 낙찰가율을 적용하여 이 금액에서 담보물권의 채권최고액을 뺀 금액과 다시 소액임차인의 최우선 변제금액과 비교하여 적은 금액을 보증금으로 하고, 차임은 매매 가격의 80~85%를 총 임대료로 산출하여 이 금액에서 앞서 산출된 보증금을 뺀 나머지 금액을 차임으로 환산하여 정한다.

그러나 상가용 건물의 경우는 다층의 건물로서 층별로 임대료 적용비율이 상이한데 승강기 있는 경우와 승강기 없는 경우로 구분하여 판단한다.

<표 13> 층별 임대료 비율

구분	1층	2층	3층	4층 이상
승강기 있는 경우	100%	80%	60%	40%
승강기 없는 경우	100%	50%	40%	30%

* 해당 지역의 1층의 평당 가격을 기준하여 적용한다.

해당 지역의 1층 가격은 용도 지역과 그 지역의 상권에 따라 차이가 있으며, 대부분 토지대금에 대한 100% 금액을 1층 임대료의 총액으로 산출하여 1층 임대료를 정하고 있다.

임대료는 보증금과 차임의 합으로 구성된다.

차임은 지역에 따라 연 1.2부나 1.5부를 적용하는 것이 통상이며, 최고 2부까지도 적용하고 있다.

면적은 10평을 기준하여, 10평을 최상 가격으로 하고, 평수가 증가하거나 감소된 평수에 따라 적정한 비율을 적용한다.

이때 총 수익률은 은행 정기예금이자나 국공채이자율의 2배 이상 정도가 되도록 산출하여 적용하고 있다.

또한 부동산중개업자는 경제사정을 고려하여 임대인에게 적절한 가격을 조언해 주어야 하는데, 공실률이 크면 수익이 그만큼 떨어지므로 가급적 공실이 되지 않도록 임대료를 조금 낮추어 거래하도록 권유하여야 한다.

대신 우리나라 국민의 속성상 한번 낮아진 임대료를 다시 올린다는 것은 대단히 어렵다. 그리고 임대인들이 임대료를 증가시키거나 임차인이 임대료를 감액하는 것을 보면 주변의 임대료를 기준으로 증감하고 있어 주택 및 상가 임대차보호법에서 규정한 상승 및 감소율을 적용하는 것은 매우 어려운 일이다.

만일 중개업자에게 매매를 위해 상담하는 경우 수익률 때문에 임대료를 상담해 오는 경우가 많은데 이때 중개업자는 가급적 주택 및 상가 임대차보호법의 규정을 준수하도록 하되 주변 임대료를 무시할 수 없으므로 기간을 가지고 점차 상승시키는 방안을 조언해 줌이 바람직하다.

② 보증금과 월세(차임)의 적정선

ⓐ 보증금 산출

보증금은 임대인의 경우는 차임(월세)과 더불어 임대료의 일부이고, 세무서에서는 임대인의 종합소득세 산출 시 이 보증금에서 은행이자만큼 소득이 있는 것으로 산출하고 있어 보증금의 범위는 상당히 중요하다.

또 보증금은 임차인이 차임을 안 낼 경우 보증금에서 차임을 공제하도록 하고 있으므로 임대차기간과 차임의 관계에서 보증금의 범위가 고려되어야 한다. 한 가지 부동산도 재테크의 한 방법이라고 할 때 임차인이 보증금에서 차임(월세)을 제하는 것은 임차인이 임대인의 수익을 탈취하거나 손해를 입히는 것과 같음을 부언해 둔다.

(a) 최소의 보증금 산출

또 보증금은 임차인이 월세를 제대로 납입하지 않아 부동산을 인도하여야 할 경우를 대비하여 이를 처리하는 비용까지 최소한 확보하여야 하므로 다음과 같이 산출한다.

보증금＝4개월 월세＋명도소송비용＋집행비용＋짐 보관료 6개월 분＋공실기간 월세

명도소송의 비용은 법원의 규정에 의하나 통상 법원의 집행관의 활동비용을 고려하고, 집행비용은 100만 원에서 150만 원 정도를 고려하며, 짐 보관료는 해당 지역의 익스프레스 업체가 정한 보관료를 고려하고 있으며, 공실기간은 대개 6개월에서 1년 정도를 고려하고 있다.

(b) 최대보증금 산출

또 보증금은 임차인을 보호하여야 하는 차원에서 검토되어야 하므로 다음의 범위 내로 결정하여야 한다.

보증금은 해당 부동산 종류의 매도 및 감정금액에 계약 당시 낙찰가율을 곱하여 이 값에서 융자금을 제외한 나머지 값 이하이어야 한다.

보증금＝매도금액(감정가액)×낙찰가율－융자금의 채권최고액

임대인은 최소 보증금과 최대 보증금 사이에 보증금의 범위를 정하는 것이 손해를 입지 않게 된다.

ⓑ 차임(월세)

차임, 즉 월세는 월세의 총액이 실제 투자된 금액에 환원이율(무위험률＋위험률＋감가

상가비율)을 곱한 금액보다 많아야 하며, 은행정기예금이자율이나 국고채이자율의 2배 이상이 되는 금액이어야 적절하다고 볼 수 있다.

또한 월세는 총 임대료에 있어서 보증금을 제외한 나머지 임대료의 1%에서 1.5%를 적용하여 환산하며, 이 총액은 위에서와 같이 실제 투자금액에 대한 국고채이자율의 2배 이상이 되어야 한다.

그리고 차임은 가급적 임차인의 지속적인 생활이나 사업에 지장을 주지 않는 적절한 양으로 결정한다.

③ 주거시설의 적정한 임대료

주거시설은 기본적으로 복지 차원과 주거환경 수준 향상 및 쾌적성 보장 차원에서 취급되어야 한다. 그러나 주거용 부동산의 임대차는 임차인의 주거안정과 임대인의 투자금액에 대한 적절한 이윤이 동시에 보장될 수 있도록 하여야 한다.

따라서 임차인의 주거안정 및 보호할 수 있도록 보증금에 대한 안전화가 요구되며, 이를 위해 만일 임차인이 거주하고 있는 부동산이 경매를 당하여도 보증금을 환수받을 수 있는 범위가 적절하다.

차임(월세)은 주거의 경우에는 30만 원을 초과하지 않는 범위 이내로 책정함이 적당하며, 만일 앞서 산출한 월세(차임)가 30만 원을 초과하면 초과한 금액을 다시 보증금으로 환산하여 보증금에 편입한다.

차임을 30만 원 이하로 책정하는 이유는 만일 30만 원 이상으로 책정할 경우 임차인은 아파트 관리비 등을 또 부담하고 있어 사실상 주거비용이 과도하여 차임을 연체하거나 보증금에서 삭감하므로 실질적으로 수익률이 저하된다.

임대사업자로 등록한 임대사업자의 종합소득세를 국세청에서 책정할 때 임대소득을 산출하는 요령은, 차임은 실제 금액을 연간 총소득금액으로 산출하고, 보증금은 은행정기예금이자율을 적용하여 소득수익 산출한 뒤 이 금액에 차임(월세) 연간 총소득금액을 더하여 책정한다. 따라서 임차인이 차임을 보증금에서 삭감하도록 하는 것은 보증금에서 차임을 삭감함으로써 차임에 대한 은행정기예금 이자만큼을 임대인은 세금을 내면서 실질 수익은 없어지기 때문에 임차인이 임대인에게 부당한 세금을 지불하도록 강요하는 형상이 된다.

또 차임은 세입자의 수익을 고려하여야 한다. 주거용의 경우는 주거용 건물을 이용할 수 있는 능력을 고려하여 차임을 설정한다. 예를 들면 전용면적 60㎡ 이내의 주거용 건물의 경우는 30만 원 정도는 지불할 수 있는 것으로 보며, 85㎡ 이내는 50만 원 정도, 그 이상 주거용 시설은 50만 원 이상도 지불할 수 있는 것으로 보고 책정하고 있다.

④ 상가(수익성 부동산)의 수익성 및 적정 임대료 판단
상가의 수익성은 임대료와 관리비를 포함하여 결정한다.

상가 임대료는 임대인의 경우는 가급적 많이 받으려 하고, 임차인은 가급적 적게 내려고 하기 때문에 임대료 책정이 매우 어렵다. 따라서 부동산중개업자가 상가 임대를 많이 하여 상가 전문가가 되려면, 임대인의 투자금을 고려하여 최대한 적정한 수익이 되도록 하여야 하고, 임차인은 자기 수입의 적정선을 임대료로 지불하여 임차인에게도 적정한 수익이 되도록 고려되어야 한다.

그런데 상가 임대료는 임차인의 수입을 고려하여 결정하게 되는데, 대부분 임차인이 자신의 1년 평균의 총수입을 정확하게 밝히지 않고 은닉하므로 임대인이 제시한 가격에서 결정하고 있다.

그러나 상가 임차인의 수익을 창출하는 것을 보면 해당 영업에서 영업이익을 얻는 것이 있고, 주택과 달리 장사가 잘되지 않으면 임차인이 새로운 임차인을 색출하여 새로운 임차인에게 자신의 영업을 인수받도록 하고 이에 따른 권리금을 받으며, 이 권리금으로 그동안의 손해를 보전하는 경향이 있다.

상가 임대료를 산출하는 요령은 최초 분양 시는 원가방식에 의해 산출하며, 수익환원법에 의해서 하는 방법이 있고, 근린지역 내의 임대료를 비교하여 산출하기도 하며, 입점하려는 업종의 부가가치세율을 고려하여 산출하기도 한다.

이 중 원가방식에 의해 임대료를 결정하는 적산 방법은 다음과 같다.

적산임대료를 적용하는 경우는 건물을 신축하거나 또는 경매 및 공매를 통하여 수익성 부동산을 취득한 경우의 수익성 판단이다.

신축건물이나 경매 및 공매로 취득한 수익성 부동산은 임대수익이 없으므로, 예상되는 임대수익으로 수익률을 산출하여야 한다.

먼저 적산임대료를 결정하는 경우는 신축 건물을 건축 후 각 호실의 임대료를 결정할 때 적용하고 있는데, 이때 해당 건물의 총 임대료는 당해 건물의 총 투자비의 75~80%를 기준으로 하여 많이 산출하고 있다. 이와 같이 결정된 총 임대료를 각 층 및 각 호실에

배분하게 되는데 1층은 토지구입비 총액을 1층 총 임대료로 하여 면적별로 배분하고, 같은 1층이라도 전면부와 후면부로 구분하여 산출하는데 전면부는 후면부의 1.3~1.4배의 임대료를 책정한다.

각 층별 임대료의 배분은 승강기 있는 경우와 승강기 없는 경우에 구분된다. 승강기가 있는 경우와 없는 경우의 각 층별 임대료의 비율은 앞서 표와 같다. 이처럼 산출한 각 층 및 호실별 임대료는 근린지역 내 임대료와 비교하여 검토 후 적용한다. 다만 기존 건물과 신축의 경우는 동일하게 임대료를 정할 수 없다. 경매 및 공매로 취득한 경우에도 부동산을 인도받으면 전반적으로 수리하여 임대를 놓기 때문에 신축과 동일하게 적용한다. 만일 경매 및 공매로 취득한 수익성 부동산을 수리하지 않고 임대할 경우 수익률은 기존 건물보다 더 낮은 경우가 많다.

수익성 부동산은 국민의 부동산에 대한 재테크 수단으로 많은 관심과 각광을 받고 있다. 국민의 수익성 부동산에 대한 요구를 보면 당해 부동산을 양도 시까지 임대수익 등을 우선 고정적으로 얻고, 양도 시에 추가로 자본적 소득을 얻는 방법의 재테크 방향을 요구하고 있다.

수익성 부동산은 통상 투자자들이 재테크 수단으로 구매하기도 하지만, 노후 생활안정을 위해 소시민의 노후대책이기도 하며, 정년퇴임이나 직업의 활발한 활동기가 지난 사람들의 생활수단으로 임대소득을 얻어 이를 연금대용으로 생계비를 확보하고자 한다. 따라서 이는 하나의 사업이므로 적절한 수익이 보장되도록 적당한 임대료가 산출되어야 하며, 이에 따른 수익률이 보장되어야 한다.

그러나 부동산시장의 관례는 세금 공제 전 수익률을 산출하고 있으나 실수요자는 세금 공제 후의 수익률로 수익을 따지므로 수익이 감소하여 부동산중개업자가 수익률을 속이는 것으로 인식하고 있다. 따라서 부동산중개업자는 광고는 세금 공제 전 수익률로 광고하더라도 반드시 세금 공제 후의 수익률도 병행하여 설명할 필요가 있다.

수익성 부동산의 적절한 수익률 보장은 일정하게 정할 수는 없으나 일반적으로 은행 정기예금이자의 2배 정도가 적절하다고 보고 있다.

부동산중개업자들이 적정한 임대료를 산출함에 있어 더 발전시켜야 할 것은 임차인의 수입과 임대료의 관계에서 적정선을 도출하는 문제이다.

앞서 산출한 적정 임대료는 지역과 경제사정에 따라 다소 차이가 있을 수 있으나 현재 시중에서 적용하고 있는 실태를 분석한 결과이며, 임차인의 직업과 직종에 따른 수입 정도는 고려하지 않았고, 임대인 위주의 적정임대료 산출이라고 볼 수 있다. 따라서 각 업종별 및 지역별 임대료 실태를 더욱 분석하여 연구할 필요가 있다.

8. 중개대상물 확인, 설명서 작성

가. 작성시기

중개대상물 확인·설명서 작성시기는 권리 이전 의뢰인으로부터 의뢰받은 중개대상물의 권리를 인수받기 위한 의뢰인이 도착하기 전까지 작성하여야 함이 원칙이다. 그래야 권리를 인수받기 위한 의뢰인이 방문하였을 때 해당 중개대상물을 확인·설명할 수 있다. 따라서 중개업자는 현장 방문 후 중개대상물 확인·설명서를 작성하여야 한다. 그러나 실무에서는 중개대상물 확인·설명서를 매수의뢰인이나 임차의뢰인이 방문할 때마다 매번 작성하여 설명하기란 매우 어려운 문제이며, 또 중개사무소마다 수백 건의 중개대상물을 전부 이 확인·설명서를 작성하여 관리하기란 어렵다.

따라서 부동산중개업자는 중개대상물자료요구서에 권리분석한 결과와 조세에 관한 사항을 파악하고, 현장 확인하면서 의뢰인으로부터 파악한 내용들을 기록한 뒤 이를 활용하는 것이 보다 효율적이다.

그리고 실제 중개대상물 확인·설명서는 계약이 성사될 가능성이 확실할 때 매도인이나 매수인이 도착하기 전까지 중개대상물자료요구서를 참조하여 이를 작성한 뒤, 계약서 작성 시 계약서에 첨부하여 의뢰인들에게 제공하는 것이 효율적이다.

나. 용도별 사용양식

중개대상물 확인·설명서 양식에는 총 4가지가 있다.

먼저 주거용 건축물에 대한 중개대상물 확인·설명서(Ⅰ) 양식은 단독주택, 다가구주택, 주상복합 건물, 아파트 및 연립 또는 다세대주택의 매매 및 교환과 임대할 경우에 사용한다.

비주거용 건축물의 중개대상물 확인·설명서(Ⅱ) 양식은 업무용, 상업용, 공업용 건물 등을 매매 및 교환과 임대할 경우에 사용한다.

　토지의 매매 및 교환과 임대할 경우에는 중개대상물 확인·설명서(Ⅲ) 양식을 사용하여 작성한다.

　입목, 광업재단, 공장재단을 매매 및 교환과 임대할 경우에는 중개대상물 확인·설명서(Ⅳ) 양식을 사용한다.

다. 작성요령

　중개대상물 확인·설명서는 각 양식마다 2장으로 구성되어 있다.

　세부 구성 내용은 확인·설명 자료와 유의사항, 중개업자 기본 확인사항, 중개업자 세부 확인사항, 중개수수료 등에 관한 사항, 그리고 거래대상자 및 중개업자 인적 사항 등으로 구성되어 있다.

1) 주거용

(1) 양식

■ 공인중개사의 업무 및 부동산 거래신고에 관한 법률 시행규칙[별지 제20호 서식]

(제1쪽)

중개대상물 확인·설명서[I](주거용 건축물)

([ ] 단독주택 [ ] 공동주택 [ ] 매매·교환 [ ] 임대)

※ [ ]에는 해당되는 곳에 √표를 합니다.

확인·설명 자료	확인·설명 근거자료 등	[ ] 등기권리증 [ ] 등기사항증명서 [ ] 토지대장 [ ] 건축물대장 [ ] 지적도 [ ] 임야도 [ ] 토지이용계획 확인서 [] 기타( )
	대상 물건의 상태에 관한 자료요구 사항	

유 의 사 항	
중개업자의 확인·설명 의무	중개업자는 중개대상물에 관한 권리를 취득하려는 중개의뢰인에게 성실·정확하게 설명하고, 토지대장등본·등기사항증명서 등 설명의 근거자료를 제시하여야 합니다.
실제거래가격 신고	「공인중개사의 업무 및 부동산 거래신고에 관한 법률」 제27조 및 같은 법 시행령 제23조 제1항 제5호의 실제거래가격은 매수인 이 매수한 부동산을 양도하는 경우 「소득세법」 제97조 제1항 및 제7항과 같은 법 시행령 제163조 제11항 제2호에 따라 취득 당 시의 실제거래액으로 보아 양도차익이 계산될 수 있음을 유의하시기 바랍니다.

I. 중개업자 기본 확인사항

① 대상 물건의 표시	토지	소재지			
		면적(㎡)		지목	공부상 지목
					실제이용 상태
	건축물	전용면적(㎡)			대지지분(㎡)
		준공연도 (증개축연도)		용도	건축물대장상 용도
					실제용도
		구 조		방향	(기준:)
		건축물대장상 위반건축물 여부	[ ] 위반 [ ] 적법	위반내용	

② 권리관계	등기부 기재사항	소유권에 관한 사항		소유권 외의 권리사항	
		토지		토지	
		건축물		건축물	

③ 토지이용계획, 공 법상이용제한 및 거래규제에 관한 사항(토지)	지역지구	용도지역			건폐율 상한	용적률 상한
		용도지구			%	%
		용도구역				
	도시계획 시설		허가·신고 구역 여부	[ ] 토지거래허가구역 [ ] 주택거래신고지역		
			투기지역 여부	[ ] 토지투기지역 [ ] 주택투기지역 [ ] 투기과열지구		
	지구단위계획구역, 그 밖의 도시관리계획		그 밖의 이용제한 및 거래규제사항			

④ 입지조건	도로와의 관계	(m×m)도로에 접함 [ ] 포장 [ ] 비포장		접근성	[ ] 용이함 [ ] 불편함	
	대중교통	버스	( ) 정류장, 소요시간: ([ ] 도보, [ ] 차량) 약 분			
		지하철	( ) 역 , 소요시간: ([ ] 도보, [ ] 차량) 약 분			
	주차장	[ ] 없음 [ ] 전용주차시설 [ ] 공동주차시설 [ ] 기타 ( )				
	교육시설	초등학교	( ) 학교, 소요시간: ([ ] 도보, [ ] 차량) 약 분			
		중 학 교	( ) 학교, 소요시간: ([ ] 도보, [ ] 차량) 약 분			
		고등학교	( ) 학교, 소요시간: ([ ] 도보, [ ] 차량) 약 분			
	판매 및 의료시설	백화점 및 할인매장	( ), 소요시간: ([ ] 도보, [ ] 차량) 약 분			
		종합의료시설	( ), 소요시간: ([ ] 도보, [ ] 차량) 약 분			

⑤ 관리에 관한 사항	경비실	[ ] 있음 [ ] 없음	관리 주체	[ ] 위탁관리 [ ] 자체관리 [ ] 기타

210mm×297mm[일반용지 70g/㎡(재활용품)]

⑥ 비선호시설(1km이내)	[ ] 없음	[ ] 있음(종류 및 위치 :)

⑦ 거래예정금액 등	거래예정금액			
	개별공시지가(㎡당)		건물(주택)공시가격	

⑧ 취득 시 부담할 조세의 종류 및 세율	취득세	%	농어촌특별세	%	지방교육세	%

Ⅱ. 중개업자 세부 확인사항

⑨ 실제권리관계 또는 공시되지 않은 물건의 권리 사항	

⑩ 내·외부 시설물의 상태 (건축물)	수도	파손여부	[ ] 없음　　[ ] 있음(위치:)
		용수량	[ ] 정상　　[ ] 부족함(위치:)
	전기	공급상태	[ ] 정상　　[ ] 교체 요함(교체할 부분:)
	가스(취사용)	공급방식	[ ] 도시가스　　[ ] 기타( )
	소방	소화전	[ ] 없음　　[ ] 있음(위치:)
		비상벨	[ ] 없음　　[ ] 있음(위치:)
	난방방식 및 연료공급	공급방식	[ ] 중앙공급　[ ] 개별공급　시설작동 [ ] 정상 [ ] 수선요함( )
		종류	[ ] 도시가스 [ ] 기름 [ ] 프로판가스 [ ] 연탄 [ ] 기타( )
	승강기		[ ] 있음 ([ ] 양호 [ ] 불량) [ ] 없음
	배수		[ ] 정상 [ ] 수선요함( )
	그 밖의 시설물		

⑪ 벽면 및 도배상태	벽면	균열	[ ] 없음　[ ] 있음(위치:)
		누수	[ ] 없음　[ ] 있음(위치:)
	도배		[ ] 깨끗함　　[ ] 보통임　　[ ] 도배 필요

⑫ 환경조건	일조량	[ ] 풍부함　　[ ] 보통임　　[ ] 불충분 (이유:)
	소음	[ ] 미미함 [ ] 보통임 [ ] 심한 편임　진동 [ ] 미미함 [ ] 보통임 [ ] 심한 편임

Ⅲ. 중개수수료 등에 관한 사항

⑬ 중개수수료 및 실비의 금액과 산출내역	중개수수료		<산출내역>
	실비		중개수수료: 실비: 부가가치세:
	부가가치세		※ 중개수수료는 시·도 조례로 정한 요율에 따르거나, 시·도 조례로 정한 요율한도에서 중개의뢰인과 중개업자가 서로 협의하여 결정하도록 한 요율에 따르며 부가가치세는 별도로 부과될 수 있습니다.
	계		

「공인중개사의 업무 및 부동산 거래신고에 관한 법률」 제25조 제3항 및 같은 법 시행령 제21조에 따라 거래당사자는 중개업자로부터 위 중개대상물에 관하여 확인·설명을 듣고, 중개업자가 작성·교부하는 본 확인·설명서를 수령합니다.

년　　월　　일

매도인 (임대인)	주소		성명		서명 또는 날인
	주민등록번호		전화번호		
매수인 (임차인)	주소		성명		서명 또는 날인
	주민등록번호		전화번호		
중개업자	등록번호		성명		서명 및 날인
	사무소 명칭		소속공인중개사		서명 및 날인
	사무소 소재지		전화번호		
중개업자	등록번호		성명		서명 및 날인
	사무소 명칭		소속공인중개사		서명 및 날인
	사무소 소재지		전 화 번 호		

(2) 작성요령

중개대상물 확인·설명서 각 양식의 모든 [ ]는 해당되는 곳에 √표를 한다.

① 확인·설명 자료 및 유의사항

ⓐ 확인·설명 근거자료 등

확인·설명 자료란은 확인·설명 근거자료 등의 난과 유의사항으로 구성되어 있으며, 확인·설명 자료란은 중개업자가 의뢰인에게 확인·설명하기 위하여 발급 및 열람한 공적 서류 등의 자료를 기재해 주는 난으로 참조한 서류를 √로 체크한다.

이는 중개업자가 권리를 취득하는 의뢰인에게 당해 중개대상물을 설명하는 데 참조하여 이용한 자료를 말하며, 중개대상물 확인·설명서 작성 근거자료이기도 하다.

이때 주거용 중 아파트의 경우에는 최소 등기부등본과 토지이용계획 확인서를 열람하여야 하고, 단독주택의 경우에는 등기부등본(토지, 건물)과 토지대장, 건축물 관리대장, 토지이용계획 확인서는 발급 및 열람을 하여야 한다.

일부 부동산중개업자는 토지대장은 토지이용계획 확인서의 지목과 면적 그리고 개별공시지가로 대체하고, 건축물 관리대장은 최근에 국토해양부에서 부동산정보종합사이트를 이용하여 대체하기도 하며, 그리고 지적도는 토지이용계획 확인서의 도면으로 대체하기도 한다.

임대의 경우 일부분을 임대하는 경우 해당 건물의 해당 부분 도면을 첨부하여 설명하였다면 도면을 기록한다.

ⓑ 대상 물건의 상태에 관한 자료 요구사항

대상 물건의 상태에 관한 자료요구 사항란은 당해 물건(토지 및 건축물)의 상태에 대하여 중개업자가 매도(임대)의뢰인에게 자료요구를 했느냐 안 했느냐와 이에 대해 의뢰인이 중개업자가 요구한 자료를 제출하였느냐 제출을 안 했느냐를 기록하고, 다른 하나는 중개업자가 의뢰인에게 물건상태에 대한 자료요구(양식의 ⑨항에서 ⑫항)를 했느냐 안 했느냐 하는 것과 이 중개업자의 요구에 대해 의뢰인이 응했느냐 안 응했느냐 하는 내용을 기재한다.

여기에서 중개업자는 해당 부동산에 대한 등기부등본이나 공적 공부를 매도(임대)의뢰인에게 요구할 수 있고, 또 중개대상물자료요구서를 제출하여 이에 대한 답을 작성하여 제출하도록 요구할 수 있다.

그리고 의뢰인은 중개업자의 공적 서류 등의 자료 요청에 응해야 하고, 또 중개대상물 자료요구서를 작성하여 제출하도록 요구 시 이에 응하여야 한다.

그러나 해당 부동산에 대한 등기부등본을 포함, 공적 공부를 과거에는 중개업자가 매도(임대)인에게 요구하여 받았으나 최근에 요구하는 경우는 거의 없고, 통상 부동산중개업자가 발급받아 분석 및 확인하고 있으며, 중개대상물 자료요구는 일부 중개업자들이 매도(임대)의뢰인에게 제출하여 작성해 줄 것을 요구하고 있다. 그러나 이에 대해 제대로 응해 주는 의뢰인은 거의 없다.

매도(임대)의뢰인이 이렇게 하는 원인은 첫째, 부동산중개업자 자신이 치열한 경쟁에서 살아남기 위하여 매도(임대)의뢰인에게 요구하지 못하고, 오히려 매도(임대)의뢰인을 편하게 해 주는 것이 고객을 확보하는 것으로 착각하고 있는 데 있으며, 둘째는 매도(임대)의뢰인이 부동산중개업자에게 공적 공부를 제출하거나 중개대상물자료요구서 작성이 권장사항으로 이를 꼭 작성해 주어야 할 법적 제도가 없으며, 오로지 정부가 중개업자에게만 강요하고 있기 때문이다.

그래서 최근에는 중개대상물 확인·설명서의 '대상 물건의 상태에 대한 자료요구'란은 '자료요구서 작성에 응함'이라고 작성하고, 자료요구서에 계약서 작성 시 날인하여 거래계약서에 첨부하는가 하면, '매도(임대)의뢰인이 직접 작성함'이라고 기재하거나, 이를 '매수인 및 임차인 입회하에 매도인 또는 임대인의 진술하에 작성함' 그리고 '매수인이 대상 부동산 방문 시 직접 확인함'이라고 작성하고 있다.

또 등록관청에서 행정검열 및 지도라는 명목으로 중개업소를 방문하여 거래 자료의 제출을 요구하여 이를 확인하면서 이 '대상 물건의 상태에 관한 자료 요구사항'이 실질적으로 중개업자들이 의뢰인에게 제대로 요구할 수 없는 사항이므로 여기에 행정적 규제의 호재로 생각하여 이를 집중 점검하고 이에 대한 과태료를 부과하고 있다.

따라서 부동산중개업자는 이에 대한 대비를 착안하여 철저히 기재하여야 한다.

ⓒ 유의사항

유의사항란은 중개업자의 확인·설명 의무에 관한 사항으로 설명의 근거자료를 제시하여야 함을 강조하고, 실제거래가격 신고에 대한 유의사항을 강조하고 있다.

(3) 중개업자 기본 확인사항

① 대상 물건의 표시

ⓐ 토지

토지는 토지대장을 기본으로 작성하며, 토지이용계획 확인서를 보고 작성하기도 한다. 소재지는 토지 소재지를 지번까지 기재하고, 면적은 토지 전체의 면적을 ㎡ 단위로 기록한다.

지목에 있어 공부상 지목은 토지대장이나 토지이용계획서상의 지목을 기재하고, 실제 이용 상태에 대한 지목은 중개업자가 현지 확인 시 실제 활용하고 있는 지목을 기록한다. 통상 대부분은 동일하나 농촌의 경우 지목은 대지이나 농지로 이용하는 경우가 있고, 또 포락지가 되어 하천으로 된 지역도 있어 공부상 지목과 다른 경우가 있다.

ⓑ 건축물

건축물은 건축물 관리대장이나 집합건물등기부등본을 발급받아 작성한다. 그러나 최근 국토해양부에서 '온나라 부동산종합정보'를 작성하여 공개하고 있어 이를 잘 이용하면 별도로 비용을 지불하지 않고 작성이 가능하다. 다만 이 종합정보에도 방향과 위반 건축물 여부는 기재되어 있지 않다. 특히, 단독주택 및 다가구주택은 신고 및 허가를 받아 증축하고 등기되지 않은 경우가 있으므로 건축물 관리대장을 발급받아 확인하고, 중개업자가 직접 중개대상물을 방문하여 확인하여 작성하여야 한다.

전용면적은 공동주택의 경우는 집합건물등기부등본에 기재된 전유면적을 기재하고, 단독주택의 경우는 매매의 경우는 건축 연면적을 기재하고, 임대의 경우는 해당 층의 해당 호수 면적을 기록하여야 한다.

단독 및 다가구의 경우는 가구별 면적까지 건축물 관리대장에도 기재되지 않아 기재가 곤란하므로 해당 호수의 도면을 발급받아 계산하여 기재하여야 한다. 그런데 실제로 이렇게 산출한 면적이나 해당 층에서 면적 비율로 산출하여 기재한 경우와 비슷하므로 후자로 산출하여 기재하고 있다.

또 단독주택 임대의 경우는 전유면적을 생략할 수 있다.

대지권지분은 공동주택의 경우는 집합건물등기부등본에 기재된 대지권 지분을 기재하고 단독주택의 경우는 대지권 지분을 생략할 수 있다.

준공연도 및 증·개축연도는 건축물 관리대장상의 최초 준공연도와 증·개축연도를 기재한다. 거래대상 부동산의 부분이 준공연도에 해당하는 경우는 준공연도를 기재하고, 증·개축 부분에 해당하면 증·개축연도를 기재한다.

건축물 관리대장상의 용도는 매매의 경우에는 건축물 관리대장에 주요 용도를 기재하고, 임대의 경우에는 해당 부동산 부분의 용도를 기재한다.

구조는 건축물 관리대장상의 주 구조재료를 기재하거나 건물등기부등본(집합건물등기부등본)의 주 구조재료를 기재한다.

방향은 중개업자가 해당 부동산의 방향을 현지 확인 시 확인한 방향을 기재한다. 「공부법」에서는 주택의 경우는 거실이나 안방 등 주실의 방향을, 그 밖의 건축물은 주된 출입구의 방향을 기준으로 기재하고, 방향이 불분명한 경우는 기준을 표시하여 기재하도록 하고 있다.

실무에서 공동주택은 거실의 방향을, 단독주택의 경우는 앞마루의 방향을 기준하여 기재한다.

위반건축물 여부는 미신고(무등록 포함) 및 무허가 건축물이 있는 부분을 기재한다. 특히 단독 및 다가구 그리고 상가주택의 경우 이런 사항이 있으므로 중개업자는 이를 착안하여 기재하여야 한다. 다만 매도(임대)의뢰인이 잔금 전까지 처리하기로 약속한 미신고 및 무허가 건축물은 체크하되 그 처리내용을 위반 내용에 병기한다.

또 신고나 등록은 되어 있는데 등기를 하지 않은 것은 적법란을 체크한다.

만일, 등기부등본과 토지대장 및 건축물 관리대장 또는 '온나라 부동산종합정보'에서 제시한 면적 등이 일치하지 아니한 경우가 있으므로 이를 착안하여 확인하여야 한다. 면적이 일치하지 않은 사항은 토지대장이나 건축물 관리대장을 근거로 작성하고 현지에 미신고 등으로 증축된 부분은 참고로 그 면적을 면적란에 괄호하고 기재한 뒤 설명해 주어야 한다.

이러한 경우는 해당 대장(토지/건축물관리)에 기재된 면적을 기록하고 빨간 볼펜으로 쉽게 식별할 수 있도록 표시하며, 또한 매도인으로 하여금 해당 대장을 기준하여 등기부등본을 수정하도록 주지시켜야 한다.

② 권리관계

다음 권리관계는 등기부등본상에 기록되어 있는 사항을 그대로 기재하면 된다.

ⓐ 소유권에 관한 사항

따라서 소유권에 관한 사항란 중 토지란에는 소유자의 성명, 주민등록번호, 등기부등본 상의 주소를 기재하고, 건물란에는 건물소유자가 토지소유자와 동일 소유인 경우는 '상동'이라고 기재하고, 건물소유자가 토지와 다른 경우는 토지와 같은 요령으로 건물소유자의 성명, 주민등록번호, 등기부등본상 주소를 기재하면 된다. 이때 중개업자가 착안할 것은 매매의 경우 토지소유자와 건물소유자가 합의되었는지를 확인하고 중개업자는 두 소유자 중 의뢰되지 않은 소유자를 반드시 확인하여야 한다. 그리고 가격도 같이 확인하여야 한다.

ⓑ 소유권 외의 권리사항

그 외에 소유권 이외의 권리가 '갑'구에 있는 경우 등기부등본상의 '갑'구에 기재된 사항은 모두 기록한다. '갑'구에 기재되는 권리로는 압류 및 가압류, 가처분, 예고등기, 경매개시결정 등기 등이 있으며, 이러한 권리에 대한 중개대상물 확인·설명서에 기재할 사항은 등기 일자, 채권금액, 채권자, 처분제한사항 등을 기재하고 설명한다.

소유권 외의 권리사항란은 근저당 및 저당권, 전세권, 임차권, 지상권 등을 기재한다. 이때 기재요령은 권리명, 등기 일자, 채권금액, 채권자명, 기타 기한 순으로 기재한다. 만일 이러한 권리가 여럿인 경우는 별지를 첨부하여 기재한다.

③ 토지이용계획, 공법상 이용제한 및 거래규제에 관한 사항

본 난은 매매 시 작성하며, 임대차 시에도 작성할 수 있으나 생략할 수도 있다.

ⓐ 지역지구

지역지구는 '토지이용계획 확인서의 지역지구 등 지정'란의 「국토의 계획 및 이용에 관한 법률」에 따른 지역·지구 등'과 '다른 법령 등에 따른 지역·지구 등'을 보고 여기에 기재된 내용을 해당란에 기재한다.

건폐율 상한과 용적률 상한은 해당 시·도 조례 인터넷에서 확인하여 그 건폐율과 용

적률을 기재한다.

ⓑ 도시계획시설

도시계획시설도 '토지이용계획 확인서의 지역지구 등 지정'란에 기재된 도시계획시설을 기재한다. 여기에는 통상 도로가 기재되고 있는데 여기에 기재된 도로는 다음과 같다.

도로구분	세부분류	도로 너비
광로	1류	70m 이상
	2류	50m 이상~70m 미만
	3류	40m 이상~50m 미만
대로	1류	35m 이상~40m 미만
	2류	30m 이상~35m 미만
	3류	25m 이상~30m 미만
중로	1류	20m 이상~25m 미만
	2류	15m 이상~20m 미만
	3류	12m 이상~15m 미만
소로	1류	10m 이상~12m 미만
	2류	8m 이상~10m 미만
	3류	8m 미만

ⓒ 허가·신고구역 여부

허가·신고구역 여부는 토지거래 허가구역과 주택거래 신고지역에 해당하는 경우 기재한다.

따라서 토지거래허가지역은 '「토지이용규제기본법 시행령」 제9조 제4항 각 호에 해당하는 사항'란에 기재된 내용을 기재하고 주택거래 신고지역은 '「국토의 계획 및 이용에 관한 법률」에 따른 지역·지구 등'과 '다른 법령 등에 따른 지역·지구 등'에 기재된 경우 그 내용을 기재하고 또 인터넷상으로 국토해양부 고시를 확인하여 해당 지역이 이에 해당하면 그를 기재한다.

ⓓ 투기지역 여부

투기지역 여부의 토지투기 지역과 주택투기 지역 및 투기과열지구에 대한 내용을 기재한다. 이는 국토해양부 홈페이지에서 해당 투기지역을 열람하여 기재한다.

ⓔ 지구단위 계획구역, 그 밖의 도시관리계획

지구단위 계획구역과 그 밖의 도시관리계획은 '「국토의 계획 및 이용에 관한 법률」에 따른 지역·지구 등'과 '다른 법령 등에 따른 지역·지구 등' 난에 기재된 내용을 기재한다.

또 부동산중개업자는 해당 지자체의 조례 및 도시계획을 확인하여 해당하는 지구단위 계획과 그 밖의 도시관리계획을 기재한다.

ⓕ 그 밖의 이용제한 및 거래규제사항

그 밖의 이용제한 및 거래규제사항은 토지이용 계획확인서를 발급받아 확인하고, 건폐율 상한과 용적률 상한, 도시계획시설, 지구단위 계획구역과 그 밖의 도시관리계획, 그리고 그 밖의 이용제한 및 거래규제사항은 해당 지자체의 도시계획조례와 도시계획과 및 건축과에 문의하여 확인 후 작성한다.

또한 그 밖에 이용제한 및 거래규제에 대해서는 군사시설 보호구역에 해당하는 경우 군사시설 보호구역, 해군기지구역, 군 항공기지구역을 기재하고, 농지의 경우에는 농업진흥·진흥지역 외의 지역을 기재하며, 산지에 해당하는 경우는 생산보전임지 및 공익보전임지를, 자연공원인 경우는 공원구역 및 공원보호구역을, 수도구역의 경우는 상수원보호구역이나 수질보전 특별대책지역 및 수변구역 여부를 기재하고, 하천지역의 경우는 하천구역 및 하천예정지나 연안구역 또는 댐 건설예정지역을 표시하며, 문화재 보호구역의 경우는 문화재 보호구역임을 기재하며, 전기시설개발구역인 경우는 전원개발사업구역 또는 전원개발사업 예정지구를 기재하고, 개발사업구역은 택지개발예정지, 국가 및, 지방자치단체 또는 농공산업단지 등을 기재한다.

이 외에 거래규제사항으로 농지취득자격증명서, 학교재단 양도 시 허가, 향교재산법, 불교재산관리법, 사립학교법, 무역자유지역의 지정에 관한 법률에 의한 토지 시설물의 양도 제한사항, 외국인 토지 취득 신고 및 허가 등을 기재한다. 이러한 내용은 토지이용 계획확인서나 해당 지자체의 건축과 또는 도시계획과에 확인하여 기재한다.

토지이용계획, 공법상 이용제한 및 거래규제에 관한 사항은 토지이용 계획확인서, 지자체 조례, 지자체 개발계획, 해당 토지에 대한 공부 등을 기준으로 작성하나 최근에는 국토해양부에서 부동산종합정보망을 확인하여 기재하는 것도 한 방법이다.

임대차계약인 경우 토지이용계획, 공법상 이용제한 및 거래규제에 관한 사항은 생략할 수 있다.

④ 입지조건

입지조건은 중개업자가 조사하여 기재하여야 할 사항으로 도로, 대중교통, 주차장, 교육시설, 판매 및 의료시설을 조사하여 작성한다.

ⓐ 도로와의 관계 및 접근성

도로 종류는 당해 토지에 접한 도로의 종류를 말하며 도로 폭을 m 단위로 기록하고 포장 여부를 체크한다.

접근성은 당해 토지를 찾아오는 정도를 말하며, 용이함과 불편함을 기록하면 된다.

ⓑ 대중교통

대중교통 수단은 버스, 지하철과 기타 등 이용할 수 있는 수단을 조사하여 기재한다.

버스는 당해 부동산에 가장 가까운 버스 정류장에 정차하는 버스노선 번호와 그 수를 기재하고 소요시간은 도보나 차량 중 하나를 체크하고, 가장 가까운 정류장까지 가는 데 소요되는 시간을 분 단위로 기술한다. 버스 노선이 많은 수가 있는 경우는 별지로 작성하여 첨부할 수도 있다.

ⓒ 주차장

주차장이 있는 경우는 당해 부동산의 전용주차장 여부와 공동주차시설, 기타 등을 기재하고 기타의 경우는 기타 내용을 기재한다. 만일 주차장이 별도로 없는 경우는 없음에 체크한다.

ⓓ 교육시설

교육시설은 가장 가까운 초·중·고등학교의 학교명과 등교할 때 교통수단(도보·차량)을 표시하고 소요시간을 기재한다. 교육시설 중 초등학교는 위치에 따라 배정이 결정되므로 해당 부동산의 위치에서 배정되는 초등학교를 기술하여야 한다.

ⓔ 판매 및 의료시설

판매 및 의료시설은 백화점 및 할인매장과 종합의료시설 및 의원의 명과 그곳에 가는 데 이용할 이동수단과 판매 및 의료시설에 가는 데 소요되는 시간을 기재한다.

⑤ 관리에 관한 사항

관리에 관한 사항도 중개업자가 조사하여 작성할 사항으로 주로 공동주택의 경우 작성하고 있으며, 경비실과 관리 주체에 대한 사항을 조사하여 기록한다.

경비실은 있고 없음을 조사하여 체크하고, 관리 주체는 관리방법에 대한 사항을 조사하여 기록하는데 관리회사에 위탁하여 관리하는 관리방법인 경우는 위탁관리에, 주민들이 주민대표를 선출하여 이 주민대표에 의해 관리하는 방법인 경우는 자체관리를, 그 외 이 두 방법을 병행하는 경우와 관리 주체를 운영하지 않는 경우는 기타를 체크한다. 한 가지 착안할 사항은 관리 주체 난의 공란에 관리실의 전화번호를 기재하여 주는 것이 좋다.

⑥ 비선호시설(1km 이내)

비선호시설은 거래 당해 부동산의 1km 이내 위치할 경우 있음에 체크하고 그 이상의 거리에 위치하면 없음에 체크한다.

비선호시설은 병원 중 수술을 하는 병원과 정신과 병원, 장례식장, 화장장 및 납골당, 공동묘지, 위락시설, 쓰레기 처리장 및 분뇨처리시설, 병원 침구류 세탁소, 환경오염배출시설(공기, 폐수, 폐자재) 등 시설을 말한다.

중개업자는 현장 확인 시 이 비선호시설이 있는지와 그 거리를 조사하여 이런 시설이 있는 경우는 시설명과 위치를 있음에 기재한다.

⑦ 거래예정금액 등

거래예정금액은 매매의 경우는 매도인과 매수인이 합의된 금액을, 임대의 경우는 임대인과 임차인이 합의한 보증금과 차임을 기록한다.

그리고 개별공시지가와 건물(주택)공시지가는 단독주택 및 상가건물 등과 같이 토지등기부등본과 건물등기부등본이 구분되어 있는 부동산의 매매의 경우 기록하는데, 실제는 거래예정금액에 기록하고 개별공시지가 및 건물(주택)공시가격은 참고자료로 기록하고 있다.

개별공시지가 및 건물(주택)공시가격은 국토해양부 홈페이지에서 검색할 수 있다.

임대차의 경우에는 개별공시지가와 건물(주택)공시가격의 기재를 생략할 수 있다.

⑧ 취득 시 부담할 조세의 종류 및 세율

취득 시 부담할 조세의 종류 및 세율은 매매의 경우에만 작성하며, 지방세법에서 관련 세금의 요율을 적용한다. 이 취득세는 2011년 세법 개정에 의해 과거에 취득세와 등록세로 구분되던 것을 취득세로 통합하여 사용하고 있다.

세율은 당해 연도 취득세 세율을 기재한다. 이때 세율에는 취득세와 농어촌특별세, 지방교육세(지방소비세)율을 착안하여 기재하여야 한다.

세금을 분할 납부하고자 하는 경우는 납부 시 해당 기처자치단체 세무과에 가서 신고하여야 하며, 당해 연도 분할 납부비율에 맞추어 납부하여야 함을 고지하여야 한다. 2011년도의 경우는 통합 세금의 50%로 분할하여 등기 시에 납부하고, 나머지는 등기일로부터 60일 이내에 납부하면 된다.

그러나 2012년도에는 등기 시에 70%를 그리고 나머지 30%는 60일 내에 납부하고, 2013년도부터는 등기 시에 100%를 납부하게 된다.

임대차의 경우에는 기재하지 않는다.

(4) 중개업자 세부 확인사항

① 실제권리관계 또는 공시되지 않은 물건의 권리사항

실제권리관계 또는 공시되지 아니한 물건의 권리사항 중 실제권리관계는 명의신탁인 경우 신탁인, 임대차의 경우 임차인, 기타 점유자를 말하며, 공시되지 아니한 물건의 권리사항은 법정지상권이나 유치권, 등기되지 않은 임차권, 그리고 토지에 부착된 조각물 및 정원 수 등을 말한다.

그리고 이 난은 매도(임대)의뢰인이 고지한 사항을 기재하는 것이므로 매도(임대)인이 이를 고지해 주어야 하나 실제로는 부동산중개업자가 이런 내용을 확인하여 기재하고 있다.

즉 주거용의 경우에는 위 사항 외에 이사 시 매도인이나 임차인이 휴대할 물건도 이에 해당한다. 즉 거실의 거실 등과 현관출입문의 보조키 중 번호 키에 대한 사항 등이 이에 해당하는 경우가 있으므로 중개업자는 현장 확인 시 이를 당사자에게 확인해 두는 것이 바람직하다.

또한 공동주택의 경우 대지권이 소유권이 아니거나, 즉 임차권·전세권 등인 경우는 대지권에 대한 권리를 기재하고, 또 등기부등본의 대지권 비고란에 토지에 별도등기가 있는 경우에도 그 별도등기에 대한 내용을 기재하고 설명한다.

분양 중인 건축물에 대한 임대차 경우는 토지만 보존등기가 된 상태로 임대차계약을 체결하여야 하는 경우가 있다. 이때 분양 건물은 토지에 국민주택기금을 받아 건축을 하므로 토지에 근저당이 설정되어 있는 경우가 많다.

따라서 이런 경우의 부동산중개업자는 이러한 상황에서 임대차함을 정확하게 임차인에게 설명해 주어야 한다.

또한 기존 주택 중 다가구주택과 같이 여러 세대가 임차하여 거주하고 있는 건물에 대한 임대차계약을 체결하는 경우는 당해 건물에 입주해 있는 전체 세입자의 임대보증금, 월 단위 차임액, 임대차기간, 장기수선충당금의 처리 등을 기재할 수 있다.

만일 다가구주택 및 상가주택과 같이 여러 세대가 임차해 있는 건물 중 일부를 임대차하는 경우 각 임차인을 전부 기재할 수 없으므로 중개대상물 확인·설명서에는 앞서와 같이 대상 부동산의 전체 임대보증금과 세대수 그리고 당해 부동산의 임대차 만료기간만을 기재하고, 당해 건물의 전체 임대차 현황을 아래와 같은 '임대차현황' 양식으로 별지를 작성하여 임대인의 확인(서명)을 받은 뒤 중개대상물 확인·설명서 양식에 첨부하여 임차인에게 제공하는 것이 안전하다.

(건물명 기입)임대차 현황						
소대지						
토지면적		m²	건물면적	m²	건축연도	
층	호수	임대료 (단위: 만 원)			임대기간	
		보증금	차임			
	계					

위 임대차 현황에 이상이 없음을 확인함

20 년 월 일

임대인 성명:

토지주택공사에서 저소득층에 대해 임대료를 지원해 주는 임대차 계약을 체결하는 경우 임차보증금은 5%의 계약금을 임차인이 지불하고 계약을 체결하면 토지주택공사에서는 국민주택기금으로 전세자금의 95%를 2%의 낮은 이자로 지원해 주고 있다.

선순위 임차보증금 확인서
(단독·다가구주택의 일부에 대한 전세계약용)

임차목적물 주소지:

(단위: 원)

호수	방 개수	보증금	최우선변제보증금	비고

본인은 상기 임대차 내역이 사실임을 확인합니다.
20   년   월   일
임대인 주소:
성명: ㉑

계약서 날인
인정대조필

한국토지주택공사 귀중

이때 임대차 또는 전세계약서는 토지주택공사에서 작성하며, 부동산중개업자는 중개대상물 확인·설명서와 중개수수료를 받을 통장 사본을 토지주택공사에 제공한다.

이를 위해 토지주택공사에서는 임차인이 확인한 임대차 건물에 대한 안전성을 검토하기 위하여 임대차 건물의 등기부 등번과 당해 건물의 임대차 내역서를 임차인에게 요구하고 있다.

이때 중개업자는 임대인과 상의하여 '선순위 임차보증금 확인서'를 작성해 임차인에게 또는 토지주택공사에 제출해 주어야 한다. 따라서 중개업자는 이 양식을 활용하는 것도 한 방법이다.

그 외에 경매 및 공매 등이나 상속에 관한 사항과 같이 특이사항이 있는 경우에는 이를 확인하여 그 내용을 기재한다.

그리고 주인이 거주한 경우에는 '주인거주'로 표기하기도 한다.

② 내·외부 시설물의 상태(건축물)

건축물의 내·외부 시설물의 상태에 대한 작성은 매도인(임대인)으로부터 자료요구서를 받아 작성함이 원칙이며, 중개업자는 세부적으로 확인할 의무가 있고, 현장에서는 중개업자가 직접 방문하여 확인 후 작성하기도 한다.

매도(임대)인이 자료요구서를 작성하여 보냈을 경우는 이를 근거로 작성하며, 만일 매도(임대)인이 작성하여 제출한 사항이 중개업자가 현장을 방문했을 때 확인한 사항과 상이할 경우는 그 원인을 매도인 또는 임대인에게 확인하고 실제의 현상 있는 그대로 작성함을 원칙으로 하여야 한다.

매도인이 자료를 작성하여 제출하지 아니한 경우는 중개업자가 필히 현장을 확인하여 기재하여야 한다.

내·외부 시설물의 상태를 기록함에 있어 기본적으로 부동산중개업자가 확인할 책임이 외관상 그리고 간단히 점검하여 확인할 수 있는 상태까지 책임이 있으므로 여기에 착안하여 확인 및 점검을 하여야 한다.

ⓐ 수도

먼저 수도는 파손 여부와 용수량을 기본적으로 점검하여야 하며, 여기서 착안되어야 할 사항은 기존건축물 중 오래된 것은 수도에서 녹물이 나오는 경우가 있다. 이를 공동주택의 경우는 수도 녹물을 개선하기 위하여 수도 배관 공사를 한 곳이 있고 안 한 집도 있으므로 이를 확인하여야 한다.

안 한 집은 배관공사비가 추가로 들어가므로 중개업자에게 이를 정확하게 고지하지 않은 이유를 들어 매수인이 공사비의 일부나 전부를 요구하는 일이 발생할 수 있다.

또 동계의 경우 동파로 파손된 것도 있으므로 수도계량기 밸브가 열려 있는지 확인하고, 동파된 배관이 있거나 테이프로 감아 놓은 부분이 있는지 확인하여야 한다.

또 단독주택의 경우 많이 발생하고 있는 배관문제로 수도꼭지를 모두 잠갔는데도 수도계량기가 돌아가는 경우는 배관 어디에서인가는 누수가 되고 있으므로 파손 여부가 있음에 이 사실을 기재하여야 한다.

특히 고층의 경우는 용수량이 적은 경우가 있으며, 이때는 이에 맞는 모터를 설치하면 해결될 수 있음도 착안하여야 한다.

ⓑ 전기

전기는 가동상태가 정상적인지와 파손된 부분이 있는지 외관상 확인할 수 있는 것을 점검 및 확인을 해야 한다. 그래서 전구가 설치된 스위치는 가급적 전부 점검해 보는 것이 바람직하다.

특히 어둡다는 이유로 등 커버를 제거한 경우는 그 커버가 잘 보관되어 있는지 확인하여야 한다. 그래서 스위치가 작동되지 않는 곳은 교체를 요하는 곳에 기재를 한다.

종종 누전으로 차단기가 자주 내려가는 건축물이 있으므로 이 점도 착안하여야 한다. 누전은 감전 및 화재 등의 위험이 있으므로 누전 여부를 확인하여 교체를 요하는 사항에 기재하여야 한다.

ⓒ 가스(취사용)

가스란 취사에 대한 연료를 뜻함으로 취사연료가 도시가스인 경우는 도시가스를 체크하고 LPG 및 연탄, 석유 등인 경우는 기타 난에 해당 연료명을 기재한다.

ⓓ 소방

소방은 소화전과 비상벨의 있고 없음을 표시하는 사항으로, 없는 경우는 없음에 체크하면 되고, 있는 경우는 있음에 체크하고 그 위치를 구체적으로 확인하여 기재한다.

이 내용은 거주자(주인 또는 세입자)에게 직접 물어 확인한다.

소방은 대부분 공동주택의 경우 관리실에서 주기적으로 점검하고 방화관리 책임이 있으므로 중개업자는 있고 없음만 확인하여 기재하면 된다.

단독주택의 경우에는 소화전이 별도로 없고 비상벨도 소방 비상벨보다는 안전 비상벨이 경찰서와 연결된 곳이 있다.

ⓔ 난방방식 및 연료공급

난방방식 및 연료공급란 중 공급 방식은 당해 부동산의 난방을 위한 열공급 장치가 중앙공급 방식인지 개별공급 방식인지를 점검하는 것으로 지역난방인 경우나 공동주택에서 아파트단지 내에 보일러 시설을 별도로 설치하여 이 보일러에서 통합하여 난방을 지원하는 경우는 중앙공급 방식이고, 각 주택마다 보일러를 설치하고 거주자가 작동하는 경우에는 개별공급 방식이므로 개별공급을 체크한다.

연료의 종류는 중앙공급 방식일 경우는 체크하지 않아도 되나 개별공급 방식인 경우는 도시가스, 기름, 프로판가스, 연탄, 화목 등 이외의 것은 기타에 체크한다.

시설 작동은 보일러를 말하며 중앙공급인 경우는 특별히 기재하지 않아도 되나, 개별공급일 경우에는 개별보일러이므로 중개업자는 거주자에게 이를 물어 확인하여 기재하여야 한다.

이때 보일러는 그 설치연도를 확인하면 대략 그 상태를 짐작할 수 있다. 따라서 가급적 보일러 제작 일자나 설치 일자를 수선을 요하는 사항란에 기재해 둠이 바람직하다.

즉 개별보일러의 경우 보통 수명이 8년 전후이므로 매수인 또는 임대인이 보일러의 수명을 판단할 수 있도록 설치연도를 기록해 주어야 한다.

ⓕ 승강기

승강기는 공동주택의 경우만 착안하여 기록하며 있음과 없음을 체크하고, 있음에서 양호와 불량은 거주자에게 물어 확인한다.

중개업자가 승강기 상태의 양호와 불량은 판단하기 어려우므로 승강기 설치연도를 확인하여 그를 참고로 기재해 주는 것이 바람직하다.

ⓖ 배수

배수는 정상인지 수선을 요하는지를 점검하여 기재하는데 주로 싱크대, 베란다, 화장실 배수를 점검하여 기재한다.

특히 화장실 배수에서 많은 문제점이 있으므로 중개업자는 화장실과 싱크대 배수는 한번 점검해 보는 것이 바람직하다.

간혹 단독주택의 경우 마당 및 지하실 및 지붕의 우수관이 막힌 경우가 있으므로 착안하여 확인이 필요하다.

ⓗ 그 밖의 시설물

그 밖의 시설물란은 해당 주택의 가정용 자동화 시설(home automation 등 IT 관련시설) 등의 설치에 대하여 기재하는 곳으로 외부에서 작동을 시킬 수 있는 자동화 장치를 말한다. 그러나 이런 경우가 많이 있지 않으므로 자주 말썽이 되는 번호 키 및 인터폰 상태를 여기에 기록할 수 있다.

③ 벽면 및 도배상태

ⓐ 벽면

벽면 및 도배상태 작성도 매도인의 자료요구서에 내용을 기초하여 작성하는 것이 원칙이다. 허나 통상 중개업자가 확인하여 작성하고 있다.

벽면의 경우는 벽면 내·외부의 균열 및 누수를 점검하고, 균열이나 누수가 있고 없음을 체크한다. 이때 균열이나 누수가 있는 경우는 그 위치를 구체적으로 기록한다.

- 균열

균열을 점검함에 있어 아파트의 경우는 3~5년 주기로 외부 도색을 하면서 균열 부분을 보강하므로 벽면의 균열은 실제로 없는 경우가 많다. 그러나 주로 새시와 벽과의 접착 부분에서 균열이 많이 발생하여 장마 시 빗물이 들어온다.

그러나 다세대주택(연립주택 포함) 및 단독주택의 경우는 지붕과 벽면의 균열이 있는 경우가 많으므로 잘 점검하여야 한다. 그리고 지하실에 균열이 있는 경우도 있으므로 지하실도 꼭 확인하여야 한다.

- 누수

누수는 공동주택의 경우 화장실과 싱크대 밑, 베란다 새시와 벽면과의 접촉 부분에서 누수가 많고, 종종 베란다 바닥에서 방수가 약해져 누수가 있으므로 아래층에 확인하는 것도 잊어서는 안 된다. 또 방바닥의 난방 배관에서 누수가 되는 경우가 있다.

또한 단독주택 및 다세대주택(연립주택 포함)의 경우는 지붕과 화장실 및 보일러실에서 누수되는 경우가 있다. 특히 다세대 및 연립주택의 최상층에 있는 주택은 지붕 슬레이트 바닥의 방수가 약해져 누수가 되는 곳이 많은 편이라 최상층 주택은 누수를 잘 점검하여야 한다.

특히 곰팡이가 있는 경우 누수로 의심해 보아야 한다.

ⓑ 도배

매매의 경우는 매수자가 입주 전에 집안 분위기를 새롭게 하기 위하여 도배를 하고 입주하므로 문제가 되지 않으나, 임차인의 경우는 전세와 임대차 경우가 각각 상이하다.

국가에서 운영하는 임대주택의 경우 도배지 및 장판은 6년마다 교체해 주고 있다. 그래서 도배지나 장판은 최대 6년마다 교체해 주어야 한다. 그러나 어린아이 있는 주택은 쉽게 더러워져 도배는 세입자가 교체될 때 해야 할 것으로 본다. 따라서 도배가 필요한 것으로 체크하는 경우는 실제로 더러운 경우로 어린이가 있던 주택인 경우와 세입자가 6년 이상 거주한 경우는 도배가 필요한 것으로 체크한다.

도배 및 장판은 임차인의 경우는 임차인마다 본인이 입주하기 전 도배장판을 다시 설치해 주기를 임대인에게 요구하나 현실은 임대인과 임차인이 합의하여 조정한다. 그러나 전세의 경우에는 임차인이 도배를 하고 들어오는 경우가 많으며, 신혼부부가 신혼방으로 구입하는 경우는 임차인이 도배 및 장판을 하고 입주한다.

④ 환경조건

환경조건은 일조량, 소음, 진동에 관한 사항은 매도인(임대인)이 제출한 자료요구서를 근거로 작성하는 것이 원칙이고, 비선호시설에 대해서는 중개업자가 확인하여 작성한다.

ⓐ 일조량

일조량은 남향 및 동향 또는 서향 주택에 따라 다르다. 또 이웃주택과의 이격거리에 따라 일조량이 달라진다.

일조량은 풍부한지, 보통인지, 불충분한지를 점검하여 체크하는데 공동주택의 경우에는 최고층의 층수에 따라 일조량이 달라진다. 대체적으로 저층은 일조량이 부족한 상태이며, 방향으로는 동향과 북향에 가까운 주택이 일조량이 대체로 부족하고, 이웃주택이 일조권을 제한 줄 정도로 이격된 거리에 위치한 주택이 일조량이 부족한 편이다.

특히 다세대(연립주택 포함) 및 다가구주택이 인접 건물의 위치와 이격거리에 따라 일조량의 영향을 가장 많이 받는다.

일조량의 풍부 조건은 하루에 6시간 이상 햇빛을 받는 주택이면 대체적으로 풍부하다고 볼 수 있고, 4시간 이상이면 보통으로 볼 수 있다.

ⓑ 소음과 진동

소음과 진동은 해당 주택이 도로 및 공장 그리고 연회장 및 공연장, 학교 특히 유치원과 이격 정도에 따라 차이가 있다.

(5) 중개수수료 등에 관한 사항

① 중개수수료 산출

중개수수료는 중개수수료와 실비 그리고 부가가치세를 포함한 금액을 말한다.

중개수수료는 주택과 주택 외의 부동산으로 구분하여 산출하며, 본 항에서는 주택에 대한 중개수수료에 대해서만 중점적으로 논하도록 한다.

주택은 해당 시·도의 조례를 통하여 법정 수수료율을 적용하고, 주택 외의 부동산은 국토해양부령을 적용한다.

주택은 매매의 경우와 임대의 경우로 구분하여 산출한다.

매매의 경우는 6억 원 미만과 6억 원 이상으로 구분하며, 6억 원 미만은 해당 시·도 조례에서 정한 수수료율을 적용하고, 6억 원 이상은 0.9%를 적용한다. 또 6억 원 미만 중 2억 원 미만은 한도액이 있으므로 이를 적용하여야 한다.

임대의 경우는 네 가지를 고려하여야 한다.

하나는 3억 원 이상의 경우, 다른 하나는 3억 원 미만의 경우, 또 다른 하나는 5,000만 원 미만의 경우, 그리고 마지막은 한도액 적용이다.

먼저 5,000만 원 미만의 경우 중개수수료는 다음 산출식을 적용한다.

중개수수료＝{보증금＋(월세×70)}×0.5%

5,000만 원 초과 3억 원 미만은 다음 산식으로 산출한다.

중개수수료＝{보증금＋(월세×100)}×수수료율

1억 원 미만의 경우는 한도액이 있으므로 한도액을 확인하여 적용하여야 한다. 그리고 3억 원 이상은 0.8%를 적용한다.

주택에 있어서 동일한 부동산을 매매와 임대를 동시에 한 경우 즉 매수자에게 주택을 매입해 주고 그를 임대로 놓을 경우 부동산중개업자는 매매에 대한 중개수수료를 받아야 한다.

다만, 합동사무소를 운영하는 경우 등 인접 부동산에서 매수인과 합의하고 소개하여 임대한 경우 매수인은 임대차에 대한 중개수수료를 지불하여야 한다. 그러나 매도인에게 매도인의 물건을 팔아 주고 매도인이 이사 들어가는 집을 임차해 준 경우는 매매와 임대 수수료를 각각 받아야 한다. 그런데 일부 부동산중개업자들이 고객을 붙잡을 욕심으로 임차해 준 것은 수수료를 안 받거나 깎아 주는 경향이 있다.

주택 외의 수수료는 매매 및 임대에 관계없이 거래금액의 0.9%를 적용하며, 한도액도 없다.

② 실비

부동산중개업자가 부동산중개와 관련하여 실비로 받을 수 있는 항목은 크게 두 가지로 나누어진다.

하나는 중개대상물의 권리관계 등의 확인에 소요되는 실비이고, 다른 하나는 계약금 등의 반환채무이행 보장에 소요되는 실비이다.

중개대상물의 권리관계 등의 확인에 소요되는 실비로는 제 증명 신청 및 공부 열람 대행 비용으로 건당 1,000원씩 산출하고, 등기부등본 발급 등 제 공부 열람 수수료는 당해 증명 발급 및 열람 수수료를 받을 수 있고, 교통비 및 숙박료 등 여비는 실비 그대로 받을 수 있다.

이 중개대상물의 권리관계 등의 확인에 소요되는 실비는 매도 및 임대인이 지불할 책임이 있다. 그러나 주택의 경우는 대부분 여성 중개업자들이 중개를 하고 있는데 이 실비를 받지 않고 있다.

계약금 등의 반환채무 보장에 소요되는 실비에는 계약금 등의 예치에 따른 비용으로 예치 수수료를 그대로 실비로 산출하며, 계약금 등의 예치금 반환 시 보증 설정에 따른 비용은 실제 실비를, 교통비도 실제 실비를 중개수수료의 실비로 적용하여 받을 수 있다. 그러나 이에 대해서 구체적인 법규나 보증이 설정된 바가 없고 현장에서 계약금 등으로 분쟁이 자주 발생하나 이에 대한 고객들의 정서가 구비되지 않아 적용이 되지 않고 있다.

③ 부가가치세 적용

부가가치세에 대해서 그전에는 지금의 국토해양부, 즉 전 건설교통부에서는 수수료에 포함되어 있으므로 별도로 받지 않도록 해 왔다. 그러나 2007년도 대한공인중개사협회의 강력한 건의로 당시 건설교통부에서 법제처의 중개수수료에 대한 유권해석 결과를 받아 '중개수수료도 용역의 대가이므로 부가가치세를 받을 수 있다'고 통보해 온 적이 있다. 이에 따라 당시 건설교통부(지금 국토해양부)에서는 일반과세자의 경우에는 중개수수료에 10%를 가산하여 받을 수 있고, 간이과세자의 경우에는 부가가치세를 받을 수 없다고 수정하여 하달된 지침에 의거하여 부가가치세를 받지 못하도록 하고 있다. 그러나 간이과세자는 실제로 3% 정도의 부가가치세를 납부하고 있다. 그래서 대국민 홍보 차원에서 중개수수료에 부가가치세 10%를 적용하여 부가가치세를 산출하여 기록은 하되 수납을 하여서는 아니 된다.

따라서 부동산중개업자는 부가가치세를 실비란 밑에 '부가가치세'라 추가 기록하여 그를 산출하여 기록해 두는 것이 바람직하다.

이 외에 부동산중개업들은 고객과 충돌을 방지하기 위하여 최소 2년간은 부동산중개업소 사무실 고객이 잘 볼 수 있는 곳에 '2007년도부터 부동산중개수수료에는 부가가치세가 별도로 부과됩니다. 건설교통부 지시'라는 문구를 작성하여 게시하고 홍보할 필요가 있다.

(6) 거래당사자 및 중개업자 인적사항

① 중개대상물 교부 연월일

중개대상물의 교부 연월일은 중개업자가 의뢰인에게 중개대상물 확인·설명서 교부한 일자이며, 또 의뢰인이 중개업자로부터 중개대상물 확인·설명서 수령한 일자이기도 하다. 그러므로 거래당사자 및 중개업자 인적사항을 기재하는 난 위의 연월일에는 중개업자가 의뢰인에게 중개대상물 확인·설명서를 교부한 일자를 기재하여 교부하여야 한다.

② 거래당사자 및 중개업자 인적사항

거래당사자 및 중개업자 인적사항 기재란에서 거래당사자는 서명을 하거나 날인만을 거래당사자가 실시하고, 중개업자는 관련 사항을 인쇄할 수 있으나 서명과 날인은 반드시 서명도 하고 날인도 하여야 한다.

만일 소속공인중개사가 참여한 경우에는 소속공인중개사도 서명과 날인은 본인이 직접 하여야 한다.

2) 비주거용

(1) 양식

■ 공인중개사의 업무 및 부동산 거래신고에 관한 법률 시행규칙[별지 제20호의 2 서식]

(제1쪽)

중개대상물 확인·설명서[II](비주거용 건축물)

([ ]업무용 [ ] 상업용 [ ] 공업용 [ ] 매매·교환 [ ] 임대 [ ] 기타)

※ [ ]에는 해당되는 곳에 √표를 합니다.

확인·설명 자료	확인·설명 근거자료 등	[ ] 등기권리증 [ ] 등기사항증명서 [ ] 토지대장 [ ] 건축물대장 [ ] 지적도 [ ] 임야도 [ ] 토지이용계획 확인서 [ ] 기타( )
	대상 물건의 상태에 관한 자료요구 사항	

유 의 사 항	
중개업자의 확인·설명 의무	중개업자는 중개대상물에 관한 권리를 취득하려는 중개의뢰인에게 성실·정확하게 설명하고, 토지대장등본·등기사항증명 서 등 설명의 근거자료를 제시하여야 합니다.
실제거래가격 신고	「공인중개사의 업무 및 부동산 거래신고에 관한 법률」 제27조 및 같은 법 시행령 제23조 제1항 제5호의 실제거래가격은 매 수인이 매수한 부동산을 양도하는 경우 「소득세법」 제97조 제1항 및 제7항과 같은 법 시행령 제163조 제11항 제2호에 따라 취득 당시의 실제거래가액으로 보아 양도차익이 계산될 수 있음을 유의하시기 바랍니다.

I. 중개업자 기본 확인사항

① 대상 물건의 표시	토지	소재지				
		면적(㎡)		지목	공부상 지목	
					실제이용 상태	
	건축물	전용 면적(㎡)			대지 지분(㎡)	
		준공연도 (증개축연도)		용도	건축물대장상 용도	
					실제용도	
		구조		방향	(기준:)	
		건축물대장상 위반건축물 여부	[ ] 위반 [ ] 적법	위반내용		

② 권리관계	등기부 기재사항	소유권에 관한 사항		소유권 외의 권리사항	
		토지		토지	
		건축물		건축물	

③ 토지이용계획, 공 법상 이용제한 및 거래규제에 관한 사항(토지)	지역지구	용도지역			건폐율 상한	용적률 상한
		용도지구			%	%
		용도구역				
	도시계획 시설		허가·신고 구역 여부	[ ] 토지거래허가구역 [ ] 주택거래신고지역		
			투기지역 여부	[ ] 토지투기지역 [ ] 주택투기지역 [ ] 투기과열지구		
	지구단위계획구역, 그 밖의 도시관리계획			그 밖의 이용제한 및 거래규제사항		

④ 입지조건	도로와의 관계	(m × m)도로에 접함 [ ] 포장 [ ] 비포장		접근성	[ ] 용이함 [ ] 불편함	
	대중교통	버스	( ) 정류장,	소요시간: ([ ] 도보, [ ] 차량) 약	분	
		지하철	( ) 역 ,	소요시간: ([ ] 도보, [ ] 차량) 약	분	
	주차장	[ ] 없음 [ ] 전용주차시설 [ ] 공동주차시설 [ ] 기타 ( )				

⑤ 관리에 관한 사항	경비실	[ ] 있음 [ ] 없음		관리 주체	[ ] 위탁관리 [ ] 자체관리 [ ] 기타

210mm×297mm[일반용지 70g/㎡(재활용품)]

⑥ 거래예정금액 등	거래예정금액			
	개별공시지가(㎡당)		건물(주택)공시가격	

⑦ 취득 시 부담할 조세의 종류 및 세율	취득세	%	농어촌특별세	%	지방교육세	%

Ⅱ. 중개업자 세부 확인사항

⑧ 실제권리관계 또는 공시되지 않은 물건의 권리 사항	

⑨ 내·외부 시설물의 상태 (건축물)	수도	파손 여부	[ ] 없음　　[ ] 있음(위치:　　　　　　　　）
		용수량	[ ] 정상　　[ ] 부족함(위치:　　　　　　　）
	전기	공급상태	[ ] 정상　　[ ] 교체요함(교체할 부분:　　　　）
	가스(취사용)	공급방식	[ ] 도시가스　　[ ] 기타(　　　　　　）
	소방	소화전	[ ] 없음　　[ ] 있음(위치:　　　　　）
		비상벨	[ ] 없음　　[ ] 있음(위치:　　　　）
	난방 방식 및 연료공급	공급방식	[ ] 중앙공급　[ ] 개별공급　시설작동 [ ] 정상 [ ] 수선요함(　　)
		종류	[ ] 도시가스　[ ] 기름　[ ] 프로판가스　[ ] 연탄 [ ] 기타(　)
	승강기		[ ] 있음 ([ ] 양호　[ ] 불량)　　[ ] 없음
	배수		[ ] 정상　　[ ] 수선요함(　　　　　　）
	그 밖의 시설물		

⑩ 면	벽면	균열	[ ] 없음　　[ ] 있음(위치:　　　　　）
		누수	[ ] 없음　　[ ] 있음(위치:　　　　）

Ⅲ. 중개수수료 등에 관한 사항

⑪ 중개수수료 및 실비의 금액과 산출내역	중개수수료		<산출내역>
	실비		중개수수료: 실비: 부가가치세:
	부가가치세		※ 중개수수료는 거래금액의 1천분의 9 이내에서 중개의뢰인과 중개업자가 서로 협의하여 결정하며 부가가치세는 별도로 부과될 수 있습니다.
	계		

「공인중개사의 업무 및 부동산 거래신고에 관한 법률」 제25조제3항 및 같은 법 시행령 제21조에 따라 거래당사자는 중개업자로부터 위 중개대상물에 관하여 확인·설명을 듣고, 중개업자가 작성·교부하는 본 확인·설명서를 수령합니다.

　　　　　　　　　　　　　　　　　　　　　　　　　　　　　　　　년　　　　월　　　　일

매도인 (임대인)	주소		성명		서명 및 날인
	주민등록번호		전화번호		
매수인 (임차인)	주소		성명		서명 및 날인
	주민등록번호		전화번호		
중개업자	등록번호		성명		서명 및 날인
	사무소 명칭		소속공인중개사		서명 및 날인
	사무소 소재지		전화번호		
중개업자	등록번호		성명		서명 및 날인
	사무소 명칭		소속공인중개사		서명 및 날인
	사무소 소재지		전화번호		

(2) 작성요령

중개대상물 확인·설명서(Ⅱ) 양식은 중개대상물 확인·설명서(Ⅰ) 양식 중 교육시설과 판매 및 의료시설, 비선호시설, 도배, 환경조건 등이 생략되었고 기타는 동일하다. 따라서 그 기재 요령도 이를 제외하고는 대동소이하다.

① 확인·설명 자료 및 유의사항

– 확인·설명 근거자료 등

확인·설명 자료란은 확인·설명 근거자료 등의 난과 유의사항으로 구성되어 있으며, 확인·설명 자료란은 중개업자가 의뢰인에게 확인·설명하기 위하여 발급 및 열람한 공적 서류 등의 자료를 기재해 주는 난으로 참조한 서류를 √로 체크한다.

이는 중개업자가 권리를 취득하는 의뢰인에게 당해 중개대상물을 설명하는 데 참조하여 이용한 자료를 말하며, 중개대상물 확인·설명서 작성 근거자료이기도 하다.

이때 빌딩 등 집합건물인 경우는 최소 등기부등본과 토지이용계획 확인서를 열람하여야 하고, 근린생활시설의 경우에는 등기부등본(토지, 건물)과 토지대장, 건축물 관리대장, 토지이용계획 확인서는 발급 및 열람을 하여야 한다.

비주거용 건물의 임대차 경우는 건축물 관리대장을 반드시 확인하여야 하며, 특히 도면까지 확인하여야 한다.

(3) 대상 물건의 상태에 관한 자료 요구사항

비주거용 물건의 자료요구 및 물건상태 요구는 주거용보다 매도(임대)의뢰인의 참여가 활발하다.

그 외에는 주거용과 동일하므로 주거용을 참조한다.

(4) 유의사항

주거용 중개대상물 확인·설명서를 참조한다.

(5) 중개업자 기본 확인사항

① 대상 물건의 표시

ⓐ 토지
주거용 중개대상물 확인·설명서를 참조한다.

ⓑ 건축물
건축물은 건축물 관리대장이나 집합건물등기부등본을 발급받아 작성한다. 비주거용 중개대상물 확인·설명서 작성요령도 주거용 중개대상물 확인·설명서 작성요령과 대동소이하다.

다만 근린생활시설의 경우 주거용과 근생 시설의 면적 비율이 있으므로 매도(임대)의뢰인으로부터 이에 대한 자료를 요구하여야 하며 이를 위반사항에 기재하고 이를 의뢰인과 협의하여 그 처리대책을 아울러 기재할 필요가 있다.

특히 임대차의 경우와 매매 후 MD 구성을 하는 경우 허가가 필요한 업종, 등록을 하여야 하는 업종, 신고만 해도 되는 업종, 신고도 불필요한 업종 등에 대해 착안하여 그 면적기준과 시설기준에 대해 별도로 작성해 둘 필요가 있다.

② 권리관계
권리관계는 주거용 중개대상물 확인·설명서와 동일하게 작성하면 된다.

다만 매매의 경우 등기되지 않은 권리사항에 대해서는 의뢰인으로부터 자료나 확인서를 첨부해야 한다.

③ 토지이용계획, 공법상 이용제한 및 거래규제에 관한 사항
주거용 중개대상물 확인·설명서를 참조한다.

④ 입지조건
입지조건은 주거용 중개대상물 확인·설명서와 동일하게 작성한다.

다만, 업무 및 상업용 시설의 경우는 접근성 및 주차장, 그리고 공업용 시설의 경우는

접근성 및 도로 너비 및 중장비의 진출입 장애요인 존재 여부를 착안하여 해당란에 기재하여야 함을 착안하여야 한다.

⑤ 관리에 관한 사항

관리에 관한 사항도 업무용 및 상업용 시설의 경우와 창고의 경우 착안하여 구체적으로 조사하여 작성하여야 한다. 그 외는 주거용 중개대상물 확인·설명서를 참조한다.

⑥ 거래예정금액 등

거래예정금액도 주거용 중개대상물 확인·설명서를 참조한다.

⑦ 취득 시 부담할 조세의 종류 및 세율

취득 시 부담할 조세의 종류 및 세율은 주택과 달라 그 변동이 거의 없고, 주거용과 그 세율이 다르므로 여기에 착안하여야 한다.

(6) 중개업자 세부 확인사항

① 실제권리관계 또는 공시되지 아니한 물건의 권리사항

실제권리관계 또는 공시되지 아니한 물건의 권리사항도 주거용 중개대상물 확인·설명서를 참조한다. 다만 주거용 중개대상물 확인·설명서의 경우는 주택임대차보호법에 따른 임대차 대신 상가건물임대차보호법에 따른 임대차관계의 실제권리관계 또는 공시되지 아니한 물건의 권리사항에 착안하여 기재하는 것이 차이이다.

즉 임대차가 있는 경우는 임대보증금, 월세, 임대차기간, 임차인이 투입한 유익비에 관한 사항, 권리금 등에 관한 사항 등이다.

② 내·외부 시설물의 상태(건축물)

건축물의 내·외부 시설물의 상태도 주거용 중개대상물 확인·설명서를 참조한다. 즉 매도(임대)의뢰인이 중개업자가 요구한 물건의 상태에 대한 자료요구서를 작성하여 제출한 경우 이를 기초로 작성하는 것이 원칙이다.

다만, 그 밖의 시설물은 다음과 같은 사항을 기재한다.

③ 그 밖의 시설물

그 밖의 시설물란은 업무용 및 상업용의 경우는 오수·정화시설용량을, 공업용의 경우는 전기용량, 오수·정화시설용량, 용수시설 내용을 기재하는 곳이다. 그러나 출입문 등 주요 시설에 대한 번호 키 및 인터폰 상태 등 보안시설을 설치한 경우에는 여기에 기록할 수 있다.

— 벽면 상태

주거용 중개대상물 확인·설명서를 참조한다.

④ 환경조건

환경조건은 또한 주거용 중개대상물 확인·설명서를 참조한다.

(7) 중개수수료 등에 관한 사항

① 중개수수료 산출

중개수수료도 주거용 중개대상물 확인·설명서를 참조한다.

다만, 비주거용 중개대상물의 중개수수료와 주거용 중개대상물의 중개수수료의 차이점은 우선 수수료율이 매매 및 임대차 공히 0.9%를 적용하는 것과 실비가 크기 때문에 실비를 매도(임대)의뢰인으로부터 받을 수 있다는 점이다.

이 실비에는 교통비 및 자동차 연료비와 섭외비 등을 요구할 수 있다.

② 거래당사자 및 중개업자 인적사항

거래당사자 및 중개업자 인적사항은 주거용 중개대상물 확인·설명서를 참조한다.

3) 토지용

(1) 양식

■ 공인중개사의 업무 및 부동산 거래신고에 관한 법률 시행규칙[별지 제20호의 3 서식]

(제1쪽)

<table>
<tr><td colspan="7" align="center">중개대상물 확인·설명서[Ⅲ](토지)
([ ] 매매·교환 [ ] 임대)</td></tr>
<tr><td colspan="7" align="right">※ [ ]에는 해당되는 곳에 √표를 합니다.</td></tr>
<tr><td rowspan="2">확인·설명
자료</td><td>확인·설명
근거자료 등</td><td colspan="5">[ ] 등기권리증 [ ] 등기사항증명서 [ ] 토지대장 [ ] 건축물대장 [ ] 지적도
[ ] 임야도 [ ] 토지이용계획 확인서   [ ] 기타(   )</td></tr>
<tr><td>대상 물건의
상태에 관한
자료요구 사항</td><td colspan="5"></td></tr>
<tr><td colspan="7" align="center">유 의 사 항</td></tr>
<tr><td>중개업자의
확인·설명
의무</td><td colspan="6">중개업자는 중개대상물에 관한 권리를 취득하려는 중개의뢰인에게 성실·정확하게 설명하고, 토지대장등본·등기
사항증명서 등 설명의 근거자료를 제시하여야 합니다.</td></tr>
<tr><td>실제거래가격
신고</td><td colspan="6">「공인중개사의 업무 및 부동산 거래신고에 관한 법률」 제27조 및 같은 법 시행령 제23조 제1항 제5호의 실제거래
가격은 매수인이 매수한 부동산을 양도하는 경우 「소득세법」 제97조 제1항 및 제7항과 같은 법 시행령 제163조 제
11항 제2호에 따라 취득 당시의 실제거래가액으로 보아 양도차익이 계산될 수 있음을 유의하시기 바랍니다.</td></tr>
</table>

Ⅰ. 중개업자 기본 확인사항

<table>
<tr><td>① 대상 물건의
표시</td><td rowspan="2">토지</td><td>소재지</td><td colspan="4"></td></tr>
<tr><td></td><td>면적(㎡)</td><td colspan="2"></td><td>지목</td><td>공부상 지목</td><td></td></tr>
<tr><td></td><td></td><td></td><td colspan="2"></td><td></td><td>실제이용 상태</td><td></td></tr>
</table>

<table>
<tr><td>② 권리 관계</td><td>등기부
기재사항</td><td colspan="2" align="center">소유권에 관한 사항</td><td colspan="2" align="center">소유권 외의 권리사항</td></tr>
<tr><td></td><td></td><td colspan="2">토지</td><td colspan="2">토지</td></tr>
</table>

<table>
<tr><td rowspan="6">③ 토지이용계획,
공법상 이용
제한 및 거래
규제에 관한
사항(토지)</td><td rowspan="3">지역지구</td><td>용도지역</td><td></td><td></td><td>건폐율 상한</td><td>용적률 상한</td></tr>
<tr><td>용도지구</td><td></td><td></td><td rowspan="2">%</td><td rowspan="2">%</td></tr>
<tr><td>용도구역</td><td></td><td></td></tr>
<tr><td rowspan="2">도시계획
시설</td><td>허가·신고
구역여부</td><td colspan="4">[ ] 토지거래허가구역</td></tr>
<tr><td>투기지역여부</td><td colspan="4">[ ] 토지투기지역 [ ] 주택투기지역 [ ] 투기과열지구</td></tr>
<tr><td>지구단위계획구역, 그
밖의 도시관리계획</td><td></td><td></td><td colspan="2">그 밖의 이용제한
및 거래규제사항</td></tr>
</table>

<table>
<tr><td rowspan="3">④ 입지조건</td><td>도로와의 관계</td><td colspan="2">(m× m)도로에 접함 [ ] 포장 [ ] 비
포장</td><td>접근성</td><td colspan="2">[ ] 용이함 [ ] 불편함</td></tr>
<tr><td rowspan="2">대중교통</td><td>버스</td><td>(   ) 정류장,</td><td colspan="3">소요시간: ([ ] 도보, [ ] 차량) 약   분</td></tr>
<tr><td>지하철</td><td>(   ) 역 ,</td><td colspan="3">소요시간: ([ ] 도보, [ ] 차량) 약   분</td></tr>
</table>

<table>
<tr><td colspan="2">⑤ 비선호시설(1km 이내)</td><td>[ ] 없음</td><td colspan="3">[ ] 있음(종류 및 위치:)</td></tr>
<tr><td rowspan="2">⑥ 거래예정금액 등</td><td colspan="2">거래예정금액</td><td colspan="3"></td></tr>
<tr><td colspan="2">개별공시지가(㎡당)</td><td></td><td>건물(주택)공시가격</td><td></td></tr>
</table>

<table>
<tr><td>⑦ 취득 시 부담할 조
세의 종류 및 세율</td><td>취득세</td><td>%</td><td>농어촌특별세</td><td>%</td><td>지방교육세</td><td>%</td></tr>
</table>

210mm×297mm[일반용지 70g/㎡(재활용품)]

Ⅱ. 중개업자 세부 확인사항	
⑧ 실제권리관계 또는 공시되지 않은 물건의 권리 사항	

Ⅲ. 중개수수료 등에 관한 사항

	중개수수료		<산출내역> 중개수수료: 실비: 부가가치세: ※ 중개수수료는 거래금액의 1천분의 9 이내에서 중개의뢰인과 중개업자가 서로 협의하여 결정하며, 부가가치세는 별도로 부과될 수 있습니다.
⑨ 중개수수료 및 실비의 금액과 산출내역	실비		
	부가가치세		
	계		

「공인중개사의 업무 및 부동산 거래신고에 관한 법률」 제25조 제3항 및 같은 법 시행령 제21조에 따라 거래당사자는 중개업자로부터 위 중개대상물에 관하여 확인·설명을 듣고, 중개업자가 작성·교부하는 본 확인·설명서를 수령합니다.

년   월   일

매도인 (임대인)	주소		성명	서명 또는 날인	
	주민등록번호		전화번호		
매수인 (임차인)	주소		성명	서명 또는 날인	
	주민등록번호		전화번호		
중개업자	등록번호		성명	서명 및 날인	
	사무소 명칭		소속공인중개사	서명 및 날인	
	사무소 소재지		전화번호		
중개업자	등록번호		성명	서명 및 날인	
	사무소 명칭		소속공인중개사	서명 및 날인	
	사무소 소재지		전화번호		

210㎜×297㎜(일반용지 60g/㎡(재활용품))

(2) 작성요령

토지 중개대상물 확인·설명서는 임대의 경우는 매우 적게 작성하고 주로 매매의 경우 많이 작성한다. 다만 토지의 임대차의 경우는 통상 나대지와 농지에서 주로 많이 작성된다.

나대지 임대의 경우는 주차장, 모델하우스, 고물상이나 건축자재 적치장소, 중장비 주차장으로 임대하는 경우가 일반적이다.

농지의 경우는 농지원부가 필요한 자들이 농지의 일부를 2~3년 임대해 주고 있으며, 대부분은 외지의 토지소유자들이 농지 구입에 도와준 사람이나 이장 또는 농지은행에 임대를 주고 있다.

토지 중개대상물 확인·설명서는 주거용 중개대상물 확인·설명서에 대하여 다음의 사항들이 양식에 없는 것이 차이이다.

- 대상 물건의 표시에 건축물란
- 중개업자 기본 확인사항에서 주차장란
- 중개업자 기본 확인사항에서 교육시설란
- 중개업자 기본 확인사항에서 판매 및 의료시설란
- 중개업자 기본 확인사항에서 관리에 관한 사항란
- 중개업자 세부 확인사항에서 내·외부 시설물의 상태(건축물)란
- 중개업자 세부 확인사항에서 도배상태란
- 중개업자 세부 확인사항에서 환경조건란

① 대상 물건의 표시

대상 물건의 표시에서 토지란은 주거용 중개대상물 확인·설명서를 참조한다.

② 권리관계

권리관계의 기재 또한 주거용 중개대상물 확인·설명서를 참조한다.

③ 토지이용계획, 공법상 이용제한 및 거래규제에 관한 사항

토지 거래는 실수요자이거나 대부분 투자자이므로 주거용 중개대상물 확인·설명서와 그 작성요령이 동일하므로 그를 참조하여 작성한다. 다만, 토지 중개대상물 확인·설명서

는 건축가능 여부에 중점을 두고 확인하여 작성한다.

④ 입지조건

입지조건도 주거용 중개대상물 확인·설명서를 참조한다. 다만 농지의 경우는 농업용수 이용 가능성을 별지를 사용하여 추가할 수 있다.

⑤ 비선호시설

주거용 중개대상물 확인·설명서를 참조한다.

⑥ 거래예정금액 등

주거용 중개대상물 확인·설명서를 참조한다.

⑦ 취득 시 부담할 조세의 종류 및 세율

주거용 중개대상물 확인·설명서를 참조한다.

⑧ 실제권리관계 또는 공시되지 않은 물건의 권리사항

주거용 중개대상물 확인·설명서를 참조한다.

다만, 토지 중개대상물 확인·설명서에 권리관계 중 '실제권리관계 또는 공시되지 아니한 물건의 권리에 관한 사항'은 구체적으로 잘 작성하여야 한다.

토지는 주택처럼 점유관계가 노출되지 않는 경우가 있다. 그래서 현지 확인을 통하여 확인한 내용을 자세히 기재하여야 한다.

토지 중개대상물 확인·설명서의 '실제권리관계 또는 공시되지 아니한 물건의 권리에 관한 사항'에는 토지의 임대차, 지상에 점유권 행사하고 있는 사항, 구축물, 적치물, 진입로, 경작물 등을 기재한다.

임대차의 경우는 토지에 대한 임대보증금, 월세(차임), 임대차기간 등을 구체적으로 작성하여야 하고 특히 비닐하우스의 경우 바닥이 콘크리트를 타설하여 설치된 경우는 임차인이 바로 이전 가능한 상태인지를 확인하여 기재하여야 한다.

맹지인 경우는 진입로에 대한 관련 토지와 지역권이나 상린권에 대한 설정문제도 같이 기재하여야 한다.

그 외에 적치물이나 구축물 그리고 경작물이 있는 경우는 그 이전 시기를 확인하여 기재한다.

토지를 임대차하는 거래인 경우는 이를 생략할 수 있고 또는 이에 대해 현 상태만 기재하면 되나 구축물이나 적치물 등이 있는 경우는 그에 대한 처리 관계를 기재하기도 한다.

⑨ 중개수수료 및 실비의 금액과 산출내역

토지에 대한 중개수수료율은 0.9%를 적용하여 산출하고 한도액이 없다는 것이 특징이다.

토지에 대한 중개수수료 산출은 컨설팅 계약을 하지 않은 경우 매도인으로부터 실비를 청구하므로 매도(임대)인과 매수(임차)인의 중개수수료 작성에 차이가 있음을 착안하여야 한다.

실비는 일정한 비율은 없고 실제 연료비 및 식비를 포함한 건축 가능 여부를 확인하는 데 발급한 서류비용 등 실제 들어간 비용을 영수증을 첨부하여 계산한다.

⑩ 거래당사자 및 중개업자의 인적사항

주거용 중개대상물 확인·설명서를 참조한다.

4) 입목, 광업재단, 공장재단용

(1) 양식

■ 공인중개사의 업무 및 부동산 거래신고에 관한 법률 시행규칙[별지 제20호의 4 서식]

중개대상물 확인·설명서[Ⅳ](입목·광업재단·공장재단)
([ ]매매·교환 [ ]임대)

※ [ ]에는 해당되는 곳에 √표를 합니다.

확인·설명 자료	확인·설명 근거자료 등	[ ] 등기권리증 [ ] 등기부등본 [ ] 토지대장 [ ] 건축물대장 [ ] 지적도 [ ] 임야도 [ ] 토지이용계획 확인서 [ ] 기타( )
	대상 물건의 상태에 관한 자료요구 사항	

유 의 사 항	
중개업자의 확인· 설명 의무	중개업자는 중개대상물에 관한 권리를 취득하려는 중개의뢰인에게 성실·정확하게 설명하고, 토지대장 등본·등기부등본 등 설명의 근거자료를 제시하여야 합니다.
실제거래가격 신고	「공인중개사의 업무 및 부동산 거래신고에 관한 법률」 제27조 및 같은 법 시행령 제23조 제1항 제5호의 실제거래가격은 매수인이 매수한 부동산을 양도하는 경우 「소득세법」 제97조제1항 및 제7항과 같은 법 시행령 제163조 제11항 제2호에 따라 취득 당시의 실제거래가액으로 보아 양도차익이 계산될 수 있음 을 유의하시기 바랍니다.

Ⅰ. 중개업자 기본 확인사항

① 대상 물건의 표시	토 지	대상물 종별	[ ] 입목 [ ] 광업재단 [ ] 공장재단	
		소재지 (등기·등록지)		

② 권리관계	등기부 기재사항	소유권에 관한 사항	성 명	
			주 소	
		소유권 외의 권리사항		

③ 재단목록 또는 입목의 생육상태	

④ 그 밖의 참고 사항	

⑤ 거래예정금액 등	거래예정금액					
	개별공시지가(㎡당)				건물(주택)공시가격	
⑥ 취득 시 부담할 조세의 종류 및 세율	취득세	%	농어촌특별세	%	지방교육세	%

Ⅱ. 중개업자 세부 확인사항

⑦ 실제권리관계 또는 공시되지 않은 물건의 권리 사항	

Ⅲ. 중개수수료 등에 관한 사항

⑧ 중개수수료 및 실비의 금액과 산출내역	중개수수료		<산출내역> 중개수수료: 실비: ※ 중개수수료는 거래금액의 1천분의 9 이내에서 중개의뢰인과 중개업자가 서로 협의하여 결정하며 부가가치세는 별도로 부과될 수 있습니다.
	실비		
	계		

「공인중개사의 업무 및 부동산 거래신고에 관한 법률」 제25조 제3항 및 같은 법 시행령 제21조에 따라 거래당사자는 중개업자로부터 위 중개대상물에 관하여 확인·설명을 듣고, 중개업자가 작성·교부하는 본 확인·설명서를 수령합니다.

년   월   일

매도인 (임대인)	주소		성명		서명 또는 날인
	주민등록번호		전화번호		
매수인 (임차인)	주소		성명		서명 또는 날인
	주민등록번호		전화번호		
중개업자	등록번호		성명		서명 및 날인
	사무소 명칭		소속공인중개사		서명 및 날인
	사무소 소재지		전화번호		
중개업자	등록번호		성명		서명 및 날인
	사무소 명칭		소속공인중개사		서명 및 날인
	사무소 소재지		전화번호		

(2) 작성요령

중개대상물 확인·설명서[IV]는 별도로 작성해 본 경험이 없으므로 국토해양부 작성요령을 소개한다.

① 대상 물건의 표시

대상 물건의 표시는 먼저 대상물의 종별을 체크하고 그 대상물의 등기 또는 등록지의 소재지를 작성한다. 대상 토지가 여럿인 경우는 대표 지번만 기록하고 별지로 토지목록을 첨부할 수 있다. 이때는 첨부목록이 있음을 소재지란의 하단에 기재하여야 한다.

② 권리관계

권리관계로 등기부 기재사항은 등기부등본에 있는 사항을 그대로 기재하면 된다.

소유권에 관한 사항란에는 소유자 성명 또는 회사성명과 등록번호를 성명란에 기록하고, 등기부등본 또는 등록지상의 주소를 기재한다.

만일 등기부등본상의 '갑'구에 기재된 사항이 소유권 외의 다른 권리가 있는 경우 이를 모두 기록하는데 '갑'구에 기재되는 권리로는 압류 및 가압류, 가처분, 예고등기, 경매개시결정 등기 등이 있으며 등기 일자, 채권금액, 채권자, 처분제한사항 등을 기재하고 설명한다.

소유권 외의 권리사항은 근저당 및 저당권, 전세권, 임차권, 지상권 등을 기재하여야 한다. 이때 기재요령은 권리명, 등기 일자, 채권금액, 채권자명, 기타 기한 순으로 기재한다. 만일 이러한 권리가 여럿인 경우는 별지를 첨부하여 기재한다.

③ 재단목록 또는 임목의 생육 상태

공장재단의 경우는 공장재단목록과 공장재단 등기부등본을, 광업재단의 경우는 광업재단목록과 관업재단 등기부등본을, 임목의 경우는 임목등록원부와 임목 등기부등본을 확인하여 기재한다. 이때 공장 및 광업재단목록은 그 양이 많기 때문에 통상 별지로 작성하여 첨부한다.

④ 그 밖의 참고사항

권리관계 및 재단목록 또는 임목의 생육상태 중 특이사항이나 해당란에 다 기록하지 못한 사항을 기재한다.

⑤ 거래예정금액 등

거래예정금액은 매매의 경우는 매도인과 매수인이 합의한 금액을, 임대의 경우는 임대인과 임차인이 합의한 보증금과 차임을 기록한다. 그리고 개별공시지가 및 건물 공시가격은 참고자료로 기록한다. 단, 임대차의 경우는 개별공시지가 및 건물 공시가격을 생략한다.

⑥ 취득 시 부담할 조세의 종류 및 세율

취득 시 부담할 조세의 종류 및 세율은 매매의 경우에만 작성하며, 지방세법에서 관련 세금의 요율을 적용한다.

⑦ 실제권리관계 또는 공시되지 아니한 물건의 권리사항

실제권리관계 또는 공시되지 아니한 물건의 권리사항은 매도(임대)의뢰인이 고지한 사항 즉 법정지상권이나 유치권, 임차권, 분묘기지권 그리고 토지에 부착된 조각물 및 정원수 등을 기재하는데, 매도(임대)의뢰인이 이를 고지하는 경우는 극히 드물기 때문에 중개업자가 현장 확인 시에 착안하여 확인한 사항을 기재한다.

또한 임대차의 경우는 전 세입자의 임대보증금, 월 단위 차임액, 임대차기간 등을 기재한다.

그 외에 임목의 경우 명의신탁 및 상속에 관한 사항, 그 외에 등기 명의인과 실제 소유자가 상이할 경우 그 내용을 기재한다.

⑧ 중개수수료 및 실비의 금액과 산출내역

– 중개수수료(입목, 광업재단, 공장재단) 산출

주택 외의 부동산은 중개수수료율을 0.9%를 적용하여 산출하고 한도액이 없다는 것이 특징이다.

– 실비 산출

실비는 등기부등본 발급 등 기본적인 서류비용은 포함되지 않으며(국토해양부 유권해석), 당해 중개대상물에만 특별히 추가되는 여비 및 출장비 등의 비용을 실비로 받을 수 있다.

그러나 입목이나 공장재단 및 광업재단에 대한 부동산중개는 대부분 부동산중개컨설팅으로 수행되므로 컨설팅 비용에 실비가 포함되어 산출된다.

– 부가가치세 적용

부가가치세는 건설교통부에서는 일반과세자의 경우 중개수수료에 10%를 가산하여 받을 수 있고, 간이과세자의 경우에는 부가가치세를 받을 수 없다고 수정하여 하달된 지침에 의거하여 부가가치세 10%를 기록은 하되 수납을 하여서는 아니 된다.

따라서 부가가치세는 실비란 밑에 부가가치세라 추가하여 기록하여 산출한다.

⑨ 거래당사자 및 중개업자 인적사항

주거용 중개대상물 확인·설명서를 참조한다.

9. 계약서 작성

가. 계약서 작성 목적

부동산중개업자가 부동산거래계약서를 작성하는 목적은 첫째, 거래당사자가 합의하여 계약이 성립되었고, 상호 제시한 조건을 합의하였으니 신의 성실의 원칙에 의하여 이행할 것을 증명하는 것이며, 만에 하나 계약상의 문제가 발생할 경우 그를 해결하는 기준과 근거를 마련하기 위하여 계약한 내용을 문서화하는 데 목적이 있다.

그래서 계약서는 거래당사자의 의견이 일치하여 합의한 내용만을 계약서에 작성하여야 하며, 합의되지 않은 것은 계약서 내용에 작성하여서는 아니 된다. 따라서 부동산중개업자는 계약서를 작성함에 있어 당해 부동산에 대한 거래관계를 가장 잘 아는 사람이므로 거래대상 부동산에 대한 거래계약서로 인해 분쟁이 발생하지 않도록 합법적이고 합리적이며, 공정성과 정확성 그리고 자세하고 구체적으로 작성하고, 분쟁이 예상되는 사항까지 꼼꼼히 챙겨 분쟁이 발생하지 않도록 권위 있게 작성하여야 한다.

따라서 부동산중개업자는 부동산 관련 계약서 작성에 대하여 많은 경험이 필요하고 그 해결방안을 법에 근거하여 제시하는 최고의 권위자가 되어야 하고 부단하게 공부와 연습을 하여야 한다.

나. 계약서 작성시기

매도(임대)인과 매수(임차)인이 거래대금과 입주(인수) 일자 등 계약과 관련된 사항들이 합의되면 이어서 통상 계약서를 작성하게 된다.

계약서 작성일시는 통상 매수(임차)인이 중개대상물을 방문하여 확인 후 바로 이루어지는 경우가 대부분이나, 간혹 매도(임대)인과 매수(임차)인이 합의를 보면 계약이 성립된 날 계약서를 작성하지 않고, 후일 적당한 일자에 계약서를 작성하기로 합의하여 약속한 일자에 계약서를 작성하기도 한다.

그러나 이러한 경우 그 약속 일자가 도래하기 전에 파기되는 경우가 있다.

이를 위해 부동산중개업자는 계약서는 양 당사자가 합의한 일자에 작성하더라도 가급적 계약금의 일부라도 입금하도록 하고 있다.

이때 입금방법은 등기부등본상의 소유자 명의로 된 통장으로 가급적 전화입금하거나, 계좌이체를 하도록 하는 것이 좋다.

현장에서 부동산 계약의 특징이 지구상에 가장 흔한 것이 부동산이고 또 모든 부동산이 동일한 것이 없고 나름대로 장단점을 가지고 있으며 거래대금이 크기 때문에 쉽게 결정하기도 어렵고 또 결정했더라도 다른 물건이 더 좋게 생각이 들 수 있으므로 결정을 번복하는 경우가 많다.

더구나 매수(임차)인이 물건을 구하고자 할 때 우리나라는 전속이나 독점중개제도가 아니고 일반중개이다 보니 이미 매수(임차)인이 구입한 물건을 결정한 뒤에도 계속 다른 중개업자로부터 전화 등으로 구입물건을 권유받아 매수(임차)인의 마음을 흔들어 놓기도 하여 이로 인해 구두로 계약한 경우 매수(임차)인이 계약을 파기하는 경우가 많이 있다.

따라서 후일 계약서를 작성하기로 합의한 뒤 계약금의 일부라도 입금되지 않으면 해약하는 경우가 종종 발생하므로 계약금의 일부를 매도(임대)인 통장으로 입금하도록 해야 한다. 그런데 이렇게 하였는데도 계약을 해제하고 싶은 경우 매수(임차)인은 입금한 계약금을 돌려받지 못하게 되므로 계약서를 작성하지 않았다는 이유로 부동산중개업자를 억압하여 입금한 계약금을 돌려받을 수 있도록 요구하고 있다. 또 이 억압을 해결하기 위한 방법으로 또는 자신이 추천하는 물건을 구입하도록 권유하기 위해 기 구입한 물건에 대해 다시 거래를 시켜 주면 계약금을 돌려받을 수 있다고 가장하여 다시 거래시키는 경우가 있으나 이는 매도(임대)인이 합의해 주었을 때 가능한 일이지 매도(임대)인이 관례에 따라 입금한 계약금을 반환해 주지 않으면 그만이다.

이러한 상황을 방지하기 위해서 가급적 부동산중개업자는 거래당사자 일방의 위임을 받아 계약이 성립한 날 계약서를 작성하는 것이 바람직하다.

다. 계약서 작성 장소

계약서 작성은 부동산중개사무실에서 함이 원칙이다. 그래서 부동산중개업자는 가급적이면 자신의 사무실에서 계약서를 작성하는 것이 좋다.

그러나 간혹 계약당사자 중 어느 한쪽이 장애인이거나 환자 또는 영업상 도무지 시간을 낼 수 없는 등의 매도(임대)인이나 매수(임차)인의 사정에 의해 매도인이나 매수인의 집 또는 점포에서 작성하기도 한다.

또 종종 공동중개가 아닌 부동산중개업자가 자신의 부동산중개사무소에서 부동산거래 계약을 작성하겠다고 하면 대수롭지 않게 생각하고 장소를 빌려 주는 경우가 있는데 이 또한 매우 위험하다. 왜냐하면 그 계약이 불법계약이 되어 문제가 발생하면 장소를 제공한 중개업자에게도 귀찮은 사건으로 중개업에 많은 지장을 줄 수 있다.

라. 계약서 작성 시 준비서류

매도(임대)인과 매수(임차)인이 합의가 되어 계약서를 작성하게 되면 중개업자는 계약서 작성에 필요한 서류를 준비하여야 하고, 매도(임대)인과 매수(임차)인도 필요한 준비를 하게 된다. 또 중개업자는 매도(임대)인과 매수인에게 이들이 준비할 것을 알려 주어야 한다.

이때 부동산중개업자 및 매도(임대)인 및 매수(임차)인이 각각 준비할 사항은 다음과 같다.

1) 부동산중개업자가 준비할 사항

① 매매(임대차) 계약서 양식
② 중개대상물 확인·설명서 양식
③ 손해보장보험증서(공제증서, 인·허가 보증보험증서, 공탁증서) 사본
④ 등기부등본(토지·건물등기부등본, 집합건물등기부등본)

⑤ 토지대장

⑥ 건축물 관리대장

⑦ 토지이용계획 확인서

⑧ 등록인장

⑨ 도장 인주

⑩ 볼펜

⑪ 스테이플러

⑫ 봉투 및 파일철

2) 권리를 상실하는 자(매도인, 임대인)가 준비할 사항

① 신분증(주민등록증, 운전면허증, 국가유공자증)

② 소유자임을 증명할 수 있는 서류(등기권리증, 의료보험카드 등)

③ 도장

④ 전화번호

⑤ 소유자 성명의 통장

⑥ 대리인 참석 시: 대리인 자격으로 계약당사자가 되는 경우는 소유자의 위임장과 인감증명서(소유자가 자필로 서명한 위임장과 신분증 사본)를 지참하여 참석하고 소유자의 전화번호를 상대방이 확인할 수 있도록 적어 와야 한다.

3) 권리를 취득하는 자(매수자, 임차인)가 준비할 사항

① 신분증(주민등록증, 운전면허증, 국가유공자증 등)

② 도장

③ 계약금

④ 보안카드 또는 금융거래 공인인증번호가 입력된 USB

⑤ 대리인 참석 시: 대리인 자격으로 계약당사자가 되는 경우는 소유자의 위임장과 인감증명서(소유자가 자필로 서명한 위임장과 신분증 사본)를 지참하여 참석하고 소유자의 전화번호를 상대방이 확인할 수 있도록 적어 와야 한다.

마. 계약서 작성 분위기

계약서 작성 시 계약서는 양 거래당사자가 계약과 관련된 의사를 자유스럽게 표현할 수 있도록 평온하고 화기애애한 분위기에서 작성하여야 한다.

그리고 계약서 작성하는 장소에는 계약당사자와 부동산중개업자 외에는 참석하지 못하도록 하여 주변에서 불필요한 이야기나 산만한 분위기가 조성되지 않도록 한다.

이때 부동산중개업자가 착안하여야 할 사항은 계약을 합의하여 계약서 작성할 때는 대부분 좋은 분위기이다. 그러나 거래당사자의 심정은 다르다.

매도인은 자신의 물건을 판 데 대해 한편으로 서운한 감정을 가지고 있고, 매수인은 자신이 물건을 산 데 대해 매우 기쁜 감정이다. 그래서 계약서 장소에서 중개업자는 매도인의 심경에 가급적 서운한 감정이 들지 않도록 계약을 합의해 가는 주의를 요한다. 만일 이를 잘못하면 다 이루어진 계약이 파기되는 경우가 발생한다.

바. 계약서 내용 작성요령

계약서 내용은 일반적으로 양식화된 문서를 사용하는데 실제로 이 양식화된 내용은 민법이나 관련 법에 있는 내용이므로 기재하지 않아도 문제가 되지 않는다. 다만 법규에 있는 내용이지만 이를 양식화하는 것은 일반 국민이 법규를 접하는 경우가 드물기 때문에 계약당사자가 주지하여야 할 필요한 내용만을 발췌하여 주지시키기 위한 데 있다. 따라서 부동산중개업자는 부동산은 거래금액이 크기 때문에 부작용이 많이 발생할 여지가 많으므로 계약이행에 필요한 사항과 이를 이행하지 않았을 경우 위약에 대한 사항을 명확히 기재하고, 책임 한계를 명확하게 하는 데 중점을 두고 작성하여야 한다.

이를 구체적으로 살펴보면 계약서를 작성할 때 부동산중개업자는 계약 양 당사자가 이행해야 할 계약조건과 지켜야 할 권리 및 의무 등을 상세히 지적하고, 필요시 이를 계약서에 특약으로 명시하여야 하며, 또 양 당사자가 꼭 알아야 할 사항을 꼼꼼히 알려 주는 세심함이 필요하다.

이때 계약서 양식에 있는 내용이든 그를 이행하기 위하여 필요한 사항과 이행하지 않을 경우 위약에 대한 사항이든 이를 계약서에 기재할 때는 반드시 계약당사자가 합의한 사항만 기재하여야 한다.

부동산중개업자는 계약서를 작성함에 있어, 특약사항을 작성하기 전에 계약서의 내용을 계약당사자에게 읽어 주거나 읽을 수 있는 기회를 부여하여 주지시켜야 한다.

특약사항을 작성할 때 부동산중개업자는 권리를 이전하는 사람부터 특약사항으로 제시할 사항을 말하도록 하고, 권리를 이전하는 사람의 요구가 끝나면 다음에는 권리를 취득하는 사람에게 특약사항으로 제시할 것이 있으면 이야기하도록 하여 권리를 이전하는 사람과 같은 요령으로 제시하도록 한다.

계약서 작성방법은 양식화된 용지를 가지고 거래당사자 간에 합의를 유도해 가면서 양식화된 용지에 직접 작성해 가는 방법이 있고, 또 하나는 계약서 초안을 가지고 합의해 가면서 내용을 완성한 후에 그 내용을 컴퓨터로 재작성하여 출력해서 완성하는 방법이 있다.

이 중 가장 좋은 방법은 중개업자의 성격에 따라 다르겠으나 가급적 양식화된 용지를 사용하여 거래당사자 앞에서 계약 내용을 하나하나 합의해 가면서 완성하고 그 자리에서 거래당사자가 서명하고 날인하도록 하는 방법이 안전하다.

각 계약의 종류별 계약서 양식과 그 내용에 대해서는 계약서 편에서 구체적으로 살펴보도록 한다.

사. 계약서 서명 또는 날인 및 처리

계약서 작성이 완료되면 부동산중개업자는 도장 찍기 전에 반드시 계약내용 다시 읽어 주고 '더 하실 말씀 없습니까?'라고 확인하며, 계약 양 당사자가 이의가 없음이 확인되면 도장을 받아 날인한다.

날인이 끝나면 관련 서류를 계약서에 첨부하여 각각 1부씩 배포하고, 계약금을 권리취득자로부터 인수받아 권리를 이전하는 자에게 넘겨줌으로써 계약은 종결된다. 이때 화기애애한 분위기에서 양 당사자 분명히 합의하여 작성했음을 인지토록 하여야 한다.

아. 유의사항

계약서 작성 시 유의하여야 할 사항은 계약내용의 자유원칙에 의하여 계약의 목적과 내용은 계약당사자가 합의한 사항이 법보다 우선하지만, 법의 강행규정을 위반하거나 선량

한 풍속 및 사회질서를 위반한 때에는 계약 자체가 무효가 되므로 이를 유의하여야 한다.

그리고 계약서의 법적 효력은 계약과 관련된 해석을 할 때 당사자 의사해석의 기준이 되며, 분쟁이 발생할 경우 재판의 증거자료가 되고, 어느 일방이 채무 불이행을 할 경우 채무명의가 될 수 있다.

계약서를 작성할 때 지켜야 할 사항은 계약내용을 명확하게 작성하여야 하고, 문장은 가급적 간결하게 작성하여야 하며, 간결하게 작성한다고 하여 내용이 불분명하게 되어서는 아니 된다.

계약의 이행을 신의 성실에 의해 이행될 수 있도록 각 조문마다 위반 시 위약에 대한 손해배상이나 위약금에 대해 합의를 시키는 것이 매우 중요하다.

또한, 사용하는 용어 및 문구는 누구나 쉽게 이해할 수 있도록 평이하고 숨겨진 사항이 없도록 투명하게 작성하여야 한다.

10. 계약서 작성 후 매너

가. 계약서 작성 직후

1) 계약과 관련된 서류를 꼼꼼히 챙겨 주고 봉투에 넣어 줄 것

완성된 계약서를 배부하는 요령은 매매의 경우 원본을 공인중개사가, 다음 사본을 매수인에게, 마지막 사본은 매도인에게 배부하고, 임대차의 경우는 원본을 임차인에게, 다음 사본을 임대인에게, 맨 뒤 사본은 부동산중개업자가 보관한다. 이유는 임차인의 경우 여기에 확정 일자를 받는 경우가 많으며, 대부분의 분쟁 시 피해자가 매수(임차)인인 경우가 많으므로 증거로 사용할 수 있도록 하는 데 편리하다.

계약서 배부 시 한 가지 조심할 점은 반드시 계약금이 넘어간 뒤 계약서를 배부하여야 하고, 계약금은 중개업자가 가급적 확인한 뒤 넘기도록 하는 것이다.

이렇게 완성된 계약서와 관계 서류는 순서대로 챙겨서 봉투나 계약서 파일에 정성껏 넣어 계약당사자에게 넘겨주면서 주민등록증과 인장을 챙겨 준다.

2) 덕담을 해 줄 것

계약서 배부가 끝나면 자리에서 일어나기 전 거래당사자에게 '계약은 원만히 이루어졌으며, 두 분 그 집에서 행복하시고 부자 되십시오'라고 덕담 한마디 하는 것을 잊지 않는 것이 바람직하다.

3) 성심을 다할 것

계약금이 건너가고 계약서가 당사자에게 넘어간 뒤에 양 당사자가 '공인중개사가 참 고생했다'고 칭찬할 정도로 성심성의를 다 하여야 한다.

4) 수수료는 계약 시 받으라

중개수수료는 가급적 계약금이 교부되고, 계약서를 배부한 뒤 자리에서 일어나기 전에 받고, 아니면 계좌 번호를 알려 주어 입금하도록 하며, 만일 이때 수수료를 납부하지 않는다고 하여 고객과 다툼이 있어서는 안 된다.

5) 실거래 신고를 하라

계약서 작성이 완료되면 부동산중개업자는 매매의 경우 중개의뢰인에게 실거래신고에 대하여 설명하고, 필요하면 양쪽 의뢰인들이 보는 가운데 인터넷으로 실거래가격신고를 하는 것이 좋다.

이렇게 하면 거래금액 그대로 신고됨을 그들이 인지하고 중개수수료를 깎아 달라고 한다든지, 거래대금을 줄여서 계약서를 작성해 달라든지, 매수자를 바꾸어 달라든지, 즉 전매를 요구하지 않는다.

6) 실거래 신고 후 접수증이나 필증을 받아 둘 것

부동산 실거래가격 신고를 하고 난 뒤 접수증과 신고필증을 받아 둔다. 이렇게 받은 접수증은 거래계약서와 같이 철하고, 신고필증은 소유권 이전 시 법무사에게 제공하여 소유권 이전 서류로 활용토록 한다.

부동산거래 신고 후 접수증이나 신고필증을 프린트해 두는 이유는 공동중개를 하는 경우 중 인터넷으로 거래신고를 하는 경우 공동중개하는 중개업자가 동시에 거래신고서에 서명하지 않고 각각 자신의 사무실에서 거래신고에 서명하는 경우가 많기 때문이다.

이때 종종 거래신고를 기한 내에 하지 않아 신고 지연으로 인하여 과태료를 내게 된다. 그런데 공동중개를 한 자 중 기한 내에 서명한 자는 억울하게 과태료를 납부해야 하는 경우가 발생한다. 즉 행정관서에서는 공동중개업자들에게 공동책임을 지도록 과태료를 부과하고 있다.

그래서 행정관서의 이와 같은 행정 편의주의적 조치에 대해 해명하고 증거를 사용하기 위해서는 본인은 위반하지 않았음을 증명하는 접수증을 제시하여야 한다.

또 소유권 이전을 위한 법무사나 변호사에게 소유권 이전 일자를 통지할 경우 법무사나 변호사가 거래신고필증을 팩스로 송부해 줄 것을 요청하는 경우에도 이를 바로 송부시켜 줄 수 있다.

나. 계약하고 떠날 때

계약서 작성이 끝나고 고객이 나갈 때는 문 밖까지 나가서 정중히 '안녕히 가십시오' 하고 인사를 하라.

11. 부동산 실거래가 신고절차

가. 신고 대상 부동산

부동산 실거래가 신고 대상은 2006년 2월 1일부터 부동산중개업자가 중개하여 계약서를 작성하는 모든 토지 및 주택 그리고 그 외의 부동산이다.

나. 신고시기

신고시기는 2007년 6월 30일까지는 매매계약 작성일로부터 30일 이내에 신고하였으나 2007년 7월 1일부터는 60일 이내 신고하면 된다. 단, 주택투기지역은 계약서 작성 후 15일 이내 신고하여야 한다.

분양권도 신고대상이다.

그러나 계약의 중도해제를 막기 위해서는 계약서 작성 후 거래당사자가 있는 데에서 신고하고 그를 알려 주는 것이 바람직하다.

간혹 매수인이 명의를 바꾸는 경우가 있는데 그래도 먼저 신고하고 뒤에 명의를 바꾸는 경우는 매도인과 매수인이 신고관청에 가서 수정하도록 하여 투기방지 및 중개업자의 업무를 주지시켜 주는 것이 바람직하다.

다. 신고대상자

개인 간 직거래의 경우는 매도인과 매수인이 공동으로 신고하거나 또는 매수인이나 매도인 단독으로 신고할 수 있으며, 또한 변호사 사무장이나 법무사 사무장에게 위임장을 발급하고 위임하여 신고할 수 있다.

그러나 중개업소에서 거래한 경우는 어떠한 경우라도 중개업자가 신고를 하여야 한다.

라. 신고장소

신고장소는 인터넷으로 신고하는 경우 가정에서나 사무실에서 신고하면 되며, 직접 행정관서를 방문하여 신고하는 경우에는 시·군·구청 민원실로 방문하여 신고한다.

마. 신고방법

신고방법은 시·군·구청 민원실을 직접 방문하여 신고 접수하는 방법이 있고 또는 가정이나 사무실에서 금융기관에서 발급하는 개인 공인인증번호를 부여받아 PC를 이용하여 인터넷을 통하여 신고 접수하는 방법이 있다.

인터넷으로 접속하여 신고할 경우에는 신고자의 은행 공인인증서가 필요하므로 사전에 공인인증서 발급을 받아야 한다.

이 공인인증서는 가급적 디스켓에 받아 휴대하는 것이 활용에 효율적이다.

바. 신고 시 준비서류

부동산 실거래가 신고 시, 인터넷 신고 시에는 거래계약서 및 공인인증서 번호, 방문 신고 시에는 거래계약서 신고인의 인장과 신분증을 준비하여야 한다.

사. 신고요령

기초지방자치단체를 방문하여 신고하는 경우는

① 부동산 매매계약서를 작성하고 ② 시(군·구)청을 방문하여 부동산거래신고 창구에 비치된 부동산거래 계약신고서를 작성하여 ③ 시청(군·구) 민원실의 담당부서에 접수하고 ④ 담당공무원이 부동산거래 계약신고를 접수한 뒤 확인하여 접수증을 발급하며 ⑤ 담당공무원이 인터넷으로 신고서 내용을 등록하고 ⑥ 담당공무원이 가격검증 후 신고필증을 발급(일종의 검인으로 봄)받으면 이 신고필증을 ⑦ 부동산 소유권 이전 서류로 활용한다.

인터넷으로 신고하는 경우는

① 부동산매매계약서를 작성하고 ② 인터넷으로 시청(군·구) 홈페이지에 접속한 뒤 ③ 해당 시청홈페이지의 '부동산거래관리시스템'에 접속하여 ④ 등록과 이력조회 두 가지 중 신청을 클릭한다. 그다음 로그인을 하도록 창이 뜨면 1단계는 신고자의 주민등록번호와 성명을 입력하라고 하는데 이를 클릭한다. 다음 창이 나타나면 별도로 뜬 4자리 숫자를 입력하고 확인을 클릭한다. 다음 2단계는 인증번호를 입력하도록 창이 뜨면 인증번호를 입력하여 로그인을 확인한다.

로그인이 된 뒤 신고서 양식이 나타나면 ⑤ 부동산거래 계약신고서를 작성하고 작성이 완료되면 중개업자 서명까지 창이 뜨는 대로 처리하면 신고가 종료된다.

신고서 작성 시 주의할 점은 매수자를 먼저 기입하도록 되어 있으므로 여기서 주의하여야 하고, 또 매수인 및 매도인란에 지분을 입력하는 난이 있는데 이는 매도인이나 매수인이 두 명 이상일 경우 기입하고 한 명일 경우는 기입하지 않는다.

부동산거래계약 신고서						처리기간	
						즉시	

접수일				일련번호			
① 매수인	성명(법인명)			주민(법인)등록번호		−	
	주소 (법인인 경우 소재지)		(거래지분: 분의)			국적	
	전화번호		(이동전화:)				
	외국인의 토지매수용도	□주택용지(아파트) □주택용지(단독주택) □주택용지(기타) □레저용지 □상업용지 □공업용지 □기타					
② 매도인	성명(법인명)			주민(법인)등록번호		−	
	주소 (법인인 경우 소재지)		(거래지분: 분의)			국적	
	전화번호		(이동전화:)				
신고 사항	계 약 일		년 월 일	잔금 지급일		년 월 일	
	거래물건	종 류	③ □토지 □건축물 □토지 및 건축물( )				
			④ □분양권 □입주권(분양금액: 원)				
		⑤ 소재지/지목/면적	(지목:)(토지면적: 제곱미터)(대지권비율: 분의)		(동 호)		
		⑥ 계약대상 면적	토지: 제곱미터, 건축물: 제곱미터				
		⑦ 물건 거래금액	원				
	실제 거래가격(전체)		계	원	중도금 지급일: 년 월 일		
			계약금	원			
			중도금	원			
			잔 금	원			
	⑧ 종 전 토 지	소재지/지목/면적	(지목:)(토지면적: 제곱미터)(대지권비율: 분의)				
		계약대상 면적	제곱미터				
		물건 거래금액	원(권리가격: 원)				
			계약금: 원, 중도금: 원, 잔금: 원				
	⑨ 계약의 조건 또는 기한						
	중개 업자	성명		상호		주민(법인) 등록번호	−
		사무소 소재지			(전화:)		
	⑩ 참고사항						

「공인중개사의 업무 및 부동산 거래신고에 관한 법률」 제27조 및 같은 법 시행규칙 제17조에 따라 위와 같이 부동산거래
계약 내용을 신고합니다.

년   월   일

신고인

매수인   (서명 또는 인)
매도인   (서명 또는 인)
중개업자   (서명 또는 인)
(중개업자가 중개한 경우)

시장・군수・구청장 귀하

또 조심할 점은 가격을 입력할 때 1원 단위이므로 만 원 단위로 잘못 입력하지 않도록 유의하여야 한다.

접수가 완료되면 ⑦ 해당 시청(군·구)에서 접수증을 확인 또는 발급받아 중개업자 인쇄 보관할 수 있으며 ⑧ 3일 내 부동산거래 계약신고가 승인되어 신고필증이 발급되면 이를 인쇄하여 보관하였다가 ⑨ 부동산 소유권 이전 서류로 활용한다.

공동주택이나 두 필지 이상에 건물이 건축된 경우 두 필지를 전부 입력해야 하는데 이때는 지번별로 입력하되 지분은 공동으로 동일하게 입력한다.

인터넷으로 접수할 경우 자료를 잘못 입력하는 경우가 종종 있다. 이때는 1차 '작성완료'를 클릭하기 전에 꼼꼼히 확인하고, 작성완료를 클릭하며 다시 검토할 수 있도록 신고서가 나타나는데 이때는 '신고'를 클릭하기 전에 다시 한 번 확인하고 마지막으로 공인중개사가 서명하기 전에 다시 한 번 확인할 수 있다.

서명까지 하고 난 뒤 잘못 입력한 부분을 발견한 경우에는 새로이 신청하되 특이사항에 종전 신고한 신고필증의 접수번호와 그 수정하는 내용을 입력하고 수정하는 이유를 입력한다.

그 외는 정상적인 신청절차를 밟으면 된다.

아. 부동산거래계약해제 등 신고서

부동산거래 계약을 체결하고 거래신고까지 마쳤는데 계약이 해약되는 경우가 종종 있다.

이때 중개업자는 추후 매도인(임대인)과 매수인(임차인) 간의 분쟁이 없도록 하고, 중개업자도 분쟁에 휘말리지 않기 위해서는 해제계약서를 작성하는 것이 바람직하다.

그리고 부동산거래 신고를 한 경우와 하지 않은 경우로 구분하여 부동산중개업자가 해야 할 조치사항이 있다.

먼저 부동산실거래 신고를 하지 않은 경우는 해제계약서만 작성하면 되나, 부동산실거래 신고를 한 경우는 해제계약서를 작성하고, 그 해제계약서에 근거하여 기존 실거래 신고한 거래신고서의 하단에 해제를 클릭하여 해제신고서를 작성하여 거래당사자의 서명을 받아 둠이 요구된다.

해제계약서 작성은 부동산계약서 편을 참조한다.

1) 행정관서에 가서 신고하는 요령

거래계약이 해제되는 경우 부동산거래 해제신고는 행정관서에 가서 할 수 있고, 인터넷으로도 할 수 있다.

부동산거래 해제신고를 행정관서에 가서 하는 경우는 매도인과 매수인 그리고 중개업자가 동시에 가서 신고하는 것이 원칙이나, 부동산중개업자가 위임받아 신고하는 경우에는 매도인 및 매수인 인장을 지참하여야 한다.

행정관서에 방문하여 부동산거래 해제신고를 하는 경우 부동산거래계약 해제 등 신고서 양식은 다음과 같다.

부동산거래계약해제 등 신고서			처리기간	
※해당되는 □란에 v표를 하시기 바랍니다.			즉시	

접수일			접수번호	

신청인	구분	□매수인 □매도인 □중개업자 □대리인		
	성명(법인명)		주민(법인)등록번호	
	주소			
	전화번호	(핸드폰:　　　　)		

신고 사항	매수인	성명(법인명)		주민(법인)등록번호	
		주소			
		전화번호	(핸드폰:　　　)		
	매도인	성명(법인명)		주민(법인)등록번호	
		주소			
		전화번호	(핸드폰:　　　)		
	신고필증일련번호				
	계약일	년 월 일	계약해제일	년 월 일	
	계약해제 등의 사유	구분	□무효 □취소 □해제 □기타		
		사유			

「공인중개사의 업무 및 부동산거래신고에 관한 법률 시행규칙」 제17조 제8항의 규정에 따라 위와 같이 부동산거래계약해제 등의 내용을 신고합니다.

년　월　일

신고인
　매수인　　　　(서명 또는 인)
　매도인　　　　(서명 또는 인)
　중개업자　　　(서명 또는 인)
　시장·군수·구청장 귀하

부동산거래계약해제 등 신고서를 접수한 해당 지자체는 즉시 신고내용을 확인하고 검토 및 결재를 받아 '부동산거래계약해제 등 확인서'를 작성하여 교부한다.

2) 인터넷으로 신고하는 요령

인터넷으로 부동산거래 해제신고를 하는 경우는 해당 시·군·구청 홈페이지의 부동산거래시스템에 들어가면 부동산거래계약해제를 신고한다. 이때 부동산거래해제신고를 하는 요령은 부동산거래 신고 이력을 조회하여 해당 물건의 접수번호를 클릭하면 해당 물건의 거래 내역이 나오고 하단에 '계약해제'란이 있다. 이를 클릭하면 새로 신고해야 한다는 창이 뜨는데 이때 확인을 누르면 '부동산거래해제 등 신고서'가 뜬다. 그러면 신청인의 인적사항을 해당란에 기록한 뒤 하단 '사유'란에 해제사유를 기록하고 하단 단추 중 확인을 클릭한다. 그러면 신고서 작성은 완료되고 전자서명을 하면 거래해제신고는 종료된다. 이때 중개업자는 접수된 '부동산거래해제 등 신고서'를 출력하여 거래당사자의 서명을 받아 두는 것이 바람직하다.

12. 계약 후 잔금 처리할 때까지 매너

가. 착안사항

계약 후 잔금 처리일까지 중개업자가 고객에게 제공할 수 있는 서비스 및 처리해야 할 착안사항은 다음과 같다.

① 매도인이 사 갈 주택을 구입해야 할 사항
② 매수인이 매매대금을 맞추기 위해 융자 또는 임대를 요구한 사항
③ 중도금이 있는 경우 중도금 처리절차
④ 잔금 전에 말소시켜야 할 권리에 대한 말소처리 및 권리변동 사항
⑤ 잔금 및 소유권 이전을 위해 준비할 사항
⑥ 기타 고객의 요구사항

나. 매도인이 이사 갈 주택의 구입을 요청한 경우

매도인이 거주하던 주택을 매도하고 주택을 바꾸는 상황은 크게 네 가지이다.

첫 번째, 더 큰 주택을 구해서 가야 하는 경우

두 번째는 오히려 더 작은 주택으로 줄여서 가는 경우

세 번째는 임대차로 주택을 옮기는 경우

네 번째는 주택을 합치는 경우 등이다.

먼저 매도인이 주택을 합치기 위하여 매도한 경우는 부모님을 봉양하여야 하는 경우와 농촌에 귀가하기 위하여 합치는 경우, 결혼하여 배우자가 각각 보유하고 있던 주택을 합치는 경우 등으로 이때는 크게 문제 되지 않는다.

그러나 매도인이 더 큰 주택으로 옮기는 경우와 더 작은 주택으로 옮기는 경우 그리고 임대주택으로 옮기는 경우는 매도인이 새로운 주택을 구해야 하므로 중개업자는 주택을 구입해 주는 데 최선을 다하여야 한다.

왜냐하면 매도인이 매도한 주택은 이미 잔금일이 정하여져 있어 이를 지켜야 하기 때문이다.

그런데 중개업자가 매도인의 새로운 주택을 구하는 것이 예정한 대로 되지 않아 상황에 따라 매우 어려울 수가 있다. 따라서 중개업자가 매도인의 새로운 주택을 책임지고 구해 주겠다는 약속을 하는 것은 조심해야 한다.

대신 매도인의 주택을 구해 주기 위해 집중하여 노력하여야 한다.

한 가지, 매도인이 임대차로 가는 경우 중개수수료를 받지 않는 것으로 착각하는 중개업자가 있는데 매도인의 임대주택에 대한 수수료는 동일 주택을 매매하고 임대하는 것이 아니므로 받을 수 있다.

다. 매수(임차)인의 융자 알선 또는 임대 처리

매수인이 매매대금을 맞추기 위해 융자를 받고자 하는 경우 중개업자는 매수인이 요구하는 융자금을 대출해 줄 수 있는 은행을 분석하고, 같은 융자금액이 가능한 금융기관이 둘 이상인 경우 가장 낮은 이자율을 지급하는 은행을 선정하여 **융자를 알선**해 주어야 한다.

또 매수인이 구입한 주택을 임대사업하기 위해 임대하는 경우에는 잔금 처리일에 임대

보증금을 맞출 수 있도록 적극적인 활동이 필요하다. 다만 이 경우에도 중개업자가 책임지고 임대를 놓아 주겠다고 약속하는 것은 매우 조심해야 할 사항이며, 경우에 따라서는 중개업자가 먼저 잔금을 처리하고 임대를 놓아야 하는 경우가 발생할 수 있다.

라. 중도금 처리절차

중도금 일자 3일 전에 매수인에게 먼저 전화하여 **중도금 처리 방법과 시간을 확인**한다. 이때 매수인이 중도금을 중개사무실에서 처리한다면 시간을 확인하여 매도인에게 전화한다.

최근에는 중도금을 계좌이체하는 경우가 많이 있다. 이런 경우는 계약서 작성 시 중도금을 계좌이체로 하기로 합의된 사항이면 계약서에 매도인의 은행계좌번호를 기재하여 계좌이체를 할 수 있도록 하고, 중도금 지급일에 입금 여부를 매수인에게 확인하여 매도인에게 통지하고, 중도금을 지급하기로 한 당일 매수인으로부터 계좌이체를 하기로 한 경우는 매도인의 은행계좌번호를 받아 매수인에게 통지해 주고 중도금 입금시간을 확인하여 매도인에게 주지시켜 준다.

마. 잔금 처리 전 권리 변동사항

매도인은 잔금 처리 전에 발생하는 권리의 변동사항을 반드시 매수인에게 통지해 주어야 한다. 따라서 추가 융자설정을 하여야 하는 경우에는 설정 전에 매수인과 합의하여 설정하여야 하며, 근저당 및 가압류등기 등 말소하는 권리가 있으면 말소등기 접수 후 매수인에게 통지하여야 한다. 특히 **말소등기는 기관에 따라서 행정처리 시간이 1일로부터 15일까지 소요되는 경우가** 있으므로 중개업자는 말소등기가 접수된 후 3~7일 후 그 결과를 확인하여 양 당사자에게 전화해 주면 고맙게 생각한다.

바. 잔금 및 소유권 이전 처리 확인 및 준비 통지

잔금 처리 7~3일 전에 부동산중개업자는 먼저 매수(임차)인으로부터 잔금 처리할 수 있는 시간을 확인하고 소유권 인수를 위해 준비할 서류와 대금준비 방법을 알려 준다. 이를 위해 사전에 매도(임대)인에게서 전화가 왔든지, 아니면 부동산중개업자가 매도(임대)인에게 전화하여 거래대금을 받을 때 어떻게 준비해 주는 것이 편하겠는지 확인하여 매수 (임차)인에게 전화하는 것도 고객을 위한 좋은 서비스가 된다.

매수(임차)인으로부터 잔금시간이 확인되면 이를 **매도(임대)인에게 전화**하여 잔금 처리 시간을 전달하며, 소유권 이전 시 필요한 서류를 알려 주면서 인수인계하여야 할 품목과 처리되어야 할 사항에 대한 처리요령을 알려 준다.

만일 세입자의 이사가 같이 이루어지는 경우 **세입자 이사 시간**도 파악하여 양 당사자에게 알려 주면 더욱더 좋다.

잔금 처리일에 부동산 인수인계할 사항은 **기본적**으로 ① 부동산 상태, ② 출입문 열쇠와 보조열쇠 및 내부 방 열쇠, ③ 관리비 및 제세공과금 정산결과, ④ 그 외에 최근에는 아파트의 경우, 아파트 동 전체의 출입문에 보안장치를 한 경우에는 아파트 해당 동 보안카드 2장과 주차장 주차카드 1~2장을 인수인계하여야 하고, 벽에 부착되어 있거나 비치되어 있는 물품도 인수인계되어야 하므로 이에 대한 목록을 준비하여야 한다.

다세대주택 및 단독주택의 경우에는 전기세 및 도시가스 완불 영수증과 방문 및 출입문 열쇠나 보조키를 인수인계하여야 한다.

상업용 시설의 경우에도 주거용과 유사하나 내부시설 및 장비 등을 인수인계하는 경우에는 공장 인수인계처럼 인수인계 품목 중 리스(임차)한 물품 및 장비에 대한 해당 품목 및 장비의 임대인 확인서와 그 임대차 및 사용대차 계약서를 인수인계하여야 한다. 중개업자는 이를 '인수인계 확인서'라는 목록표를 미리 작성하여 이를 하나하나 확인한 뒤 인계자 및 인수자 서명을 받아 인수인계해 주는 방법도 있다.

잔금 처리일에 소유권 이전 업무를 수행할 **법무사를 지정**하여 미리 통지하고, 이때 법무사는 법무사 보수가 가급적 적은 곳을 선택해야 하며, 등기부등본상 융자금을 말소해야 하는 경우는 그 원리금을 확인하여 잔금 처리일에 가져오도록 임무를 부여한다.

이때 유의할 사항은 매수인이 융자를 받아 잔금을 처리해야 하는 경우 은행에서는 은행에서 추천하는 법무사를 소유권 이전업무까지 하도록 강요하는 경우가 있으므로 유의하고, 최근에는 매수자가 법무사를 직접 지정하는 경우가 있으므로 매수자에게 확인하여야 한다.

또 법무사에게 소유권 이전에 필요한 준비를 하도록 통지를 하는 경우 법무사가 부동산거래 신고필증과 거래계약서를 팩스로 송달해 줄 것을 요구하므로 가급적 부동산중개업자는 거래신고 후 신고필증을 프린트해 두는 것이 바람직하다.

또한 매수인에게 취·등록세를 준비할 수 있도록 소유권 이전에 관련한 이전비용을 개략적으로 산출하여 알려 주는 것이 바람직하다.

13. 소유권 이전 및 부동산 인계인수

가. 잔금 처리일 업무

잔금 처리일에 매도(임대)인은 통상 부동산을 인도해 주어야 하므로 이사를 하게 된다. 따라서 잔금 처리일에 업무 처리 순서는 통상 다음과 같다.

① 부동산 인수인계
② 등기 이전 서류 확인
③ 잔금 처리

잔금 처리 후 매도(임차)인이 이사를 익일이나 그 이후에 하는 경우가 있는데 이때는 부동산 인계인수는 부동산 인도일에 별도로 실시한다.

또한 잔금 처리일에는 법무사, 은행 융자팀, 중개업자, 거래당사자 등 여러 사람들이 업무를 같이 수행하게 되므로 잔금 처리 시간을 준수하는 것은 매우 중요하다.

나. 인수인계할 부동산 확인(매도인과 매수인이 합동으로 확인)

잔금 처리 전에 매도인과 매수인 그리고 부동산중개업자는 인수인계할 부동산을 먼저 합동으로 점검 및 확인한다. 이때 거래계약 체결일에 확인했던 부동산의 상태를 기준으로 인수인계하는데, 만일 거래계약 체결일 이후 부동산의 상태가 상이하면 매도인은 그 내용을 소명하고 이를 보수 또는 보상을 하여야 한다.

그러나 통상 매수인 또는 임차인은 거래계약 체결 전에는 자세하게 살피지 않고 겉만 보고 계약을 하였다가 잔금일 부동산을 인계인수하면서 확인된 내용이 시빗거리가 되기도 하는데, 이때 중개업자는 중개대상물자료요구서를 가급적 받아 두어야 중개사고를 방지할 수 있다.

부동산에서 인수인계하여야 할 사항은 부동산의 내·외부상태, 보일러 작동상태 및 가동요령, 출입문 및 보조열쇠와 내부 방문 열쇠 등이며, 특히 보안시스템이 설치된 경우는 이와 관련된 비품 및 기구를 인수인계한다.

최근에는 임대인의 경우 임차인에게 넘겨줄 목록을 작성하여 그 상태까지 인수인계하는 고객이 있으므로 이러한 경우 부동산중개업자도 이를 한 부 복사하여 보관함이 바람직하다.

다. 소유권 이전 서류 확인 및 등기비용 산출

부동산 인수인계가 완료되면 다음에 매도인이 먼저 소유권 이전 서류를 법무사에게 넘겨주어 법무사가 서류 내용을 확인하게 되는데, 이때 주로 확인하는 사항은 다음과 같다.

① 매도인 신분 확인

② 등기권리증과 등기부등본의 접수번호 일치 여부 확인

③ 부동산거래신고필증의 매도인 및 매수인의 성명, 주민등록번호, 주소가 거래계약서와 일치 여부

④ 매도용 인감증명서의 매수자 인적사항과 부동산거래 신고필증의 신고내용과 일치 여부

⑤ 매도자 인감도장과 매도용 인감증명서 인감의 일치 여부

⑥ 말소할 융자금의 잔금일 현재 원리금의 총액과 연계된 부채(카드 및 신용대출)의 연계성 존재 여부

⑦ 등기권리증 존재 여부 및 분실 시 확인 서면 작성

⑧ 등기비용 산출 및 설명

⑨ 기타 거래당사자의 등기 관련 상담

이때 가끔 잘못되어 인감증명서나 주민등록등본을 다시 발급받는 경우가 있는데, 유의할 사항은 매도용 인감증명서의 매수자 주민등록번호가 한 숫자 빠지는 경우와 주소에 번지를 잘못 기록한 경우, 성명에 '목'과 '묵' 자를 잘못 쓴 경우 등이며, 매도용 인감증명서에는 매수자의 주민등록이전 전의 주소를 적고, 주민등록등본은 주민등록을 이전한 후의 것을 발급받아 매도용 인감증명서와 주소가 다른 경우 등이다. 이때 매수자 주민등록

등본은 법무사가 재발급받도록 하면 되지만 매도용 인감증명서가 잘못되면 이는 불가불 매도인이 재발급을 받아 주어야 한다.

라. 잔금 처리

소유권 이전 서류관계 작업 등 필요한 절차를 마친 뒤 잔금을 정산하는 절차를 수행하는 것이 일반적이다.

거래대금 정산서(매도인용)			:	거래대금 정산서(매수인용)		
일자	내용	금액	:	일자	내용	금액
00.00.00	거래대금	₩	:	00.00.00	거래대금	₩
00.00.00	계약금	₩	:	00.00.00	계약금	₩
00.00.00	중도금	₩	:	00.00.00	중도금	₩
00.00.00	융자원리금	₩	:	00.00.00	융자원리금	₩
	실수령잔금	₩	:		실수령잔금	₩

상기 거래대금의 정산에 이의 없음을 확인함
0000. 00. 00.
매도인: 성명 ㉑
매수인: 성명 ㉑

:

상기 거래대금의 정산에 이의 없음을 확인함
0000. 00. 00.
매도인: 성명 ㉑
매수인: 성명 ㉑

만일 매수인 또는 임차인이 융자를 받는 경우는 대출 은행에서 출장 온 팀장으로 하여금 융자금을 소유권 이전 서류 확인 전에 매수자에게 먼저 인계인수하도록 한다.

매수인이 융자금을 인수하면 중개업자는 거래대금 정산서를 작성하여 매도인과 매수인에게 1부씩 주고 설명한 뒤 이의가 없는 경우 거래당사자 및 중개업자는 정산금액을 인계인수하면 되고, 이어서 잔금영수증을 발급한다. 이때 매도인의 융자금 상환은 통상 법무사가 겸무로 처리하고 말소등기까지 처리한다.

잔금 정산이 끝나면 이어서 공과금 납부 영수증을 교환 및 제공하는데, 통상 관리비 및 가스비는 매도인이 완납하고 전기료는 전월 전기세를 기준하여 정산토록 하거나 한국전력에서 정산하여 잔여금으로 알려 준 금액을 매도(임대)인이 매수(임차)인에게 주어 다음 달 고지서를 받아 같이 납부하도록 인계인수하기도 한다.

기타 보조열쇠, 에어컨 및 냉·온풍기 등도 중고가격으로 정리하기도 한다.

또한 매수인이 매도인이 받았던 융자금을 승계받을 경우나 융자금을 말소할 경우 주의할 사항은 **마이너스 통장**이 연계되었거나 **신용 대출 및 카드대금**이 연계되었는지를 확인하고, 만일 연계되어 있을 경우에는 가급적 잔금 정산일에 매도인과 매수인이 직접 해당 은행 대출한 지점으로 가서, 융자금을 완납하거나 채무 명의를 변경하게 한 뒤 중개사무소에서 잔금을 정산하도록 함이 효율적이다.

마. 소유권 이전 등기 서류가 도착

잔금 처리일이 3~7일이 지나면 법무사나 변호사 사무장이 매수자용 소유권 이전 등기권리증(등기필증) 또는 전차인의 전세권등기권리증을 공인중개사 사무소로 가지고 온다. 이때 부동산중개업자는 등기권리증의 내용과 등기부등본의 잘못된 부분이 없는지 필히 확인한 뒤, 이상이 없으면 매수인에게 등기권리증이 도착했음을 통보해 주고, 필요시는 등기부 보는 요령을 설명하여 주는 것도 좋은 서비스이다. 만일 이때 등기한 결과가 잘못된 부분이 있는 경우는 부동산중개업자는 법무사 및 변호사에게 즉시 반송하여 수정된 등기권리증이나 등기부등본을 매수인에게 넘겨줄 수 있도록 한다.

이때 확인할 요소는 매수인의 성명, 주민등록번호, 주소의 기록내용, 취득세 영수증 부착 등으로 간혹 잘못된 부분이 발견되며 융자금액의 기재 착오도 있을 수 있다.

바. 양도소득(증여)세 신고

잔금 처리 후 매도인 및 피증여인은 부동산 양도일로부터 30~60일 이내에 양도소득세나 증여세에 대한 예정신고를 하여야 가산세를 절세할 수 있다.

따라서 중개업자는 양도소득세 및 증여세 예정신고에 관한 사항에 대해 매도인 및 피증여인에게 세무사를 소개하거나 개인이 관련 세금을 신고할 수 있도록 준비할 서류와 신고절차를 알려 주어 고객 만족을 시켜 줄 수 있다.

14. 임대차 중개 착안사항

가. 주거용 건물

주거용 부동산에 대한 임대차 중개의 핵심은 임대인에게는 부동산 임대사업을 함에 있어 수익률을 최고화할 수 있는 방안에 대한 상담이고, 임차인에게는 임대차기간 동안 안심하고 기거할 수 있는 것과 임대보증금의 확보가 되도록 중개해 주는 것이다.

주거용 부동산의 임대차는 아파트와 빌라, 그리고 다가구 및 단독주택에 따라 차이가 있으며, 최근에 많이 건축하고 있는 도시형 생활주택과 고시텔 및 오피스텔 등은 다가구의 원룸형 임대사업과 비슷하다.

주거용 임대차의 경우 차임은 매우 중요한 의미를 갖는다.

차임은 임대인에게는 임대사업의 핵심요인이고, 임차인에게는 매우 부담스런 요인이다. 그래서 임대인과 임차인 관계에서 차임으로 인하여 많은 문제가 발생하고 있다.

예를 들면 차임(월세)이 30만 원일 경우, 임차인의 월세 30만 원은 관리비 및 광열비 포함 시 평형에 차이가 있으나 24평 기준 여름에는 약 50만 원 정도, 겨울에는 60~70만 원 정도를 주거에 사용해야 하는 금액이다.

그래서 임차인의 경우 소득수준에 따라 차이는 있으나 대체적으로 30만 원이면 임차인들이 그래도 무난하게 지불할 수 있는 금액이지만, 만일 이를 초과하면 연체가 많이 이루어져 임대차 만료 시 정산을 해야 하는 문제가 발생하고, 수개월씩 연체하는 경우는 부동산 명도문제가 발생하는 경우가 많다.

그러나 중대형 주거용 건물의 경우는 또 다르다.

또 최근에는 주거용 임대사업이 부동산 투자의 큰 부분을 차지하고 있어 임대인이 과거처럼 집을 깨끗하게 수리하지 않으면 월세 임대차의 경우 임대사업이 어려워지고 있다.

또 임대 전 수리도 전세의 경우는 임차인이 수리하고 입주하는 것이 일반적인 관례로 되어 가고 있고, 월세 임대차의 경우는 임대인이 수리하여 임대하는 것이 일반적이다.

그러나 임대차기간 중의 수리는 판례에 의거하여 임차인의 고의 및 실수로 파손 또는 훼손된 경우와 소액수리는 임차인이 수리하며 거주하고, 내용연수가 다 된 고장이나 훼손과 고액이 소요되는 수리는 임대인이 실시하고 있다.

그런데 이 소액이라는 기준이 불분명하여 일부에서는 자체적으로 그 기준을 정하고 있는데 대개 3만 원, 5만 원, 7만 원, 10만 원 등을 합의하여 정하고 있다.

임대차기간은 임대차 보호법에 의해 2년을 기준으로 실시하고 있으나 임차인은 1년을 계약할 수 있다. 다만 계약서를 작성하면 계약서의 임대차기간이 기준이 되며 묵시의 갱신이 되면 임대인은 2년을 보장해 주어야 하고 임차인은 기간의 정함이 없는 임대차가 되어 3개월 전에 통지하면 3개월 후에는 임대차 종료가 되는 불평등이 발생하고 있다. 따라서 최근 추세는 묵시의 갱신이 되지 않도록 임대인의 임대차기간에 대한 관심이 높아지고 있고 임대인은 묵시의 갱신이 되더라도 연장계약서를 작성하는 추세이다.

임대보증금 확보는 당해 건물에 근저당이나 가압류 등이 있는 경우 임차인(세입자)의 임대보증금을 임대차 만료 시 안전하게 회수할 수 없는 경우가 발생한다. 따라서 등기부등본상에 근저당 설정 일자가 언제인지를 확인하여 이때 최우선 변제가 가능한 금액이 어느 정도인지를 확인하여 임차인으로 하여금 최우선 변제 가능 금액 이하로 보증금을 설정하고 월세로 거주하도록 상담해 주는 것이다.

1) 아파트

아파트의 임대는 전세와 보증금 있는 월세로 구분되는데 임대료는 매매가의 70~80%를 기준으로 산출하고 있으며, 전세의 경우는 융자가 없는 조건이므로 일반적으로 매매가의 80%를 기준으로 하고 있고, 임대인이 욕심이 많은 경우는 90%까지 전세금을 받고 있다.

월세의 경우는 일반적으로 매매가의 70%를 기준으로 산출하는데 지역에 따라 1푼 2리에서 1푼 5리까지 기준하여 보증금을 제외한 나머지 보증금을 월세로 산출하고 있다.

아파트의 임대차에서 관심을 가지고 중개를 하여야 할 부분은 수리관계와 장기 수선충당금 그리고 월세를 입금할 임대인의 통장을 확인 및 기록해 주는 것이다.

간혹 보조키 문제가 대두하기도 하는데 보조키는 잠금장치이므로 임대인의 책임에 속하나 일부 임차인은 이 보조키를 자신이 구입하여 변경하는 경우가 있어 여기에서 혼동되어 다툼이 발생하기도 한다.

2) 다세대(연립)주택

다세대주택의 임대차는 공동주택이므로 아파트에 거주하는 분위기를 가지면서 관리비 부담이 없어 서민들과 거부들이 좋아하는 주거형태이다.

다세대주택의 임대차는 실거주자가 거주하는 것을 제외하고는 투자자들이 임대사업을 하기 위해 구입한 것이라 다가구처럼 전세보다는 보증금 있는 월세가 주류를 이룬다.

다세대주택은 층별 선호도가 분명하며 2층을 가장 선호하고 다음에 3층 그리고 1층, 끝으로 4층 순으로 선호한다. 그러나 신혼 초 및 40대 이전 젊은 층은 1층보다 4층을 더 선호하기도 한다. 따라서 임대료도 선호하는 층에 따라 다소 차이가 있다.

부동산중개를 하면서 다세대주택 임대를 할 경우 장점 및 특징은 첫째 공동주택이므로 구분 거주를 하고, 관리비 부담이 없어 저축이 가능하며, 집집마다 주차장소가 지정 가능하여 주차가 덜 불편한 점 등이다.

나. 상업용 건물

상업용 건물의 임대차는 점포, 사무실의 임대차 대표적이다.

상업용 건물의 임대차에서 가장 매력적인 것은 임대차와 권리금 알선이라는 두 가지 수익 창출요소가 있다는 것이다.

상업용 건물의 임대차 시 수리 문제는 일반적으로 임차인이 인테리어를 업종에 맞추어 실시하므로 임차인이 수리하면서 영업을 하고 있으며 정화조 등 기본 시설의 증가를 위한 공사는 임대인이 실시해 주고 있다.

1) 상가 임대차

상가 임대차의 가장 핵심은 수익성 창출에 있으므로 인·허가 문제와 업종별 입지의 적합성에 있다.

상가 임대차 물건을 접수하면 부동산중개절차에 의해 부동산중개를 실시하게 된다. 따라서 중개업자는 물건에 대한 권리분석과 물건 자체 상태 및 입지분석을 실시하여 이에 적합한지를 판단해 두어야 한다.

상가 권리분석은 등기부상 권리분석도 실시하여야 하지만 이보다는 용도별 이용의 적법성을 건축법과 해당 지자체의 조례를 통하여 찾아야 한다.

물건 상태의 자체에는 접한 도로의 너비, 도로에 접한 정면의 너비, 폭과 깊이의 관계, 전기 및 수도시설, 상가의 면적과 주거 대 상가의 비례, 정화조 능력, 주차장시설, 층별 위치, 승강기 설치 여부, 해당 건물에 위락시설의 존재 여부 등이 영향을 미치며, 입지분석에서는 배후지의 넓이, 접근의 용이성, 경쟁업체와의 거리 및 그 수, 주민의 소득 수준, 주민의 성향 등이 영향을 준다.

　권리분석이 끝나면 현장 확인을 하게 되는데 이때 중개업자는 중개대상물자료요구서를 지참하는 것보다는 권리분석에 대한 점검 및 확인서를 작성하여 지참하고 확인한다. 이때 중개업자는 세입자로부터 건물주의 전화번호를 파악하여 건물주의 의견을 확인하는 것이 중요하다.

　건물주의 의견 중 아래 표의 7번과 8번 사항을 확인하여야 한다.

　앞서 설명한 바와 같이 상가 임대차는 임대인이나 임차인의 수익 창출에 주안점이 있기 때문에 임대인에게는 해당 건물에 대한 매매가 비례 임대료 조정 폭과 주변의 상가 임대료 수준을 파악하여 임대인과 협상을 할 수 있도록 하여야 하고, 임차인은 해당 업종의 일반적 또는 지역 내 동종 업종의 매출량을 조사하여 임차인의 임대료 조정 요구에 적극적으로 대응할 수 있어야 상가 임대차 성공확률이 높다.

　상가 임대 시 수익성 창출을 위하여 당해 업종의 매출액을 판단해야 하는데 이를 판단하기란 매우 어렵다. 이를 위해 부동산중개업자는 부가가치세율을 적용하여 판단할 수 있다.

　그 공식은 수입금액(매출액)＝매입금액/(1－부가가치율)을 적용하거나 수입금액＝매출원가/(1－매매총이익률)로 추계하고 산출하여 판단할 수 있다.

　상가건물에 대한 임대차 시 착안하여 점검할 사항을 정리하면 다음과 같다.

(1) 공부상 확인할 사항

① 등기부등본

ⓐ 소유자와 의뢰인이 일치한가

ⓑ 가등기, 가처분, 가압류, 압류, 예고등기가 있는 경우는 소유자에게 내용 확인

ⓒ 경매 및 공매 등기가 있는 경우는 법원 및 공매 집행기관에 진행과정 확인

ⓓ 근저당 및 전세권, 임차권 등기가 있는 경우는 건물가치에 비하여 설정금액 비율 산출

② 건축물 관리대장

ⓐ 토지이용계획상 용도지역과 건축물 관리대장의 당해 건물의 주용도 그리고 해당 층의 건물용도 일치 여부

ⓑ 해당 건물 부분의 면적

ⓒ 미등기, 무허가·신고 건물 부분의 존재 여부

③ 토지이용계획 확인서

ⓐ 개발계획이 있는지: 만일 있으면 행정기관 및 해당 시행사에서 개발계획의 진행 정도 확인

* 건물 철거 시기 등

ⓑ 토지이용계획상 용도지역·지구·구역에 대한 당해 건물 또는 건물 부분의 용도에 적합한 사용용도(건축법 시행령 별표와 해당 지자체 조례 부분 참조)

(2) 행정관서에 갔을 때 확인할 사항(당해 건물)

① 행정처분에 관한 사항: 위생과, 지적과, 문화홍보과, 경찰서

② 허가건물 여부: 건축과

③ 학교보건법: 정화구역(상대/절대)

④ 학원설립운영 및 과외교습에 관한 법률: 유해업종

⑤ 건축법: 바닥면적 제한이 있는 업종

⑥ 수도법: 정화조 용량 또는 원인자 부담

⑦ 주차장법: 주차 대수

⑧ 소방법: 다중 이용시설 해당 여부, 소방필증, 방염필증

(3) 임차인이 임대의뢰 시 임대인에게 확인할 사항

① 임대료 등 임대차 조건 변경 여부

② 기피업종

③ 수리 및 재·개축여부/주인 직접 사용 여부

④ 승계불가 권리: 담배표(담배소매인 지정 신청), 로또판매권(자동승계 불가)

⑤ 부가사업권 확인: 자판기, 오락기, 현금지급기 등

⑥ 인수 불가능 비품: 렌탈 비품

⑦ 건물용도 변경에 따른 비용 부담

ⓐ 정화조 용량: 원인자 부담

ⓑ 주차장: 원인자 부담

ⓒ 소방필증: 임대인 부담

⑧ 건물 관리인 확인: 소유주 관리, 관리인 관리

⑨ 임차료에 부가가치세 및 관리비를 부가해야 하는 경우

* 유흥주점 등 위락시설은 재산세 중과 대상 여부 확인

⑩ 기타

ⓐ 기존 간판 사용 가능 여부 또는 신규 설치 장소 확보 가능성

ⓑ 인테리어 기간 중 월세 문제

ⓒ 전기승압 확인(전기 관리자 선임)

ⓓ 창업대출 및 주류대출 여부 확인

ⓔ 전화번호 및 수량 승계일시 및 준비서류

2) 권리 양도·양수 알선

상가 및 빌딩 등을 매매하는 경우 대부분 임대사업도 같이 거래되며, 공장 등을 매매하는 경우에도 공장재단에 의한 부동산 및 재산과 사업과 관련된 권리 등이 같이 매매되기도 한다.

이때 매매계약서와 함께 사업권에 대한 양도 및 양수를 위한 계약을 체결하게 되며, 이때 작성하는 계약서를 권리 양도·양수계약서(사업 포괄 양도·양수계약서)라고 한다.

상가 및 공장재단 등의 임대차 계약에 있어서도 영업권 등의 권리금이 있어 권리금에 대한 양도·양수계약서를 작성하게 된다.

이때 권리금이 없는 경우에는 권리 양도·양수계약서를 작성하지 않을 수 있다.

권리 양도·양수 계약은 사업권 및 권리금의 매매계약이므로 중개업자가 통상 작성하는데 이때 작성되는 내용은 권리 양도·양수계약서와 양도·양수하는 부동산·시설·물품·대여물품 등의 목록을 병행하여 작성한다.

상가 임대 및 사업권 매매 의뢰를 통상 세입자나 사업권 매도인이 실시한다. 이때 부동산 소유주와 사업권 매도인이 일치하는 경우가 있으나 대부분은 부동산 소유주와 세입자 및 사업권 매도인이 상이하다.

따라서 부동산중개업자는 권리 매매에 대한 의뢰를 받으면 일단 접수하고 공부를 발급받아 확인 및 분석한 후에 당해 건물이 위치하고 있는 지역의 개발계획이 있는지 토지이용계획 확인서를 확인하고 해당 자치행정기관의 도시개발과에 찾아가서 확인하고 또 당

해 건물 및 양도 업종에 대한 행정처분이 존재하는지를 관계기관에 확인하여야 하며, 인수 가능 물품 및 비품과 인수불가 물품과 비품의 목록을 작성한다. 또한 양도하고자 하는 주 사업권 외에 자판기 운영권 등 부가사업권에 대한 관계를 확인하고, 담배표 권리와 로또 판매권은 승계가 불가하므로 이러한 권리가 포함되어 있는지를 확인해야 한다. 승계불가 권리에 대한 승계절차는 이를 양수하는 양수인에 따라 차이가 있으므로 승계절차는 별도로 파악하여야 한다.

여기까지 양도인에 대한 사항과 양도권리 및 물품에 대한 사항이 파악되면 부동산중개업자는 반드시 부동산소유주와 임대차 관계 내용과 건물주로서 기피하는 업종이 있는지, 주인이 직접 사용하거나 수리 및 재·개축할 계획이 있는지를 확인하여야 한다. 이것이 가장 기본적인 중개업자가 해야 할 첫 번째 사항이다. 대부분 세입자의 경우는 임대인이 임대차 내용을 변경할 경우 보증금 반환받는 시기가 늦어질까 걱정되어 자신의 임대차 내역대로 의뢰를 하는데 상당수의 임대인은 이를 거절하는 경우가 있다.

그리고 당해 건물의 실권리 관계를 확인하여야 한다. 앞서 이야기한 대로 임차인이 의뢰하는 경우가 많으므로 당해 건물의 실권리자가 누구인지 중개업자가 정확하게 알 수 없다. 물론 대부분의 경우 건물주가 직접 관리하고 있다. 그러나 건물주가 전세권을 설정하여 전세권자에게 장기 임대해 주고 관리하도록 하거나 또는 관리인 역할을 가족이나 친척으로 하여금 행사하도록 대리인을 지정하는 경우가 있다. 그래서 중개업자는 중개협상을 실권리자와 하되 계약서 작성 문제는 반드시 건물주와 합의하거나 건물주가 위임한 사항을 확인하여 작성해야 한다.

여기까지 양도할 권리에 대한 내역이 파악되면 부동산 상가임대 또는 부동산 매매 광고를 통하여 양도권리를 매매하게 된다.

이 광고를 통하여 매매하는 권리와 동일 업종을 매수하려는 임차인 또는 매수인이 나타나면 아래 표의 9번에서 15번까지의 관련 필요한 사항을 검토하여 해당 권리를 매매하게 된다.

이때 해당 부동산은 임대차계약이나 매매계약을 체결하고 양도할 권리에 대해서는 권리 양도·양수계약서(사업 포괄 양도·양수계약서)를 작성하게 된다.

이 권리 양도·양수계약서는 권리를 양도자가 부동산 소유주와 동일인 경우는 매매 및 임대차 계약서와 권리 양도·양수계약서를 동시에 작성하나 권리 양도인과 건물소유주가 다른 경우에는 임대차계약서는 건물주와 작성하고 권리 양도·양수계약서는 신·구 임차인이 거래당사자가 되어 별도로 작성하게 된다.

이때 작성하는 권리 양도·양수 계약서 작성은 계약서 작성 편을 참조하여 작성한다. 부동산중개업자가 사업권의 매매를 중개할 경우 중개절차는 부동산중개절차와 다르며 앞서 검토한 사항을 기초로 중개하고 이 과정에서 기본적으로 확인하여야 할 사항은 다음과 같다.

다. 창고 및 공장

창고 및 공장 임대료는 주로 창고 및 공장 임대사업자가 주로 운용하는데 농촌의 경우와 도시지역의 경우 임대료의 차이가 있다.

창고 및 공장의 위치는 고속도로 입구에 15 내지 20분 거리 이내를 선호하는데, 도시지역의 경우는 공단 내와 고속도로 입구 지역 자연녹지나 농지에 많이 건축하고, 농촌지역의 경우에는 저온창고를 많이 운영하였으나 최근에는 저온창고 소요의 감소로 일반창고로 많이 전환되고 있다.

창고 및 공장의 임대조건 중 가장 중요한 것은 진입로의 너비와 전기 인입이다. 진입로의 경우 트레일러가 진입이 가능하여야 하므로 주도로에서 진입하는 회전지역과 최소 6m 이상의 너비를 가진 진입로 폭, 그리고 중간에 커브가 있는 경우 커브지역은 8m 이상의 너비를 소요한다. 그리고 창고 및 공장 내에서 대형차량 및 트레일러가 회전할 수 있는 공간이 있어야 한다.

창고 및 공장의 경우 사무실이 있어야 하므로 최소의 전기 인입은 되어 있어야 한다.

농촌지역에서 저온창고는 정부로부터 보조금을 받을 수 있는 매력이 있고 특히 외국에서 들어오는 식품상을 상대로 저온창고 임대사업을 많이 하고 있다.

임대료는 임대면적을 기준하여 산출하는데 도시지역은 보증금은 평당 10만 원씩 받고 차임(월세)은 평당 1만 원에서 2만 원씩 산출하여 받고 있다.

농촌지역은 도시지역 임대료의 1/2을 기준으로 하는데 보증금은 평당 5만 원 내외, 차임은 평당 5,000원 내외로 하고 있다.

라. 나대지

나대지의 임대차는 중개업자의 중개활동으로 거래가 이루어지고 있는 경우가 많다. 나대지를 임대하는 경우는 건축물을 건축하기 위하여 임대해 주는 경우는 많지 않으며, 주로 임시 적재소로 사용하기 위하여 주로 거래되고 있다.

건축물을 건축하기 위하여 임대하는 경우는 외지에 있는 가스충천소나 석유판매소로 임대되는 경우가 있고, 모델하우스, 카센터 등 임시 가건물을 건축하기 위하여 나대지 임대차가 이루어지고 있다.

또 건축자재 보관소, 고물상, 주차장 등 용도로 주로 많이 나대지를 임대차하고 있다.

나대지의 임대료는, 가스충전소나 석유판매소 등을 위해 임대차하는 경우 임대차 만료 시 원상복구하는 조건으로 임대차하지만 실질적으로는 임차인에게 매매되는 경우가 많으며, 모델하우스 건축을 위해 임대차하는 경우는 통상 2년간 임대차하는데 공동주택 31평 1채에서부터 대형 평형 아파트 1채를 임대료로 지불하고, 카센터는 주로 큰 도로변이나 아파트 밀집 지역 후문 또는 정문에 주로 많이 설치하고 있으며 해당 지역 1층 임대료를 기준으로 임대료를 산출하고 있으며 통상 보증금은 3,000만 원에서 1억 원 정도로 하고 월세(차임)는 30만 원에서 150만 원까지 받고 있다.

건축자재보관소나 고물상, 주차장으로 임대차하는 경우는 대부분 저렴한 가격으로 임대료를 지불하고 있다.

즉 건축자재보관소 경우 보증금은 200만 원 내외로 하고 월세는 60평 기준으로 20만 원에서 40만 원 정도로 거래하고 있다. 고물상은 토지 면적이 60평 이상으로 보증금은 500만 원에서 2,000만 원, 차임은 40만 원으로부터 80만 원까지 받고 있다.

주차장은 주로 상업지역의 나대지에서 임대차를 많이 하고 있으며 식당 전용주차장으로 주로 임대되고 있으며, 모텔 및 여관 등의 주차장으로 거래가 많이 이루어지고 있다.

임대료는 보증금 없이 주차 대수에 따라 계산하기도 하고 면적 기준으로 하기도 하는데 통상 보증금은 1,000만 원 내외이고 월세는 100만 원에서 200만 원까지 받고 있다.

마. 농지

농지의 임대차는 외지인이 농지를 구입한 뒤 이를 해당 지역 농민이나 농지은행에 임대하는 경우와 도시 거주자가 농촌의 휴농지를 임대하여 주말농장을 운영하거나 농지원부를 만들기 위해 임대하여 영농활동을 하는 경우다.

임대료는, 보증금은 없는 것이 일반적이며, 차임은 논의 경우는 200평당 쌀로 1가마니, 밭은 100평 내외를 기준으로 1년에 20만 원 정도이다.

이런 농지의 임대차 중개는 실제적으로 많지 않고 주로 거래당사자 간에 직접 운영하고 있어 이에 대하여 취급하지 않기로 한다.

바. 임야

임야에 대한 임대차는 별로 없으므로 그 사례를 소개할 수 없다. 다만 임야를 임대차한다면 입목에 관한 법률이 적용될 것으로 예상된다.

제3장 | 부동산거래계약서 작성

1. 개요

우리는 일생을 살아가면서 많은 계약과 접촉하고 산다. 이 계약에는 무수히 많은 종류의 계약이 있다. 혹자는 우리 일생 자체가 계약이라고 말하는 자도 있다. 이러한 우리의 계약생활을 규범화하기 위하여 각 법에서도 해당 분야와 관련된 계약과 관련된 법규를 정하고 있다.

그러나 가장 기본은 민법의 계약 편이다. 그래서 부동산거래에 있어서도 계약에 관한 기본적인 사항은 민법에 기초를 두고 있으며, 그 외에 주택임대차보호법을 포함하여 상가임대차보호법 등 부동산 관련 250여 종의 법률이 적용된다.

특히 부동산거래의 주체 중 하나인 부동산중개업자는 부동산거래의 대부분을 담당하고 있어 최소 부동산거래 계약서 작성은 법률을 취급하는 다른 분야의 전문가보다 더 정확하고 거래당사자에게 공정하면서도 안전하게 작성하여 최고의 전문가, 권위자가 되어야 할 것이다.

이를 위해 부동산중개업자는 부동산거래를 성사시키면서 최소한 부도산거래 계약서 작성의 달인이 되도록 부단한 공부와 연습이 필요하다.

그런데 현실은 이러하지 못하고 대부분의 중개업자들이 협회나 일부 출판사에서 제작하여 판매하는 양식을 그대로 사용하거나 협회 및 인터넷 회사에서 제작한 계약서 양식을 그대로 사용하고 있다. 그리고 그 양식에 있는 계약 조항들의 내용에 대한 정확한 목적이나 의미를 제대로 알지 못한 채 사용하고 있다.

특히 부동산거래계약서의 용어 하나를 사용하여도 그 용어의 진정한 뜻을 알고 사용하여야 하고, 계약 조항 하나를 기록하여도 그 목적이 분명하고 법적 근거가 있어야 하거나 최소한 거래당사자 간에 합의된 사항이어야 하며, 그 내용이 합법적이고 공평하며 안전하고 정확하여야 한다.

특히 관습법이나 관례로 된 사항과 부동산거래와 관련된 각종 판례를 면밀히 검토하여 이를 계약의 합의사항으로 유도하여 번복이 되지 않도록 하여야 한다.

또 반드시 고려되어야 할 것은 계약이란 그 이행에 근본을 두고 체결하는 것인 것만큼 반드시 이행할 수 있도록 구체적으로 작성되어야 하며, 이를 위반한 경우 강력한 위약에 대한 손해배상제도를 적용하여 거래당사자가 신의성실로 이행하되 이행하지 않으면 재정적으로 큰 손실을 받을 수 있다는 것을 인식할 수 있도록 작성되어야 한다.

그래서 부동산거래 계약서 작성에 대해 본 절에서는 이를 종합하여 가장 기초적인 것과 가장 많이 사용하는 것을 정리하였다.

2. 부동산거래계약서 작성 전 준비 사항

부동산중개업자가 부동산중개를 성공하여 매매 또는 임대차 등 거래 계약서를 작성해야 하는데 이때 부동산중개업자가 부동산거래계약서 작성 전에 준비 및 확인할 사항이 있다. 그 요소는 다음과 같다.

가. 계약서 작성 가능 시간

부동산중개업자는 거래당사자와 계약에 대한 기초적인 합의가 이루어져 계약이 성립되면 계약서를 작성하게 되는데 이때 매수(임차)인과 매도(임대)인이 바로 계약서를 작성할 수 있는지를 확인하고, 바로 계약서 작성이 어려우면 계약서 작성 가능시간을 협의하여 결정하게 된다.

만일 계약서 작성이 바로 이루어지지 않고 합의한 날을 넘기는 경우는 일단 매수(임차)인으로 하여금 매도(임대)인의 명의로 된 통장에 계약금이나 계약금 중 일부를 입금하도록 하고 계약서 작성일자를 별도로 합의하여 결정한다.

나. 매도(임대)인 준비할 사항

매도인 당사자: 주민등록증/운전면허증/의료보험증/등기권리증
인장

대리인인 경우: 위임장
매도인 임감증명
대리인 주민등록/인장

미성년자인 경우: 법정 대리인 동의서
인감증명
인장

공유자 부동산인 경우: 공유자 전원의 동의서 또는 위임장과 인감증명
대표자 주민등록증/인장

합유 부동산인 경우: 업무집행 조합원 과반수의 결의서 또는 조합원 과반수 동의서
대표자 주민등록증/도장

법인인 경우: 법인등기부등본
법인인감증명
법인인감도장
대표자 주민등록증
법인인감이 날인된 위임장(대표의 대리인인 경우)

종중·향우회 경우(총유): 향우회 등록대장 사본
향우회 매매결의 회의록 사본
향우회 인감증명
향우회 규약
대표자 신분증/인장

다. 전화로 위임인 확인 요령

매도인을 대리하여 대리인이 참석 시 특히 대리인이 매도인의 위임장이 없을 경우에는 최소한 전화상으로라도 다음의 내용을 확인하고 계약서에 기재하거나 작성하여 첨부하여야 한다.

---

1. 통화 일시: ○○○○년 ○월 ○일 ○:○~○:○
2. 매도인 인적 사항 확인 내용
   가. 성명:
   나. 주민등록번호:
   다. 주소:
   라. 전화번호: 집/휴대폰
3. 계약 내용
   가. 물건 소재지 및 지번 또는 동·호수
   나. 매매대금
   다. 거래 위임자 성명, 주민등록번호
   라. 잔금 처리 시 참석 요구
4. 입회인
   가. 매수인: 성명   (인)
   나. 공인중개사: 성명   (인)
   다. 기타 참석자: 성명   (인)
5. 통화자: 성명: (인)
         주민등록번호:

또 매도인이 부동산중개업자가 잘 알고 있는 지인이고, 매도인이 타지에 거주하거나 타지 출장으로 계약 성사일에 계약서를 작성할 수 없는 경우 또는 중개업자를 대리인으로 위임하고 위임장을 주지 않고 인장을 맡기고 간 경우 등에도 매수인을 위하여 위와 같은 최소한의 확인 조치를 취하여야 한다.

라. 매수(임차)인이 준비할 사항

① 신분증
② 인장
③ 계약금

마. 중개업자 준비사항

① 중개업자 등록 인장
② 손해배상 보증증서
③ 계약서/중개대상물 확인·설명서 용지
④ 등기부등본
⑤ 토지대장
⑥ 건축물 관리대장
⑦ 토지이용계획 확인서
⑧ 스테이플러(통상 호치키스),
⑨ 계약서봉투(또는 파일)
⑩ 인주 등

3. 계약서 작성 원칙

첫째, 계약서는 정확하고, 간결하며 명료하게 작성하여야 한다.

둘째, 용어는 법률용어나 표준 일상용어를 사용하되 해석상 상이한 해석을 할 수 있는 용어는 사용하여서는 아니 된다.

셋째, 계약서는 모든 분쟁을 방지하기 위하여 작성하는 것이므로 중개업자는 보다 구체적이고 분쟁이 될 만한 것은 사전에 모두 언급하여 그 내용을 명확하게 기재하고, 항상 어느 일방이 이를 이행하지 않을 경우 그 대가를 어떻게 할 것인가를 반드시 합의시켜 작성하여야 한다.

4. 주거용 매매계약서

목적부동산의 표시

소재지	대전광역시 서구 내동 167번지(서우아파트 상가동 104호)				
토지	지목	대	면적	10.1544㎡	평
건물	구조·용도	철근콘크리트·점포	면적	24.15㎡	평

소재지: 토지의 행정 구역 명칭과 지번까지 기록하고 집합건물일 경우는 동·호수까지 기록한다.
토지의 지목과 면적: 토지 대장 내용을 기록한다.
건물의 구조, 용도, 면적: 건축물관리 대장 내용을 기록한다.
* 면적에 평수를 기록하려면 ㎡를 3.3058로 나누어 소수점 2자리까지 기록한다.

위 부동산에 대하여 매도인과 매수인은 합의에 의하여 다음과 같이 매매계약을 체결한다.

제1조 (매매대금 및 지불시기) ① 매매대금 및 매수인의 대금 지불시기는 다음과 같다 <민법 제563조>.

매매대금	ㅡ 金 팔천구백만 원整(₩89,000,000↙)
계약금	ㅡ 金 구백만(₩9,000,000) 원整은 계약 시에 지불하고 당일 영수함 ㉑
중도금	ㅡ 金 삼천오백만(₩35,000,000) 원整은 2003년 05월 01일에
잔금	ㅡ 金 사천오백만(₩45,000,000) 원整은 2003년 05월 31일 지불한다.
융자금	ㅡ 金 채권최고액 이천만 원整(주택 은행)을 승계 않기로 한다.

모든 금액 기록: 좌측에 공백이 없도록 붙여 한글이나 한자로 기록하고 공백이 없음(↙) 표시를 한다.
매매대금: 매매대금은 거래 총액이므로 융자금과 임대보증금이 포함된 금액이다.
계약금: 가급적 매매대금의 10%를 지불하도록 하되 매도인 및 매수인이 합의한 금액으로 한다. 계약금 영수증을 별도로 작성해 줌이 가장 좋으나 통상은 별도로 작성하지 않고 계약금란의 말미에 '당일 영수함' 또는 '매도인은 이를 당일 영수함'이라 기록하고 영수함 뒤에 매도인 도장을 날인한다.
중도금: 중도금은 가급적 있는 것이 계약 파기를 줄인다.
매매대금의 50%를 기준으로 하나 매수인과 매도인이 합의한 금 4액을 기록한다.
중개사는 매수인이 지불 가능한 금액으로 유도하여야 한다.
중도금은 매수인이 계약이행을 증명하는 것이므로 모든 계약에서 가급적 중도금을 지불하도록 함이 바람직하다.
계약일과 잔금일이 1개월 이상일 시에 작성하며, 일사는 계약일과 잔금일의 중간 정도가 좋고, 매도인과 매수인이 합의하여 정할 수 있다.
잔금: 잔금은 매매대금에서 계약금과 중도금을 제하고 나머지 금액을 기록한다. 융자를 인수할 경우도 융자금까지 포함한 금액을 기록하며, 임대보증금이 있으면 이 금액도 포함하고 특약사항에 잔금에는 융자금 또는 임대보증금이 포함된 금액임을 기록한다.
잔금 일자: 가급적 변동이 되지 않도록 충분한 협의를 하여 결정하고, 이때는 소유권 이전 및 부동산 인수인계가 같이 이루어지는 일자이므로 별도 합의가 없으면 변경해서는 안 된다.
융자금은 가급적 잔금일에 매도인의 융자금은 말소할 수 있도록 갚아 버리고, 매수인이 새롭게 융자를 받도록 하는 것이 바람직하다.
융자금은 채권최고액으로 등기부등본상의 금액을 기록하고, 인수할 것인가, 말소할 것인가를 표시하여야 한다.
만일 융자금을 인수하는 조건으로 한 경우에도 채권최고액을 기록하고, 인수를 표시한다.

제2조 (소유권 이전) 매도인은 매매대금의 잔금을 수령함과 동시에 소유권 이전 등기에 필요한 모든 서류를 교부하고 위 부동산을 매수인에게 20○○년 ○월 ○일 인도하여야 한다<민법 제568조>.

부동산 인도일: 통상 잔금일과 동일하게 기록하나 매도인과 매수인이 합의하여 조정할 수 있다.

제3조 (제한권 등 소멸) 매도인은 소유권을 행사를 제한하는 사유나 공과금 기타 부담금의 미납이 있을 때는 잔금 수수일 이전까지 그 권리의 하자 및 부담 등을 제거하여 완전한 소유권을 이전하여야 한다. 다만, 달리 약정한 경우에는 그러하지 아니하다.<대법원 2000다8533, 2000.11.28>.

제한권 등 소멸: 이 조항은 2000년 11월 28일 선고 판결된 사항이다.

재산세: 재산세는 6월 1일자 소유자가 부담하므로 만일 매도인이 부담하여야 하는 경우는 이를 분명하게 한계를 알려 주어야 한다.

제4조 (제세공과금) 위 부동산에 관하여 발생한 수익과 조세공과 등의 부담금은 부동산 인도일을 기준으로 하여 그 전일까지의 것은 매도인에게, 그 이후의 것은 매수인에게 각각 귀속한다<민법 제102, 587조>.

잔금일과 인도일이 일치하지 않을 경우에는 인도일을 기준하여 제세·공과금이 귀속됨을 중개사는 계약 양 당사자에게 주지시켜야 한다.

관리비는 매수인을 상대로 하는 경우는 매도인이 책임 있는 것이므로 임차인이 정리하는 문제라도 매수인에 대해서는 매도인이 정리되었음을 확인해 줄 의무가 있다.

제5조 (부동산의 인도) ① 매도인은 매매 물건에 부속하는 수목·정원·문·담장 등 기타 건물의 부속물 일체를 양도하여야 한다.

② 매도인은 부동산을 인도하기 전에 폐기물 등을 처리하고 통상적인 청소를 하고 난 후에 인도하여야 한다. 다만, 달리 약정한 경우에는 그러하지 아니한다<민법 제100조>.

매도인이 이사할 때 위 부동산의 종물로써 휴대하여야 할 물건이 있을 경우가 있다(예: 선물받은 거실 등, 커튼, 버티컬 블라인드, 빨래걸이, 붙박이장, 거실 텔레비전 받침 등).

이런 경우는 본래 분양 시를 기준하여 대체물을 조치하도록 하여야 한다.

제6조 (계약의 해제) 매수인이 중도금(중도금 약정이 없을 때는 잔금)을 지불하기 전까지 매도인은 계약금을 배액으로 상환하고, 매수인은 또한 계약금을 포기하고 이 계약을

해제할 수 있다<대법원 91다2151. 1992.5.12>.

여기에서 계약금은 해약금의 성격이다. 간혹 매수자가 계약을 해약하면서 계약금의 일부를 반환받기를 원한다. 이는 해약 조건을 제대로 이행하지 않는 결과가 또 초래되는 것이나, 중개사는 가급적 양 당사자의 의향을 점검하여 조정할 수 있으면 해 주는 것이 좋다.

해약하면 수수료도 문제가 되는데 중개사의 고의나 과실이 없으면 수수료는 받을 수 있고 받아야 한다. 그래서 중도금을 가급적 받아두는 것이 좋고, 계약일에 수수료를 받도록 함이 좋다.

6조와 7조의 차이를 명확히 해야 한다. 6조는 어느 일방이 채무 불이행과 관계없이 계약을 해제할 경우이고, 7조는 채무 불이행으로 계약을 해제하는 경우이다.

제7조 (채무 불이행과 손해배상) ① 매도인 또는 매수인에게 본 계약상의 채무 불이행이 있었을 경우에는 그 상대방은 불이행을 한 자에 대하여 서면으로 이행을 최고하고 계약을 해제할 수 있다.

② 계약이 해제된 경우 매도인과 매수인은 각각 상대방에 대하여 손해배상을 청구할 수 있다. 손해배상에 대하여 별도 약정이 없는 한 제6조 기준에 의한다<민법 제544조>.

위약금에 해당하는 사항으로 손해배상에 대한 별도의 약정이 없으면 6조의 해약금과 동일한 금액으로 한 것이다. 이때 채무 불이행에 대한 계약해제는 임의로 해약하지 못하고 일단 상대방에게 이행을 최고하고 그래도 불이행할 경우에는 계약을 해제한다는 것이다.

제8조 (공인중개사의 책임 및 중개 보수) ① 공인중개사는 매도인 또는 매수인이 본 계약상의 채무 불이행에 대해서는 책임을 지지 않는다.

② 공인중개사의 중개 보수는 본 계약 체결과 동시에 매도인과 매수인 쌍방이 각각 지불하며, 공인중개사의 고의나 과실 없이 매도인 또는 매수인의 사정으로 본 계약이 해제되어도 중개 보수는 지급한다.

③ 공동중개인 경우에는 매도인 또는 매수인이 보수를 지불할 공인중개사 1인을 지정하고 지정된 자에게 지불한다. 다만, 매도인 또는 매수인 각자가 공인중개사에게 보수를 지불하여야 한다.

④ 매도인과 매수인이 본 계약의 이행을 위한 업무를 공인중개사에게 위임한 경우에는 이에 관한 보수는 중개 보수와는 별도로 정한다.

⑤ 중개수수료는 (대전광역시) 부동산중개수수료 및 실비에 관한 기준 조례에 의거 수수료 요율 0.9%(80만 원)를 각각 적용하기로 한다.

매도인 (인), 매수인 (인)

중개사는 계약이 체결되면 내용을 읽어 주고 설명을 해주어야 한다.

최근에는 중개업법을 고객들도 잘 알기 때문에 수수료를 명확히 하지 않으면 최저율로 주거나 각종 트집을 잡아 아예 주지 않으려는 비겁한 자들이 많아 ⑤항을 기록하여 인장을 받아 놓을 필요가 있다.

제9조 (계약준수의무) 본 계약에 정하지 않은 사항은 계약당사자 쌍방의 합의에 의하며, 합의에 이르지 못할 때에는 민법 및 관습에 따른다.

특약사항: **통상 많이 기재하는 특약사항 예문**

일반 공통 특약사항(예문)

1. 잔금 지급일은 본 계약서의 일자를 초과하지 않는 범위 내에서 매도인과 매수인이 합의하여 앞당길 수 있다. **(잔금 지급일을 앞당길 가능성이 있을 때 특약사항)**

1. 매매 물건의 상태는 계약일 현재의 상태로 계약하며, 이후 발생한 하자 및 고장, 파손 사항은 매도인 담보 책임으로 한다. **(계약 시 물건 상태와 계약 후 물건 파손 책임 특약사항)**

1. 세입자에 대해서는 매수인이 매도인의 권리와 의무를 승계한다. 따라서 세입자들의 임대차 계약서는 2003년 5월 15일 매도인은 매수인에게 전량 넘겨주기로 한다. **공유 부동산 계약할 때 특약사항(예문)**

1. 본 계약은 별첨 동의서와 같이 목적부동산 공유자 전원의 사전 동의하에 민법 제263조의 규정에 의거 매매계약을 체결한다. **(공유자 전원의 동의서 있을 경우)**

1. 본 계약은 목적부동산 총 6,000㎡ 중 6,000분의 3,500지분을 보유한 매도인이 다른 공유자의 동의를 얻지 않은 상태에서 체결되는 것으로, 매도인은 민법 재263조의 규정에 의거 잔금 지급기일 이전에 이 계약에서 정한 사항에 대한 공유자 전원의 동의를 받아 매수인에게 그 동의서를 제공하기로 한다. **(동의서가 없는 경우)**

합유 부동산 계약할 때 특약사항(예문)

1. 본 계약은 내동 조합 정관 제5조에 근거하여 체결함. (**정관이 있을 때**)

1. 목적부동산은 내동조합 소유로 별첨 동의서와 같이 조합원(또는 업무집행 조합원) 총 5명 중 3인의 사전 동의하에 민법 제706조 제2항의 규정에 의거 매매계약을 체결함. (**정관은 없고 조합원의 50% 이상의 동의서가 있을 때**)

1. 목적부동산은 내동 조합 소유로서 조합원에 속한 매도인이 다른 조합원 과반수의 동의를 얻지 않은 상태에서 체결되는 것으로, 매도인은 민법 제706조 제2항의 규정에 의거 잔금 지급일 이전에 이 계약에서 정한 사항에 대한 과반수의 지분을 보유한 조합원의 동의를 받아 그 동의서를 매수인에게 제공하여야 한다. (**조합원 과반수의 동의서를 사후에 제공하는 경우**)

총유 부동산 계약할 때 특약사항(예문)

1. 본 계약은 전주 이씨 목사공파 종중 재산으로 동 종중 규약 (정관) 제5조에 근거하여 체결함. (**규약(정관)에 처분 권한 자와 그 방법이 있는 경우**)

1. 목적부동산은 전주 이씨 목사공파 종중 소유로서 별첨 결의서와 같이 제25차 종중 총회(2003. 1. 12.)에서의 사전 결의하에 민법 제276조 제1항의 규정에 의거 매매계약을 체결함. (**종중 총회 사전 결의가 있는 경우**)

1. 목적부동산은 전주 이씨 목사공파 소유로서 종중 대표자인 매도인이 종중 총회의 사전 결의를 얻지 않은 상태에서 체결된 것으로, 매도인은 민법 제276조 제1항의 규정에 의거, 잔금 지급일 이전에 이 계약에서 정한 사항에 대한 종중 총회의 결의를 거쳐 그 결의서를 매수인에게 제공하기로 한다.

매수인이 다시 제3자에게 매각하는 경우의 특약사항(예문)

1. 본 계약은 매수인이 계약일 현재의 목적부동산 소유자와 매매계약을 체결한 상태에서 거래되는 것으로, 소유자와의 매매계약이 해제될 경우 이 계약은 당연히 무효가 되며, 이 경우 상기 6조의 규정에도 불구하고 매도인은 매수인(제3자)에게 수령한 금액만을 반환하기로 한다. (**계약해제 시 손해배상이 없는 약정의 경우**)

1. 본 계약은 매수인이 계약일 현재의 목적부동산 소유자와 매매계약을 체결한 상태에서 거래되는 것으로, 소유자와의 매매계약이 해제될 경우 이 계약은 당연히 무효가 되며,

이 경우 매도인은 매수인(제3자)에게 수령한 금액 전액과 계약금 상당액을 함께 지급해야 한다. (계약해제 시 손해배상이 있는 약정의 경우)

농지 거래의 특약사항(예문)

1. 매수인이 잔금 지급일 이전까지 농지자격 취득증명을 발급받지 못할 경우 이 계약은 무효이며, 이 경우 매도인은 매수인으로부터 받은 거래대금 중 계약금을 포함한 전 금액을 반환해 주기로 한다.

토지거래 허가 구역 내 토지 거래 시 특약사항(예문)

1. 매도인은 매수인이 잔금 지급일 이전까지 토지 거래 허가를 받도록 적극 협조하여야 하며, 만약 매도인의 귀책사유 없이 매수인이 허가를 받지 못할 경우 이 계약은 무효로 하고, 이 경우 매도인은 매수인으로부터 받은 계약금(또는 거래대금 중 계약금을 포함한 전 금액)을 반환해 주기로 한다.

1. 본 계약은 토지거래허가를 득하였을 경우부터 유효하며, 토지거래허가를 받지 못하면 무효로 하기로 한다. (다른 거래 관련 인·허가 사항도 동일한 요령으로 적용한다)

구조, 용도, 지목에 대한 특약이 있는 경우(예문)

1. 본 매매계약은 목적부동산의 공부상 지목 전이나 현재는 그대로 사용하고 있다.

매매대금을 평당 가격으로 산정한 특약이 있는 경우(예문)

1. 본 계약에 포함된 토지의 거래 가격은 평당 30만 원으로 산정한 것으로 계약 면적과 지적 측량을 통한 실제 면적에 차이가 있을 경우 매도인과 매수인은 잔금 지불 시 정산하기로 한다.

환지 예정지인 경우 특약사항(예문)

1. 본 계약은 환지 예정지로 지정된 상태에서 거래되는 것으로 목적부동산란에 표기 소재지 등은 환지를 받을 토지를 기준으로 하되, 매도인은 매수인에게 환지 예정지 지정 이전의 부동산을 양도하기로 한다.

1. 본 계약은 환지 예정지로 지정된 상태에서 거래되는 것으로 환지 확정으로 인한 청

산금 관련 권리와 의무는 매수인에게 귀속하기로 약정하며, 토지 면적 증감이 있더라도 거래당사자 모두는 상대방에게 이의를 제기하지 않기로 한다.

1. 본 계약은 환지 예정지로 지정된 상태에서 거래되는 것으로 환지 확정으로 인해 발생한 청산금에 대한 권리와 의무는 매도인에게 귀속되며, 환지 확정으로 토지 면적의 증감이 있을 경우 이 계약에서 정한 평당 단가를 기준으로 정산하기로 한다.

토지의 일부 및 건물의 일부를 매매하는 특약사항(예문)

1. 본 계약은 상기 매매 목적부동산의 총 1,234㎡ 중 남측 25㎡에 대한 거래이다.

지분을 매매계약 하는 경우 특약사항(예문)

1. 본 계약은 상기 매매계약 목적부동산 전체 중 일부 지분에 대한 거래로 거래 지분은 총 1,234㎡ 중 1,234분의 25로 한다.

매매 목적부동산이 수 개 필지 시 특약사항(예문)

1. 본 계약의 목적부동산은 총 3개 필지로 167번지 245㎡, 167-1번지 547㎡, 168번지 442㎡이다.

매도인이 잔금수령 이전에 소유권 이전에 제한되는 권리를 말소하기로 한 특약사항(예문)

1. 매도인은 잔금지급 이전에 목적부동산에 대한 권리상 제한이나 부담을 없애고 잔금 지급 시 매수인에게 완전한 소유권을 이전해 주기로 한다.

1. 매수인은 중도금 지급일에 매도인과 만나 국민은행 융자금을 변제하고 남은 잔액을 중도금으로 매도인에게 지불한다.

1. 매도인은 잔금 지급일 이전에 계약일 현재 등기부에 있는 근저당권의 등기를 말소하기로 한다.

1. 매도인은 중도금 지급일 이전에 가압류를 말소하기로 하며, 말소가 확인되는 대로 매수인은 중도금을 지급하기로 한다.

1. 매도인과 매수인은 잔금 지급 이전에 목적부동산에 설정된 하나은행 근저당권의 채무 명의를 매수인으로 변경하기로 한다.

과실 귀속 및 취득을 부동산 인도일과 달리 일자를 약정하는 경우(예문)

1. 상기 제4조의 약정에도 불구하고 2003년 5월 15일부터 발생하는 수익과 제세·공과금 등은 매수인에게 귀속하며, 그 이전까지 발생하는 것은 매도인에게 귀속한다. (**통상 수익성 부동산의 월세 수익의 기준일을 정할 때 발생**)

목적부동산에 부착된 물건(종물)을 매도인이 소지할 때 특약사항(예문)

1. 상기 제5조 1항의 규정에도 불구하고 계약일 현재 목적부동산의 거실 천정에 부착된 거실 등은 매도인의 소유로 한다.

매도인 대리인이 위임장을 소지하지는 않았으나 대리권이 확실한 경우(예문)

1. 본 계약을 체결한 매도인의 대리인 진영섭은 중도금 지급일에는 매도인과 매수인이 직접 만나 추인 여부를 확인하도록 조치하거나 본 계약을 추인하는 증명서면(인감증명 첨부)을 매수인에게 제공한다.

대리인이 위임장을 소지하였고 대리권도 확실한 경우(예문)

1. 본 계약은 매도인 한남선의 대리인 진영섭이 체결한 것으로 대리권한은 별첨 위임장 및 인감증명서를 통하여 확인한다.

아파트 및 연립주택 매매 특약사항(예문)

1. 선수 관리비는 매매대금과 별도로 매수인이 부담하며, 매도인은 선수 관리비 영수증을 매수인에게 제공한다.

단독주택 매매 특약사항(예문)

1. (5년 이상 된 주택) 매도인은 2003년 5월 15일 매수인과 같이 보일러를 작동하여 가동 상태와 가동 요령을 전수한다.
1. 지붕과 2층 화장실 등에 대한 누수 하자 보증은 1년으로 정한다.
1. 미등기 건물은 매도인이 잔금 처리 1주일 전까지 등기하기로 한다.

다가구/상가주택 매매 특약사항(완성건물 매매 시)(예문)

1. 임대차 현황은 별지와 같다. * 각 호수별 임차인 성명, 주민등록 번호, 임대차기간, 보증금 및 임료, 임차인 확인 서명 등을 각각 기재 후 작성 일자와 매도인 성명 및 날인을 한다.

1. 물건은 현 상태대로 매매하며, 물건의 하자현황은 다음(별지)과 같다.

* 별지에 하자 내용 자세히 기재

1. 빈 방에 대한 잔금 처리 시까지 임차 문제는 매도인이 부담한다.

1. (신축 시)잔금 처리는 약정기일(통상 계약일로부터 3개월 내)에 함을 원칙으로 하나 매도인이 임차를 부담할 시는 매매대금의 90%가 되면 그 이전이라도 잔금을 처리하고 그 후 임차문제는 매수인이 부담하기로 한다.

만일 약정 잔금 일자에도 임차 보증금과 계약금의 합이 매매대금의 90%가 안 되면 매도인과 매수인이 합의하여 잔금 일자를 조정하기로 한다(임차인 자금 사정 고려함).

1. 임료는 잔금 처리일을 기준하여 정산하기로 한다.

1. (상가주택 시)시설 및 권리금은 매도인이 정리하기로 한다.

1. 은행으로부터 보증금에 대한 유치권이 있는 경우는 따로 매도인이 별도로 매수인에게 인수인계한다.

1. 각 호수별 임대차 계약서는 별지와 같다. * 별도 임대차 계약서 철 인수인계

1. 융자금은 승계하기로 한다(최초 융자액보다 갈수록 대출 비율이 적어짐).

다가구 등 공사 중인 건물매매 특약사항(예문)

1. 본 계약은 갈마동 000번지의 건축 중인 건물에 대한 매매계약이다.

1. 본 계약에 있어 토지의 소유권 이전은 중도금 지불할 때 같이 이전하기로 한다.

1. 매도인은 건축주 명의 변경을 중도금 지급할 때까지 처리하기로 한다.

1. 잔금지급은 건물완성 후 3개월까지 매도인이 임대를 하고 그 임대보증금으로 상환하기로 한다. 단, 3개월 미만이라도 임대보증금이 잔금의 90%가 되면 매도인과 매수인이 합의하여 잔금을 처리하기로 한다. 반면 건물 완성 후 3개월이 넘어도 임대한 임대보증금이 잔금의 90% 미만이면 임대인과 임차인이 합의하여 잔금 처리일을 조정할 수 있다.

1. 매도인은 계약서에 준하여 준공검사 후 행정적인 문제가 발생할 때는 매도인과 매수인 간에 상호 협조하여 문제를 해결한다.

1. 매도인은 건물하자보수 기간을 전 세대 임대 완료일로부터 **24개월**로 정한다.

1. 매도인은 전 가구 수 (+)전원메타기를 한국전력 허가용으로 설치한다.

1. 매도인은 건물 계약 체결과 동시에 옵션조건을 철저히 이행한다. 옵션조건은 별지와 같다.

1. 융자 부분은 건물 준공 후 사용승인일로 승계한다.

1. 매도인은 도시가스 라인이 건물 앞으로 지나갈 때 연결하기로 한다.

1. 건물 옆 뒤 부분은 드라이피트로 처리한다.

1. 건물에 관련된 인테리어는 매도인과 매수인이 합의하에 시행한다.

1. 주인세대 외 원·투룸 전 가구에 에어컨 분리형으로 설치한다.

1. 현관복도 계단 벽과 천정 부분은 타일 시공 마감을 한다.

1. 상가와 주택용 수도메타기는 영업용과 가정용으로 분리해 설치한다.

1. 주인세대 거실은 원목마루로 시공한다.

1. 융자+매수인의 투자금 외 나머지 건축대금은 매도인이 임대하여 가져간다.

* 특약사항을 별지로 작성 시는 계약서의 특약사항 란에 별지를 표시하고 '별지, 특약사항'을 표시 후에 특약사항을 모두 기재하고 말미에 작성 연월일을 기재하고 매도인 성명, 주민등록번호, (인), 매수인 성명, 주민등록번호, (인)을 기재한 뒤 날인토록 한다.

토지 매매 특약사항(예문)

1. 현 지상물은 임대차기간 또는 농작물 수확 기간까지 보장하기로 한다.

1. 현 지상물에 대한 철거비용은 매도인이 부담하기로 하며, 잔금 지급 5일 전까지 철거하기로 한다.

1. 토지 거래 허가 신청은 매수인이 하기로 한다.

(토지 거래 허가 지역의 경우)

* 기타 진입로 문제가 있을 시 이에 대한 책임 또는 조치 등을 명시할 것

1. (묘지 토지 계약 시) 매수인은 지역 부락민과의 충돌에 대해서는 책임을 지며 이에 대하여 사전 대책을 강구한다.

* 기타 물건의 상태나 양 당사자의 합의에 의해 추가로 작성할 수 있다.

위 내용에 대하여 매도인과 매수인은 이의 없음을 확인하고 아래와 같이 서명 날인 후 쌍방이 각각 1통씩 보관한다.

년   월   일

매도인	주소					(인)
	주민등록번호		전화		성명	
대리인	주소				성명	(인)
매수인	주소					(인)
	주민등록번호		전화		성명	
대리인	주소				성명	(인)
공인중개사	사무소소재지					
	사무소 명칭			(인)		(인)
	대표					
	등록번호		전화			전화

연월일은 계약 일자를 기록한다.
매도인과 매수인 인적 사항은 주민등록증을 보면서 작성한다.
대리인란은 대리인이 계약 시만 기록한다.
공인중개사란 중 좌측은 계약서를 작성하는 매도인 측 공인중개사, 우측은 매수인 측 공동 중개 공인중개사를 기록한다.
날인은 본인들이 하는 것이 기본이나 통상 공인중개사가 일괄 날인한다. 그래서 공인중개사는 주민등록번호와 성명 아니면 최소한 주민등록번호나 성명 중 하나는 당사자 본인이 직접 기록하도록 하여야 한다.

첨부: 중개대상물 확인·설명서 1부
손해배상보장증서 1부
등기부등본 1부
토지대장 1부
건축물 관리대장 1부

5. 교환 계약서

목적부동산의 표시

'갑'소유 부동산	주소	대전광역시 서구 내동 220번지 롯데아파트 112-1406
	교환내용	아파트 1채(32평형, 전유면적 84.99㎡)
'을'소유 부동산	주소	충청남도 금산군 복수면 신대리 541-1번지
	교환내용	잡종지 1,722㎡

'갑'과 '을'의 구분은 평가액이 높은 사람의 것을 '갑'으로 하고 평가액이 낮은 사람의 것을 '을'로 한다.
주소: 행정구역 명칭과 번지까지 기록하고 집합건물의 경우는 동·호수까지 기록한다.
교환내용: 부동산 종류와 수량을 기록한다.

제1조 (보충금 및 지급 시기) '갑'과 '을'은 합의하여 보충금 및 지급 시기는 다음과 같다<민법 제597조>.

평가가액	金 일억 칠천만 원≠정을 갑'부동산에 대한 평가액으로 합의한다.
보충금	金 삼천만 원(₩30,000,000≠)정을 '을'이 지급한다.
계약금	金 삼백만 원≠정은 계약 체결할 때에 지불하고 '갑'은 영수함
중도금	金 일천이백만 원≠정은 2003년 5월 20일에 지불하며
잔금	金 일천오백만 원≠정은 2003년 5월 31일에 지불한다.

평가 가액: '갑'의 부동산의 평가가액을 한글 또는 한문으로 기록한다.
이 금액은 양 당사자가 합의한 금액이여야 하며, 거래 총액이다.
보충금: '을'이 '갑'에게 지급을 총액으로 우측에 아라비아 숫자까지 표기한다.
계약금: 보충금의 10%를 계약금으로 한다. 그러나 당사자의 합의에 의거 평가액의 10%를 계약금으로 할 수 있다.
중도금: 없을 시는 '없음'을 표시한다.
잔금: 중도금이 없을 경우는 계약일로부터 1~2주 정도로 정한다.

제2조 (소유권 이전) '갑'과 '을'은 보충금의 잔금을 수령함과 동시에 소유권 이전 등기에 필요한 모든 서류를 상대방에게 교부하고, 위 부동산을 2003년 5월 31일에 각각 상대방에게 인도한다.

인도일은 특별한 사정이 없는 한 잔금 지급일로 하며, 이를 기록한다.

간혹 건물의 내부 수리를 위해 잔금일 이전에 부동산 인도일을 정할 수도 있다. 이는 양 당사자가 합의한 날을 기록한다.

제3조 (제한권 등 소멸) '갑'과 '을'은 소유권 행사를 제한하는 사유나 공과금 기타 부담금의 미납이 있을 때는 잔금 수수일 이전까지 그 권리의 하자 및 부담 등을 제거하여 완전한 소유권을 이전하여야 한다. 다만, 달리 약정한 경우에는 그러하지 아니하다.

제4조 (제세·공과금) 위 부동산에 관하여 발생한 수익과 조세 공과 등의 부담금은 부동산 인도일을 기준으로 하여 각 부동산별로 그 전일까지의 것은 매도인에게, 그 이후의 것은 매수인에게 각각 귀속한다.

잔금일과 인도일이 일치하지 않을 경우에는 인도일을 기준하여 제세·공과금이 귀속됨을 중개사는 계약 양 당사자에게 주지시켜야 한다.

지방세: 재산세 및 종합토지세 납세일을 참고하여 신경 써야 함

제5조 (부동산의 인도) ① '갑'과 '을'은 교환 물건에 부속하는 수목·정원·문·담장 등 기타 건물에 부속물 일체를 상대방에게 양도하여야 한다.

② '갑'과 '을'은 부동산을 인도하기 전에 폐기물 등을 처리하고 통상적인 청소를 하고

난 후에 인도하여야 한다. 다만, 달리 약정한 경우에는 그러하지 아니한다.

매도인이 이사할 때 위 부동산의 종물로써 휴대하여야 할 물건이 있을 경우가 있다. (예: 선물받은 거실 등, 커튼, 버티컬 블라인드, 빨래걸이, 붙박이 장, 거실 텔레비전 받침 등) 이런 경우는 본래 분양 시를 기준하여 대체물을 조치하도록 하여야 한다.

제6조 (계약의 해제) '을'이 중도금(중도금 약정이 없을 때는 잔금)을 지불하기 전까지 '갑'은 계약금을 배액으로 상환하고, '을'은 또한 계약금을 포기하고 이 계약을 해제할 수 있다.

해설은 매매계약서 작성 참조

제7조 (채무 불이행과 손해배상) ① '갑' 또는 '을'에게 본 계약상의 채무 불이행이 있었을 경우에는 그 상대방은 불이행을 한 자에 대하여 서면으로 이행을 최고하고 계약을 해제할 수 있다.

② 계약이 해제된 경우 '갑'과 '을'은 각각 상대방에 대하여 손해배상을 청구할 수 있다. 손해배상에 대하여 별도 약정이 없는 한 제6조 기준에 의한다.

위약금에 해당하는 사항으로 손해배상에 대한 별도의 약정이 없으면 6조의 해약금과 동일한 금액으로 해야 하는 것이다. 이때 채무 불이행에 대한 계약 해제는 임의로 해약하지 못하고 일단 상대방에게 최고와 더불어 그래도 불이행할 경우에는 계약을 해제한다는 것이다.

제8조 (공인중개사의 책임 및 중개 보수) ① 공인중개사는 매도인 또는 매수인이 본 계약상의 채무 불이행에 대하여는 책임을 지지 않는다.

② 공인중개사의 중개 보수는 본 계약 체결과 동시에 매도인과 매수인 쌍방이 각각 지불하며, 공인중개사의 고의나 과실 없이 매도인 또는 매수인의 사정으로 본 계약이 해제되어도 중개 보수는 지급한다.

③ 공동 중개인 경우에는 매도인 또는 매수인이 보수를 지불할 공인중개사 1인을 지정하고 지정된 자에게 지불한다. 다만, 매도인 또는 매수인 각자가 공인중개사에게 보수를 지불하여야 한다.

④ 매도인과 매수인이 본 계약의 이행을 위한 업무를 공인중개사에게 위임한 경우에는

이에 관한 보수는 중개 보수와는 별도로 정한다.

⑤ 중개수수료는 (대전광역시) 부동산중개수수료 및 실비에 관한 기준 조례에 의거 수수료 요율 0.9%(80만원)를 각각 적용하기로 한다.

매도인 (인), 매수인 (인)

제9조 (계약준수의무) 본 계약에 정하지 않은 사항은 계약당사자 쌍방의 합의에 의하며, 합의에 이르지 못할 때에는 민법 및 관습에 따른다.

특약사항: 매매계약과 동일함

본 계약에 대하여 임대인과 임차인은 이의 없음을 확인하고 각자 서명 또는 날인 후 교환 계약당사자인 갑, 을, 공인중개사가 각각 1통씩 보관한다.

<u>　　년　　월　　일</u>

갑	주소					(인)
	주민등록번호		전화		성명	
대리인	주소				성명	(인)
을	주소					(인)
	주민등록번호		전화		성명	
대리인	주소				성명	(인)
공인 중개사	사무소소재지					(인)
	사무소 명칭			(인)		
	대표					
	등록번호		전화		전화	

연월일은 계약 일자를 기록한다.
갑과 을의 인적사항은 주민등록증을 보면서 작성한다.
대리인란은 대리인이 작성 시만 기록한다.
공인중개사란 중 좌측은 계약서를 작성한 공인중개사를 우측은 공동중개 공인중개사를 기록한다.
날인은 본인들이 함이 기본이나 통상 공인중개사가 일괄 날인한다. 그래서 공인중개사는 주민등록번호와 성명 아니면 최소한 주민등록번호나 성명 중 하나는 본인이 기록하도록 하여야 한다.

6. 주거용 임대차 계약서

목적부동산 표시

소재지	대전광역시 서구 내동 000번지(서우아파트 000동 104호)				
토지	지목	대	면적	26.026㎡	7.87평
건물	구조·용도	철근콘크리트·주거용	면적	59.74㎡	18.07평
임대할 부분	서우아파트 000동 104호 전유부분			59.74㎡	18.07평

소재지: 토지의 행정 구역 명칭과 지번까지 기록하고 집합건물일 경우는 동·호수까지 기록한다.
토지의 지목과 면적: 토지 대장 내용을 기록한다.
건물의 구조, 용도, 면적: 건축물관리 대장 내용을 기록한다.
* 면적에 ㎡를 기록하려면 평수를 3.3058로 나누어 소수점 2자리까지 기록한다.
임대할 부분: 실제 임대할 전유 면적 부분을 사실대로 기록한다.
(반드시 기록할 것)

위 부동산에 대하여 임대인과 임차인은 합의에 의하여 다음과 같이 임대차 계약을 체결한다.

제1조 (보증금 및 지급 시기) ① 위 부동산의 임대차에 있어 임차인은 임대차 보증금 및 차임을 아래와 같이 약정하고 그 지불시기는 다음과 같다.

보증금	- 金 팔천구백만(₩89,000,000) 원整
계약금	- 金 구백만(₩9,000,000) 원整은 계약 시에 지불하고 당일 영수함. 진 영 섭 ㊞
중도금	- 金 삼천오백만(₩35,000,000) 원整은 2003년 05월 01일에
잔 금	- 金 사천오백만(₩45,000,000) 원整은 2003년 05월 31일 지불한다.
차 임	- 金 삼십만(₩300,000) ∕ 원整은 매월31일에 지급하기로 한다.

② 제1항의 보증금은 달리 정함이 없는 한 공인중개사의 입회하에 지불하기로 한다.

모든 금액 기록: 매매계약서의 모든 금액 기록 요령 참조

차임(월세): 매월 말일 지불함이 원칙이나 말일까지의 환산이 복잡하여 통상 입주일에 차임을 지불하는 것으로 한다.

지불방법은 후불이 원칙이나 계약 종료 시 각종 공과금과 중복되어 복잡해짐으로 통상 선불로 한다. 그리고 통장으로 입금하도록 계좌번호를 기록하며 이때 주의할 사항은 가급적 임대인명의의 통장으로 입금토록 함이 후에 말썽의 소지를 없게 한다.

월세를 기간 말까지 일시불로 지불할 경우는 금액은 일시불 총액을, 지급일에는 '일시

불'이라 기록한다.

제2조 (존속 기간) ① 임대인은 위 부동산을 임대차 목적대로 사용 수익할 수 있는 상태로 2003년 5월 31일까지 임차인에게 인도하며, 임대차기간은 인도일로부터 2005년 5월 30일까지 24개월로 한다.

인도일은 잔금 지급일과 동일하게 기록함이 바람직하다.

임대차기간은 주택의 경우는 2년이 원칙이나 임대인이 2년보다 짧게 주장해도 실제 법정에서는 이를 인정받지 못하며, 임차인은 2년 이하로 정할 수 있다. 그래서 서로 합의하여 정하는 것이 바람직하다.

② 임대차 만료기간은 위 ①항의 만료일을 원칙으로 하며, 위 ①항 만료일을 기준하여 전후 15일간으로 임대차기간 만료기간으로 하기로 한다.

임차인의 이사 일정이 반드시 임대차 만료일과 일치하는 경우가 매우 드물다. 그래서 임대료상 문제가 발생하고 있어 이에 대한 기준을 명확히 하고자 하는 데 있다.

③ 임대차 만료기간 이후의 기간은 새로운 임대차기간으로 하며, 이때 임대료 증감 청구가 가능하다. 임대료산정 기준은 위 ①항의 임대차 만료일을 기준으로 한다.

임대차기간을 위반할 경우 임대료 산정의 기준을 명확히 하기 위함

제3조 (용도 변경 및 전대 등) 임차인은 임대인의 동의 없이는 위 부동산의 용도나 구조 등을 변경하거나 전대, 임차권의 양도 또는 담보 제공을 하지 못하며, 임대차 목적 이외의 용도에 사용할 수 없다<민법 제610조와 제629조의 규정>.

제4조 (계약의 해지) 임차인이 계속해서 2회 이상 차임의 지급을 연체하거나 제3조에 위반했을 때는 임대인은 즉시 본 계약을 해지할 수 있다<민법 제640조의 규정>.

제5조 (관리비 등) 임차인은 위 부동산을 사용함으로써 발생한 소규모 수선의 제반 비용을 부담하며, 일상적인 범위 내에서의 부동산 관리 의무도 함께 부담한다.

소규모 수선의 범위는 통상 2만 원 미만의 범위로 하고 있다.

대규모 수선은 특약을 하였다 하여도 임대인의 수선의무가 면제되지 않음

제6조 (계약의 종료) ① 임대차 계약이 종료한 경우 임차인은 위 부동산을 원상으로 회복하여 임대인에게 반환한다.

② 제1항의 경우, 임대인은 보증금을 임차인에게 반환하고, 연체 임대료 또는 손해배상금이 있을 때는 이를 제하고 그 잔액을 반환한다<민법 제640조의 규정>.

제7조 (계약의 해제) ① 임차인이 임대인에게 중도금(중도금이 없을 때는 잔금)을 지불할 때까지는 임대인은 계약금의 배액을 상환하고, 임차인은 계약금을 포기하고 이 계약을 해제할 수 있다.

② 임대차기간 중 임차인이 계약을 해제하는 경우 임차인은 임대인과 합의하여 임대료(보증금＋차임 환산금)의 10%나 중개수수료 중 합의된 금액을 위약금으로 지불하기로 한다.

③ 임대차기간 중 임대인이 계약을 위반한 경우 임대인은 임차인에게 익스프레스 비용과 중개수수료에 해당하는 금액을 위약금으로 지불하기로 한다.

제8조 (공인중개사 보수) ① 공인중개사 보수는 본 계약 체결과 동시에 당사자 쌍방이 각각 지불하며, 공인중개사의 고의나 과실 없이 거래당사자 사정으로 본 계약이 해약되어도 중개수수료는 지급한다.

② 중개수수료는 (대전광역시)부동산중개수수료 및 실비에 관한 기준 조례에 의거 수수료 요율 0.4%를 적용한다.

제9조 (계약준수의무) 본 계약에 정하지 않은 사항은 계약당사자 쌍방의 합의에 의하며, 합의에 이르지 못할 때에는 민법 및 관습에 따른다.

특약사항: 통상 사용하는 특약사항 예문

임대차기간의 수리비에 대한 특약사항(예문)

1. 본 계약에 있어 임대차기간 목적부동산의 관리를 위한 수리비는 1회 수리비용이 총 5만 원 미만이거나 임차인이 고의 또는 과실로 발생한 파손 및 고장은 임차인이 부담하여 수리하고, 1회 수리비용이 총 5만 원 이상 소요되거나 자연적 노후로 훼손 및 고장 난 기본 시설의 수리비는 임대인이 부담하기로 한다.

장기(특별)수선 충당금에 대한 특약사항(예문)

1. 장기수선 충당금은 임차인이 임대차기간 동안 임대인을 대신하여 납부하고, 임대차 종료 시 임대인은 이를 종합한 금액을 임차인에게 지불하여야 한다. 이때 임차인은 그 영수증을 임대인에게 제시한다.

* 장기수선 충당금은 대법원 판례로 임대인이 부담하게 되어 있는 금액이므로 별도 특약이 없어도 임대인이 부담하여야 한다. 이때 임차인은 해당 아파트 관리사무소나 본인이 수선을 실제로 한 영수증을 임대인에게 제시하여야 한다.

1. 임차인은 임대인이 임대료를 다른 부동산에 비해 저렴하게 받는 대신 장기수선 충당금을 임차인이 부담하기로 한다.

도배 및 수리에 대한 특약사항(예문)

1. 임대인은 입주일 이전에 화장실 변기와 싱크대 및 화장실 출입문, 보일러를 교체 및 수리해 주기로 한다.

1. 도배는 임차인이 하기로 한다.

* 통상 도배는 월세인 경우 임대인이 수리하고, 전세 및 전세권인 경우 임차인이 수리하고 있다.

1. 임대인은 2003년 12월 5일까지 도배해 주기로 한다.

공사 완공 전에 체결한 계약으로 완공 후 면적의 증감이 예상될 경우 특약사항(예문)

1. 본 계약은 완공 이전의 상태에서 체결된 것으로, 공사 과정에서 임대계약 면적의 5% 이내에 해당하는 경미한 증감에 대해서는 제2조에서 정한 기간까지는 면적의 증감이 없는 것으로 본다.

만일 5% 이상의 면적의 증감이 발생하면 면적 단위로 환산하여 보증금액을 증감하기로 한다.

계약 기간 동안의 월세를 미리 약정하는 경우의 특약사항(예문)

1. 본 계약은 2년간의 월세 총 칠백이십만 원(월 삼십만 원)을 입주 시 일시불로 임대인에게 지급하는 계약이며, 임차인의 잘못 없이 중도에 계약이 해지될 경우 임대인은 잔여 기간 동안의 월세를 임차인에게 반환하기로 한다. 이때 잔여기간은 월 기준으로 계산하는

것을 원칙으로 하되, 월 미만의 날짜에 대한 일할 계산의 경우에는 한 달을 30일로 본다.

1. 본 계약은 월세를 3개월 단위로 선불로 지불하기로 한 계약으로 그 지불시기는 1월, 4월, 7월, 10월의 말일에 지불하기로 한다.

1. 본 계약은 임대차기간을 5년으로 하는 계약으로, 2003. 5. 31.~2005. 5. 30.까지는 차임금만 50만 원으로, 2005. 5. 31.~2007. 5. 30.까지는 보증금은 1,000만 원을 올리고 차임은 70만 원으로, 2007. 5. 31.~2008. 5. 30.까지는 보증금은 1,000만 원을 올리고 차임은 100만 원으로 하기로 한다.

임대차기간을 법정 기간보다 짧게 하는 특약사항(예문)

1. 목적부동산은 2004년 8월 20일에 재건축되어야 하는 것으로 임차인은 이와 같은 사유로 인하여 단기 임대차 계약을 체결할 수밖에 없음을 확인함

임차인이 잔금 지급일 이전에 내부 공사를 할 수 있도록 하는 특약사항(예문)

1. 임차인은 제2조의 규정에도 불구하고 2003년 5월 10일(양 당사자가 합의한 날)부터 목적부동산에 인테리어 공사를 할 수 있으나 만약 중도에 계약이 해제되면 해지 또는 해제된 날로부터 7일 이내에 원상복구하기로 한다.

용도 및 구조 변경 등을 사전에 임대인이 승낙하는 특약사항(예문)

1. 상기 제3조의 규정에도 불구하고 임차인은 목적부동산을 임대인의 동의 없이 가내 공장 용도로 변경하여 사용할 수 있다.

전대차 계약을 작성하는 경우(예문)

1. 상기 3조의 규정에도 불구하고 임차인은 목적부동산을 임대인의 동의 없이 본 계약의 임대차기간 내에서 동일한 조건과 목적으로 사용하는 자에게 전대를 할 수 있다.

1. 본 계약은 임대인의 사전 동의를 얻어 임차권자와 전차인 간에 체결하는 전대차 계약이다. (임대인의 사전 동의가 있는 경우/동의서 첨부)

임대차 양도 계약을 작성하는 경우(예문)

1. 본 계약은 임대인의 사전 동의를 얻어 임차권자와 전차인 간에 체결하는 임차권 양

도계약이다.

(임대인의 사전 동의가 있는 경우/동의서 첨부)

임차인이 설치한 시설을 계약 종료 시 유익비 상환 청구를 하지 않기로 한 특약사항(예문)

1. 상기 제6조의 규정에도 불구하고 임차인이 설치한 시설 일체는 설치 시 임대인 명의로 설치하기로 하고, 그 설치비는 임차인이 부담하며, 본 계약 종료 시 이를 철거하지 않고 임대인에게 양도하기로 하며, 이 시설에 대한 유익비 상환을 청구하지 않기로 한다.

계약일 현재의 권리 외에 추가로 권리를 설정하지 않기로 하는 특약사항(예문)

1. 본 계약은 계약 체결일 현재 등기부에 기재된 권리 관계 이외에 추가되는 등기나 권리가 있을 경우 임차인은 이 계약을 해지할 수 있다.

차임에 대한 부가가치세 특약사항(예문)

1. 본 계약상 차임은 부가가치세가 포함되지 않은 금액으로 매수인은 매도인 통장에 입금할 때 차임에 해당하는 부가가치세 10%를 추가하여 입금하여야 한다.

나대지 임대 시 특약사항(가설 건축물 건축 허락 시)(예문)

1. 임차인은 임대인 승인하에 본 부동산에 가설건축물 00평을 축조하여 이용하며, 이에 대한 축조관련비용과 제세금은 임차인이 전액 부담한다.

1. 가설건축물과 이 외의 관련 불법사항에 대해서는 임차인의 부담으로 원상복구하여야 하며, 이로 인해 임대인은 일방적으로 계약을 해지할 수 있다.

1. 가설건축물은 토지소유자 명의로 신축하고, 이에 필요한 서류를 임차인에게 협조한다.

1. 가설건축물은 임대차기간이 만료되었을 시 임차인이 완전히 철거하며, 이를 불이행할 경우를 대비하여 철거비용 00만 원을 보증금에 포함한다.

1. 임대차 만료가 되었을 때 임차인은 본 가설건축물을 임대인에게 무상으로 증여하고, 대신 철거비용을 별도로 보증금에 포함하지 않기로 한다.

임대차기간 만료 전 계약해지에 대한 위약금

1. 임대인이 임대차기간 중 본 임대차 계약을 해지하는 경우 임대인은 임차인이 이사에

해당하는 비용을 위약금으로 지불하기로 한다.

이때 이사비용의 범위는 임차인이 당해건물에 대한 임대료에 해당하는 중개수수료와 익스프레스 비용을 이사비용으로 하기로 한다.

1. 임차인이 임대차 만료 전 본 임대차 계약을 해지하는 경우 임차인은 임대인이 지불하는 중개수수료를 위약금으로 지불하기로 한다.

이때 임차인의 임대료에 대한 중개수수료의 범위는 당해 건물에 대한 임차인의 임대료에 해당하는 중개수수료로 한다.

본 계약에 대하여 임대인과 임차인은 이의 없음을 확인하고 각자 서명 또는 날인 후 임대인, 임차인, 공인중개사가 각각 1통씩 보관한다.

_____ 년 _____ 월 _____ 일

임대인	주소							(인)
	주민등록번호		전화			성명		
대리인	주소					성명		(인)
임차인	주소							(인)
	주민등록번호		전화			성명		
대리인	주소					성명		(인)
공인중개사	사무소소재지							
	사무소 명칭			(인)				(인)
	대표							
	등록번호		전화				전화	

연월일은 계약 일자를 기록한다.
임대인과 임차인 인적 사항은 주민등록증을 보면서 작성한다.
대리인란은 대리인이 작성 시만 기록한다.
공인중개사란 중 좌측은 계약서를 작성한 공인중개사를 우측은 공동중개 공인중개사를 기록한다.
날인은 본인들이 함이 기본이나 통상 공인중개사가 일괄 날인한다. 그래서 공인중개사는 주민등록 번호와 성명 아니면 최소한 주민등록번호나 성명 중 하나는 본인이 기록하도록 하여야 한다.

첨부# 1: 등기부등본, 토지대장, 건축물 관리대장: 각 1부
2: 임대차현황 1부

7. 상업용 임대차 계약서

목적부동산 표시

소재지	대전광역시 서구 내동 167번지				동·호수	상가 동	104 호
건물명칭	서우아파트 상가동						
면적	분양평형	10평형	용도	2종근린시설	전용면적	24.15 ㎡	7.3 평

이 계약서는 점포, 사무실, 오피스텔 등 단독 상가의 임대차에 적용한다.

권리금에 관한 계약을 권리 양도 계약서를 사용한다.

위 부동산에 대하여 임대인과 임차인은 합의에 의하여 다음과 같이 임대차 계약을 체결한다.

제1조(보증금 및 지급시기) ① 위 부동산의 임대차에 있어 임차인은 임대차 보증금 및 차임을 아래와 같이 약정하고 그 지불 시기는 다음과 같다.

보증금	一 金 팔천구백만(₩89,000,000) 원整
계약금	一 金 구백만(₩9,000,000) 원整은 계약 시에 지불하고 당일 영수함. 진 영 섭 ㉑
중도금	一 金 삼천오백만(₩35,000,000) 원整은 2003년 05월 01일에 지불한다.
잔금	一 金 사천오백만(₩45,000,000) 원整은 2003년 05월 31일 지불한다.
차임	一 金 삼십만(₩300,000) 원整은 매월 31일에 지급하기로 한다.

② 제1항의 보증금은 공인중개사의 입회하에 지불하기로 한다.

모든 금액과 계약금, 중도금, 잔금, 차임 기록 요령은 매매계약서 작성요령 참조

제2조 (존속 기간) ① 임대인은 위 부동산을 임대차 목적대로 사용 수익할 수 있는 상태로 2003년 05월 31일까지 임차인에게 인도하며, 임대차기간은 인도일로부터 2005년 05월 30일까지로 한다.

인도일은 잔금 지급일과 동일하게 기록함이 바람직하다.

임대차기간은 상가의 경우는 1년이 원칙이나 양 당사자 간에 합의하여 그 이상도 가능하다.

② 임대차 만료기간은 위 ①항의 만료일을 원칙으로 하며, 위 ①항 만료일을 기준하여 전·후 15일간으로 임대차기간 만료기간으로 하기로 한다.

③ 임대차 만료기간 이후의 기간은 새로운 임대차기간으로 하며, 이때 임대료 증감 청구는 가능하다. 임대료산정 기준은 위 ①항의 임대차 만료일을 기준으로 한다.

* 상가임대차보호법이 2002년 11월 1일 시행 이후 일부 이를 잘못 이해하여 임대차기간을 5년으로 하는 것으로 알고 있으나 상가 임대차기간은 민법을 적용하여 1년 단위로 계약함이 원칙이다. 그러나 임대인과 임차인이 합의하여 결정하며, 5년은 1년 단위로 임대차 계약을 했든, 2년으로 했든 간에 임대인이 특별한 사정이 없는 한 임차인이 상가에 투여한 인테리어 비용 등 시설·권리금을 보장받을 수 있도록 상가임대차보호법의 묵시의 갱신거절조건에 해당하지 않는 범위에 해당할 경우 임대인의 의무적으로 5년간 묵시의 갱신하든 임대차 계약을 갱신하든 5년은 보장해 주라는 의미이다. 따라서 차임이나 보증금은 계약기간의 변동에 따라 최소한 법적으로 지정된 요율만큼 변경이 가능하다.

제3조 (용도 변경 및 전대 등) 임차인은 임대인의 동의 없이는 위 부동산의 용도나 구조 등을 변경하거나 전대, 임차권 양도 또는 담보 제공을 하지 못하며 임대차 목적 이외의 용도에 사용할 수 없다<민법 제610조와 제629조의 규정>.

제4조 (계약의 해지) 임차인이 계속해서 2회 이상 차임의 지급을 연체하거나 제3조에 위반했을 때는 임대인은 즉시 본 계약을 해지할 수 있다.<민법 제640조의 규정>.

제5조 (관리비 등) 임차인은 위 부동산을 사용함으로써 발생한 소규모 수선의 제반 비용을 부담하며, 일상적인 범위 내에서의 부동산 관리 의무도 함께 부담한다<대법원판례 1994. 12. 9>.

대규모 수선은 특약을 하여도 임대인의 수선의무가 면제되지 않음

제6조 (계약의 종료) ① 임대차 계약이 종료한 경우 임차인은 위 부동산을 원상으로 회복하여 임대인에게 반환한다.

② 제1항의 경우, 임대인은 보증금을 임차인에게 반환하고, 연체 임대료 또는 손해배상금이 있을 때는 이를 제하고 그 잔액을 반환한다<민법 제640조의 규정>.

임차인이 계약 종료 시 원상회복하기로 약정은 유익비가 투여되었다 할지라도 이를 포기함을 의미한다.

　* 주택 임대차든, 상가 임대차든 계약 종료 후 원상회복은 임차인은 목적부동산만 반환하면 원상회복을 다 한 것으로 판단을 하는데 이는 처음 임차인이 들어올 때의 상태로 복구해 놓으라는 의미이다. 그런데 우리나라는 이에 대한 관용으로 명확한 규정이 없어 어느 임대차든 임대차 종료 시 임대인과 임차인이 이 문제로 적이 되는 경우가 많다.

　외국에서는 이 문제를 명확히 하기 위하여 임차인이 처음 들어올 때의 상태를 물건 목록으로 작성하여 임대인, 임차인, 중개사가 각각 1통씩 보관한다. 외국은 전속 중개계약이 일반화되어 있어 부동산 관리도 중개사가 실시하므로 계약 종료 시 중개사는 임차인의 목적부동산 상태를 계약 당시의 목록을 가지고 와서 확인 후 이때와 차이가 나는 부분은 임차인이 수리비용을 부담하게 하고 있다.

　이 목록의 세밀도는 벽에 못이 몇 개 박혀 있는지까지 작성되어 있으며 보통 3~5장으로 작성되어 있다.

　제7조 (계약의 해제) ① 임차인이 임대인에게 중도금(중도금이 없을 때는 잔금)을 지불할 때까지는 임대인은 계약금의 배액을 지불하고, 임차인은 계약금을 포기하고 이 계약을 해제할 수 있다.

　② 임대차기간 중 임차인이 계약을 해제하는 경우 임차인은 임대인과 합의하여 임대료(보증금＋차임 환산금)의 10%나 중개수수료 중 합의된 금액을 위약금으로 지불하기로 한다.

　③ 임대차기간 중 임대인이 계약을 위반한 경우 임대인은 임차인에게 익스프레스 비용과 중개수수료에 해당하는 금액을 위약금으로 지불하기로 한다.

　제8조 (공인중개사 보수) ① 공인중개사 보수는 본 계약 체결과 동시에 당사자 쌍방이 각각 지불하며, 공인중개사의 고의나 과실 없이 거래당사자 사정으로 본 계약이 해약되어도 중개수수료는 지급한다.

　② 중개수수료는 (대전광역시) 부동산중개수수료 및 실비에 관한 기준 조례에 의거 수수료 요율 0.4%를 적용한다.

　제9조 (계약준수의무) 본 계약에 정하지 않은 사항은 계약당사자 쌍방의 합의에 의하며, 합의에 이르지 못할 때에는 민법 및 관습에 따른다.

특약사항

상가 매매 시 잔금 처리 기간까지의 기간을 임대차로 하는 특약사항(예문)

1. 본 매매계약은 잔금 처리일까지 매수인이 위 부동산을 사용하는 특수 조건이므로 매수인은 중도금 지급일로부터 잔금 지급일까지 매월 16일 차임 65만 원을 지급하기로 한다.

단, 임차인이 계속해서 2회 이상 차임을 연체하였을 시는 매도인은 본 계약을 해지할 수 있으며, 이때 매수인은 매도인이 위 목적부동산에 존치된 매수인의 비품 및 물품 등 일체를 매각 조치하여도 민·형사상 이의를 제기하지 않기로 한다.

1. 위 특약 1항의 단서 조항은 매수인이 중도금 및 잔금을 지급하지 않을 시에도 동일하게 적용하기로 한다.

1. 매도인은 계약금 입금이 완료되면 위 목적부동산의 내부시설을 2003년 05월 12일부터 동월 14일까지 철거하기로 한다.

1. 매수인이 위 목적부동산을 사용하는 기간 동안의 제 공과금은 매수인이 부담하고 제 세금은 매도인이 부담하기로 한다.

1. 매수인이 위 목적부동산을 임대차로 사용하는 기간 본 계약의 계약금은 보증금으로 간주하지 않기로 한다.

임대인 권리금을 인정하지 않는 특약사항(예문)

1. 임차인은 임대인에게 어떠한 이유로도 권리금을 주장 및 청구하지 않기로 한다.

1. 임차인은 본 계약이 종료되더라도 임대인에게 어떠한 명목으로도 권리금이나 시설비에 대하여 보상을 청구할 수 없다.

1. 임차인은 임대인에게 어떠한 명목으로도 권리금 및 시설비를 주장하거나 청구하지 않기로 하며, 임차인의 영업 목적상 설치한 시설은 임대인의 이름으로 설치하고 그 시설비는 임차인이 부담하며, 임대차 종료 시 그 시설은 임대인에게 무상으로 양여하기로 한다.

임차인이 임대인에게 지급한 권리금을 중도에 해지 시에 임대인이 권리금의 일부를 반환하기로 하는 특약사항(예문)

1. 본 계약은 5년간 임차하기로 한 계약으로 임차인이 임대인에게 지급한 권리금 2,000만 원은 임차인이 임대인에게 반환을 청구하지 않기로 한 계약이나, 잔금일(입주일)로부터 48개월 이전에 임차인의 잘못 없이 임대차 계약이 종료(해지)될 경우 임대인은 권리금

을 48개월로 나눈 비율로 환산하여 48개월에서 경과한 월수를 뺀 나머지 개월 수에 해당하는 금액을 임차인에게 반환하기로 한다. 단, 15일 이상의 잔여 일수는 1월로 본다.

임대인이 임대차 계약 종료 시 임차인의 투자비용을 인정하여 권리금을 받도록 하는 특약사항(예문)

1. 임대인은 임차인에게 상가임대차보호법에 의거 5년간 영업할 수 있도록 보장해 주는 조건이지만 만일 임차인이 5년을 존속하지 못할 경우 임차인이 영업 초기에 투자한 비용을 회수할 수 있도록 이 계약에서 정한 조건대로 다른 임차인에게 임차권을 양도하거나 전대할 수 있도록 사전 동의한다. 단, 권리금은 최근 1년간의 매출량의 1/10을 초과할 수 없다.

전대차 계약을 작성하는 경우/임차권 양도 계약도 동일
(예문)

〈사전 임대인의 동의가 있었을 경우〉

1. 본 계약은 임대의 사전 동의를 얻어 임차권자와 전차인 간에 체결하는 전대차 계약이다. 임대인의 동의서와 인감증명은 첨부와 같다.

1. 본 계약은 임대의 사전 동의를 얻어 임차권자와 전차인 간에 체결하는 전대차 계약이다. 임대인의 사전 동의 증명서는 첨부 임대차 계약과 같다.

〈임대인의 사전 동의가 없이 계약하는 경우〉

1. 본 계약은 임대인의 사전 동의를 얻지 않은 상태에서 임차권자와 전차인 간에 체결되는 전대차 계약으로 임차권자는 잔금 지불일전에 임대인의 동의서와 그의 인감증명서를 전차인에게 제시하거나 임대인이 본 계약서에 동의 날인을 해 주기로 한다.

만일 임차권자는 임대인의 동의를 구하지 못할 경우 본 계약은 무효로 하며, 이를 대비하여 계약금 및 중도금을 공인중개사에게 보관하기로 한다.

1. 공인중개사는 전차인의 계약금과 중도금을 보관함에 있어 공인중개사 사무소 명의의 별도 통장에 보관하며 임차권자와 전차인의 공동 승인 없이 지불하여서는 아니 된다.

임차인이 임차 상가의 일부를 전대차 하는 경우(예문)

1. 본 계약은 임대인의 사전 동의 없이 체결한 계약으로 임차부동산 중 동측 1/3(300㎡ 중 100㎡)을 전차인에게 전대하는 계약이다.

1. 임차권자는 중도금 지불일 전까지 임대인의 동의를 얻어 전차인에게 제시하기로 한다.

임차권자는 임대인의 동의서를 전차인에게 제시할 때 계약금을 수령하기로 한다.

만일 임대인의 동의를 얻지 못할 경우 본 계약은 무효로 하며, 이를 대비하여 계약금은 공인중개사가 보관하고, 공인중개사는 전차인의 계약금과 중도금을 보관함에 있어 공인중개사 사무소 명의의 별도 통장에 보관하며 임차권자와 전차인의 공동 승인 없이 지불하여서는 아니 된다.

임대차기간 만료 전 계약해지에 대한 위약금

1. 임대인이 임대차기간 중 본 임대차 계약을 해지하는 경우 임대인은 임차인이 이사에 해당하는 비용을 위약금으로 지불하기로 한다.

이때 이사비용의 범위는 임차인이 당해 건물에 대한 임대료에 해당하는 중개수수료와 익스프레스 비용을 이사비용으로 하기로 한다.

1. 임차인이 임대차 만료 전 본 임대차 계약을 해지하는 경우 임차인은 임대인이 지불하는 중개수수료를 위약금으로 지불하기로 한다.

이때 임차인의 임대료에 대한 중개수수료의 범위는 당해건물에 대한 임차인의 임대료에 해당하는 금액에 대한 중개수수료로 한다.

본 계약에 대하여 임대인과 임차인은 이의 없음을 확인하고 각자 서명 또는 날인 후 임대인, 전차인, 신임차인, 공인중개사가 각각 1통씩 보관한다.

임대인	주소						(인)
	주민등록번호		전화		성명		
대리인	주소				성명		(인)
임차인	주소						(인)
	주민등록번호		전화		성명		
대리인	주소				성명		(인)
공인 중개사	사무소 소재지						
	사무소 명칭						
	대표		㉑			㉑	
	등록번호		전화			전화	

8. 권리양도 계약서

가. 계약서 작성

상가 임대차 시 권리의 양도·양수도 동시에 발생하는 경우가 많이 있으며 이외에도 융자금 등의 근저당 양도·양수, 전세권 양도·양수, 지역권 양도·양수, 임차권 양도·양수, 지상권 양도·양수 등 부동산과 관련된 권리에 대한 양도 양수가 발생하게 되는데 이에 대한 권리를 양도·양수하는 경우 부동산권리 양도·양수 계약서를 작성한다.

부동산의 권리 양도·양수 계약 시에는 권리 양도·양수계약서 외에 시설·물품 등에 대한 목록을 작성하여 인수인계한다.

부동산 양도·양수 계약서는 별도의 서식은 없으나 통상 다음 양식을 사용하고 있다.

나. 작성요령

권리양도·양수 계약서

양도인과 양수인은 아래 부동산에 대한 권리양도·양수 계약을 상호 합의하여 아래와 같이 체결한다.

1) 부동산의 표시

소재지			
면적	㎡(평)	업종 및 업태	
상호		허 가 번 호	

소재지: 부동산의 소재지를 번지까지 기록
면적: 면적은 분양면적을 기록하되 실사용면적을 기록할 수 있다. 이때는 실사용면적임은 표시하여야 한다.
업종 및 업태: 업종 및 업태는 국가 표준업종 및 업태 분류에 근거하여 기록한다.
상호: 양도인이 사용하는 상호를 인수하는 경우는 그 상호를 그대로 기록하고, 양수인이 새로운 상호를 사용하는 경우는 상호를 생략할 수 있다.
허가번호: 허가번호는 양수하는 허가번호를 기록하고 양수인이 새로운 상호를 사용하는 경우는 양도인이 상호변경을 하여 양도·양수하여야 한다.

2) 부동산 임대차 계약 내용

임대보증금	일금	차임(월세)	일금
소유자 성명		임대차기간	

임차보증금과 월세: 양수인이 집주인에게 지불하여야 할 보증 및 월세 금액을 말한 소유자, 임대인의 인적사항을 기록한다.
임대차기간: 양도의 임대차기간을 기록한다.
* 양수인이 새로운 임대차 계약을 체결하는 경우는 새로운 임대차계약 내용을 기록한다.

3) 권리양도·양수 계약 내용

제1조 (권리금액 및 지불시기) 양수인은 위 부동산의 권리금액을 아래와 같이 지불하기로 한다.

권리금	일금	(₩)만 원정
계약금	일금	(₩)만 원정은 계약 시 지불하고 영수함
중도금	일금	(₩)만 원정은 년 월 일에 지불한다.
잔금	일금	(₩)만 원정은 년 월 일에 지불한다.

시설·권리금은 시설비의 잔여 가격과 권리금을 기록한다.
계약금: 통상 10%를 기록하며, 양도인과 양수인이 합의한 금액을 기록한다.
중도금: 있을 때는 그 금액과 지불일자를 기록하고, 없을 경우에는 '없음'이라 기록한다.
잔금: 잔금 지불일은 양도인이 이사하거나 시설을 양수인에게 넘겨주는 날이며, 양도인과 양수인이 합의하여 조정할 수 있다.
* 양도인의 채무 관계가 복잡하여 완전 변제 여부가 불확실한 경우에는 잔금 중 일부를 일정기간 동안(통상 3년 이내) 양수인이 보관하거나 중개사에게 에스크로 하는 특약을 정할 수 있다.

제2조 (영업권리) ① 양도인은 잔금 지불 전까지 임차권행사를 방해하는 제반 사항을 모두 제거하고 잔금수령과 동시에 양수인이 즉각 영업을 할 수 있도록 모든 시설 및 권리를 인계하여야 한다.

② 계약 이후 망실 또는 손상된 것에 대해서는 양도인이 책임지고 원상복구한다.

제3조 (제세공과금) 위 부동산에 대한 수익의 귀속과 제세공과금의 지불 책임은 부동산 인도일을 기준하여 그 전일까지는 양도인 인도일 이후부터는 양수인에게 있다.

제4조 (계약의 해제) ① 본 계약은 임대차 계약이 해제될 경우에는 임대차계약일 해제일을 기준으로 거래된 금액을 양도인이 취득하는 것으로 한다.

② 임대차계약은 유효하고 양수인이 타 업종으로 임대차 목적을 변경하여도 본 계약은 해제되지 아니하며 양수인은 권리금 전액을 지불하기로 한다.

③ 양수인이 임대차 계약도 해제하고 권리양도・양수 계약을 해약하는 경우 양수인은 계약금을 포기하고 권리양도・양수 계약을 해제할 수 있다.

④ 양도인이 본 권리양도・양수 계약을 해제 시는 계약금의 배액을 지불하고 해제하기로 한다.

제5조 (경업금지) 양도인은 동일 업종에 대해 별도 약정이 없는 경우 상법에 따르기로 한다.

* 참고: 상법 제41조 (영업 양도인의 경업 금지) ① 영업을 양도한 경우에 다른 약정이 없으면 양도인은 10년간 동일한 특별시・광역시・시・군과 인접 특별시・광역시・시・군에서 동종 영업을 하지 못한다고 규정하고 있으며, ② 경업 금지는 최장 20년까지 영업 금지 기간을 정할 수 있다.

양도인과 양수인이 합의하면 경업 금지 범위와 기간을 달리 정할 수 있다.

제6조 (시설 및 비품 내역서) 양도인이 양수인에게 양도하는 시설 및 비품내역은 별지와 같다.

제7조 (중개 보수) ① 권리금에 대한 중개 보수는 양도인만 지불하며 보수 금액은 양도인과 약정한 ( )만 원을 계약일 지불한다.

② 권리금 외의 권리의 양도에 대한 중개수수료는 당해 지역 지자체의 중개수수료 보수 규정의 매매에 기준하여 계약당사자 쌍방이 계약일에 지불한다. 또한 중개업자의 고의나 과실이 있는 경우에는 중개수수료를 지불하지 아니하며, 중개업자의 고의나 과실이 없이 본 계약이 무효 또는 해제 및 취소되는 경우에도 중개수수료는 지불한다.

특약사항

용도를 양수인이 달리 사용할 때 특약사항(예문)

1. 본 계약의 목적부동산의 계약 당시 용도는 중국집이나, 양도인은 잔금 지급일까지 양수인이 pc방 용도로 사용할 수 있도록 시설물을 철거하기로 한다.

사용 면적이 바뀔 때 특약사항(예문)

1. 본 계약의 목적부동산의 현재 면적은 50평(165.29㎡)이나 양도인은 잔금 지급일까지 양수인이 25평(82.65㎡)을 사용할 수 있도록 시설물을 제거하고 칸막이를 해야 한다.

손해배상을 정하지 않기로 하는 특약사항(예문)

1. 위 3조(보증금 등의 변동)의 규정에도 불구하고 이를 적용하지 않기로 한다.

손해배상의 비율이나 금액 변경 특약사항(예문)

1. 위 3조의 규정에도 불구하고 이자율은 2.5%로 한다.

1. 위 3조의 규정에도 불구하고 손해배상액은 2년에 상당하는 월세와 이자를 합산한 금액으로 한다.

시설물의 목록을 첨부하는 특약사항(예문)

1. 상기 제4조에 의거하여 양도인이 양수인에게 양도해야 할 권리와 시설의 목록은 별첨 서면(양도대상 권리 및 시설 목록)과 같다.

정산에 관한 특약사항(예문)

1. 상기 제5조의 규정과 관련하여 미변제 가능성이 높은 채무를 담보하기 위하여 양수인은 잔금 중 1,000만 원을 2005년 5월 31일까지 보관하기로 하며, 미변제된 채무가 발견될 경우 양수인은 양도인의 확인을 거쳐 보관금 중에서 채무를 변제하기로 한다.

경업 금지에 대한 특약사항(예문)

1. 위 제6조의 규정에도 불구하고 동조에서 정한 지역의 범위는 대전 서구로 하며 동조에서 정한 기간은 1년으로 한다.

본 계약이 체결되었음을 증명하기 위하여 계약서를 3부 작성하여 계약당사자는 이의 없음을 확인하고 각각 서명 또는 날인 한 후 계약당사자와 중개업자가 각각 1부씩 보관한다.

4) 계약관계자 인적사항

200　년　월　일

양도인	주소					
	주민번호		전화번호		성명	㉑
양수인	주소					
	주민번호		전화번호		성명	㉑
중개업자	사무소 소재지					
	사무소명		㉑			㉑
	대표					
	등록번호		전화번호		전화번호	

9. 건물 분양권 매매계약서

가. 계약서 작성 전 준비 사항: 부동산 매매계약서 작성 참조

나. 계약서 작성

매매 대상 건물 분양권 부동산표시

소재지	대전시 유성구 노은동 919 현대열매마을APT 711-1103		
분양권 명칭	노은1지구 택지개발 현대1차APT	건물 면적	전용면적 85㎡
분양대금	金 이억 삼천만 원	옵션 금액	金 일천만 원정
기 불입금	金 일억 사천만 원 정	불입할금액	일억 원정

소재지: 건축현장 주소와 해당 건물의 동과 호수를 기록한다.
분양권의 명칭: 분양권에 표시된 분양권의 명칭으로 'ㅇㅇ아파트' 또는 '빌라'로 표기함
건물 면적: 전용면적을 기록하며 평형을 같이 기록해 줌이 바람직함
분양대금: 분양대금 총액을 한글 또는 한자로 기록함
옵션 금액: 분양계약 할 때 옵션계약을 했으면 옵션 총액을 기록함
마이너스 옵션이 있으면 '마이너스 옵션 000만 원'이라 기록함
* 주의: 마이너스 옵션 시는 분양가에 옵션 총액을 감하고 분양회사에 납부하여야 함
기 불입액: 분양계약 후 분양권 매매계약일 현재까지 매도인이 납부한 총액(계약금＋중도금)을 기록한다.
불입할 금액: 분양가에서 기 불입액을 뺀 나머지 금액을 기록한다.

위 부동산에 대하여 매도인과 매수인은 다음과 같이 합의하여 분양권 매매계약을 체결한다.

제1조 (거래대금 및 지불시기) 거래대금 및 매수인의 대금 지불시기는 다음과 같다.

거래대금	金 일억 팔천구백만✕	원整(₩189,000,000✕)
계약금	金 일천구백만	원整은 계약 시에 지불하고 당일 영수함
중도금	金 팔천오백만(₩85,000,000)	원整은 2003년 05월 01일에
잔금	金 팔천오백만(₩85,000,000)	원整은 2003년 05월 31일 지불함
융자금	金 채권최고액 이천만✕	원整(주택은행)을 승계키로 한다.

거래대금: 기 불입액과 프리미엄을 합한 금액을 기록한다.
계약금: 거래대금의 10% 범위 내 매도인과 매수인이 합의한 금액을 기록한다.
중도금: 매매대금의 1/2 범위 내 매도인과 매수인이 합의한 금액과 일자를 기록한다.
잔금: 거래대금－계약금－중도금을 뺀 나머지 금액을 잔금으로 기록한다.
잔금 시 분양권 명의 변경이 같이 이루어져야 하므로 가급적 잔금지급일은 분양회사에서 명의 변경일로 지정한 날에 정하는 것이 좋다.
융자금: 기 불입액에 포함된 융자금(잔금일 현재까지 중도금 등으로 납입된 융자금의 총액)을 기록하고 이는 통상 승계한다.
만일 승계하지 않을 시는 이 난은 기록하지 않으며, 특약사항으로 매도인이 잔금 지불일까지 융자금을 상환하는 것으로 기록한다.

제2조 (권리 이전 서면 제공) 매도인은 매매대금의 잔금을 수령함과 동시에 분양권자 명의 변경에 필요한 모든 서류를 매수인에게 교부하며, 인감증명서 등 추가 서면 제출이 필요한 경우 매수인의 요구 즉시 교부한다.

＊ 분양권 명의 변경에 필요한 서류는 투자 상담의 분양권 전매를 참조한다.

제3조 (협조 의무) 매도인은 매수인이 이 거래와 관련하여 분양권 자 및 기타 권리 등의 확인에 필요한 협조를 요구할 경우 정당한 범위 내에서 적극 협조해야 한다.

분양권 매매계약 체결 후 매수인이 분양권에 대한 권리분석을 하기 위한 각종 활동에 매도인의 협조 의무를 명시한 것임

매수인의 정당한 요구가 아닐 때는 협조하지 않아도 되는 사항도 있으므로 매수인은 정당한 범위 내에서 요구하여야 함

제4조 (연체료) 매도인이 분양 계획으로 정해진 중도금을 지정된 일자에 납부하지 않아 발생한 연체료 등은 위 잔금일을 기준으로 정산(연체 금액과 그 이자)하여 매수인이 지급할 잔금에서 차감하기로 한다.

매도인이 연체료가 있을 경우 그를 정산할 수 있도록 한 것임.

제5조 (등기 비용 등) 위 분양권의 명의 변경 및 소유권 보존 관련 제세·공과금과 등기 비용 등은 매수인이 부담한다.

입주 시 소유권 보존 등기에 필요한 비용과 제세·공과금을 매수인이 부담할 것을 명시함

제6조 (계약의 해제) 매수인이 중도금(중도금 약정이 없을 때는 잔금)을 지불하기 전까지 매도인은 계약금을 배액으로 상환하고, 매수인은 또한 계약금을 포기하고 이 계약을 해제할 수 있다.

제8조 (채무 불이행과 손해배상) ① 매도인 또는 매수인에게 본 계약상의 채무 불이행이 있었을 경우에는 그 상대방은 불이행을 한 자에 대하여 서면으로 이행을 최고하고 계약을 해제할 수 있다.

② 계약이 해제된 경우 매도인과 매수인은 각각 상대방에 대하여 손해배상을 청구할 수 있다. 손해배상에 대하여 별도 약정이 없는 한 제7조 기준에 의한다.

제9조 (공인중개사의 책임 및 중개 보수) ① 공인중개사는 매도인 또는 매수인의 본 계약상의 채무 불이행에 대하여는 책임을 지지 않는다.

② 공인중개사의 중개 보수는 본 계약 체결과 동시에 매도인과 매수인 쌍방이 각각 지불하며, 공인중개사의 고의나 과실 없이 매도인 또는 매수인의 사정으로 본 계약이 해제되어도 중개 보수는 지급한다.

③ 공동중개인 경우에는 매도인 또는 매수인이 보수를 지불할 공인중개사 1인을 지정하고 지정된 자에게 지불한다. 다만, 매도인 또는 매수인 각자가 공인중개사에게 보수를 지불하여야 한다.

④ 매도인과 매수인이 본 계약의 이행을 위한 업무를 공인중개사에게 위임한 경우에는 이에 관한 보수는 중개 보수와는 별도로 정한다.

제10조 (계약준수의무) 본 계약에 정하지 않은 사항은 계약당사자 쌍방의 합의에 의하며, 합의에 이르지 못할 때에는 민법 및 관습에 따른다.

특약사항

연체료를 차감하지 않기로 하는 특약사항(예문)

1. 상기 제4조의 규정에도 불구하고 연체료는 잔금에서 차감하지 않기로 한다.

* 잔금 전에 매도인이 연체료를 정리하기로 한 경우, 거래대금에 연체료가 포함되지 않은 경우, 매수인이 매도인의 연체료를 부담하기로 합의를 본 경우에 작성함

등기 비용 및 제세·공과금을 매도인이 부담하기로 특약한 경우(예문)

1. 상기 제5조의 규정에도 불구하고 취득세 및 소유권 보존 등기에 소요되는 제반 비용을 매도인이 부담하기로 한다.

* 기타 특약사항은 부동산 매매계약서 작성과 유사함

본 계약에 대하여 매도인과 매수인은 이의 없음을 확인하고 각자 서명 또는 날인 후 매도인, 매수인, 공인중개사가 각각 1통씩 보관한다.

____ 년   월   일

매도인	주소						(인)
	주민등록번호		전화		성명		
매수인	주소						(인)
	주민등록번호		전화		성명		
공인중개사	사무소 소재지						
	사무소 명칭			(인)			(인)
	대표						
	등록번호		전화			전화	

10. 토지 분양권 매매계약서

가. 계약서 작성 전 준비사항: 부동산 매매계약서 작성 참조

나. 계약서 작성

토지 분양권의 표시

소재지	대전시 유성구 노은동 919		
분양권명칭	노은1지구택지개발	분양면적	전용면적 85㎡(평)
분양대금	金 이억 삼천만 원	분양 회사	토지개발공사
기 불입금	金 일억 원정	불입할 금액	일억 삼천만 원정

소재지: 건축 현장주소와 해당 건물의 동과 호수를 기록한다.
분양권의 명칭: 분양권에 표시된 분양권의 명칭으로 '○○택지개발지구' 또는 '○○사업지구'로 표기함
분양면적: 분양 계획서의 토지면적을 기록하며 평을 같이 기록해 줌이 바람직함
분양대금: 분양대금 총액을 한글 또는 한자로 기록함
옵션금액: 분양계약 할 때 옵션계약을 했으면 옵션 총액을 기록함
기 불입액: 분양계약 후 분양권 매매계약일 현재까지 매도인이 납부한 총액(계약금＋중도금)을 기록한다.
불입할 금액: 분양가에서 기 불입액을 뺀 나머지 금액을 기록한다.

위 부동산에 대하여 매도인과 매수인은 다음과 같이 합의하여 임대차 계약을 체결한다.

제1조 (거래대금 및 지불시기) 거래대금 및 매수인의 대금 지불시기는 다음과 같다.

거래대금	－金 일억 팔천구백만✕ 원整(₩189,000,000✕)
계약금	－金 일천구백만 원整은 계약 시에 지불하고 당일 영수함
중도금	－金 팔천오백만(₩85,000,000) 원整은 2003년 05월 01일에
잔금	－金 팔천오백만(₩85,000,000) 원整은 2003년 05월 31일 지불한다.
융자금	－金 채권최고액 이천만✕ 원整(주택은행)을 승계키로 한다.

거래대금: 기 불입액과 프리미엄을 합한 금액을 기록한다.
계약금: 거래대금의 10% 범위 내 매도인과 매수인이 합의한 금액을 기록한다.
중도금: 매매대금의 1/2 범위 내 매도인과 매수인이 합의한 금액과 일자를 기록한다.
잔금: 거래대금－계약금－중도금을 뺀 나머지 금액을 잔금으로 기록한다. 잔금 시 분양권 명의 변경이 같이 이루어져야 하므로 가급적 잔금 지급
일은 분양 회사에서 명의 변경일로 지정한 날에 정하는 것이 좋다.
융자금: 기 불입액에 포함된 융자금(잔금일 현재까지 중도금 등으로 납입된 융자금의 총액)을 기록하고 이는 통상 승계한다.
만일 승계하지 않을 시는 이 난은 기록하지 않으며, 특약사항으로 매도인이 잔금 지불일까지 융자금을 상환하는 것으로 기록한다.

제2조 (권리 이전 서면 제공) 매도인은 매매대금의 잔금을 수령함과 동시에 분양권자

명의 변경에 필요한 모든 서류를 매수인에게 교부하며, 인감증명서 등 추가 서면 제출이 필요한 경우 매수인의 요구 즉시 교부한다.

  ＊ 분양권 명의 변경에 필요한 서류는 투자 상담의 분양권 전매를 참조한다.

  제3조 (협조 의무) 매도인은 매수인이 이 거래와 관련하여 분양권자 및 기타 권리 등의 확인에 필요한 협조를 요구할 경우 정당한 범위 내에서 적극 협조해야 한다.

  분양권 매매계약 체결 후 매수인이 분양권에 대한 권리분석을 하기 위한 각종 활동에 매도인의 협조 의무를 명시한 것임

  매수인의 정당한 요구가 아닐 때는 협조하지 않아도 되는 사항도 있으므로 매수인은 정당한 범위 내에서 요구하여야 함

  제4조 (연체료) 매도인이 분양 계획으로 정해진 중도금을 지정된 일자에 납부하지 않아 발생한 연체료 등은 위 잔금일을 기준으로 정산(연체 금액과 그 이자)하여 매수인이 지급할 잔금에서 차감하기로 한다.

  매도인이 연체료가 있을 경우 그를 정산할 수 있도록 한 것이다.

  제5조 (등기 비용 등) 위 분양권의 명의 변경 및 소유권 보존 관련 제세·공과금과 등기 비용 등은 매수인이 부담한다.

  입주 시 소유권 보존 등기에 필요한 비용과 제세·공과금을 매수인이 부담할 것을 명시함

  제6조 (계약의 해제) 매수인이 중도금(중도금 약정이 없을 때는 잔금)을 지불하기 전까지 매도인은 계약금을 배액으로 상환하고, 매수인은 또한 계약금을 포기하고 이 계약을 해제할 수 있다.

  제8조 (채무 불이행과 손해배상) ① 매도인 또는 매수인에게 본 계약상의 채무 불이행이 있었을 경우에는 그 상대방은 불이행을 한 자에 대하여 서면으로 이행을 최고하고 계약을 해제 할 수 있다.

  ② 계약이 해제된 경우 매도인과 매수인은 각각 상대방에 대하여 손해배상을 청구할 수 있다. 손해배상에 대하여 별도 약정이 없는 한 제7조 기준에 의한다.

제9조 (공인중개사의 책임 및 중개 보수) ① 공인중개사는 매도인 또는 매수인이 본 계약상의 채무 불이행에 대하여는 책임을 지지 않는다.

② 공인중개사의 중개 보수는 본 계약 체결과 동시에 매도인과 매수인 쌍방이 각각 지불하며, 공인중개사의 고의나 과실 없이 매도인 또는 매수인의 사정으로 본 계약이 해제되어도 중개 보수는 지급한다.

③ 공동 중개인 경우에는 매도인 또는 매수인이 보수를 지불할 공인중개사 1인을 지정하고 지정된 자에게 지불한다. 다만, 매도인 또는 매수인 각자가 공인중개사에게 보수를 지불하여야 한다.

④ 매도인과 매수인이 본 계약의 이행을 위한 업무를 공인중개사에게 위임한 경우에는 이에 관한 보수는 중개 보수와는 별도로 정한다.

제10조 (계약준수의무) 본 계약에 정하지 않은 사항은 계약당사자 쌍방의 합의에 의하며, 합의에 이르지 못할 때에는 민법 및 관습에 따른다.

특약사항

특약사항은 건물 분양권 매매계약서 작성과 유사함

본 계약에 대하여 매도인과 매수인은 이의 없음을 확인하고 각자 서명 또는 날인 후 매도인, 매수인, 공인중개사가 각각 1통씩 보관한다.

<u>　년　　월　　일</u>

매도인	주소					(인)
	주민등록번호		전화		성명	
매수인	주소					(인)
	주민등록번호		전화		성명	
공인중개사	사무소 소재지					(인)
	사무소 명칭		(인)			
	대표					
	등록 번호		전화		전화	

11. 부동산 예약(예결)계약서

가. 예약(예결)계약 체결 방법

1) 본 계약을 체결하고 특약사항에 본 계약 유효일자를 넣어 본 계약 유효 전까지 예약(예결)계약으로 하는 방법

예: 본 계약은 임대인이 2006년 11월 20일 서명 날인 한 일자까지는 예약계약으로 하며, 그 이후부터는 본 계약을 체결한 것으로 한다. 단, 예약계약의 계약금은 통상의 계약 절차에 준한다.

이러한 예약계약은 계약서 체결을 공인중개사가 실시하는 경우이므로 **위임관계**와 계약금에 대한 **금전 처리 문제**, 계약서의 **특이한 조건**들을 공인중개사는 위임하는 쪽에서 미리 위임받아야 한다.

또한 공인중개사는 계약 상대방에게 위임관계를 서면 또는 전화상으로 확인해 주는 절차가 필요하며, 또 위임관계를 확인했음을 명기하는 것이 좋다.

2) 예약(예결)계약을 체결하고 약정한 일자에 본 계약을 체결하는 방법(담보가등기 등)

3) 정식 예결계약서를 작성하고 예약내용이 충족할 경우 본 계약서를 작성하는 방법

나. 예약계약서를 작성하는 요령

1) 계약서 작성 전 준비사항: 부동산 매매계약서 작성 참조

2) 계약서 작성

목적부동산의 표시

소재지	대전광역시 서구 내동 167번지(서우아파트 상가동 104호)				
토지	지목	대	면적	10.1544㎡	평
건물	구조 · 용도	철근콘크리트 · 점포	면적	24.15㎡	평

소재지: 토지의 행정 구역 명칭과 지번까지 기록하고 집합건물일 경우는 동 · 호수까지 기록한다.
토지의 지목과 면적: 토지 대장 내용을 기록한다.
건물의 구조, 용도, 면적: 건축물관리 대장 내용을 기록한다.
* 면적에 평수를 기록하려면 ㎡를 3.3058로 나누어 소수점 2자리까지 기록한다.

제1조 (매매대금 및 지불시기) ① 매매대금 및 매수인의 대금 지불시기는 다음과 같다.

예약거래	(매매)계약을 체결할 것을 예약한다.
거래대금	金 삼억(₩300,000,000) 원정으로 계약을 체결할 것을 예약한다.
예약기한	본 예약은 2010년 12월 31일까지만 효력이 존속한다.
예약금	金 삼백만(₩3,000,000) 원정은 예약계약을 체결할 때 지불하고 영수한다.

거래 예약: 예약을 하는 거래의 종류(매매, 교환, 임대차, 증여, 전세권설정 등)를 기록한다.
거래대금: 예약을 완결하여 본 계약을 체결할 경우 매도인과 매수인이 합의한 거래대금 예정액을 기록한다.
예약기한: 예약권자가 갖는 예약 완결권의 존속기한을 정한 것으로, 계약당사자가 합의하여 정한 예약완결권 종료일을 기록한다.
예약금: 예약권자가 예약권 수여자에게 지급하는 예약계약의 증거금을 말한다.
통상 예약금은 거래대금의 1~2% 범위 내에서 지급하며 5%를 넘지 않는 것이 효과적이다.

제2조 (효력) 예약권 수여자(매도(임대)인)는 예약권자(매수(임차)인)가 위 예약기한 이내에 거래를 완결할 의사를 표시하는 경우에는 위 예약조건에 맞추어 거래 계약을 체결해야 한다.

제3조 (예약권의 소멸) 예약권자가 정당한 사유 없이 위 예약기한 이내에 예약된 거래를 완결할 의사를 표시하지 않은 경우에는 예약권 수여자에게 이 예약계약에서 정한 예약권을 주장할 수 없다.

제4조 (추가 거래 약정) ① 예약권 수여자와 예약권자는 거래를 완결하기 위한 거래계약을 체결할 경우 이 예약계약에서 정한 사항 이외에 추가로 거래조건을 제시할 수 있으며, 추가 제시되는 거래조건은 이 예약계약에서 정한 사항에 위배되는 내용을 포함하지 못한다.

② 전항의 추가 거래조건에 대하여 상대방이 정당한 사유를 들어 거절할 경우 이 예약계약은 해약된 것으로 본다.

제1항은 예약계약 성질상 정식 계약 체결 시 예약계약에서 정하지 않은 추가 거래조건

을 정할 수 있도록 명시한 조항이며 예약계약을 위반하는 추가 거래조건은 제시할 수 없음을 나타낸다.

제2항은 새로운 추가 거래조건에 대하여 상대방이 거절할 수 있는 근거를 명시한 조항이며 반대로 예약계약을 위반하는 사항에 대해서 상대방이 거절하지 않으면 본 계약으로 전환할 수 있음을 나타낸다.

제5조 (예약권의 해제) 전 조 제1항의 추가 거래조건이나 제2항의 거절이 객관적으로 보아 타당하다고 인정되는 경우, 예약계약 해제 즉시 당사자는 상대방으로부터 받은 모든 금전과 기타 물품, 용역 등을 반환해야 한다.

제6조 (예약금의 성격) ① 위 예약기한까지는 예약권 수여자는 예약금의 배액으로 상환하고, 예약권자는 예약금을 포기하고 이 예약계약을 포기할 수 있다.

② 예약권 수여자 또는 예약권자가 정당한 사유 없이 이 예약계약을 이행하지 않는 경우에는 예약금에 상당하는 위약금을 상대방에게 지급해야 한다.

제7조 (채무 불이행과 손해배상) ① 예약권 수여자 또는 예약권자에게 본 계약상의 채무 불이행이 있었을 경우에는 그 상대방은 불이행을 한 자에 대하여 서면으로 이행을 최고하고 계약을 해제할 수 있다.

② 계약이 해제된 경우 예약권 수여자와 예약권자는 각각 상대방에 대하여 손해배상을 청구할 수 있다. 손해배상에 대하여 별도 약정이 없는 한 제7조 기준에 의한다.

제8조 (중개 보수) ① 공인중개사의 중개 보수는 이 예약계약서의 작성과 동시에 예약권자와 예약권 수여자 쌍방이 각각 1/2씩 지불하며, 위 예약 조건에 맞추어 거래가 완결될 경우 나머지 1/2씩 지불한다.

② 공인중개사의 고의나 과실 없이 이 예약계약이 해제되거나 해지되어도 중개 보수는 지급한다.

중개수수료의 적용 대금은 거래대금을 기준으로 산출함이 원칙이나 거래당사자와 합의하여 계약 시는 계약금을 기준하고 잔금 처리 시는 잔금을 기준으로 요율을 적용할 수도 있다.

제9조 (계약준수의무) 본 계약에 정하지 않은 사항은 계약당사자 쌍방의 합의에 의하며, 합의에 이르지 못할 때에는 민법 및 관습에 따른다.

특약사항

예약권 수여자가 예약계약을 취소하는 특약사항(예문)

1. 상기 제2조 및 제6조에도 불구하고 예약권 수여자는 수령한 예약금의 반환만을 조건으로 이 예약계약을 해제할 수 있다.

예약권 수여자가 받은 금전의 일부를 반환하지 않는 특약사항(예문)

1. 상기 제5조의 규정에도 불구하고 예약권 수여자는 이 예약계약이 해지될 경우 예약금 중 100만 원은 예약권자에게 반환하지 않기로 한다.

* 기타 특약사항은 부동산 매매계약과 유사함

본 계약에 대하여 매도인과 매수인은 이의 없음을 확인하고 각자 서명 또는 날인 후 매도인, 매수인, 공인중개사가 각각 1통씩 보관한다.

_____ 년 _____ 월 _____ 일

매도인	주소						(인)
	주민등록번호		전화		성명		
매수인	주소						(인)
	주민등록번호		전화		성명		
공인중개사	사무소소재지						
	사무소 명칭			(인)			(인)
	대표						
	등록번호		전화			전화	

예약 매매계약은 매매 예약 가등기를 위한 예약계약으로 많이 사용한다.

12. 해제계약서

해제계약서는 계약이행과정에서 계약이 중도에 해약되는 경우 작성하는데 통상 구두로 해약하고 있다. 그러나 간혹 특히 부동산가격이 심하게 요동치는 경우 구두해약은 무시되고 일방에서 계약이행을 공탁하거나 소송을 제기하는 경우가 발생하고 있어 공인중개사는 가급적 해약을 하는 경우 서면으로 해제계약서를 작성하여 교환시킴이 바람직하다.

해제계약서

- 부동산의 표시

대전광역시 서구 내동 167번지 서우아파트 201-1006호

- 해약금액: 일금 육백만 원(₩6,000,000)

본 해제계약은 2006년 12월 27일 채결한 위 부동산에 대한 임대차계약서 제6조(계약해제)에 의거 임대인이 이사할 집을 구하지 못하여 임차인이 지급한 계약금 일금 삼백만 원의 배액인 일금 육백만 원을 임대인이 지불하고, 상기 임대차계약을 해제하기로 양 계약당사자 간에 합의하며, 이와 관련하여 일체의 민·형사상 이의를 제기하지 않기로 한다. 본 계약에 정하지 않은 사항은 계약당사자 쌍방의 합의에 의하며, 합의에 이르지 못할 때에는 민법 및 관습에 따른다. 본 해제계약서를 임대인과 임차인이 각각 확인하고, 서면 날인한 후 원본은 임대인이, 사본은 임차인이 각각 보관하기로 한다.

2007년 1월 15일

임대인 성명: 김개똥
 주민등록번호: ○○○○○○-○○○○○○○○○○○○○
 주소: 대전 서구 내동 167 서우아파트 201-1006

임차인 성명: 박가지
 주민등록번호: ○○○○○○-○○○○○○○○○○○○○
 주소: 대전 중구 문화동 154-11번지

13. 증여 계약서

가. 준비 서류

- **증여인:**

① 목적부동산 등기부등본(토지/건축물)

② 주민등록증

③ 증여인 인감도장/인감 증명(일반용)

④ 등기권리증(등기필증)

⑤ 증여인 가족관계 확인서

- **수증인:**

① 주민등록증

② 도장

③ 수여인 가족관계 확인서

나. 작성요령

증여계약서

- 부동산의 표시<아파트의 경우>

1동의 건물의 표시
대전 서구 내동 167번지 서우아파트 상가동
전유부분의 건물의 표시
건물의 번호: 제상가동-1-104
구조: 철근콘크리트조
면적: 1층 104호 25.78㎡

대지권의 표시
토지의 표시: 대전 서구 내동 167번지 7151.8㎡
대지권의 종류: 소유권
대지권의 비율: 7151.8분의 18.65

위 부동산은 증여자 정영자 소유인바 이를 수증자 진상미에게 증여할 것을 약정하고 수증인은 이를 수락하였으므로
이를 증명하기 위하여 각각 서명 날인한다.

서기 2003년 12월 5일

증여인 정영자 (인)
(주민등록번호: 461108-1234567)
주소: 대전 서구 내동 220번지 롯데아파트 112동 1406호

수증인 진상미 (인)
(주민등록번호: 701025-2134156)
주소: 대전 서구 내동 220번지 롯데아파트 112동 1406호

위 증여계약서 예문은 아파트 단지 내 상가 중 점포 1개를 증여하는 것으로 아파트 및 다세대주택도 같은 요령으로 표시하면 된다.

<토지와 건물을 증여할 경우 부동산의 표시>

(단독 주택, 상가 주택, 빌딩, 여관/호텔 등)

－ 부동산의 표시

1. 대전 서구 내동 167의 5

대 208㎡

2. 대전 서구 내동 167의 5

철근 콘크리트조 및 평 슬레이트 지붕 단독주택 지상 1층

단독주택 69.74㎡

* 지하 및 지상 층수가 여러 개일 경우는 지층 0층 지상 0층으로 표시하고, 면적도 층수별로 따로따로 기록한다.

<농지 및 임야를 증여하는 경우 부동산의 표시>

－ 부동산의 표시

1. 충남 금산군 복수면 신대리 541－1번지

답 2743㎡

* 여러 필지의 경우는 필지 수만큼 번호를 기록하며 작성하고 주소와 지목, 면적을 기록하면 된다.

증여인의 날인은 가급적 인감도장으로 날인하는 것이 좋으며 주민등록 번호와 주소를 기록하되 주소는 주민 등록상 주소를 명기한다.

증여계약서를 공인중개사가 작성하는 경우가 많지는 않다. 대개의 경우는 법무사를 통하여 많이 작성한다. 그러나 법무사가 없는 농어촌에서는 공인중개사에게 많이 의뢰하고 있으며, 대도시의 경우에도 연세가 많으신 어른들은 자주 접하는 공인중개사에게 신뢰를

가지고 증여계약서 작성을 요구하는 경우가 종종 있다. 공인중개사는 이 증여계약서 작성 요령을 사전에 주지해 둘 필요가 있다.

참고로 증여세 계산 시 과표는 공시지가와 시가 표준액으로 산출하며, 증여 시도 취득세와 등록세를 납부한다. 단, 농민이 농지를 증여받는 경우는 감면혜택이 있으므로 이는 확인하여야 한다.

14. 포괄양도 · 양수 계약서

포괄양도 · 양수 계약서는 상업용 건물 및 오피스텔 그리고 분양 소점포 매매 시 매매 계약과 동시에 별지 계약서로 작성한다.

포괄양도 · 양수 계약서는 매매계약서 작성할 때 동시에 작성한다.

포괄양도 · 양수 계약서 양식은 다음과 같다.

포괄양도·양수 계약서

'갑'이 경영하고 있는 _____에 소재하고 있는 _____사업에 관한 일체의 권리와 의무를 '을'이 포괄적으로 양도·양수함에 관하여 다음과 같이 계약을 체결한다.

다음

1. 목적: 본 계약은 '갑'이 운영하고 있는 사업에 관한 일체의 권리와 의무를 '을'이 양수하고자 하는 데 그 목적이 있다.
2. 양도·양수 방법: '갑'은 부가가치세법 제6조 제6항의 규정 및 동법 시행령 제17조 2항 조세특례제한법상 법인전환 방법에 의한 사업양도에 따른 제반 사업인수를 위하여 매도일 현재의 장부상 사업용 자산총액을 차감한 잔액을 대기로 하여 '을'에게 사업일체를 포괄적으로 양도한다.
3. 자산, 부채 평가: 양도·양수 대상이 되는 자산총액과 부채총액은 매도일 현재의 장부상 가액으로 한다.
4. 자산, 부채의 인도·인수: '갑'은 본 계약의 효력이 발생하는 날에 자산, 부채 일체를 '을'에 인도하고 필요한 서류를 '을'에게 제출한다(단, 매입채무 및 매출채권은 제외한다).
5. 대금의 지불: '을'은 제2조의 대가에 대하여 조속한 시일 내에 변제토록 한다.
6. 양도·양수 효력: 본 계약은 양도·양수의 기준일인 매도일 현재에 그 효력이 발생된다. 따라서 '갑'은 지체 없이 사업양도를 사유로 하는 폐업계를 제출하여야 한다.
7. 기타: 본 계약에서 정하지 아니한 사항은 '갑'과 '을'의 협의에 의하여 결정하기로 한다.

본 계약을 충실히 이행하기 위하여 계약서 2통을 작성하여 각각 1통씩 보관한다.

20 . . .

양도인(갑) 주소:
　　　　　주민등록번호:　　　　　성명:　　　　　㊞

양수인(을) 주소:
　　　　　주민등록번호:　　　　　성명:　　　　　㊞

제4장 | 부동산 등기 절차

1. 개요

부동산중개업자가 부동산 등기에 대하여 숙지하고자 하는 것은 부동산거래를 요구하는 거래 고객과 상담하면서 신뢰를 부여하기 위함이다.

실제 부동산중개활동을 하다 보면 가장 많이 발생하는 등기는 소유권 이전 등기와 근저당 설정등기, 전세권 설정등기, 임차권명령등기 등이다.

소유권 이전 등기는 부동산 매매 시 필수적으로 수반되는 등기이므로 잔금 처리일에 실시하고 있다.

또한 근저당 등기는 소유권 이전 시와 평상시 보유 부동산을 담보로 자금의 융통을 받고자 할 경우, 법인이 상가 임대차 계약을 하고 보증금 및 물품대금의 외상 범위를 보장받고자 하는 경우에 많이 하고 있다.

특히 평상시 보유 부동산을 담보로 자금의 융통을 받고자 할 경우는 주로 금융기관에 가서 고객들이 많이 상담하고 근저당설정 계약을 실시하지만, 상당수 고객은 은행에서 가서 상담하지 않고 부동산중개업자에게 의뢰하는 경우가 많다. 이런 고객은 가급적 은행별 담보대출 정보(대출 가능 금액 및 이자율)를 기초로 자신이 필요한 은행을 선정하고자 하는 경우이다.

전세권 설정 등기는 법인이 임대차하는 경우와 주택임대차의 경우, 주거가 안정적이지 못한 경우 또는 전세권 설정등기를 하면 전세금을 확실히 보장받는 것으로 알고 있는 분들에 의해 많이 이루어지고 있다.

임차권 등기명령 등기는 임대차 만료된 임차인이 불가불 현 임차주택을 비우고 이사를 하는 경우 임차보증금을 확보하기 위한 방법으로 많이 하고 있다.

그 외에 채권을 확보할 목적으로 가압류 및 가등기에 대해 부동산중개업자에게 상담하는 경우가 있다.

따라서 본 절에서는 부동산중개업과 관련된 이들 부동산 증기에 대해 상담하고 법무사의 등기결과를 확인할 수 있도록 정리하여 기술하고자 한다.

2. 소유권 이전 등기

소유권 이전 등기는 부동산의 매매 및 교환에 의해 부동산의 소유권을 이전할 때 실행하는 등기를 말한다. 따라서 부동산중개업자는 부동산을 매매하거나 교환을 한 경우 당해 부동산의 거래 잔금이 교환 시 매도인으로부터 소유권 이전을 등기에 필요한 서류를 미리 준비해 오도록 통보를 하게 된다. 이때 매도인 및 매수인이 준비할 서류는 다음과 같다.

가. 준비 서류

1) 매도인
① 등기 권리증
② 매도용 인감증명(매수자 성명, 주민등록번호, 주소 기재)
③ 주민등록초본(全 주소 나오는 것)
④ 인감도장
⑤ 주민등록증
⑥ 건물/토지 등기부등본
⑦ 건축물관리/토지 대장
⑧ 공시지가 확인원
⑨ 토지이용계획 확인서
⑩ 위임장/인감 증명

2) 매수자

① 부동산 매매계약서

② 주민등록등본

③ 도장

④ 주민등록증

⑤ 소유권 이전 등기 신청서 및 사본 3부

⑥ 위임장/인감 증명

나. 소요 비용

1) 양도 소득세(매도자 부담)

2) 소유권 이전 비용(매수자 부담): 취득 비용(거래대금의 약 5%)

① 취득세: 매매가의 4%(감면 특례가 없는 경우)

  * 등록세는 2011년도 취득세와 통합

  * 부가세로 지방교육세 및 농어촌 특별세 부가

② 국민주택채권 매입액

③ 수입 인지

④ 등기 수수료

⑤ 법무사 보수

다. 접수처: 법원 등기과/등기소

라. 절차

1) 매도인 및 매수인 서류 검토

- 매도인 매도용 인감증명서의 인장과 매도인의 인감도장의 일치 여부 확인

- 매도인 매도용 인감증명서의 매수인 인적사항과 부동산거래신고서의 내용, 그리고
  매수자 주민등록등본의 매수자 인적사항과 일치 여부 확인
- 매매계약서의 매도인 및 매수인 인적사항과 해당자 주민등록등본 및 초본의 인적사
  항과 일치 여부 확인
- 등기권리증의 접수번호와 등기부등본의 접수번호 일치 여부 확인
- 매도인 및 매수인 준비서류 완비 확인

2) 등기비용 법무사에게 지불

3) 기타 권리(근저당 등) 설정 동시 이행 시 관련 서류 준비 확인

4) 법무사에게 등기 의뢰

3. 근저당 및 전세권 설정 등기

가. 준비서류

1) 근저당

(1) 근저당 설정자(돈 빌리는 사람)
① 등기 권리증
② 인감 증명(일반용)
③ 주민등록초본
④ 인감도장
⑤ 부동산 등기부등본

(2) 근저당권자(은행/돈 빌려 준 사람)
① 근저당 설정계약서

② 도장

③ 주민등록등본

2) 전세권

(1) 전세권 설정자(집주인)

① 등기 권리증

② 인감 증명

③ 주민등록초본(전 주소 나오는 것)

④ 인감도장

⑤ 부동산 등기부등본

(2) 전세권자(세입자)

① 전세권 계약서

② 주민등록등본

③ 도장

나. 접수처: 법원 등기과/등기소

다. 말소

전세권 및 근저당권을 말소할 경우는 전세권자의 전세권 등기필증과 도장, 그리고 근저당의 경우는 근저당권자의 근저당 등기필증과 도장이 필요하다.

특히 근저당의 말소의 경우는 해지증서가 필요하다. 그러나 근저당권자가 직접 참석하여 말소등기를 신청하는 경우는 등기권리증이 있으면 말소신청이 가능하다.

4. 임차권 등기명령(1999. 3. 1. 시행)

임차권 등기명령은 임차등기의 한 종류로 임차인이 임대차기간이 만료되었는데 임대보증금을 받지 못하고 불가피하게 이사를 하여야 하는 경우에 임대보증금을 보장받기 위하여 실시하는 등기이다.

가. 시기

임차권 등기명령을 실시하는 시기는 반드시 임대차 종료 후 즉 계약서상의 **임대차 만료일 이후**에 실시하여야 한다. 이때 임차인이 주의하여야 할 점은 임차권 등기명령을 접수하고 최소 2주 이내에는 **주민등록을 옮겨서는 아니 된다.** 그리고 **임차권 등기명령 권리증을 수령**하고 등기부등본을 발급받아 **등기부등본에 임차권 등기명령이 기재**되어 있는 것을 **확인 후 이사**하여야 한다.

나. 신청절차 및 구비서류

임차권 등기명령의 등기 신청 절차 및 구비서류는 다음과 같다.

신청절차	신청처	구비서류
등록세 납부고지서 발급신청	임차주택 소재 구청 세무과	임대차계약서 사본 주민등록증
↓		
주민등록등본	동사무소	
↓		
건물등기부등본	등기소	
↓		
임차권등기명령 신청	소재지 관할 법원/지원	임차권등기명령신청서 건물등기부등본 주민등록등본 임대차계약서 사본 등록세영수증 및 확인서 건물 일부인 경우: 임차공간도면사본 위임 시: 위임장/인감증명

다. 접수처

임차권 등기명령 등기는 임차건물의 등기부상 소재지를 관할하는 법원의 등기과나 등기소에 제출하면 된다.

라. 소요 비용

임차권 등기명령 신청은 임차인이 직접 할 수도 있고 또는 법무사나 변호사에게 의뢰하여 등기신청을 할 수 있다.

이때 임차인이 직접 등기신청을 하는 경우 소요되는 비용은 총 1만 5,100원 정도 소요되며 세부내용은 다음과 같다.

① 등록세 및 교육세: 3,600원
② 수입인지: 2,000원
③ 등기촉탁 수수료: 2,000원
④ 송달료: 7,500원(2,500×3회)

본 비용 금액은 정부의 정책에 따라 다소 차이가 있을 수 있다.

마. 임차권 등기명령 신청서 작성요령

주택 임차권 등기명령 신청서

신청인(임차인) 성명: *한글로 작성 (–   )→주민등록번호 기재
주소:
연락 가능한 전화번호(FAX 또는 호출번호):
피신청인(임대인) 성명: 또는 상호명칭:
주소: 또는 사무소 소재지:

신청취지

'별지 목록 기재 건물에 관하여 아래와 같은 주택 임차권등기를 명한다'라는 결정을 구합니다.
*임대차 계약 일자와 임차 보증 금액, 점유 개시일자, 확정 일자를 받은 날을 기재

아래

1. 임대차 계약 일자:
2. 임차 보증금액: 원, 차임   원
3. 주민등록 일자:
4. 점유개시 일자:
5. 확정 일자:

신청이유

*임차권등기 명령이 타당한지를 판단하는 데 중요하므로 이유를 간결하고 구체적으로 기입할 것 *공란 부족 시는 '별지와 같다'라고 신청이유란에 기재하고 별지로 작성하여 첨부할 것

첨부서류

1. 건물등기부등본2. 주민등록 등본
3. 임대차 계약증서 사본

20 .   .   .
신청인   (인)

○○ 법원 ○○ 지원 귀하
(주) 1. 이 신청서를 접수할 때에는 당사자 1인당 3회분의 송달료(6,780원)를 송금으로 송달료 수납 은행에 납부하시기 바랍니다.
2. 임차 보증 금액란에는 신청 당시까지 반환받지 못한 금액을 기재하고, 주택 임대차 보호법 제12조의 등기하지 아니한 전세 계약의 경우에는 차임란을 공란으로 하여 주십시오.
3. 주택의 일부에 대한 임차권 등기 명령 신청을 하는 경우에는 예컨대 '별지 목록 기재 건물에 관하여……' 부분을 '별지 목록 기재 건물 중 별지 도면 표시 ㉠㉡㉢……㉠의 각 점을 순차로 연결한 선내 부분 방 ○○㎡에 관하여……'라고 임대차의 목적을 특정하여 기재하고 그 목적인 부분을 표시한 건물도면을 첨부하셔야 합니다.

5. 가압류 등기

가. 정의

가압류란 금전 채권이나 금전으로 환산할 수 있는 채권에 관하여 장래 그 집행을 보전하려는 목적으로 미리 채무자의 재산을 압류하여 채무자가 처분하지 못하도록 하는 제도를 말한다.

나. 준비 서류

① 신청서(법원에 비치)
② 등기원인을 증명하는 서면(차용증, 현금 보관증, 부도난 수표 등)
③ 채권자(임차인) 주민등록 등·초본 1통
④ 채권자 도장
⑤ 부동산 등기부등본(채무자 부동산)

다. 소요 비용

① 인지대: 2,500원
② 송달료: 2,700원×3회×인원 수
③ 등록세 영수증 및 확인서

라. 제출하는 곳

가압류 법원 신청과-단독 신청

부동산중개업자가 가압류를 설정하는 경우는 중개수수료에 대한 분쟁이 발생한 경우와 의뢰인에게 거래대금 일부를 차용해 주고받지 못한 경우이다.

또 고객의 부동산 중 등기부등본상에 가압류가 있는 물건을 거래할 경우가 있다. 이때는 매도(임대)인과 사전 협의하여야 하고, 가압류권자도 필요시 확인하여야 한다.

　가압류는 일반 국민 특히 대부업자의 가압류 등기 남발을 방지하기 위하여 가압류 금액에 대한 범위를 법원 내부에서 심의를 하고 있으며, 그 외에도 가압류 사항에 대한 내용을 심의하여야 하므로 통상 접수하고 7일 이상 심의기간을 부여하여야 한다.

　말소의 경우에도 말소신청이 접수되면 소유권이나 근저당처럼 2~3일 이내 말소되지 않고 가압류권자의 확인 후 말소되므로 경우에 따라서는 15일 이상 기간이 필요한 경우가 있으므로 이에 대하여 착안하여야 한다.

6. 가등기

가. 정의

　가등기란 예비등기의 일종으로 본등기를 할 조건이 갖추어지지 않았을 경우 장래에 요건이 완비된 때에 행하여질 본등기의 순위를 보전하기 위하여 미리 행해 두는 등기제도이다.

나. 준비 서류

1) 매수자(매매예약 권리자)
① 주민등록(등)초본 1통
② 도장

2) 매도자(매매예약 의무자)
① 등기 권리증
② 인감 증명(일반용)
③ 인감도장
④ 주민등록 초본(주소 전체 기재)
⑤ 매매예약계약서
⑥ 위임장

다. 소요 비용

매매에 의한 소유권 이전과 동일

라. 제출하는 곳

법원 등기과-공동 신청

부동산중개업을 하면서 가등기제도를 활용하는 경우를 살펴보면 고객의 가등기 경우는 부모들이 자녀들에게 부동산을 구입해 주고 소유권을 인수한 뒤 다른 권리의 등기가 들어오지 못하도록 하기 위하여 가등기를 해 놓은 경우가 있고, 부부가 이혼하면서 상대방으로부터 위자료를 받지 못해 해 놓은 경우를 볼 수 있다.

그 외에 매매예약을 해 놓은 경우가 있는데 또 매매예약을 해야 하는 경우에도 가등기제도를 하기도 한다. 예를 들면 매도인의 주택 보유기간이 3년이 넘지 않았으나 불가피하게 매매를 하는 경우로서 매수인과 합의하여 매매는 현시점에서 실시하고 소유권 이전을 3년이 넘는 시점에 해야 하는 경우이다.

제5장 | 부동산 관련 제세금

1. 개요

부동산중개업자가 부동산중개업을 창업하면서 가장 기초적으로 갖추어야 할 지식은 부동산중개업법과 부동산중개기술 그리고 부동산 관련 세법 그리고 부동산금융이다.

부동산 관련 세법 중 부동산중개업자가 중점적으로 알아두어야 할 세법은 부동산거래 및 보유 시 납부할 세금이며 이에 대해서 세무사와 동등한 수준으로 숙지하여야 하고, 또 부동산 거래 및 보유하면서 절세를 하는 방법에 대해서 숙지하는 것은 부동산중개업자의 가장 기초적인 지식이다.

그 이유는 부동산거래는 기본적으로 수익을 얻고자 투자를 하므로 수익을 얻는 방법 중의 일부가 세금이며, 세금은 불필요한 세금을 내지 않고 절세를 할 수 있으면 절세를 하여야 하기 때문이다.

그래서 부동산중개업자는 세무사와 동등한 세무지식을 가지고 고객과 상담하여 거래를 촉진하고 세금 정리는 세무사가 할 수 있도록 소개하여야 한다.

특히 초보자 및 주거시설만 주 아이템으로 부동산중개업을 하는 자는 거래 시 납부할 세금과 양도소득세에 대해서는 기초적으로 완전하게 숙지하고 부동산중개업에 임해야 하며, 세법의 특성이 한 해에도 수도 없이 개정되므로 개정 시마다 자세한 내용을 파악하여 고객에게 상담할 수 있도록 준비해 두어야 한다.

또한 세법 개정 시 파악하고, 숙지해야 할 사항은 적용할 세금의 대상과 그 세법의 적용요령으로, 해당 세법에 대해서 이를 최근에 거래한 물건에 그 세법을 적용해 본 사례로 검토하여 그 내용이 해당자 및 부동산거래상의 문제점과 발생할 수 있는 오류를 자세히 정리한 뒤 이를 기초로 상담함으로써 자신감 있고 전문가답게 상담할 수 있다.

또한 부동산중개컨설팅을 하는 중개업자는 부동산중개와 관련된 전반적인 세법에 대해 주기적이고 반복적으로 숙지하여, 절세 방안과 세테크하는 방법까지 세무지식을 구비하여야 한다.

한편 부동산중개업자는 본인 사업에 대한 사업가이므로 본인의 부동산중개업과 관련된 세무내용에 대해서도 정확하게 숙지하여 절세 및 세테크를 할 줄 알아야 한다.

따라서 본 절에서는 부동산거래 및 보유과정에서 납부할 기초적인 세금인 취득세와 양도소득세, 그리고 부동산중개 컨설턴트로서 알아야 할 상속세 및 증여세 그리고 재산세와 종합부동산세 및 부가가치세와 종합소득세에 대해 납부할 세금과 절세 방법에 대해 중점적으로 기술하고, 또 부동산중개업과 관련된 부가가치세 및 종합소득세에 대해서 뒤에서 별도로 기술하고자 한다.

2. 취득세

취득세는 부동산중개업자가 고객에게 확인·설명할 의무가 있는 세금으로 부동산중개업자는 취득세에 대한 것은 자세하게 숙지하여 고객에게 납부하지 않아도 되는 세금을 납부하는 일이 없도록 하여야 한다.

취득세는 2010년 12월 27일에 개정하여 부동산의 경우 취득세와 등록세를 합하여 취득세로 통합되었다. 따라서 종전의 등록세를 삭제한다.

가. 취득의 범위

구분			취득형태
실질 취득	승계취득	유상승계	매매, 교환, 현물출자, 연부취득, 대물변제
		무상승계	상속, 증여, 기부
	무상취득	토지	공유수면매립, 간척
		건축물	신축, 증축, 개축, 이전
		시효취득	점유취득, 등기부 시효취득
의제취득		토지	지목변경(단순 공부상 변경: 제외)
		건축물	개수
		과점주주	주식 51% 이상 취득

이 중에서 부동산거래와 관련하여 부동산중개업자는 승계취득에 대해서 중점적으로 관심을 가지고 정확한 지식을 습득하여야 한다.

특히 유상승계에 있어서 매매와 교환, 무상승계에 있어서 상속 및 증여에 대해서 초보자 및 주거 위주의 부동산중개업자는 구체적으로 숙지하여야 하며, 부동산중개컨설팅을 하는 자는 초보자가 숙지할 사항에 추가하여 현물출자, 대물변제, 무상취득 중 신축, 증축, 개축, 이전, 그리고 의제취득 중 지목변경, 개수 등에 대하여 숙지가 요구된다.

나. 중개대상물

① 부동산(토지, 건축물, 광업권, 어업권 등)
② 입목
③ 광업권
④ 공업권
⑤ 회원권(골프, 콘도미니엄, 종합체육시설 이용 등)

중개대상물 중에서는 부동산에 대해 중점을 두고 부동산중개컨설팅을 하고자 하는 자는 그 외의 내용도 정리하여 둘 필요가 있다.

다. 과세표준

구분		원칙	예외	비고
유상취득	일반적 취득	신고가액	시가표준액	비교과세
	수입, 공·경매, 판결문, 법인장부	사실상 취득가액		
무상취득	일반적 취득	신고가액	시가표준액	비교과세
	수입, 공·경매, 판결문, 법인장부	신고가액	시가표준액	비교과세
간주취득	건물 증축, 개축 등	신고가액	시가표준액	증가가액
	지목변경	신고가액	시가표준액	증가가액
	과점주주	신고가액	조사 산정한 가액	

라. 세율

1) 표준세율[7]

구분		대상	세율(%)
무상취득	증여 등	비영리법인 외	35/1,000
		비영리법인[8]	23/1,000
	상속	농지	23/1,000
		농지 외	23/1,000
유상취득	매매·교환	농지	30/1,000
		농지 외	40/1,000
원시취득	공유수면 매립 등 개축 및 개수로 증가면적		28/1,000
신탁이전	수탁자가 수익자에게 이전		30/1,000
	비영리법인		25/1,000
공유물	공유물 분할 및 이전		23/1,000
합유 및 총유	합유 및 총유 분할		23/1,000
부동산 외[9]	입목		20/1,000
	광업권·어업권		20/1,000
	골프회원권·체육시설 이용권		20/1,000

2) 할인세율

부동산거래 관련 취득세는 2010년 지방세법 개정을 하면서 등록세와 통합하였으며, 또 2011년 주택거래 촉진의 한 방법으로 주택에 대한 취득세를 2011년 3월 22일부터 2011년 12월 31일까지 한시적으로 9억 원 미만의 주택으로 1세대 1주택을 구입하는 경우에 개인 간 매매 세율의 50%를 추가로 감세하여 취득세 및 등록세 그리고 지방교육세 및 농어촌 특별세를 합하여 전유면적 85㎡ 이하 주택은 1.1%, 그리고 85㎡ 초과 면적은 1.75%를 납부하도록 하였다.

---

7) 지방세법 제11조.

8) 지방세법 시행령 제22조.

9) 지방세법 제12조.

3) 중과세율

구 분	대상	세율(%)
과밀억제권역 안 취득[10]	법인 본점 및 주사무소	60/1,000
	공장 신설 또는 증설	60/1,000
대상 부동산	별장, 골프장, 고급주택	80/1,000
	고급오락장, 고급선박	80/1,000

* 대도시 법인 중과세 예외:[11] 표준세율만 적용

① 대통령령으로 정한 업종이 취득한 부동산

- 사회기반시설 사업

- 은행업

- 해외건설업 및 국토해양부 등록된 주택건설사업

- 첨단기술산업

- 유통산업 및 가축시장

- 여객자동차운송사업, 화물자동차운송사업, 물류터미널사업, 창고업

- 정부출자법인이 경영하는 사업

- 의료업

- 개인경영제조업

- 자원재활용사업

- 소프트웨어사업

- 문화예술시설운영사업

- 방송관련사업

- 과학관시설운영사업

- 도시형 공장경영사업

- 석탄 산업 합리화 사업

- 한국소비자원이 운영하는 소비자보호 사업

- 대한주택보증회사가 건설업을 위한 사업

- 할부 금융업

---

10) 지방세법 제13조 및 동법 시행령 제25조.

11) 지방세법 제13조 2항 및 동법 시행령 제26조.

- 실내경기장·운동장·야구장 운영업
- 도시 및 주거환경정비조합이 시행하는 사업
- 주택임대사업
- 기타 동업 시행령 제26조

② 법인이 사원에게 분양 및 임대용으로 직접 사용 목적의 부동산

* **별장:**[12) 별장이란 주거용 건축물로 늘 주거용 건축물로 사용하지 않고 휴양·피서·놀이 등의 용도로 사용하는 건축물과 그 부속토지를 말한다.

별장의 기준은 지방세법 시행령 제28조 제2항의 농어촌주택의 기준에 맞지 않는 주택을 말한다. 농어촌주택의 기준은 다음과 같다.

- 대지 면적이 660㎡ 이내이고, 건축물의 연면적이 150㎡ 이내일 것
- 건축물가액이 6,500만 원 이하일 것
- 광역시의 군 지역 또는 수도권정비계획법의 수도권 지역이 아닐 것
- 국토의 계획 및 이용에 관한 법률의 도시지역 및 허가구역이 아닐 것
- 소득세법의 기획재정부장관이 지정하는 지역이 아닐 것
- 조세특례제한법 제99조의4 제1항 제1호 '가'목 4)에서 정하는 지역이 아닐 것
- 지방세법 시행령 제28조 제3항에 해당하지 아닐 것

* **고급주택:**[13) 고급주택이란 주거용 건축물 또는 그 부속토지의 면적과 가액이 대통령령으로 정하는 기준을 초과하거나 해당 건축물에 67㎡ 이상의 수영장 등 대통령령으로 정하는 부대시설을 설치한 주거용 건축물과 그 부속토지를 말한다.

고급주택의 기준은 다음과 같다.[14)

- 연면적 331㎡ 초과로서 시가 9,000만 원 초과 주택
- 대지 연면적 662㎡ 초과로서 시가 9,000만 원 초과 주택
- 엘리베이터/에스컬레이터/67㎡ 이상의 풀장 중 1개 있는 주택

---

12) 지방세법 제13조 및 동법 시행령 제28조 제2항.
13) 지방세법 제13조 제5항.
14) 지방세법 시행령 제28조 제4항.

－ 연면적 245㎡(74평) 초과 공동주택

마. 면세점: 취득 가액 50만 원 이하

바. 서민 주택 감면

1) 감면대상: 무주택 자, 최초분양공동주택, 85㎡ 이하 주택
2) 감면비율

규 모	감면세율	비고
40㎡ 이하	100%	
60㎡ 이하	50%	
85㎡ 이하	25%	2003년부터 폐지

사. 비과세

1) 국가·지자체·지자체조합에 귀속 또는 기부체납 조건의 취득 부동산
(예: 아파트 내 도로와 공원 및 진입로 등)
2) 위탁자로부터 수탁자에게 이전하는 신탁부동산
3) 신탁 종료 및 해지로 수탁자로부터 위탁자에게 이전하는 신탁부동산
4) 신탁자의 변경으로 신 수탁자에게 이전하는 신탁부동산
5) 임시건축물(단, 1년 이상 존속하는 임시건축물은 부과)
6) 시가표준액 9억 원 이하의 공동주택 개수

아. 가산세

1) 신고불성실가산세＝해당 산출세액 또는 부족세액×100분의 20
2) 납부불성실가산세＝미납부세액 또는 불성실납부액×납부지연일자×3/10,000
3) 미납부(2년 내) 가산세＝산출세액×100분의 80
* 신고기한만료일로부터 30일 내 신고 시는 가산율 1/2 삭감

3. 양도소득세

가. 개요

양도소득세는 부동산거래 시 양도인이 지불하는 세금이다. 이 양도소득세는 부동산중개업자에게 설명할 의무가 있는 세금은 아니다. 그러나 부동산거래에서 가장 영향을 많이 주는 세금이므로 부동산거래에서는 매우 중요한 세금이다. 그래서 부동산중개업자는 양도소득세에 대해 자세히 알아야 거래를 성사시킬 수 있다.

양도소득이 있는 경우에도 법적으로 일정 요건에 해당되는 경우 양도소득세에 대해 비과세되거나 면제 및 감면받을 수 있다. 만일, 이 법적 요건에 해당하지 않으면 정상적으로 양도소득세를 납부하여야 한다.

매도인이 매도를 의뢰할 때 부동산중개업자에게 물건을 의뢰하면서 이 양도소득세에 대해 상담하는 내용의 중점은 양도소득세를 납부해야 하느냐 아니면 납부하지 않아도 되느냐이다. 이때 부동산중개업자는 다음 사항을 주의하여야 한다.

먼저 고객에게 비과세대상에 해당하는지를 비과세여건에 맞추어 확인하여야 한다. 그리고 양도소득세 비과세대상이 아니면 어느 정도 내게 되는지를 살펴봐 주어야 한다.

그러므로 양도소득세 비과세 여부를 확인할 때 꼭 확인해야 할 사항은 비과세여건 외에 당해 연도에 매도 의뢰하는 물건 외에 다른 부동산을 매도한 사실이 있는지를 확인하여야 한다. 그리고 농지인 경우는 매매 및 교환을 제외하고는 비과세가 없으며, 비과세에 해당하여도 자경 여부를 꼭 확인하여야 한다.

또 주의할 것은 양도소득세 비과세와 양도소득세 감면 및 면제에 대해 구분하여 상담하여야 한다. 양도소득세 감면 및 면제는 면제율이나 감면율이 있으므로 비과세와는 달리 감면이나 면제 부분에 대해 반드시 농어촌특별세가 감면 및 면제세금의 20%를 납부하여야 한다.

또 부동산중개업자가 유의하여 상담해 주어야 할 것은 2011년도부터는 양도소득세 예정신고를 의무화하였으므로 양도대상은 반드시 60일 이내에 예정신고를 하도록 상담해 주는 것이 바람직하다.

나. 과세대상

부동산거래 관련 양도소득세 과세대상은 아래와 같다.

① 토지

② 건물

③ 부동산에 관한 권리: 지상권, 전세권, 등기된 부동산 임차권, 부동산을 취득할 수 있는 권리

다. 양도소득세 산출방법

양도소득세 계산 방법은 정상적인 양도소득세를 납부하는 자의 경우를 기본으로 하여 제시하면 다음과 같다.

1) 양도차익 산출

양도소득세를 계산하려면 먼저 양도차익을 산출하여야 하는데 그 공식은 다음과 같다.

---

① 양도차익＝양도가액－취득가액－필요 제 경비

이때 양도가액과 취득가액은 실거래가격으로 계산하는 것이 원칙이며, 실거래가격이 없으면 의제실거래가격을 산출하여 계산하는데, 이때 의제 실거래 가액은 양도가액이나 취득가액 중 어느 하나가 기준시가만 알고 있어 이를 적용하면 다른 하나도 기준시가를 적용하게 된다. 또 대부분의 경우 양도가액은 실거래가액을 알고 있으나 취득가액은 실거래가액을 모르므로 이때 양도 시 기준시가와 실거래가액을 비교하여 취득 시 실거래를 산출하여 적용하게 된다. 이에 대해서는 1985년도와 1990년도 이전과 이후 취득에 따라 그 계산 방법이 상이하므로 이는 세무사에 의뢰하는 것이 바람직하다.

다음 필요 제 경비는 자본적 지출비용과 양도비용, 기타를 말하며, 자본적 지출비용에는 수리비용, 증개축비용, 형질 변경료 등이 해당하고, 양도비용에는 취·등록세, 중개수

수료, 법무사수수료, 소송비용, 측량비용 등이 이에 해당하며, 기타 비용은 기 납부 토지 초과이득세 등이 이에 해당한다.

특히 수리비용은 도배 및 장판처럼 소모성 수리비용은 해당하지 않고, 보일러교체, 베란다 확장, 출입문 설치 등과 같이 수리로 자본적 가치가 증가되는 데 투입된 비용을 공제받을 수 있다.

2) 양도소득 금액 산출

양도차익이 산출되면 이를 기초로 양도소득 금액을 산출하여야 하는데 그 산출 공식은 다음과 같다.

---

② 양도소득 금액＝양도차익－장기보유 특별공제

장기보유 특별공제는 1가구 1주택 자산으로서 양도소득세에 해당하는 경우와 기타로 구분되며, 장기보유 특별공제율표는 다음과 같다.

* 장기보유 특별공제율표(%)

보유기간	1가구 1주택	1가구 1주택 외 자산
3년 이상	24	10
4년 이상	32	12
5년 이상	40	15
6년 이상	48	18
7년 이상	56	21
8년 이상	64	24
9년 이상	72	27
10년 이상	80	30

3) 과표 산출

양도소득 금액이 산출되면 양도소득세를 산출할 양도소득세 과표가 산출되어야 하는데 그 산출 공식은 다음과 같다.

---

③ 과표＝양도소득 금액－양도소득 기본공제(250만 원/1년)

양도소득세를 산출하기 위한 과표 산출은 양도소득 금액에서 양도소득 기본공제를 제하여 산출한다.

양도소득 기본공제는 1인 기준 1년에 250만 원만 공제해 주므로 만일 1년에 부동산을 2번 양도한 경우에는 분할하여 공제받거나 아니면 양도세율이 높게 적용되는 쪽에서 공제받는 방법을 양도인이 결정하여 공제받을 수 있다.

따라서 부동산중개업자는 상담할 시 이를 착안하여 자세하게 상담해 줌이 바람직하다.

4) 양도소득세 세액 산출

양도소득세를 산출하기 위하여 과표가 산출되면 다음에는 양도소득세를 산출하게 되는데 그 산출 공식은 다음과 같다.

---

④ 산출세액＝과표×세율

양도소득세액 산출은 과표에 세율을 적용하여 산출하는데 이때 적용하는 세율은 다음과 같다.

* 양도소득 세율표

구분	과 표	세율		세금한도
		2011	2012	
1년 미만 보유	과표	50%	동일	
2년 미만 보유		40%	동일	
2년 이상 보유	1천2백만 원 이하	6%	동일	72만 원
	1천2백만 원 초과 4천6백만 원 이하	15%	동일	582만 원
	4천6백만 원 초과 8천8백만 원 이하	24%	동일	1,590만 원
	8천8백만 원 초과	35%	33%	
1가구 2주택 보유		50%	동일	중과세대상
1가구 3주택 보유		60%	동일	
미등기 양도	과표	70%	동일	

5) 양도소득 결정세액 산출

양도소득세가 산출되면 산출된 양도소득세에서 면제 및 감면받는 금액을 제하고 양도소득세를 납부하게 되는데 이때 양도소득 결정세액 산출 공식은 다음과 같다.

⑤ 결정세액=산출세액－감면 및 공제

결정세액을 산출하기 위하여 면제 및 감면받는 금액은 법적으로 정하여져 있으므로 이를 적용한다.

2010년도 이전에는 양도소득세 예정신고를 하면 5~10%를 감면해 주었으나 2011년도부터는 이 제도가 폐지되고 대신 양도소득세 예정신고를 의무화하여 이를 이행하지 않으면 가산세를 부과하도록 변경되었다.

양도소득세 감면에 대한 사항은 다음 '라'항에서 살펴보기로 한다.

6) 총 결정세액 산출

총 결정세액은 결정세액에서 가산세를 합하여 산출한다. 이때 총 결정세액 산출 공식은 다음과 같다.

⑥ 총 결정세액=결정세액＋가산세

가산세에는 일반무신고가산세, 부당무신고불성실 가산세, 일반과소신고 가산세, 납부불성실 가산세, 기장 불성실 가산세가 있다.

이 가산세는 예정신고 시에는 부과하지 아니하며, 확정 신고 시에 부과한다.

① 일반무신고가산세

일반무신고가산세는 납세자가 법정기한 내에 예정신고를 하지 아니한 경우 산출세액의 20%를 가산하는 가산세이다.

② 부당무신고가산세

부당무신고가산세는 과세표준에서 부당하게 무신고 금액이 있는 경우 부당무신고한 과세표준이 실제 과세표준에 차지하는 비율이 얼마인지를 확인하여 그 비율을 산출세액에 곱하여 산출된 금액에 대해 20%를 가산하여 가산세를 부과한다.

③ 일반 과소신고가산세

일반 과소신고가산세는 예정신고를 한 경우로써 신고한 과세표준이 세법에 의해 신고할 과세표준에 미달하는 경우 이 과소 신고한 과세표준이 실제 과세표준에 차지하는 비율이 얼마인지 확인하여 그 비율을 산출세액에 곱하여 산출된 금액에 대해 10%를 가산하여 가산세를 부과한다.

④ 납부 불성실가산세

납세자가 납부기한 내에 납부하지 아니하거나 납부하여야 할 세액에 미달되게 납부한 경우 다음 공식에 의해 가산세를 산출한다.

> 미납세액 또는 미달세액×납부기한일 다음 날부터 자진납부일 또는 납세 고지일까지의 기간×금융기관의 연체대출 이자율을 고려하려 대통령령으로 정한 이율

⑤ 기장불성실가산세

일반과세자가 양도하는 주식 또는 출자지분에 대하여 거래내역을 성실하게 기장하지 않았거나 누락한 경우 이 미기장 또는 누락된 금액이 양도소득금액에 차지하는 비율을 산출하여 산출세액에 곱하여 산출된 금액의 10%를 가산하여 가산세를 부과한다.

만일 산출세액이 없는 경우에는 총 거래금액의 10,000분의 7을 곱하여 산출한 뒤 가산세를 부과한다.

7) 납부할 세액

납부할 세액은 총 결정세액에 부가세를 합하여 산출한다.

납부할 세액은 양도소득세가 있는 경우 산출하는데 감면이나 면제가 없는 경우는 총 결정세액에 주민세(총 결정세액의 10%)를 부가하여 납부하여야 하고, 감면 및 면제를 받은 경우는 납부할 세액에 감면 및 면제받은 세액의 20%의 농어촌특별세를 부가하여 납부하여야 한다.

라. 감면 및 면제

1) 주택

(1) 양도소득세 특례

① 신축 주택 취득자(조특법)
ⓐ 대상: 신축 및 최초 분양주택
ⓑ 매입 시기: 1998. 5. 22.~1999. 6. 30.
  * 국민주택 규모(85㎡) 이하: 1998. 5. 22.~1999. 12. 31.
                              2001. 5. 21.~2003. 6. 30.
ⓒ 매입기준시점: 계약 체결일
ⓓ 면세기준일: 잔금청산일로부터 5년 이내 양도
ⓔ 면세비율: 5년 이내 양도 시 100% 면세
5년 이후 양도 시 5년간 상승분은 제외하고 그 후 양도 차익의 9%~36% 과세
ⓕ 수혜 대상: 보유주택 수에 관계없이 모든 사람
  * 신축: 자기가 건설한 주택, 조합주택, 재개발주택 포함
  * 1세대 1주택 판정 시 제외
  * 고가주택은 제외

② 한시적 비과세 요건 완화(소세법)
ⓐ 대상: 모든 주택
ⓑ 매입 시기: 1999. 1. 1.~1999. 12. 31.
ⓒ 매입 기준 시점: 계약 체결일
ⓓ 면세기준일: 잔금청산일로부터 1년 이상 보유 후 양도
ⓔ 면세비율
－ 1년 이상 보유 후 양도 시 100% 감면
－ 1년 미만 보유 후 양도 시 36% 과세
ⓕ 수혜 대상: 무주택 자, 1세대 1주택 자

(단, 1세대 1주택 자는 새 주택 잔금청산일로부터 1년 이내 종전주택 양도해야 됨)

2) 국민생활 안정 1세대 1주택 특례

(1) 장기임대 주택(조특법)

① 감면 요건: 신축 주택 매입 임대 및 건설 임대주택
→ 국민주택 5호 이상을 5년 이상 임대 후 양도

② 감면율: 100% 감면
　　* 기존주택 매입임대(1986. 1. 1.~2000. 12. 31. 중 신축 분)
－ 5년 이상 임대 후: 50% 감면
－ 10년 이상 임대 후: 100% 감면
　　* 1세대 1주택 판정 시 제외
　　* 2001. 1. 1. 이후 최초로 5호 이상 임대를 개시하여 양도하는 분부터는 동 제도
　　　폐지

(2) 미분양 주택(조특법)

① 감면 요건: 1995. 11. 1.~1997. 12. 31.과 1998. 3. 1.~1998. 12. 31. 기간 중 미분양 국민
주택을 취득하여 5년 이상 보유 임대 후 양도한 경우

② 감면율: 다음 중 선택적 적용
－ 양도소득 세율 20%
－ 중소세 세율 9~36%
　　* 1세대 1주택 판정 시 제외

3) 농지

   ① 요건: 8년 이상 자경 및 재촌
   ② 감면금액: 양도소득세 1억 원

마. 비과세 및 중과세 제외 대상

양도소득세가 비과세되는 경우는 크게 3가지 경우로서 다음과 같다.

---
1. 1세대 1주택(고가주택 제외)과 부수토지의 양도로 인하여 발생하는 소득
2. 농지의 교환 또는 분할 및 합병으로 인하여 발생하는 소득
3. 파산선고에 의한 처분으로 인하여 발생하는 소득

즉 양도소득세가 비과세를 받을 수 부동산은 주택과 농지이며, 상황으로는 파산으로 인해 처분되는 경우이다.

이에 대하여 구체적으로 알아보면 다음과 같다.

1) 주택(1세대 1주택과 부수토지의 양도로 인하여 발생하는 소득)

1세대 1주택 자에 대해서 양도소득세를 비과세하는 경우는 다음과 같다.

---
1. 양도일 현재 1세대가 국내에 1주택만 보유할 것
2. 3년 이상 보유할 것
3. 등기하고 양도할 것
4. 주택가액이 9억 원 이하일 것
5. 주택의 부수 토지가 도시지역은 건축면적의 5배, 도시 외 지역은 10배 이하일 것
---

① 양도일 현재 1세대가 국내에 1주택만 보유할 것

양도일 현재 1세대가 국내에 1주택만 보유하고 있어야 한다.

> 1세대 요건: 배우자를 세대 구성원으로 함이 원칙
> * 배우자 미인정의 경우: 연령 30세 이상, 배우자 사망 또는 이혼, 상속
> * 30세 미만이라도 소득이 있을 시는 가능

여기서 1세대는 직계비속이 30세 이하인 경우에는 모두 포함되며, 주민등록상 한 세대를 구성하고 있는 직계존속이나 방족이 포함된다.

따라서 주민등록을 같이하는 1세대 내에 누구도 주택을 보유하면 2주택이 될 수 있다. 즉 부모를 모시고 한집에서 거주하거나 또는 장인·장모를 모시고 살면서 부모나 장인·장모가 주민등록을 같이하면서 별도로 주택을 보유하고 있다면 1세대 2주택이 된다.

이때 직계비속 외의 자가 주택을 보유하고 있는 경우는 주민등록을 달리하면 세대 분리가 가능하다. 그러나 직계비속 중 30세 이하의 직계비속은 주민등록을 분리하여도 부모와 동일 세대로 본다. 단, 30세 이하 직계비속이 1세대로 인정받기 위해서는 직장이 있거나 결혼을 하면 가능하다.

또 재축을 하거나 개축하여야 할 정도로 가치가 아주 낮은 주택을 보유하고 있는 경우에는 이 가치가 아주 낮은 주택을 멸실하고 건축물 관리대장까지 폐쇄한 뒤 양도하면 1세대 1주택이 될 수 있다.

1세대 1주택이라도 비과세되지 않고 과세되는 경우는 양도하는 주택을 2년 미만 보유한 경우와 거래가격이 9억 원을 초과하는 고가주택 및 별장 그리고 고급주택은 과세된다.

또 1세대 2주택을 보유한 자 중 1세대 1주택으로 보아 비과세되는 경우는 다음과 같다.

* 2주택을 1주택으로 보는 경우(비과세)

1. 일시적인 2주택인 경우
- 다른 주택을 취득 후 1년 이내에 3년 이상 보유한 주택을 양도하는 경우
- 행정수도 이전으로 취득한 주택 취득 후 2년 이내 3년 이상 보유한 종전주택을 양도하는 경우
- 재경부령으로 정한 부득이한 경우
① 한국자산관리공사에 매각을 의뢰한 경우
② 법원에 경매를 신청한 경우

③ 국세징수법에 의한 공매가 진행 중인 경우

2. 상속으로 인한 1세대 2주택인 경우

- 상속으로 1주택을 받은 경우: 상속주택은 보유기간 관계없이 1세대 1주택으로 봄
- 상속으로 2주택 이상인 경우는 다음 1주택만 1세대 1주택
  - 피상속인 보유기간이 가장 긴 주택
  - 보유기간이 같은 경우는 피상속인 거주주택 또는 상속당시 피상속인 거주주택
  - 피상속인 거주한 사실이 없는 경우는 기준시가가 높은 주택
- 공동상속인 경우
① 상속주택에 거주자,
② 호주승계인(2008. 1. 1.부터 제외)
③ 최연장자순으로 상속주택 인정
- 일반주택을 양도하는 경우는 일반주택 3년 이상 보유

3. 동거봉양을 위하여 세대를 합친 경우: 직계존속(부: 60세, 모: 55세 이상)을 봉양하기 위하여 1세대 2주택인 경우 2년 이내 먼저 양도하는 3년 보유 주택

4. 혼인으로 인하여 세대를 합친 경우: 혼인한 날로부터 2년 이내에 먼저 양도하는 3년 보유 주택

5. 문화재보호법에 의한 지정주택에 대한 특례: 3년 이상 보유한 양도 일반주택

6. 재개발 및 재건축 조합원의 입주권의 경우: 3년 이상 보유한 주택 입주권으로 다른 주택이 없거나, 취득 후 1년 이내 양도할 것

7. 일반주택 보유자가 입주권을 취득한 경우: 입주권 취득 후 1년 이내 3년 이상 보유한 일반주택

8. 농어촌주택에 대한 특례: 3년 이상 보유한 일반주택을 양도
* 농어촌주택으로 인정되는 경우
- 상속주택: 피상속인이 5년 이상 거주한 주택
- 이농인 주택: 이농인이 취득 후 5년 이상 거주한 주택
- 귀농주택

① 본적지, 연고지에 소재하는 주택일 것

② 고가주택에 해당하지 않을 것

③ 대지 면적이 330㎡ 이내일 것

④ 990㎡ 이상 농지 소유자가 농지소재지에 3년 이상 영농에 종사할 것

임대사업자가 아닌 자가 2주택 이상 다주택을 보유하는 경우는 기본적으로 중과세함이 원칙이나 중과세하지 않는 경우가 있다.

이 다주택 자 중 중과세를 하지 않고 일반과세를 하는 자는 1세대 2주택이거나 1세대 3주택을 보유한 자 중 다음의 경우에는 다주택 자로 보지 않고 일반과세를 한다.

〈중과세 적용주택〉

구분	3주택	3주택 (입주권 포함)	2주택	2주택 (입주권 포함)	비고
양도대상 주택 ① 수도권·광역시: 모든 주택 ② 기타 지역: 3억 원 초과	적용	적용	적용	적용	①은 군 이하 소재 주택 제외
조세특례법 감면주택	배제	배제	배제	배제	
장기임대사업주택	배제	배제	배제	배제	
5년 이내 양도 상속주택	배제	배제	배제	배제	
가정 보육시설 주택	배제	배제	배제	배제	
저당권 실행 주택	배제	배제	배제	배제	
장기 사원용 주택	배제	배제	배제	배제	
문화재 주택	배제	배제	배제	배제	
소형주택	배제 (4천만 이하)	배제 (4천만 이하)	배제 (1억 원 이하)	배제 (1억 원 이하)	
근무상 3년 미보유 주택	적용	적용	배제	배제	
동거합가 5년 미경과	적용	적용	배제	배제	
혼인합가 5년 미경과	적용	적용	배제	배제	
확정판결 3년 미경과	적용	적용	배제	배제	
대체취득 1년 미경과	적용	적용	배제	배제	
실수요 입주권 취득	적용	적용		배제	요구충족 시
대체취득주택	적용	적용		배제	요구충족 시

② 3년 이상 보유할 것

양도하는 주택을 3년 이상 보유하여야 1세대 1주택 자로서 비과세대상이 된다. 단, 상속주택의 경우는 제외된다. 이때 적용하는 보유기간은 다음과 같다.

– 양도하려는 당해 주택을 취득한 날(등기일)로부터 양도일까지 3년 이상이여야 한다.

– 소실되거나 도괴 도는 노후로 재축한 경우에는 멸실된 주택의 보유기간을 합한다.

– 상속주택의 보유기간은 상속일로부터 양도일까지로 하며, 상속인이 피상속인과 동일 세대원인 경우는 피상속인의 취득일로부터 통산한다.

③ 등기하고 양도할 것

양도하는 주택은 반드시 등기한 주택이여야 한다. 미등기한 경우는 1세대 1주택 비과세대상이 될 수 없고 오히려 미등기 전매로 양도소득세 중과세대상이 된다.

④ 주택가액이 9억 원 이하일 것

먼저 주택가액이 9억 원을 초과하면 1세대 1주택이라 해도 양도소득세 납부대상이 된다. 이때 고가주택의 양도소득세 적용은 9억 원 초과 부분에 대해서만 적용한다.

⑤ 부수 토지가 도시지역은 5배, 도시 외 지역은 10배 이하일 것

1세대 1주택이라 해도 주택의 부수 토지가 도시지역의 경우 건물 1층의 바닥면적의 5배 이내여야 하고 도시 외 지역은 10배 이내여야 비과세대상이 되며 이를 초과하면 초과된 부분에 대해서는 양도소득세를 납부하여야 한다.

2) 농지의 교환 및 분할 또는 합병으로 인하여 발생한 소득

농지라 함은 지목상으로 전, 답, 과수원, 목장용지를 말하며, 농민은 농지를 1,000㎡ 이상을 보유하고 있는 자로 직접 농사에 종사하는 자를 말한다.

이때 농민이 여러 곳에 분산되어 있는 농지를 합리적으로 농지를 관리 및 경작하기 위하여 농지의 교환, 분할, 합병하는 행정적 처분을 농지의 교환 및 분합이라 한다.

농지의 교환 및 분합에 의한 비과세 농지에는 실제 경작하는 농지여야 하며, 이 농지 안에 있는 농막, 퇴비사, 양수장, 지소, 농도, 수로 등도 포함된다.

이 경우 아래의 요건을 갖춘 경우에 비과세를 한다.

농지의 교환 및 분합 비과세 요건

1. 교환 및 분합하는 쌍방의 토지가격의 차액이 가액이 큰 편의 1/4 이하이어야 한다.
2. 다음 요건 중 하나 이상일 것
① 국가 또는 지방자치단체가 시행하는 사업으로 인하여 교환 또는 분합하는 농지
② 국가 또는 지방자치단체가 소유하는 토지와 교환 또는 분합하는 농지
③ 농어촌정비법, 농지법, 한국농촌공사 및 농지관리기금법 또는 농업협동조합법에 의하여 교환 또는 분합하는 농지
④ 경작상 필요에 의하여 교환하는 농지
단, 교환에 의하여 새로이 취득하는 농지를 3년 이상 농지소재지에 거주하면서 경작하는 경우에 한한다.

위 요건 중 경작기간에 대한 산출 특례는 다음과 같다.

---

1. 수용되는 경우에는 3년 이상 농지소재지에 거주하면서 경작한 것으로 본다.
2. 상속 농지인 경우는 상속인이 농지소재지에 거주하면서 계속 경작한 때에는 피상속인의 경작기간과 상속인의 경작기간을 통산한다.

위에 요건을 충족한 농지라도 다음의 농지는 비과세 농지에서 제외한다.

---

1. 도시지역 내 주거지역에 포함된 농지로 편입된 지 3년이 초과된 농지
2. 당해 농지에 대하여 환지처분이전에 농지 외의 토지로 환지예정지의 지정이 있는 경우로서 그 환지예정지 지정일로부터 3년이 초과한 농지

---

3) 파산선고 처분으로 인하여 발생하는 소득

파산선고 처분으로 인하여 발생한 소득을 비과세하는 이유는 채권자의 연쇄파산을 방지하고 보호하는 측면에서 채권자에게 소득이 분배되어야 하므로 양도소득세를 부과하지 않는다.

그러나 사업상의 실패로 사실상의 파산이라 하더라도 법원의 파산선고를 받지 아니한 경우에는 비과세를 적용하지 않는다.

4. 재산세

재산세는 부동산중개와 관련하여 설명할 의무가 있는 세금은 아니다. 다만 부동산중개업자가 부동산중개를 하면서 재산세와 관련하여 착안하여야 할 것은 단순중개만을 하는 경우 부동산을 **5월에 거래**를 하면서 잔금 처리일을 언제 하느냐에 따라 재산세 납부자가 달라지므로 이에 대하여 관심을 촉구해야 하고, 부동산중개컨설팅을 하면서 수익률을 산출할 때 **세후 수익률 산출** 시 고려해야 하며, 아파트부지 개발 등과 같이 **1년 이상 장기간 부동산개발** 컨설팅을 하는 경우 재산세를 시행업자가 납부할 때 각각 고려해야 한다.

가. 납세 의무자

1) 원칙: 6월 1일 0시 현재 공부상 소유자
2) 예외: 사실상의 소유자, 사용자 등

나. 납부 시기

1) 토지: 매년 9월 16일부터 9월 30일까지
2) 건축물: 매년 7월 16일부터 7월 31일까지
3) 주택: 해당 연도에 부과·징수할 세액의 2분의 1은 매년 7월 16일부터 7월 31일까지, 나머지 2분의 1은 9월 16일부터 9월 30일까지

다만, 해당 연도에 부과할 세액이 5만 원 이하인 경우에는 조례로 정하는 바에 따라 납기를 7월 16일부터 7월 31일까지로 하여 한꺼번에 부과·징수할 수 있다.

다. 과세대상

구분	내 용	비 고
토지	종합합산과세(시·군·구별, 소유자별 합산)	주택의 부속토지 제외
	별도합산과세(시·군·구별, 소유자별 합산)	
	분리과세	
건축물	건축법 규정에 의한 건축물과 독립된 시설물	주택은 제외
주택	주택별로 주택과 부속토지 포함	
기타	선박과 항공기	

라. 과세표준 및 세율

구분		과세표준	세 율
토지	종합합산	5,000만 원 이하	2/1,000
		1억 원 이하	10만 원+5,000만 원 초과 금액×3/1,000
		1억 원 초과	25만 원+1억 원 초과 금액×5/1,000
	별도합산	2억 원 이하	2/1,000
		2억 원 초과~10억 원 이하	40만 원+2억 원 초과 금액×3/1,000
		10억 원 초과	280만 원+10억 원 초과 금액×4/1,000
	분리과세	전, 답, 과수원, 임야, 목장용지	과세표준액×7/10,000
		공장용지, 광구용 토지, 투자회사 사업용 토지, 염전	과세표준액×2/1,000
		회원제골프장, 고급오락장용 토지	과세표준액×40/1,000
주택	6,000만 원 이하		1/1,000
	6,000만 원 초과~1억 5,000원 이하		60,000원+6,000만 원 초과 금액× 1.5/1,000
	1억 5,000원 초과~3억 원 이하		195,000+1억 5000만 원 초과 금액× 2.5/1,000
	3억 원 초과		570,000+3억 원 초과 금액×4/1,000
	별장		40/1,000
일반 건축물	회원제골프장 및 고급오락장용 건축물		과세표준액×40/1,000
	주거지역내 공장 건축물		과세표준액×5/1,000
	기타(상가, 일반 공장, 시설물)		과세표준액×2.5/1,000

마. 면세

고지서 1장당 재산세로 징수할 세액이 2천 원 미만인 경우에는 해당 재산세를 징수하지 아니한다.

바. 비과세대상

1) 국가 등이 1년 이상 무상 사용하는 개인 재산
(다만, 유료로 사용하는 경우는 재산세 부과)
2) 도로, 하천, 제방, 구거, 유지, 사적지, 묘지
(다만, 유료로 사용하는 경우는 재산세 부과)
3) 임시건물(1년 미만)
4) 철거 명령/철거 계획 건물 및 주택

5) 보안림, 군사시설보호구역 중 통제보호구역, 해군기지구역, 시험림, 산림유전자원보호림, 채종림, 전통사찰이 소유하고 있는 경내지

사. 납부시기

1) 건물: 7. 16. ~ 7. 31.

2) 토지: 9. 16. ~ 9. 30.

* 주택은 50%씩 2회 납부, 주택분의 재산세액이 5만 원 이하인 경우에는 7월에 전액 납부

5. 종합부동산세

종합부동산세는 보유세로서 재산세 중의 하나이다. 따라서 종합부동산세의 제정 시부터 보유세의 이중 부과라는 논의가 계속되어 왔다. 그래서 이명박 정부에서는 부자감세라는 비판을 받으면서도 과세의 원칙과 합리화를 위하여 이에 대한 폐지를 꾸준히 추진하고 있어 종합부동산세는 폐지될 수도 있다.

그러나 부동산중개업자는 최근 주택가격의 급상승으로 9억 원 이상의 주택이 전국적으로 확대됨에 따라 종합부동산세가 폐지될 때까지 수익성 분석에 적용할 수 있도록 지식을 함양하여야 한다.

가. 과세대상

1) 주택: 전국 주택을 합산하여 과세표준이 9억 원 이상

(1) 종합부동산세의 과세표준: 납세의무자별로 주택의 공시가격을 합산한 금액에서 6억 원을 공제한 금액에 부동산 시장의 동향과 재정 여건 등을 고려하여 100분의 60부터 100분의 100까지의 범위에서 대통령령으로 정하는 공정시장가액비율을 곱한 금액으로 한다.

(2) 납세의무자별로 주택의 공시가격을 합산한 금액: 과세기준일 현재 세대원 중 1인이

해당 주택을 단독으로 소유한 경우로서 대통령으로 정하는 1세대 1주택 자(이하 1세대 1주택 자라 한다)의 경우에는 그 합산한 금액에서 3억 원을 공제한 금액을 말한다.

(3) 과세대상 제외 주택

* 「임대주택법」에 의한 **임대주택** 또는 **다가구 임대주택**

가) 과세기준일 현재주택임대업 사업자등록을 한 자

나) 과세기준일 현재 임대하거나 소유하고 있는 합산배제임대주택

구분	규모	수량	임대기간	시가표준액
매입임대주택	전용면적 149㎡ 이하	수도권 3호 이상 수도권 외 지역 1호 이상	5년 이상	6억 이하
건설임대주택	전용면적 149㎡ 이하	2호 이상	5년 이상	6억 이하
기존임대주택	국민주택규모 이하	2호 이상	5년 이상	3억 이하(2005년도 과세기준일 공시가격)
민간건설임대주택	전용면적 149㎡ 이하	임대된 사실이 없고 그 임대되지 아니한 기간이 2년 이내 일 것		6억 이하
부동산간접투자기구 매입임대주택	전용면적 149㎡ 이하	5호 이상 수도권 밖의 지역에 위치 할 것 2008. 1. 1.~12. 31. 매입	10년 이상	6억 이하
미분양 매입임대주택	전용면적 149㎡ 이하	5호 이상 2008. 6. 1.~2009. 6. 30. 분양계약 체결 수도권 밖의 지역에 위치할 것	5년 이상	3억 이하
다가구주택	임대사업등록			

* 미분양 매입임대주택을 보유한 납세의무자는 신고와 함께 시장·군수 또는 구청장이 발행한 미분양주택 확인서 사본 및 **미분양주택 매입 시의 매매계약서** 사본을 제출하여야 한다.

다) 임대기간 적용

① 주택의 임대를 개시한 날부터 계산한다.

② 상속으로 인하여 피상속인의 합산배제 임대주택을 취득하여 계속 임대하는 경우에는 당해 피상속인의 임대기간을 상속인의 임대기간에 합산한다.

③ 기존 임차인의 퇴거일부터 다음 임차인의 입주일까지의 기간이 2년 이내인 경우에는 계속 임대하는 것으로 본다.

④ 다음에 해당하는 사유로 임대하지 못하는 주택에 한하여 계속 임대하는 것으로 본다.
- 「공익사업을 위한 토지 등의 취득 및 보상에 관한 법률」이나 그 밖의 법률에 따른 협의매수 또는 수용

－ 건설임대주택으로서 「임대주택법 시행령」 제13조 제2항 제3호에 따른 임차인에 대한 분양전환

－ 천재·지변, 그 밖에 이에 준하는 사유의 발생

(4) 합산배제 임대주택의 규정을 적용받으려는 때에는 기획재정부령으로 정하는 임대주택 합산배제 신고서에 따라 신고하여야 한다.

종업원의 주거에 제공하기 위한 **기숙사 및 사원용 주택,**

주택건설사업자가 건축하여 소유하고 있는 **미분양주택,**

가정보육시설용 주택,

종합부동산세를 부과하는 목적에 적합하지 아니한 것

이 경우 수도권 외 지역에 소재하는 1주택의 경우에는 2009년 1월 1일부터 2011년 12월 31일까지의 기간 중 납세의무가 성립하는 자에 한한다.

2) 토지

① 종합합산과세대상 토지로서 합한 금액이 3억 원 이상

② 별도합산과세대상 토지로서 합한 금액이 20억 원 이상

나. 세율

주택		토지		
과세표준	누진세율		과세표준	누진세율
6억 원 이하	5/1,000	종합합산대상	15억 원 이하	7.5/1,000
6억 원 초과~12억 원 이하	7.5/1,000		15억 원 초과~45억 원 이하	15/1,000
12억 원 초과~50억 원 이하	10/1,000		450원 초과	20/1,000
50억 원 초과~94억 원 이하	15/1,000	별도합산대상	200억 원 이하	5/1,000
94억 원 초과	20/1,000		200억 원 초과~400억 원 이하	6/1,000
			400억 원 초과	7/1,000

다. 주택 공제

1) 연령별

연령	공제율
만 60세 이상~만 65세 미만	10/100
만 65세 이상~만 70세 미만	20/100
만 70세 이상	30/100

2) 보유기간

보유기간	공제율
5년 이상~10년 미만	20/100
10년 이상	40/100

라. 비과세

재산세 비과세와 동일

마. 납부시기

매년 12. 1.~12. 15.

6. 상속 및 증여세

상속 및 증여세는 부동산중개 때보다는 고객이 자산관리를 위한 상담과정에서 상담을 해 주고 있다.

상속은 소유자의 사후에 물려주는 자산이전제도이고, 증여는 소유자 생존 시에 자산을 이전해 주는 제도이다. 그리고 상속 및 증여는 무상이전제도이므로 세금도 비슷하다.

이 중 상속은 사후에 자산을 어쩔 수 없이 이전하는 제도이므로 자산관리에 크게 영향을 미치지 않으나 증여는 사전에 자산을 이전하므로 여기에는 각종 많은 제한사항이 있다.

따라서 본 장에서는 증여 위주로 살펴보기로 한다.

가. 납세 의무자: 수증자

수증자가 세금지불능력이 없는 경우 증여자

단, 증여자가 세금을 납부하는 경우는 세금도 증여로 될 수 있음

나. 증여 대상

1) 무상 증여 재산
2) 특수 관계의 부당 고가 및 저가 매매(시가의 ±30%)
3) 부부간 및 직계 존·비속 간 매매의 경우
4) 10년 내에 증여재산 합산

다. 증여재산 평가: 공시 지가

라. 증여재산 공제액

구분	공제금액(2003. 1. 1. 이후)
배우자	6억 원
직계존비속	성년자: 3,000만 원
	미성년자: 1,500만 원
기타 친족	500만 원
타인	공제 없음
합산기간	10년

마. 세율

과표	세율
1억 원 이하	10%
1억 원 초과 ~ 5억 원 이하	1,000만 원+1억 원 초과 금액의 20%
5억 원 초과 ~ 10억 원 이하	9,000만 원+5억 원 초과 금액의 30%
10억 원 초과 ~ 50억 원 이하	2억 4천만 원+10억 원 초과 금액의 40%
50억 원 초과	18억 4천만 원+50억 원 초과 금액의 50%

바. 납부: 증여일로부터 3개월 이내 자진 납부/10% 감면

* 위반 시 최고 30% 가산세

사. 부담부 증여

부담부 증여란 증여자의 채무를 수증자가 인수하고 나머지 금액만 증여받는 것을 말한다.
통상 융자가 있는 주택이나 농지를 공시지가에서 융자를 제외한 금액이 증여공제액 이하인 경우 자녀들에게 증여하는 경우이다. 그러나 이러한 경우 증여자는 융자금에 대한 양도소득세가 부여되고 있어 부담부 증여는 세무사와 상담해 보는 것이 바람직하다.

7. 인지세

인지세는 소유권 이전 및 임차권등기명령 그리고 근저당 등 등기부등본에 권리를 등기하는 경우에 납부하는 세금으로 세율은 다음과 같다.

구분	거래금액	인지세
소유권 이전	500만 원 초과 1,000만 원 이하	1만 원
	1,000만 원 초과 3,000만 원 이하	2만 원
	3,000만 원 초과 5,000만 원 이하	4만 원
	5,000만 원 초과 1억 원 이하	7만 원
	1억 원 초과 10억 원 이하	15만 원
	10억 원 초과	35만 원
근저당/전세권/임차권		1만 원
지상권/지역권		3,000원

8. 국민주택 채권 매입

가. 주거 전용 건축물(주택)

건축물의 과세 표준액	제1종 국민채권 매입 기준	
	특별시/광역시	기타 지역
2,000만 원 이하	0	0
2,000만 원 이상 5,000만 원 미만	1,000분의 13	1,000분의 13
5,000만 원 이상 1억 원 미만	1,000분의 19	1,000분의 14
1억 원 이상 1억 6,000만 원 미만	1,000분의 21	1,000분의 16
1억 6,000만 원 이상 2억 6,000만 원 미만	1,000분의 23	1,000분의18
2억 6,000만 원 이상 6억 원 미만	1,000분의 26	1,000분의 21
6억 원 이상	1,000분의 31	1,000분의 26

나. 토지 포함 기타 건축물

과세표준	제1종 국민채권 매입기준	
	특별시/광역시	기타 지역
500만 원 이상 5,000만 원 미만	1,000분의 25	1,000분의 20
5,000만 원 이상 1억 원미만	1,000분의 40	1,000분의 35
1억 원 이상	1,000분의 50	1,000분의 45

제6장
부동산 금융

1. 개요

금융(finance)이란 "실물거래는 직접 수반하지 않지만 자금의 여유가 있는 흑자경제 주체로부터 자금이 부족한 적자경제 주체로 자금이 이전되는 것이다"[15]라고 한다. 즉 금융 자체가 실물거래를 하는 것은 아니나 우리가 실물거래를 하면서 실물에 대한 가격의 자금을 전액 보유하고 거래하는 것이 아니라 부족한 금액은 여유가 있는 자로부터 사용기간 사용료를 주고 차용(대출)하여 실물을 거래할 수 있도록 자금이 이전하는 것을 금융이라고 한다.

이와 같은 금융은 자산의 움직임에 따라 여러 가지 있으며 이 중 부동산거래와 관련하여 사용되는 자금의 이전을 부동산금융(real estate finance)이라 한다.

이 부동산금융은 부동산중개에서 부동산거래를 성사시키는 데 매우 중요한 역할을 한다.

즉 간단한 일례로 아파트 매매를 하면서 매수자가 전세금만을 가지고 주택을 구입하는 경우, 융자를 받아야 잔금을 지불할 수 있는 경우가 대부분이다. 이때 부동산중개업자는 매수자에게 대출을 알선해 주게 되는데 매수자가 잔금을 지불할 수 있도록 요구하는 금액의 대출이 가능한 금융기관과 요구하는 금액의 융자가 가능한 금융기관 중 이자가 저렴한 곳을 파악하여 컨설팅을 해 주게 된다.

이처럼 부동산중개에서도 부동산금융은 부동산중개 성사에 매우 중요한 역할을 한다.

---

15) 전병식 편저. 인터넷영상강의교재 최신 부동산학개론. 새롬. 2002.5.9. p.723.

2. 부동산 금융의 종류

부동산금융의 종류에는 크게 부동산 담보대출, 부동산증권 및 펀드, 부동산 보험 3가지로 구분할 수 있다.

가. 부동산 담보대출

부동산 담보대출은 부동산금융에서 가장 많이 이루어지는 것으로 가계대출, 전세자금(임대차 보증금)대출, 프로젝트 파이낸싱 등이다. 이 중 가계대출이 주류를 이루고 있으며 대부분 소유하고 있거나 소유하고자 하는 주택을 담보로 하여 대출이 이루어지는 것이 일반적이다.

1) 가계대출

가계대출은 일반국민이 주택을 구입할 경우 부족한 자금을 구입하고자 하는 주택을 담보로 융자를 금융기관으로부터 실시하는 것을 말한다.

이와 같은 가계대출에는 건설자금대출과 주택가계대출이 있다.

(1) 건설자금대출

건설자금대출은 건설회사나 건축업자들이 주택을 건축하면서 금융기관으로부터 지원받아 건축하는 자금으로 그 재원은 국민주택기금과 담보대출로 이루어진다.

건설자금대출은 초기자금으로 가계대출에 비하여 약간 높은 이자를 사용하여야 한다는 것이 특징이며, 일반 국민들도 건축을 위한 경우 지원받을 수 있다.

(2) 주택가계대출

주택가계대출은 일반 국민이 소유하고 있거나 소유하고자 하는 주택을 담보로 금융기관으로부터 자금을 지원받는 제도를 말하는데 두 가지로 구분된다.

하나는 주택을 구입하면서 부족자금을 지원받는 주택 구입 담보대출이 있고, 다른 하나는 일상생활을 하면서 급하게 자금이 필요하여 보유하고 있는 부동산을 담보로 하고 융자를 받는 담보대출이 있다.

주택 구입 담보대출은 제1금융기관에서는 금융위원회에서 인정하는 실거래가(국민은행 고시가격)를 기준하여 60%까지 저리로 지원하고 있으며, 제2금융기관에서는 개인 신용등급에 따라 금융위원회에서 인정하는 실거래가의 80%까지도 담보대출해 주고 있으나 금리가 제1금융기관에 비하여 높은 것이 특징이다.

가계대출은 개인 신용등급에 많은 영향을 받으며 또는 적금이라든지 각종 공과금을 대출금융기관으로 이용함으로써 금리가 약간씩 개인별로 차이가 난다.

이를 위하여 부동산중개업자는 가급적 직원에게 임무를 부여하든 자신이 직접 하든 금융기관별 대출한도 및 이자율표를 작성하여 비치함이 바람직하다.

2) 전세자금대출

전세자금대출은 정부가 서민주거안정을 위해 지원하는 주택 자금지원제도로써 세 가지가 있다.

하나는 기초생활지급대상자인 저소득층 전세자금대출이 있고, 근로자 전세자금대출이 있으며, 일반국민 전세자금대출이 있다.

(1) 저소득층 전세자금대출

① 상품 특징

저소득층에 대한 전세자금대출의 특징은 무주택 국민의 주거안정 도모 및 모든 국민의 주거생활 향상을 목적으로 저금리 및 준 고정금리로 전세자금대출을 지원하며, 중도상환 수수료가 없어 상환이 편리한 상품이다.

② 대출대상

대출받을 수 있는 대상은 주택임대차계약을 체결한 국민인 거주자로 아래의 조건을 모두 충족하는 자여야 한다.

(가) 신청일 현재 만 20세 이상의 세대주를 포함한 세대원 전원이 현재 무주택인 자(단독세대주 가능하나, 만 35세 미만 단독세대주는 제외)

(나) 해당 지자체장의 추천을 받은 보증금이 일정금액 이하인 자

● 수도권과밀억제권역 1억원/

- 수도권 기타 지역 및 광역시 5천만 원/

- 기타 지역 4천만 원

단, 만 20세 미만 자녀가 3인 이상 가정은 해당지역별 보증금에 1천만 원 추가

- 일부월세경우 산식＝월세×50

(예) 보증금 2,000만 원, 월세 30만 원 경우 2,000만＋30만 원×50＝3,500만 원

(다) 임차보증금 5% 이상 지불한 경우

③ **대상주택**: 임차면적 전용 85㎡ 이하 거주용 주택

④ **대출금리**: 연 2.0%

- 신용(임차보증금 반환확약서) 연 3.0%/채권양도계약서 연 2.5%

- 연체이자율은 약정이율의 2배(단, 최저 8.5%, 최대 17%)

※ 만기까지 고정금리 또는 국민주택기금운용계획 변경 등에 따라 변동

⑤ **대출한도**

- 수도권과밀억제권역 5,600만 원 이내(3자녀 이상 세대는 6,300만 원)

- 수도권 기타 지역 및 광역시 3,500만 원 이내(3자녀 이상 세대는 4,200만 원)

- 기타 지역 2,800만 원 이내(3자녀 이상 세대는 3,500만 원)

⑥ **대출기간**: 15년

- 전액 원리금균등 분할상환 또는 부분 원리금균등 분할상환

(원리금균등상환 ＋50% 이내 일시상환)

⑦ **대출신청시기**

- 임대차계약서상 입주일과 주민등록전입일 중 빠른 날로부터 3개월 이내

- 임차주택에서 1년 이상 거주 후 보증금 증액에 의한 갱신의 경우 계약갱신일로부터
  3개월 이내

⑧ **담보**

- 주택금융신용보증서 담보(100% 담보)
- 임차보증금반환확약서 담보(보증서 발급 거절 자에 해당하는 자)
- 연대보증인 입보 방식

⑨ **상환방식**: 원리금균등 분할상환, 부분 원리금균등 분할상환

⑩ **소득공제**: 상환원리금의 40% 이내로 연간 300만 원까지
(소득세법 제52조 제4항에 해당 시)

⑪ **수수료**: 중도상환 수수료 없음

⑫ **대출 관련 비용**

- 대출금액 4천만 원 초과 시 수입인지 비용 발생
- 보증료 연 0.2% 본인 부담(신혼부부의 경우는 0.1% 우대)/담보물 평가수수료 없음

⑬ **필요서류/관련서류**

- 관할 지방자치단체장의 융자대상 추천서
- 확정일자부 임대차(전세)계약서
- 총 임차보증금의 5% 이상 지급 확인서류: 무통장 입금증이나 임대인 영수증 등
- 주민등록등본(1개월 이내 발급분)
- 임차주택 건물등기부등본(1개월 이내 발급분)
- 연간소득자료
  - 근로자: 재직증명서, 직장건강보험증, 근로소득원천징수영수증 또는 급여명세서 급여이체 통장사본
  - 서민(자영업자 포함): 사업자등록증명원, 사업자 등록증, 소득금액 증명원 또는 사업소득 원천징수영수증

⑭ **추가서류**

- 임대인 통장사본(임대인 앞으로 지급하는 경우)
- 가족관계증명서(1개월 이내 발급분): 배우자 분리세대, 단독세대주, 결혼예정자인 경우
- 배우자의 주민등록등본: 배우자 분리세대인 경우
- 배우자 예정자의 주민등록등본 및 결혼예정 확인서류(예식장계약서 등): 결혼예정자인 경우
- 임대인의 임차보증금 반환확약서: 임대인 확약서로 대출 신청하는 경우
- 주택금융신용정보증서 담보 시 임대인이 자필 서명한 임대차 계약사실 확인서

⑮ **신청절차**

- 대출상담(임의사항): 대출대상자, 대상주택, 대출조건 등 적격 여부 상담
- 지자체에 대출대상자 추천신청
    - 전세계약을 체결한 지역의 시·군·구에 신청
    - 임대차계약서, 주민등록등본, 건물등기부등본 필요
- 대출대상자 추천 및 통보
    - 해당 지역 시장·군수·구청장이 대출대상 적격 여부 조사확인(부동산, 자동차소유 여부 등)
    - 최종 대출 대상자를 본인 및 은행에 통보
- 대출신청 및 서류제출: 전세계약서, 임차건물등기부등본, 주민등록등본 등 관련 서류 제출
- 무주택 및 소득확인: 국토해양부, 국세청에 의뢰
- 대출심사: 임대차 사실 확인 및 신용조사(은행)
    - 주택금융신용보증서 발급 대상 여부 확인(은행)
    - 대출 가부 통보(은행)
- 대출약정 및 주택금융 신용보증서 제공
    - 대출금액, 대출기간 및 대출이율 등 대출조건 약정
    - 주택금융신용보증서발급(은행)
    - 보증료납부(연납)

− 대출금 수령: 입주예정일까지 본인 또는 임대인 계좌에 입금

⑯ 유의사항:

· 취급 후 대출기간 중 주택 소유 시 기한이익 상실처리(국토해양부 정기적으로 확인)

· 만 20세 이상 세대원 전원 당·타행, 기금 전세자금 및 주택담보 대출 있는 경우 불가(채무인수 미필계좌, 제3자 담보대출 경우 제외)

· 본인 당·타행 기금 지원자금 대출 있는 경우 취급 불가

· 신용보증서 담보대출 초과 5백만 원 이내 신용대출은 본건과 구분하여 2건으로 취급

· 고객의 신용도에 따라 대출취급이 제한됨

· 대출원리금 납입이 지연되거나 만기에 원금을 상환하지 않을 경우 연체이자가 부과되며 재산 및 신용상 불이익을 받을 수 있음

(2) 근로자·서민전세자금대출

① 대상

− 연소득 3,000만 원 이하(신혼부부는 3,500만 원 이하) 무주택 세대주

− 전용면적 85㎡ 이하 주택

② 지원범위

− 전세금의 70% 이내에서 가구당 최대 8,000만 원까지 대출

− 3자녀 이상 가구인 경우 1억 원까지 대출

③ 대출 금리: 연 4%

④ 대출기간

− 대출 기간은 2년 이내 일시상환

− 두 번 연장이 가능해 최장 6년까지 이용 가능

(3) 일반 전세자금대출

일반 전세자금대출은 금융기관에서 여신의 일부로 실시하는 전세자금대출로서 금융기관별로 상이하므로 해당 금융기관과 상담하여 전세자금을 지원받는 제도이다.

일반 전세자금대출은 공통적으로 1,000만 원까지는 임대차계약서로 지원받을 수 있으

나 그 이상은 해당 금융기관의 방침에 따라 조건이 상이하다.

3) 프로젝트 파이낸싱

차입금의 상환재원을 해당 프로젝트에서 창출되는 현금 수입과 해당 자산에 한정시킴으로써 사업주에 대한 대주의 상환 청구권의 행사가 제한되는 자금조달 기법이다.

프로젝트 파이낸싱은 해당 사업 자체의 사업성을 담보로 대출을 받는 것이 원칙이나 우리나라에서는 시행사가 확보한 토지를 부차적으로 담보로 하고 있음이 특징이다.

프로젝트 파이낸싱은 통상 제1 금융기관보다는 제2 및 제3 금융기관에서 초기자금을 지원받아 토지구입자금과 사업자금을 조달하는 방법으로 많이 사용하고 있다. 대체적으로 위험도가 높다고 하여 매우 고금리로 조달되어 사업 성공을 한 경우 최종적으로는 이용자가 고비용을 부담하고 있는 것이 문제점이다.

나. 부동산증권 및 펀드

부동산증권 및 펀드는 간접투자방법으로 많이 활용하고 있는 제도로써 우리가 통상 '리츠'라고 많이 말하고 있는 것 등이다. 부동산증권 및 펀드는 그 상품에 따라 매우 많은 증권과 펀드가 있으므로 이를 여기에 전부 열거할 수는 없다. 따라서 그 제도적 종류의 특성에 대해서만 살펴보기로 한다.

1) 주택저당채권(MBS)

주택 자금 수요자가 은행 등 주택 자금 대출기관에 저당권을 설정해 주고 그 대가로 융자를 받아 주택을 구입하는 제도이다.

주택 자금 대출기관은 저당권을 근거로 발행한 주택 저당채권을 유동화 중개기관에 매각해 대출자금을 회수하고 일정한 수수료를 받는다.

공신력이 높은 유동화 중개기관은 인수한 주택저당채권을 담보로 20~30년 만기의 주택저당채권 담보부증권(MBS)을 발행해 장기 투자자인 연·기금, 투자신탁회사, 생명보험회사, 외국인 투자자 등에게 매각해 저리의 자금을 조달한다.

2) 부동산 투자회사(REITs)

부동산 투자회사(REITs)란 쉽게 다수의 투자자로부터 자본을 조달하여 부동산이나 부동산 관련 대출 등에 투자를 하고 여기서 발생하는 수익을 다시 투자자에게 배분하는 일종의 부동산 뮤추얼 펀드라고 이해할 수 있다. 일반적으로 부동산 투자의 특성은 수익성은 높으나 환금성과 유동성이 낮다는 것인데, REITs는 부동산을 증권화함으로써 환금성과 유동성을 높인 부동산 간접 투자라고 보면 될 것이다.

3) 토지수익 연계채권(ABS)

토지공사가 보유하고 있는 토지들을 집합해서 이들 땅값이 오르면 매각하여 그 이익을 추가 이자형태로 투자자에게 나누어 주는 제도이다. 이 토지수익 연계채권은 5백만 원 이상의 자금만 있으면 언제든지 투자가 가능하다.

다. 부동산보험

부동산보험은 부동산의 거래·이용·개발 등에 있어 부동산 권리취득자는 미래의 불확실성으로 인해 입게 되는 불의의 경제적 손실 및 모든 위험을 담보하기 위하여 부동산의 매수자와 저당권자 등 피보험자의 손해를 예방하고 그 손해를 보상하여 줄 것을 목적으로 하는 제도를 말한다.[16]

부동산보험은 손해보험, 책임보험, 보증보험으로 구분된다. 이 중 우리나라에서 실시하는 보험을 분류하면 손해보험은 권리보험, 손해배상보장보험, 화재보험 등이 있고, 책임보험에는 건축업자들이 건물에 대한 하자보험과 부동산을 담보로 대출을 받는 경우 보증보험회사의 보증증권에 가입하는 것과, 부동산거래 시 거래대금과 소유권 이전 서류에 대한 이행대행보험이 이에 해당한다고 볼 수 있으며, 보증보험에는 경매 시 계약금 등 매수대금을 보증증권을 발급받아 이를 대행하는 등 보험을 들 수 있다.

1) 권리보험

권리보험(title insurance)이란 부동산에 있어서 소유권이 소유자도 모르는 문서의 결함

---

16) 전병식 편저. 인터넷영상강의교재 최신 부동산학개론. 새롬. 2002.5.9. p.748.

또는 잘못된 권원조사로 인해 야기될 수 있는 보험계약자의 금전상의 손실을 보상해 주는 보험을 말한다,

이 권리보험은 부동산활동에 있어 권리관계의 불확실성과 공시제도상 권리관계의 불안전성 때문에 부동산의 권리를 보험목적으로 하는 보험제도로 미국 등 선진국에서는 매우 발달된 보험제도이나 우리나라에서는 별로 이용되지 못하는 제도이다.

2) 손해배상보장보험

손해배상보장보험은 부동산 관련 인·허가 시 가입하는 보험으로 부동산중개업자는 협회의 공제제도와, 서울보증보험의 인·허가보증보험, 공탁 등의 형태로 가입하고 있다. 이 손해배상보장보험은 부동산중개업자에게는 매우 중요하므로 구체적으로 살펴본다.

협회의 공제제도는 중개업자만을 대상으로 하는 보험이 아니라 공제제도이므로 중개업자 상호 부조에 목적이 있고 이 공제기금으로 회원들의 복지를 향상하는 제도이다. 그래서 가입비도 초년도에는 250,000원을 납입하지만 보험가입연도에 따라 점점 감액해 주고 있으며, 중개업 폐업 시 공제금에서 납입한 공제금에 따라 퇴직금식으로 잔여금을 지급한다. 현재 연금까지도 계획하고 있으나 아직은 시행하지 못하고 있다.

이를 보다 발전적으로 하기 위해서 공제제도는 공제기금을 별도 기금으로 하여 각종 수익성 사업을 실시하여 공제금을 확충함으로써 폐업 및 사망 시 군인공제회에서 공제금을 지급하는 방법과 같이 운영하는 것도 검토해 볼 필요가 있다.

서울보증보험회사에서 실시하는 인·허가 보증보험은 소멸성 보험으로 가입 첫해에는 172,000원을 납입하나 사고가 없으면 다음 해부터는 할인을 받아 두 번째 해에는 134,000원을 납입한다. 서울보증보험의 인·허가 보험은 소멸성이므로 폐업 및 사망 시 환급되지 않는 것이 특징이다.

공탁은 공탁사무소에 가서 가입하는 것으로 보장금액 전액을 공탁하여야 하고, 폐업이나 사망을 하여도 즉시 회수를 할 수 없고 3년간 기다려야 하는 문제점이 있다.

3) 화재보험

부동산 화재보험은 주로 건물에 대한 화재보험으로 현재 우리나라에서는 11층 이상의 건물과 16층 이상의 아파트는 의무적으로 화재보험에 가입하도록 되어 있다. 그러나 최근에는 각종 화재사고로 인하여 사무용 빌딩이나 공장 외에도 주택 및 점포에 대한 화재보

험 가입을 하고 있는 추세이다.

4) 하자보험

일반적으로 건물을 건축하면 지방자치단체에 당해 건물에 대한 하자보증기금을 적립하여야 한다. 이와 같은 하자보증기금은 일반적으로 하자보증기간으로 2년을 계약하고 있어 2년간 지방자치단체에 적립하였다가 하자보수기간이 지나면 건축업자가 회수해 가고 있다.

이 하자보수에 대한 보증기금은 어느 건축물을 건축하더라도 적립하는 것이 기본이다. 그러나 일반 국민들이 이에 대해 관심이 적고 모르고 있어 이를 잘 활용하지 못하고 있다.

이때 이 하자보증기금을 증권으로 적립하기도 하는데 이때 발행하는 증권이 하자보험이다.

하자보증기간도 통상 2년으로 알고 있으나 실제로는 건물의 구조마다 하자보증기간이 달라 최고 20년까지 보증해야 하는 것도 있다.

5) 담보대출 보증보험

부동산중개업자가 부동산거래를 성사시키면서 담보대출을 알선해 주고 있다. 이때 이 담보대출 금액 중 일부는 부족자금을 충족하기 위하여 보증보험회사로부터 보증을 받아 대출을 하는 경우가 있으며, 또 경매 시 경매대금 중 계약금을 보증보험회사의 증권을 발급받아 납부하는 경우에 보증보험을 많이 이용하고 있다.

6) 이행대행보험

이행대행보험은 통상 '에스크로우'라 많이 칭하고 있다.

우리나라에서 부동산 이행대행보험은 「공인중개사의 업무 및 부동산거래 신고에 관한 법률」에 근거하여 실시할 수 있다.

이에 대하여 대한공인중개사협회와 하나은행에서 실시한 바 있으나 활성화되지는 못했다.

부동산 이행대행보험은 부동산 매매 시 거래의 안전을 보장하기 위한 제도로서 권원보험과 병행되기도 한다.

협회에서 이를 보다 구체적으로 발전시켜 부동산중개업자가 병행하여 이행대행업을 할 수 있도록 발전시킨다면 우리나라 부동산거래의 안전화 및 선진화는 보다 빨리 이행되리라 본다.

PART

3

부록

별지 #1 창업계획(예문)

1. 목표

가. 국가가 부여한 공인 및 전문인으로서 자격에 한 치의 부끄럼이 없도록 공익을 위하여 활동하고, 고객의 재산을 내 재산처럼 생각하여 법적으로 안전하며 손해 보는 일이 없도록 컨설팅 및 중개를 하는 데 있음

나. 1단계는 중개업의 기틀을 구축하는 데 있음

   1단계 목표
   ① 사무실 운영비를 제외하고 개인별 수입을 200만 원 이상이 되도록 활동함
   ② 주택사업에 중점을 두되 상가로 전환할 수 있도록 준비를 함

다. 2단계 목표: 토지에 중점을 두며 개발을 위한 준비를 함

라. 장기적으로는 법인 업무의 내용을 완성하고 개발 사업을 실시함

마. 직원의 복지를 위하여 최대한 노력함

2. 사업 중점

가. 1단계: 개업에서 3년

   1) 임대 사업: 주택 및 아파트 임대－여직원
   상가 임대－소장
   2) 매매 사업: 주택 및 아파트 매매－여직원

상가 및 토지 매매－소장

3) 기타 경매: 권리분석 보고서 작성

4) 개발: 소규모 택지(상가) 개발

나. 2단계 : 3년 후부터 3년

사업체 '법인화'

1단계 사업을 지속함

토지 및 개발/경매 추가

3. 아이템

창업 아이템은 주거시설에 둔다.

4. 사업 입지 선정

사업장은 ○○동 지역으로 한다.

| 분석

- 인구분석

  ○ 가구 분석

구분	계	상가	상가주택	아파트	연립	단독/다가구	나대지
반경 500m	6,995	53	70	2,046	320	4,471	35
반경 1,000m	1,1590	37	43	6,110	384	4,998	18
계	1,8585	90	113	8,156	704	9,469	53

○ 소득수준

가구당 연 평균 5,325만 원

● 중개업소 수

반경 500m 내 34개

반경 1,000m 내 75개(반경 500m 내 포함)

● 근린지역분석

- 내동지역은 둔산지역에 가까우면서 주거환경으로는 대전 시내에서 최적지로 둔산지역의 행정타운 및 영업장소를 가지고 있는 주민들이 영업 및 업무와 주거의 쾌적함을 동시에 이룰 수 있는 곳으로 경기에 크게 변화가 없어 수익이 고를 것으로 판단됨

- 가수원 지역은 관저동의 신흥 개발이 거의 완성되어 성숙단계에 접어들었고, 서남부권이라는 신흥개발이 계속해서 이루어지는 곳이라 계속적으로 수익이 창출될 수 있고 서남부권 개발이 3단계까지 추진되므로 향후 15년 이상 전망이 좋은 곳으로 판단됨

- 안골사거리는 동서대로 상의 주요 위치 중 하나로 도안신도시개발 지역과 연결하는 도로공사가 2013년도 준공되는, 지속적 발전이 이루어지는 곳으로 도안신도시개발 지역이 입주하면 둔산으로 이동하는 주민과 구도심으로 이동하는 주민이 경유하는 주요 목 지역임

- 안골사거리는 ○○광역시 제○호선 지하철 역세권 예정지역이며, 2014년도까지 ○○광역시에서 추진하는 버스 중앙차로제 시범 실시지역에 있는 주요 목 지역임

- 안골사거리는 ○○대학교에서 신중심지역으로 이동하는 통로 상에 위치하며, ○○고교에서 안골사거리 사이에 ○○중학교 정문을 정점으로 급경사 도로를 이루고 있

어 교통사고가 많은 지역이며 특히 ○○아파트 옆을 통과하는 우회로에는 사람의 통행이 잦은 곳인데 차량과 오토바이들이 주의 없이 통행하여 인명사고가 많은 곳임

- 안골사거리는 ○○아파트에서 ○○아파트를 거쳐 안골사거리에서 횡단보도를 건너 ○○아파트를 경유하여 농협으로 이동하는 노선이 사람이 이동하는 주 노선임

● 광역지역분석
- ○○광역시의 중심상권지역은 각종 행정관서가 밀집하고 백화점 및 대형할인 매장이 밀집한 ○○지역이며, 이를 중심으로 동북쪽으로 15km 지역에 ○○분산중심상권이 있고 이곳에는 공장 및 연구단지가 위치하고 있으며, 8km 지역에 구도심권으로 역과 백화점 자치단체 관청이 위치하며 과거 번성했던 곳이라 아직도 젊은이들이 많이 모이는 곳으로 청소년과 여자들을 고객으로 하는 상권이 활발한 지역임
또한 동남으로 물류단지와 신개발지역이 조성되고 있으며 공원 및 체육시설이 많이 배치된 지역으로 당해 광역시의 전체적인 변화의 축선에서 약간 빗나간 지역이지만 대체적으로 발전전망이 예상되는 곳임
그리고 남부지역에는 재래시장을 비롯한 병원과 의류상권이 매우 발달한 곳으로 외부상인이 모이는 곳이 있고 남서부에는 신개발과 더불어 대형 아울렛 설치 예정이라 최근에 지가가 갑자기 상승하였던 곳이며 ○○지역 주민이 주로 많이 접근하는 통로지역임
특히 북쪽에는 첨단연구단지가 있고 이를 기초로 첨단과학연구기지본부가 한창 공사 중이며 그 위에 신행정복합도시가 활발하게 공사되고 있는 지역임
종합적으로 ○○광역시는 향후 ○년 이상 개발공사로 지역이 지속적으로 활성화될 수 있는 곳임

결론: 안골사거리 지역에 영업점 설치

5. 경영방침 및 계획

가. 목표

  1단계 목표: 고용인원 1인당 월 평균 120만 원 이상
  2단계 목표: 5년 후 법인으로 발전한다.

나. 사무실 운영 기본 방침

  1) 사장은 5년 단위로 부동산 종류를 바꾸어 체험하고
  직원은 3가지 종류를 정하여 순환 직무를 수행한다.
  2) 사무실은 08:30분에 개소하고, 20:30분에 폐소한다.
  3) 고객에게 친절하게 한다.
  4) 물건은 하자가 없도록 안전을 확인하여 중개한다.
  (법률적, 경제적)
  5) 거래 고객 및 물건은 끝까지 관리한다.
  6) 거짓행위, 부정행위, 모함행위는 하지 않는다.
  7) 수익은, 소장이 벌어들인 수익은 차기 경영을 위해 회수자금으로 관리하고, 직원들의 수익은 공동 관리한다.

다. 중개대상물 확보

  1) 임대
  가) 목표: 월 25건 이상 계약
  나) 물건 확보(월 매수물): 1인당
  (1) 원룸·투룸: 10건 이상
  (2) 아파트: 5건 이상
  (3) 단독 주택: 5건 이상
  (4) 상가 점포: 3건 이상

2) 매매

가) 목표: 월 1건 이상 계약

나) 물건 확보

(1) 다가구/단독 주택: 5건 이상

(2) 연립 주택 및 빌라: 5건 이상

(3) 아파트: 10건 이상

(4) 나대지, 농지 및 공장 용지 임야: 5건 이상

3) 물건 확보 및 경쟁력 있는 물건 확보방법

가) 책임 지역 내 순찰 확보

(임대·매매 미구분 획득 해당자와 교환)

나) 친구, 친지들로부터 확보

다) 생활 정보지 분석: 매일 아침

라) 광고: 학교, 사무실 등

마) 중개업 협회

바) 11공회 회원 공동 중개

사) 6개월 주기 명함 배포

아) 매도고객과 개별상담을 주기적으로 실시한다.

4) 물건 값 확보 및 관리

가) 물건 값 리스트 작성

나) 생활 정보지에서 발췌

다) 인터넷에서 발췌

라) 주민과 대화 중 파악: 차 초대

라. 매수자 확보

(한 번 맺은 고객은 신용과 성실로 찾아오도록 유지)

1) 주변 고객부터 확보

2) 광고물 이용

3) 공무원 및 군인 대기업 퇴직자 첩보 입수

4) 중개대상물을 개발 계획을 수립

5) 친지들 애경사 참석

6) 6개월 단위 명함 배포

7) 사무실에 들어온 고객은 절대 놓치지 않는다.

마. 재정관리

1) 고용인원별 통장을 관리하고 모든 경비지출은 사장 사무실 통장에서 총체적으로 지불한다.

2) 사무실 운영 기본경비

가) 사무실 차임

나) 사무실 전화료

다) 광고료: 정보지, 인터넷, 정보망회사, 간판

라) 상가 관리단 관리비

마) 전기료

바) 수도료

사) 직원 식비

아) 행정소모품(종이, 프린터 잉크, 파일구매, 스카치테이프, 계약서 양식, 중개대상물 확인·설명서 양식, 공제증서사본, 지도구매비, 냉난방비, PC수리비, 한글 도메인비, 행정 서류 발급비, 신문대, 우편비용, 행정소모품 구입비 등)

3) 직원수입의 배분 기준

가) 재정배분의 기준

(1) 사무소에 들어오는 모든 수입은 사무소 수입으로 하며, 수입은 사업개발비로 20%, 사무실비용으로 25%, 그리고 나머지를 각 개인의 수입비율로 배분한다.

(2) 소장 및 직원의 퇴직금을 보장하기 위하여 노란우산공제에 가입한다.

(3) 수련과정 이후부터 4대 보험에 가입하기로 한다.

나) 신입 직원에 대한 배려

신입 직원에 대한 수입금 지불은 신입직원의 6개월간 평균수입이 400만 원이 될 때까지 정부가 정한 최저생계비를 우선적으로 보장한다.

다) 활동이 활발한 직원에 대한 보너스

매수 및 임차 고객을 모셔 오거나 물건 확보활동을 활발히 하여 확보된 물건을 15일 이내에 처리한 직원 중 제일 많이 한 직원은 특별보너스로 배당금의 5%를 추가로 지불한다.

바. 물건 관리 및 광고

1) 물건 관리
가) 근무시간 입수된 물건은 사무소 물건으로 함

나) 물건 획득 및 광고는 각자 관리/신청

다) 획득된 물건은 사무소 물건 일람표에 입력

라) 물건광고는 사무소전화와 각자 휴대폰전화로 병행 광고함

2) 광고
가) 임대물: 입주일 1주 전 광고(신축건물: 다가구, 연립, 아파트, 단독 주택 등) 입주 1개월 전 광고(전세, 월세)

나) 매매: 신축 건물 및 임대 상가: 1개월 전

기타 토지 및 건물: 즉시 광고

* 타 부동산 개입방지책: 타 부동산에는 매매 완료로 소문

다) 주 1회 광고내용 검토 조정: 매일 매매 물건 수정

라) 광고 회사와 계약하여 광고

교차로: 11줄 박스/월 27만 원

기타 광고지: 10줄 박스/월 19만 원

광고 물건 계약 성공 시 즉시 교체

유인할 물건만 게재/좋은 물건 광고 제한

3) 광고 시 사용 문구

가) 즉시 입주

나) 고수익 보장(필요시: 월 수익금 기재)

다) 저가 구매 가능

라) 가격 조절 가능

마) 주택: 조용하고 주차 용이

바) 상가: 왕래 손님 일일 몇만 명, 상권 최고, 00업종 최적지

사. 고용 계획

1) 목표: 5년간 – 단독 사무실 운영(연습기)

5년 후 – 주식회사로 발전(실행기)

2) 방침: 한 가족처럼 생활과 보수, 인정 및 신뢰로 5년 이상 같이 사무실을 운영한다.

가) 채용기준

– 성품이 진실하고 믿음을 줄 수 있는 자

– 책임감이 투철한 자

– 자신의 발전을 위해 노력이 가능한 자

– 말씨에 거부감이 없는 자

– 부지런한 자

나) 운영 인원 및 업무 분담계획

① 연습기: 2~3명 운영

주택 임대 및 매매,

상가 임대 및 매매,

토지 매매 요원양성

② 실행기: 사무실 3~5개 운영

사무실별 2~3명 운영 - 전문분야별로 운영(경매 포함)

3) 직원 선발 순서:

가) 유경험자

나) 희망자

다) 연소자

4) 보수 체제: 연습기 - 기본급제 또는 성과급제

실행기 - 성과급제

5) 계약서 작성: 각자 작성

중개사 도장은 중개사한테 받음

수수료 영수증/중요 설명 사항 같이 보관

6) 출타 시 휴대폰 전화로 착신

* 설정: *-88-휴대폰 전화번호-*

* 해제: #-88-*

7) 기타: 퇴직 1개월 전 통보제 운영

출퇴근 시간은 09:00 출근, 20:00시 퇴근 기준

공휴일(일요일 포함) 직원 수의 1/2 교대 휴무

임대 물건은 대행업 체제 적용

6. 사업성 분석

가. 시장분석결과

○ 가구 분석

단위: 가구 수

구분	계	상가	상가주택	아파트	연립	단독/다가구	나대지
반경 500m	6,995	53	70	2,046	320	4,471	35
반경 1,000m	1,1590	37	43	6,110	384	4,998	18
계	1,8585	90	113	8,156	704	9,469	53

○ 소득수준

가구당 연 평균 5,325만 원

나. 매출량 판단

매매 매출량: 연간 중개수수료 총량: 9억 7,848만 원(중개수수료 총량의 20%)

* 중개수수료 총량 48억 9,240만 원 (총 매매가 9784억 원×0.5%)

* 총 매매가 반경 500m 8,394억 원＋반경 1,000m 1,390억 원

* 각 부동산형태별 매매가격을 전부 합하여 산출

임대 매출량: 연간 중개수수료 총량: 136억 9,760만 원

(중개수수료 총량의 50%)

* 중개수수료 총량 273억 9,520만 원(총 임대가 6,848억 8,000만 원×0.4%)

* 총 임대가 6,848억 8,000만 원(총 매매가의 70%)

연간 중개수수료 총량: 146억 7,608만 원

1개 중개업소당 연간 총 중개수수료: 1억 9,568만 원

사무실 유지비: 180만 원*12＝2,160만 원

개발비: 1억 9,568만 원*0.2＝3,914만 원

2인 연 수입: 6,747만 원

3인 연 수입: 4,498만 원

결론: 사업성이 있는 지역임

다. 매출전략 및 매출계획

1) 사무소 인지도 고양

가) 부동산에 대한 전망과 투자요령에 대해 심도 있게 맞춤형 상담 실시 개업 후 1년간 지속하여 고객에 신뢰 구축

나) 복장은 가급적 정장 실시

다) 상담은 상담일지로 접수대(상담석)에서 10분 이상 상담

라) 사무실 개폐시간 준수

마) 최대 친절과 지극한 성실 및 진실한 자세 유지

2) 개업 전 2개월간 반경 500m 지역 물건 작업하여 물건 작업 완료 후 개업

사무실 반경 500m 내 85% 파악을 목표

3) 법규 철저히 준수 및 계약서 성실하게 작성

4) 대표의 공직생활 강조 및 공직활동 선전

7. 고객관리계획

가. 장소: 00동 000번지

나. 사전 교육: 2000. 11. 27.~11. 30.

다. 창업계획 수립: 2000. 12. 1.~12. 15.

라. 사무실 설치

1). 사무실 확보: 2001. D−15일(계약)

2). 전화기 설치 신청: 2001. D−9일

3). 사무실 내부 설치(간판 포함)

2001. D−14일~D−4일

마. 사무실 개설 등록: 2001. D−6일

바. 고용 인원 확보: 2001. D−8일

사. 매물 확보: 2001. D−7일부터

아. 업무보증 설정 및 인장 등록: 2001. D−2일

자. 사무실 개설일: 2001년 6월 20일(음 윤 4월 29일)

차. 세부 일정 계획: 별지#1 참조

8. 사무실 등록 계획

가. 사무실 개설일: 2001년 6월 20일

(음 2001년 윤 4월 29일)

나. 사업자 등록일: 2001년 5월 31일

1) 등록 장소: 서부 세무서

2) 구비 서류: 주민등록 등본/중개업 등록증 사본

다. 등록증 교부: 2001년 5월 30일

1) 업무보증 설정 증서 사본

2) 인감 증명서 1통

3) 인감도장

4) 지역 개발 공채 50,000원(충청하나은행)

5) 면허세 18,000원

라. 인장 등록 및 업무보증 설정(공제): 2001년 5월 29일

마. 사무실 개설 등록 신청: 2001년 5월 26일

1) 부동산중개업소 개설 등록 신청서

2) 공인중개사 자격증 사본

3) 사전 교육 이수 확인증 사본

4) 사무실 확인을 증명하는 서류 1통

5) 반명함판 사진 1매

6) 신원 확인 조서

7) 수수료: 10,000원

9. 사무실 개업 계획

가. 사무실 평수: 15평

나. 점포 임대료: 보증금 3,000만 원/월 60만 원 미만

다. 고용인원: 2명 이상

라. 사무실 명칭: 진영섭 공인중개사 사무소

마. 사무실 집기

1) 책상: 3개(의자, 책꽂이 포함)

2) 계약대: 1개(의자 3개)

3) 소파: 1세트(4~5인용)

4) 정수기: 1대(임대)

5) 대전 지역 지도: 3판(지도책 1개 포함)

6) 전화기: 3대(1대는 FAX기용)

7) PC: 1대

8) 장기/바둑판 및 TV: 1세트

9) 커피 보트 및 싱크대/컵 6개, 커피 재료

10) 공구 상자 1세트

11) 열쇠 보관함: 소형 저금통 또는 캐비닛

바. 사무실 개업행사 계획

1) 사무실 개설 일시: 2001년 5월 31일. 17:00~20:00

2) 사무실 위치: 00동 및 00동

3) 개업 음식: 맥주 5박스/소주 2박스/사이다 콜라 5박스

오징어포 5포

땅콩 10봉지

사탕 5봉지

떡(송편 등) 1말

귤 2박스

종이 컵 150개

종이 접시 100개

나무젓가락 200개

음식 진열대: 책상 사용

4) 개업 선물: 펜 꽂이 150개

5) 안내문 초안 작성(아래 참조): D−11일

6) 안내문 인쇄: D−10일

7) 안내문 발송: D−7일

* 안내문 발송 대상 인원: 208명

1) 군 동기생(18명): 대전 6명, 서울 8명, 부산 2명, 대구 1명, 익산 1명,

2) 고교 동창: 30명

3) 00전문대 동창(22명): 10명, 교수 12명

4) 00대 동창(18명): 14명, 교수 4명

5) 고교동문회: 5명

6) 중학교 동창: 12명

7) 연구 단지 내 친구: 4명

8) 00소년 분류 심사원(11명): 직원 3, 방문지도 위원 8명

9) 00연구원: 35명

10) 선사 산악회: 25명

11) 11공회: 16명(학원, 협회)

12) 기관원(국정원, 기무사, 00광역시 공무원): 13명

13) 기타: 8명

인사드릴 말씀

30여 년의 공직 생활을 마치고 새로운 삶을 출발하기 위하여 2000년도에 공인중개사 자격을 취득하였습니다.
이는 국가가 남은여생을 국민을 위해 헌신 봉사하라는 마지막 명령으로 생각하여 이번에 공인중개사 사무실을 개설하였습니다.
그동안 여러 선배님과 친우들의 따뜻한 사랑과 적극적인 성원에 보답하고자 하며, 더불어 국민의 재산을 내 것처럼 생각하고 관리하여 전문인으로서 모범을 보이겠다는 각오로 아래와 같이 개업함을 알려 드리오니 앞으로 많은 성원 부탁드립니다.

일시: 2001년 6월 20일 11:00~20:30
장소: 서구 0동 00APT상가 000공인중개사 사무실
전화번호: 000-0000, 000-0000, 000-000-0000
* 화분, 화환, 금품 등 사양함
000공인중개사 대표 0 0 0 올림

---

10. 자금 확보 및 관리계획

● 창업 비용 판단: 4,7818만 원

가. 점포세: 보증금 3,000만 원

나. 권리금: 900만 원

다. 집기류 및 인테리어 비용: 200만 원

라. 지도판 부착: 35만 원

마. 지도책: 28만 원

바. 전화기 설치: 100만 원

사. 팩스기: 30만 원

아. 컴퓨터 및 프린터기: 250만 원

자. 사전 교육비: 9만 5천 원

차. 정수기 대여료: 5천 원

카. 지역 개발 공채: 5만 원

타. 면허세: 1만 8천 원

파. 사무실 개설 등록 수수료: 1만 원

하. 공제료: 25만 원

● 경상 유지비: 월 196만 원(사무실당)

1) 점포세: 60만 원

2) 광고료: 60만 원(건당 30,000원×25건)

3) 전화세: 30만 원(대당 10만 원×3대)

4) 중식비: 10만 원

5) 전기세/수도세: 2만 5천 원

6) 정수기 물 값: 1만 원(통당 5천 원×2)

7) 차 및 종이 컵: 5만 원

8) 협회 회비: 1만 원

9) 단합 대회비: 10만 원

10) 관리비: 10만 원

● 예비비 판단

1) 경상유지비 6개월 분: 1,200만 원

2) 직원급여: 3,600만 원

(1) 직원 수: 2명

(2) 1인당 급여: 150만 원

(3) 확보개월 수: 12개월

3) 사업을 위한 유지비용(3년): 6억 원

(1) 투자주기: 6개월

(2) 투자회수: 6회

(3) 1회 투자 금액: 1억 원

● 사업을 위한 확보할 금액: 7억 원

● 자금확보계획
- 보유자금: 3억 5,000만 원
- 신용대출(부동산 담보): 1억 5,000만 원
- 예금: 2억 원

● 자금운영계획
- 창업자금 및 경상비 운영 자금은 보유자금에서 지불한다.
- 직원 급여는 보유자금에서 우선 집행한다.
- 사업을 위한 자금 투자는 계획을 세워 6개월 단위로 투자하고 1회 투자비용을 1억 원 이하로 하며 3년 이후에 매매될 수 있는 것으로 한다.
  사업을 위한 투자자금은 보유자금에서 경상 운영비와 직원 급여비를 제외한 금액을 우선 투입하고 예금 및 신용대출 순으로 투입한다.

● 자금 관리계획
- 경상 운영비는 단일통장으로 지출비용만을 운영할 수 있도록 한다.
- 수입은 부동산 종류 및 담당직원별로 계정을 만들어 통장을 개설하고 입금 시만 담당자가 입금하고 통장관리는 경리담당자가 종합 관리한다.
- 경상운영비 외의 지출은 대표의 승인을 득하여 수불행위를 한다.
- 결산은 월별로 실시하며 회계규정에 의하여 관리한다.
- 직원의 4대 보험은 규정에 의해 지불하고, 연 4회 성과금을 위해 매월 수입의 40%는 성과금 비용으로 비축한다.

창업 세부일정계획

구분	분류	1	2	3	4	5	6	7	8	9	10	11	12	13	14	15	16	17	18	19	20	21	22	23	24
(월)	요일	금	토	일	월	화	수	목	금	토	일	월	화	수	목	금	토	일	월	화	수	목	금	토	일
개업	개업식																								0
	사업자 등록																							0	
	음식준비																						0		
	안내문 발송																			0					
	안내문 인쇄																0								
	안내초안작성														0										
	안내자정리소											0													
사무실등록	등록증수령																					0			
	업무보증설정																			0					
	인감등록																			0					
	사무실등록																		0						
	면허세/공채																0								
	사무실점검																		0						
사무실설치	사무실계약	0																							
	내부작업		0	0	0	0	0	0	0																
	전화기설치				0			0																	
	간판설치					0	0	0	0	0	0														
	팩스설치								0																
	PC설치								0																
	냉온수기설치										0														
	싱크대설치																								
	커피 준비											0													
업무수행준비	광고의뢰																						0		
	물건표 작성											0													
	광고사와협의																				0				
	사무실 정찰																								
	자금확보																								
	고용인원확보																								
	창업계획수립	0																							
	운영계획수립												0	0	0	0	0								
	창업자금판단	0																							
	명함 준비											0													
업무수행준비	고용인원확보																								
	창업계획수립	0																							
	운영계획수립												0	0	0	0	0								
	창업자금판단	0																							
	명함 준비											0													
	운영비파악																								
	관련업무파악																								
영업견학	사용인관리																								
	물건확보요령																								
	고객확보요령																								
	매매요령																								
	창업계획설명																								

별지 #2 창업적성검사표

창업적성검사표

작성방법: 예, 아니오에 o 표를 한다.

순위	검사내용	예	아니오
1	나의 생활방식을 다른 사람에게 구체적으로 설명할 수 있다.		
2	일을 계획적으로 하는 편이다.		
3	일을 맡으면 적극적으로 하고 싶어 하는 편이다.		
4	실패해도 실망하지 않는 편이다.		
5	약속을 지키는 편이다.		
6	창업을 위해 정보를 수집하고 있다.		
7	친구가 많다.		
8	다른 사람이 나와 다른 의견을 내도 귀를 기울이는 편이다.		
9	어려울 때 함께 고민해 줄 친구가 3명 이상 있다.		
10	도전정신이 왕성한 편이다.		
11	자기의 의사가 확고한 편이다. 또는 그 의사를 타인에게 전달할 수 있다.		
12	건강에 자신 있다.		
13	기초적인 재무지식이 있어 재무제표 정도는 이해할 수 있다.		
14	좋아하는 일이라면 먹고 자는 일도 잊어버린다.		
15	창업을 하는 데 있어 가족들을 설득할 자신이 있다.		
16	잘될 줄 알았던 일이 생각처럼 안 되어도 곧 잊어버릴 수 있다.		
17	즐겁지 않은 모임에 가서도 참고 즐길 수 있다.		
18	누군가에게 맞으면 반드시 반격을 한다.		
19	외부사람이 말을 걸어 오면 일단은 들어 준다.		
20	친한 친구의 출세가 마음에 걸린다.		
채점			

내용의 의미
- 1~15번: 독립과 관련하여 자기 주변의 성숙도를 체크하는 항목이고
- 16번~20번: 창업자로서의 자질, 즉 창업과 관련된 집착력을 체크하는 항목이다.

채점방법: '예'는 5점, '아니오'는 0점으로 채점한다.

채점결과
- 총점 60점 이상은 창업할 수 있는 환경이 성숙되어 있고, 창업자로서의 자질도 충분하다. 자신이 추진할 업무분야를 검토하고, 그 분야와 관련된 전문정보를 수집했다면 언제든지 개업해도 좋다.
- 총점 35~55점은 그럭저럭 창업할 만한 환경이 성숙되어 있다. 그러므로 자신이 운영할 주된 중개대상물을 눈여겨보고 폭넓게 창업 관련 정보를 수집하기 바란다.
- 총점 35점 이하는 창업해야 할 동기가 명확하지 않다. 이런 사람은 '00체인점, 월수입 1,000만 원' 식의 숫자에 현혹될 위험성이 높다. 그러므로 다시 한 번 자신에게 맞는 업무가 무엇인지를 진지하게 생각해 보기 바란다. 또한 창업과 관련 세미나나 기타 부동산 관련 전문지식 습득 등 창업 관련 정보를 수집하는 일도 게을리해서는 안 된다.

별지 #3 고용계약서

1. 피고용인 인적사항

성명		주민등록번호	
주소			
자격증		전화번호	

2. 기본 고용조건

업무내용				
고용기간	20 년 월 일 ~ 20 년 월 일			
근무시간	오전 시 ~ 오후 시		휴일근무	
임금	기본급	만 원	성과급	%
임금지급일	매월 일	지급방법	통장으로 지급	

3. 기타 고용조건

1) 피고용인의 임금은 실적급으로 하며, 실적급의 내용은 피고용인이 성사시킨 거래계약의 중개수수료 총액에서 사무실 유지비와 세금(부가가치세와 원천징수 소득세) 그리고 4대 보험에 대한 피고용인의 부담액을 제하고 잔여액을 5:5 비율로 한다(개인사무소 보조원의 경우).

2) 피고용인이 공인중개사업무 및 부동산거래신고에 관한 법률 제10조의 결격사유에 해당할 경우 본 고용계약은 당연히 해지된다.

3) 피고용인은 공인중개사의 업무 및 부동산거래신고에 관한 법률 및 관계법령에서 정한 각종 의무규정을 성실히 준수한다.

4) 피고용인은 거래계약서 작성 및 중개대상물 확인·설명서 작성을 실시하지 않으며,

본 사무소 외에서 일체 거래계약서를 작성하지 않는다.

5) 피고용인은 품위를 유지하고, 신뢰성 제고에 적극 노력한다.

6) 피고용인은 업무상 알게 된 비밀을 누설하지 않으며, 피고용인의 이익을 위하여 사용하지 않음은 물론 이를 위반함으로 인해 고용인에게 발생한 손해는 전액을 배상한다.

7) 피고용인의 행위로 인해 중개의뢰인 또는 고용인에게 발생한 손해는 전액 피고용인이 보상하여야 한다.

8) 고용인은 상기 배상책임을 보장받기 위하여 피고용인에게 신용보험증서 또는 연대보증인(재산세 5만 원 이상 납부)의 재정보증서를 요구할 수 있으며, 이 경우 피고용인은 성실히 이에 응해야 한다.

9) 피고용인은 근무기간 획득한 일체의 중개대상물 및 고객에 관한 정보는 사무실 소유로 하며, 퇴직 시 사무실의 중개대상물 및 기타 서류나 문건, 인적사항 등 일체를 복사하거나 이기할 수 없고 휴대 또한 할 수 없다. 만일 이를 위반하는 경우 피해액의 5배에 대한 손해배상을 하기로 한다.

고용인과 피고용인은 본 고용계약 조건의 성실한 이행을 증명하기 위하여 아래와 같이 서명·날인한 후 각각 1부씩 보관하고 이에 성실히 응해야 한다.

20 년 월 일

고용인

－상호: 등록번호:

주소:

대표자명: (서명 또는 날인)

피고용인 －성명: (서명 또는 날인)

주소:

진영섭

대덕대학 졸업
호서대학교 산업안전과 졸업
목원대학교 산업정보대학원 부동산학과 졸업
보병 제62사단 포병연대장
한국기계연구원 비상계획관
목원대학교 산업정보대학원 동문회장
전국 공무원 문인협회 감사
대전분류심사원 발전위원 및 지도위원
보이스카우트 발전위원
대한공인중개사 협회 대전광역시지부 부지부장
사전(실무)교육 및 컨설팅 교육 강사
현) 제11회 공인중개사회 대전지역 회장
　　대전한국고시학원 총동문회장
　　대전광역시 내동 복지만두레 회장
　　열방공동체 고충처리반 처리위원
　　서우부동산 소장

「부동산거래 선진화 방안」
『산행이야기 1』
『산행이야기 2』
『공인중개사의 창업 및 실무』(2004년 초판)
『중개컨설팅』
『공인중개사 경매대리 실무』
『안전하고 선진화된 부동산거래 보장받기』

초 판 인 쇄 | 2012년 3월 28일
초 판 발 행 | 2012년 3월 28일

지 은 이 | 진영섭
펴 낸 이 | 채종준
펴 낸 곳 | 한국학술정보㈜
주　　　소 | 경기도 파주시 문발동 파주출판문화정보산업단지 513-5
전　　　화 | 031) 908-3181(대표)
팩　　　스 | 031) 908-3189
홈 페 이 지 | http://ebook.kstudy.com
E - m a i l | 출판사업부　publish@kstudy.com
등　　　록 | 제일산-115호(2000. 6. 19)

ISBN　　978-89-268-3140-3 93320 (Paper Book)
　　　　978-89-268-3141-0 98320 (e-Book)

내일을여는지식 은 시대와 시대의 지식을 이어 갑니다.